后浪

女性如何书写历史
Square Haunting

战火下的伦敦、五位女房客和自由先声
Five Women, Freedom and London between the Wars

［英］弗朗西斯卡·韦德　著

林曳　译

民主与建设出版社

·北京·

前　言

　　1940 年 9 月 10 日，周二，午夜刚过，梅克伦堡广场遭遇空袭。住在广场 45 号的约翰·莱曼（John Lehmann）先是听见远处炮火轰隆隆地嘶吼，飞机的轰鸣声逐渐迫近，随后，头顶正上方传来"三声巨响，狂啸怒吼、地崩山摧"，紧跟着一阵铿然脆响，确然无误是玻璃碎裂的声音。他翻身从床上爬起，拉开遮光帘，透过已成碎片的窗户望去，伦敦整座城市都隐没在火光之中。不远处兰斯道恩街上，往日从他的二楼窗台就能望到的好友斯蒂芬·斯彭德的房子，此时已被熊熊火光笼罩，浓烟滚滚。"可怜的斯蒂芬，先走一步了。"莱曼想道，惊讶于自己此刻的镇定。

　　莱曼离开房间，冲到楼下，经过房东门口时，没忘把仍在睡梦中的房东吼醒。还没来得及打开前门，又一场爆炸来袭，整个建筑物剧烈地颤动起来——他后来回忆道，"整幢房子像是一时被紧紧攫住，接着是静寂"。他试着向外望去，展现在他面前的是这样一幅景象："一团庞然灰霾，像是有了意识一般，越滚越大，向我侵袭逼近。"出于求生本能，莱曼往广场跑去——这时探照灯已经毁坏，整片地区陷入了黑暗之中——一路上不断与穿着睡衣、四下张皇逃命的邻居相撞。住在 46 号的一位熟人顶着锡制的头盔告诉他，广场花园被放置了一颗未爆炸的定时炸弹，那边的防空洞里的人已经疏散了。

广场东面的五幢房子归属于拜伦公寓，为格雷律师学院路上皇家救济医院的护士提供住宿。等眼睛适应了黑暗，莱曼发现，眼前的景象非常怪异，过了一会儿才意识到，前边不远是一棵树——这幢建筑物已经支离破碎，一面被劈开，像洋娃娃的房子那样立着。

战争爆发以来，莱曼第一次感觉到死亡近在咫尺。但在当下，他什么也做不了。他瘫坐在台阶上，和一位穿着陆军妇女帮辅队制服的女人交谈了几句，和梅克伦堡广场其他居民一起，等候着黎明宣告这场空袭的结束。不少人躺在路边，盖着手边能找到的遮盖物，相互依偎着取暖；有人不知从哪儿翻出一本陀思妥耶夫斯基的小说，借着渐渐放亮的曙光读了起来；一群从拜伦公寓中被解救出来的年轻女人，围聚在阶梯上，蜷缩在一块儿。警报解除信号终于响起，暂时聚集在一处的这群人逐渐四下散去，一些有勇气的人回到公寓，其他人则去附近的教堂、地铁站或是旅馆寻求栖身之所。

这天早上晚些时候，他返回梅克伦堡广场。人行道上全是亮晶晶的玻璃碎片，消防员的水龙带蜿蜒曲折，直穿过花园。天刚亮时，灌木枝叶上还覆着厚厚的尘土，这会儿已由雨水冲刷干净了，但燃烧弹在草地上遗留下的片片焦土依然刺目。拜伦公寓仍然冒着滚滚浓烟，一队消防员正努力控制局势，救护车、军队输血车等待调用，旁边还立着一队警察。一颗延时高爆炸弹将广场 30 号、31 号、32 号夷为平地；十七位伤员被送入皇家救济医院，直到上午 11 点仍有人用担架抬出伤员。六名护士死亡。一整天，广场人来人往。伦敦大轰炸期间，政府机构迅速建立起了一套固定的流程：燃气监测员检查有无泄漏，电力委员会收集电表、电灶，工作人员运送漂白粉对幸存房屋进行消毒，慈善组织"病患动物诊疗室（PDSA）"为受伤动物提供诊治，疲劳运作的殡仪车运走各处的尸身。由于许多住户回来取信件，试图找回商业票据、被褥、配给卡等物，政府便在此安排了一位管理员，记录广场人员出入情况。"09:26，杰克逊先生，梅克伦堡广场 8 号，喂猫。""13:50，哈林顿夫人，拜伦公寓 52 号房间，找寻财物，14:17 离开，一无所获。""15:40，戈尔丁夫人得到允许，将路边衣柜里的东西全部带走。""20:13，搬移尸体。女性。"

弗吉尼亚·伍尔夫和伦纳德·伍尔夫夫妇就住在约翰·莱曼邻屋，他们也是霍加斯出版社的同事。这天下午，伍尔夫夫妇从苏塞克斯过来，却发现道堤街上围了一大群人，梅克伦堡广场入口拉起了警戒线。他们的公寓位于广场 37 号，也无法进入。弗吉尼亚看见，不远处好友简·哈里森（Jane Harrison）那位于广场 11 号的旧居，"只余断壁残垣……角落里孤墙危立，还挂着几缕破布。一面镜子似乎摇摇晃晃的。像是拔掉的牙齿。一处干脆利落的伤口"。一位邻居告诉伍尔夫夫妇，前一天晚上那场轰炸——德军意图毁坏附近的国王十字车站，这场轰炸是连续三天空袭的最后一场——将他震下了床。伍尔夫离开广场，心下惶然，沿着她往日惯常的路线游荡：霍尔本区，街上管道破裂，水流奔涌；交通拥堵的大法官法庭巷，她的打字员的办公室也毁了；林肯律师学院附近，一直到伦敦摄政公园。弗吉尼亚看见街道裂隙间升起烟雾，剧院只剩个屋架，舞台裸露着，破败的餐馆向过往行人供应酒饮，场面令人唏嘘。这晚，夫妇二人正要驱车离开，警报声忽然大作，人们立马四下逃窜。二人飞奔过空荡的街道，沿路躲避路边杂乱泊停的车辆和从车辕挣脱、发了性子的奔马。

一周后，9 月 16 日，定时炸弹爆炸。伍尔夫的房子遭到波及。用于存放印刷机的地下室天花板坍塌，好几扇门从门框上脱落，所有窗户玻璃破裂，伍尔夫家的瓷器无一幸免。麻雀从屋顶的洞中飞入，栖在屋橼上；水管已然失控，时不时有水流喷涌出来，从楼梯上倾泻而下。等弗吉尼亚再次回到这里时，布卢姆斯伯里（Bloomsbury）已经完全变样。

她那位于塔维斯托克广场 52 号的旧居遭到毁灭（"过去我写下许多书本的地方，如今已是断井颓垣。过去我们休憩宴饮之处，如今只剩一片白茫茫"）。梅克伦堡广场 37 号是没法再住了；门上被人用粉笔画了一个十字架，弗吉尼亚想到黑死病的场景，心惊胆战[1]。屋外，警报无休无止地悲鸣。冷风从破碎的窗户玻璃缝隙侵入。屋内，伍尔夫夫妇、约翰·莱曼还有楼上律师事务所的职员们（坚定乐观地穿着工作服），分食着冰冷的香肠，试图从一堆破损不堪的物品中（大多数陶器、一台唱机）抢救出一些还能用的（达尔文的作品、银器、一些奥米加工作室的盘子）。他们还请来一位园丁，用铁锹掘开地面。弗吉尼亚跪在玻璃碎片、石灰中用双手寻觅摸索，忽然立起身来，如同取得了暂时的胜利，手上举着二十四卷日记——"对我的回忆录来说，真是大量的资料"。她再也没回到伦敦生活。二百年来，梅克伦堡广场曾为律师、医生、艺术家、作家和先锋派激进分子提供安身之所，如今只余一片废墟。

---

1 十四世纪四五十年代，黑死病席卷整个欧洲，一些地区会在房屋外墙画一个 P，以此提醒路人：此屋有黑死病人，注意小心躲开。——译者注，下同

目　录

第一章

在广场生活

"我想，我们应当都愿意读一本关于城市每条街道的书，
而且一定不满足于此。"

——弗吉尼亚·伍尔夫《重访伦敦》（"London Revisited"）

（1916 年）

熙熙攘攘的十字路口，孤独地立着一位女子的雕像。女子倾身向前，将水倒入壶中。她膝下的喷泉饮水器早已干涸；通往她身后公共厕所的台阶封上了木条；她的右侧立着成排的乔治时代的建筑，恢宏庄严，被繁忙的建筑工地阻隔。吉尔福德街上车辆川流不息，将布卢姆斯伯里与克拉肯威尔、伦敦东区连接起来。汽车尾气侵袭着她，在她脚下，工人们坐着吃三明治。吉尔福德街就建在舰队河的河岸上，可这条河流已湮没在历史之中。这位女子的名字、过往，人们也已无从得知。她是凝结在此刻的过往的残余。

城市由道路和建筑构成，却也少不了传奇和回忆：各色各样的故事使砖石和沥青变得生动，并联结历史与现实。最初，1870 年，一批女性为纪念她们的母亲，委托亨利·达比希尔设计了这座雕像：撒玛利亚妇人。雕像正位于梅克伦堡广场入口处，并不惹眼，但对弗吉尼亚·伍尔夫而言，这是"伦敦街上为数不多赏心悦目的雕像"。这座城市到处都是年高德劭的政治家的雕像，颂扬他们为帝国做出的贡献。伍尔夫却为这个无名女子雕像着迷，她似乎代表着另一种被掩藏的历史。伍尔夫在《一间属于自己的房间》中写道："我不揣冒昧，做以下推测，那数不胜数没有署名的诗篇，大多出自女性之手。"她在这本书中描绘了在伦敦的漫步，观察女性交谈、走路、购物、售货；她们每日生机勃勃，令她想起"所有史书之外的生活"——鉴于史家之笔向来只书"伟大男性的生活"——还有待记录。在伍尔夫看来，这座雕像以反叛的姿态，致敬伦敦历史上被遗忘的女性，以微弱但不容忽视的声音提醒人们不要忘记那些因受限于性别而或被书本忽略、或始终无法施展才华的女性。

1917 年 5 月，T. S. 艾略特向母亲描述自己前往拜访新同事、美国诗人希尔达·杜利特尔（Hilda Doolittle）的见闻。当时两人都供职于《自我主义者》杂志。他写道："伦敦是一个神奇的地方，人总能在这里探寻到新的角落；这位女性住在一个我从未听说过的破旧而美丽的广场；广场位处城区中间，靠近国王十字车站，但有开阔的老式花园。"梅克伦堡广场位处布卢姆斯伯里最东边，有科拉姆园区和野兽派风格、形似金字塔的布伦斯威克中心作为阻隔，距离更为知名的花园广场还有些距离，因此仍是一处清幽静寂的所在。广场边缘是一片墓地（圣乔治花园）和繁华的格雷律师学院路，中心地带有高大的树篱遮挡着，不向外人开放——这对布卢姆斯伯里来说并不常见。但对曾经的房客 D. H. 劳伦斯而言，梅克伦堡广场是"伦敦黑暗而生气勃勃的中心"。

二十世纪初，梅克伦堡广场是一个象征"激进"的地址。在两次世界大战期间那些狂热的岁月里，梅克伦堡广场是本书中五位女性作家的栖身之所。弗吉尼亚·伍尔夫带着行李包裹来到这里时，正值政局动荡不安之际；她在日记中认真思考，"如何在战争中生活下去"。她不知道的是，早在二十三年前，就在同样的地方，另一位作家，看着齐柏林飞艇空袭将她书架上的书震落，也问过同样的问题。希尔达·杜利特尔，笔名 H. D.，在第一次世界大战时住在广场 44 号。就在她的丈夫理查德·阿尔丁顿（Richard Aldington）在法国参加战斗时，她正于家中宴请劳伦斯和他的妻子弗里达。H. D. 后来突然离开广场，前往康沃尔郡寻求新的开始。三年后，1921 年，多萝西·利·塞耶斯（Dorothy Leigh Sayers）就住在 H. D. 曾经住过的屋子。H. D. 在这里开启了日后将耗尽毕生心血的自传体小说系列；而塞耶斯也正是在此写下人生中第一本侦探小说，创造出诙谐睿智的彼得·温西爵爷这一形象。1926 年至1928 年，古典学、人类学先驱简·艾伦·哈里森（Jane Ellen Harrison）在广场资助一家俄语语言文学杂志社，与不同的流亡知识分子共事。1922 年至 1940 年，历史学家艾琳·鲍尔住在广场 20 号，她在此召开社会主义者集会，绘制反法西斯的未来图景，为英国广播公司撰写关于和平主义的广播稿，在家中厨房举行欢闹的聚会。

这五位女性中有一两位彼此相识，剩下的也多通过共同的兴趣、朋友甚至是爱人而彼此联结，但她们在梅克伦堡广场生活的时间并不重叠，并不是一个布卢姆斯伯里文学团体。H. D. 和塞耶斯在这里生活时，正处于探索职业发展的起步阶段；伍尔夫和哈里森则在此度过了人生末尾一程；鲍尔在这里生活了近二十年之久，塞耶斯和伍尔夫则都只在这里生活了一年。但对所有人而言，在广场度过的时间以各自不同的方式对她们有着重大的影响。她们都认同长期以来迫使女性居于从属地位的社会体系虚幻而极不稳定：她们以写作和生活方式试图为女性打破界限，为女性重塑全新的叙述方式。在梅克伦堡广场，她们每一个人都致力于打造一种可以让自身才能得到发挥的生活方式，寻找可以支持她全心工作、无须为家务琐事分心的亲密关系。但这并不容易。她们在广场的生活展现了那些试图发出声音的女性在个人生活、职业领域曾遭遇过以及日后仍将面对的困境。

从出生以来，我一直在伦敦生活，但在 2013 年某个夏夜机缘巧合步入这里之前，我从未听说过梅克伦堡广场。墙上挂着一块纪念 H. D.的蓝色牌匾（这也是广场今日对本书中五位作家唯一的纪念），久受岁月侵蚀，上方的窗帘拉得严严实实。我久久凝视着窗帘，想象着近百年前发生在不远处的对话。回家后，我读着这座神秘广场的相关信息和那一长串曾在这里居住的著名人士的名单，惊讶地发现，在相近的时间内，竟有那么多杰出的女性作家选择将这里作为家园——有些名字我虽没听说过，但和那些更为知名的作家相比毫不逊色，她们的生平一样跌宕起伏，她们的作品听上去一样引人入胜。我迫切想知道是什么吸引了这些女性，她们在这些庄严的高楼中过着怎样的生活，她们在怎样的环境下写下这些充满力量的小说、诗歌、回忆录或历史作品（她们在作品中常常写到这座广场）？她们地址簿上同样的地名纯粹是一个巧合吗？还是说，梅克伦堡广场对她们有着一些无法抵抗的吸引力？表面看来，她们拥有迥异的性格，为不同的关切占据心力，沿着偶有交叠但总体全然不同的人生轨迹前行。除了都在某些时候栖身在这个布卢姆斯伯里不为人知的角落，是否有什么更本质的东西，将她们联结在一起呢？

后来有一次，我发现自己就在广场附近，就绕道过去。我逛了一会儿，想从浓密的树篱间找到空隙，好从中瞥一眼花园，忽然想起弗吉尼亚·伍尔夫那句著名的宣言："女人要想写作，得有钱，还得有间属于自己的房间。"出发去罗素广场地铁站之前，我又看了眼 H. D. 的阳台，伍尔夫这篇一流的文章或许能帮助我理解这些女性在这里生活的肌理，那些她们反抗的偏见、抓住的机会。我猜想，或许 H. D.、塞耶斯、哈里森、鲍尔以及伍尔夫自己，她们在这里寻找的正是伍尔夫敦促女性作家去追求的：既是字面意义、也是象征意义上的一间独属于自己的房间；一种她们可以按照自己的意愿去爱、去生活、去工作、去写作的家庭生活。我推想，在两次世界大战的岁月里，将她们吸引到布卢姆斯伯里的，正是这样一个地方：这里拥有丰富的文学宝藏，不远处就有大英博物馆阅览室、西区的剧院和餐馆，这里可以容纳新的生活方式，激进的思想在富于变革激情的政治氛围中得以扎根繁盛。

*

伍尔夫在《一间属于自己的房间》中提出了一个振聋发聩的观点：女性从物质条件、精神状态上都被剥夺了创作艺术作品的基础。她解释道，几个世纪以来，女性无法接受系统教育，无法得到正式职位。社会向女性灌输的思想是女性的价值在于婚姻。一旦她们胆敢公开发表观点，一定会招致嘲笑和鄙夷，更别提因付出的劳动获得报酬。她写道，难怪女性的身影"没有在历史上留下任何痕迹"。文章开篇讲了伍尔夫在剑桥的一次经历。她约朋友会面，从一个只接收男子入学的学院穿过。正当她沉浸于天马行空的想象中时，有人严肃地提醒她，图书馆不对女子开放。他们将满屋的知识悭吝地看守起来。这次经历在伍尔夫脑海中印刻下了这样的印象：学术机构排斥女性。但也就在这一天，伍尔夫后来漫步在女子学院内，春日暮色影影绰绰，她竟见着个伛偻的幻影，"她有着宽阔饱满的额头，衣衫简陋，谦逊而令人肃然起敬"，正专心地思索着什么，慢慢从露台上蹀步过去。伍尔夫惊叹道："这会不会就是那位闻名遐迩的大学者简·哈里森呢？"那正是简·哈里森的幻象。作为一名古典学者，哈里森在古典宗教方面做出了开拓性的成就，影响了一代现代主义者。哈里森逝世于梅克伦堡街上的家中。就在几个月后，伍尔夫来到哈里森过去的学院任教，课堂文稿整理出来后，正是我们今天读到的《一间属于自己的房间》。

朦胧的幻影，为这则被轻蔑的讥笑和紧闭的大门充塞的故事带来了第一缕希望。社会将女性困囿于家室，训诲她们娴静端庄。倘若她们背离传统的生活方式，则必须自行承担一切后果。这样的束缚制约着女性的想象力。伍尔夫对此做了探究，有感于哈里森的经历，她的失落更是化为愤懑。伍尔夫哀叹，女性既没有作品传世，也没有在历史叙事中留下身影,"我们得回想起母亲,才能确认自己的女性身份"。伍尔夫希望,女性能够享有智识上的自由。哈里森正是这样一位为数不多的、享有智识上的自由的女性。生于 1850 年的哈里森,在几十年间经历无数挫折、几次三番被学术殿堂拒之门外之后,终于成为第一个具有专业学者地位的女性。大学毕业后,她申请的学术岗位先被授给了男性同辈学者,后又授给了这位学者的男学生;一直到近五十岁回到纽纳姆学院,她才找到一个完全由女性组成的环境,这里给予她认可,给予她充足的时间和薪酬去完成让她声名鹊起的作品。正是她的成功,为后来的女性作家、女性思想家涤清了道路,如伍尔夫、鲍尔、塞耶斯和 H. D.。如今我仔细翻阅她们的书和留存下来的信件,注意到她们生命和作品中彼此之间的交集,我突然想到,梅克伦堡广场的发展过程本身就蕴含着伍尔夫所寻找的女性主义传统。这五位战时住在广场的女性,都拓展了学术的边界,创新了文学的形式,推动了社会规范的变革:她们拒绝受限于女性身份,致力寻找一种不同的、以自身创造活动为先的生活方式。

*

除哈里森以外,本书女性都出生于 1882 年至 1893 年,成长于一个中产阶级女性正经历剧烈变革的阶段。过去那种以觅一门好亲事作为女子终极目标的观念不但听着陈腐古板,也逐渐不具备可行性:人口比例失衡,女性人口远超男性,这一现象在 1851 年人口普查中初现端倪,并在后半个世纪日趋严重。一些社评人员为此十分恐慌。一篇发表于 1862 年名为《女子冗余之因》的文章提议将女子运往殖民地寻找丈夫,或者让娼妓教她们如何与人调情,指出女子"生来的使命本在于辅佐男子,为他们增添愉悦、装点生活",并警告道,这样一来,"她们将被迫独立，过上不完整的生活"。也有一些更切实际的提议提出应拓展女性的视野。维多利亚时期，女子接受的教育主要是语言、缝纫、音乐，都是为日后承担家务做准备，而更高等级的学科如数学、古典文学则不在课程列表之中。但从十九世纪中期开始，社会逐渐接受这样的新观念：为便于日后就业、在经济和政治地位方面获得平等待遇，女子应该接受和男子同等的教育方式。因此，新式的学校、学院开始开设。第一次世界大战期间，大量男子死于战争冲突，人口比例失衡更是达到顶峰，1921 年人口普查显示，国家有一百七十五万"女性人口过剩"。（小报的杞人忧天让艾琳·鲍尔发笑，她在给朋友的信中揶揄道："天哪，难道就因为没和一个男人绑在一块儿，我就是过剩的女人了吗？"）与此同时，新的机遇也开始浮现。1918 年 2 月 6 日，英国法律赋予妇女选举权，虽然这时还有一定的附加条件：女子年龄必须在三十岁以上，并且有一定数额的财产。次年，《排除性别无资格法》通过，法案主张"人们不应因受限于性别或婚姻状况而无法承担社会公共职能"，从而创造了许多曾将妇女拒之门外的职业机遇。

屋外，女性在公共空间所扮演的角色发生着变化；屋内，她们在家庭内部的生活方式也在急剧转变。伍尔夫独具匠心地用一间现代房间来比喻工作和教育带来的解放作用，这间房间完全不同于客厅，"过往几千年以来，女子都坐在客厅，年深日久，她们那富有创造性的气息都沾染在了墙上"。她认为，重塑传统生活起居安排，不仅仅是女性自由提升的外在标志，更是必不可少的条件。在维多利亚中产阶级的想象之中，家是宁静、富有女性气息的处所，远离一切世俗的劳作。1864 年，约翰·罗斯金（John Ruskin）称家为"神圣之地"，无瑕的贤妻守护着这里的宁静。丈夫结束一天辛勤的劳作回到家中，妻子将无微不至地照料他；妻子所接受的一切教育，并非为了发展自身的兴趣才能，而是为了摒弃欲望、牺牲自我。维多利亚时期这种对女性身份的幻想使人感到腻烦，伍尔夫在论文《妇女的职业》中将之描述为"天使主妇"，现代女性作家必须从这种幽灵般的阴影之下挣脱出来。简·哈里森在几年前表达过相似的观点。1913 年在全国妇女选举权协会联盟大会上，哈里森发表名为"科学共同体的缺失"的讲演。她提出，传统中产阶级家中的布置陈设正是女性居于从属地位的有力写照，这"实在令人沮丧"。客厅虽名为主妇的领域，实际上却是公共性质的，"访客会被引到客厅。这里随时都可能有人来，你没法专心沉浸思考"。与之对应，丈夫的书房"却自古以来有着种种禁忌，不容侵入"，丈夫在这里可以"沉思、学习、明理"；哈里森还注意到，书房里"很少会摆两张凳子"。存在于家家户户、截然不同的这样两个房间，正是社会从未平等对待女性的一个象征。哈里森写道："对我来说，不允许我使用书房的房子，算不得家。但我一向知道，我也算不得'真正的女人'。我们这个时代最重要的特征之一，就是女性对书房的需求。"

伍尔夫在 1938 年发表的随笔《三个旧金币》(*Three Guineas*)中批判维多利亚时期家庭生活"空洞、偏狭、专制、虚伪、道德败坏、充满恶意"，旨在迫使女性屈服顺从于父亲、丈夫的意愿，这种受到压制、令人不堪重负的传统家庭生活，直接导致妇女在公共空间中也受到压迫："公共社会与家庭内部密切相连……家庭内部的专制与顺从，会带来整个公共社会的专制与顺从。"伍尔夫坚信，女性要想在社会上取得一番成就，必须相应调整她们承担的家庭任务以做出支持。

环境改变带来的解放，是伍尔夫终其一生在各种小说、随笔中反复提及的一个话题。而每每写到这一话题，她都会回想起自己在二十二岁那年离开那座黑暗、湿冷的维多利亚式老房子。这座房子位于肯辛顿区海德公园门 22 号，屋子里的装饰压抑逼仄，空气中总是弥漫着葡萄酒和雪茄的气味，装满父母离世的记忆。她抛下这些过往，来到布卢姆斯伯里地区戈登广场一座宽敞的大房子"有一个新的开始"，她和兄弟姐妹们相信"将拥有全新的生活"。戈登广场 46 号的这座房子，墙面洁白清爽，前门是明媚的朱红色。在这里，弗吉尼亚再也不需要整日端坐在客厅，给父亲和他的贵客敬茶；或是参加无趣的派对，被同母异父的兄长逼着见一个又一个的适龄青年。她拥有了梦寐以求、独属于她的起居室；楼下有不同的朋友放松地躺在沙发上，喝着可可或威士忌畅谈哲学、艺术、性别相关问题，直到晨曦微露。她的朋友瓦奥莱特·迪金森送了她一只墨水瓶作为暖房礼物。没过几个月，伍尔夫就在《卫报》和《泰晤士报文学副刊》上发表了书评。收到第一份工资单时，伍尔夫满心欢喜地写道："现在我们是自由女性了！"自给自足，虽然还算不上稳定，却让伍尔夫开心无比。（兄弟姐妹几个为了支付房租，卖了一些父母收藏的萨克雷手稿，为此很是焦虑。）伍尔夫在自传中将这次搬家带来的精神解放几乎神化，这表明生活境况的改变可以大大转变思维角度；搬到布卢姆斯伯里之后，伍尔夫感到自己告别了海德公园门 22 号那种"表面受人尊崇，实际虚假而陈腐"的生活模式，投入一个具有开放性对话的新世界，去探索职业发展的无限可能。

伍尔夫有了作家、"自由女性"的新身份，身份的转变自然会涉及住址的更迭。本书中的女性，无论是居于困顿摸索前路之时，还是在探索职业起步或进一步发展之时，都曾仔细思索想要在怎样的屋子里生活。来到梅克伦堡广场之时，她们各自处于人生的不同阶段，但都因为搬到这里而在关键时刻有了崭新的开始：通过选择在广场安家，她们勇敢地宣告她们是怎样的人，想过怎样的生活。从私人居所着手，研究女性的公共生活并借此审视她们的写作、职业、政治观念和交际关系，或许颇有些矛盾。但她们都满怀希望、壮志勃勃，在思考想要怎样的个人生活之时，也免不了需要思考想要在怎样的社会中生活。无论是在个人生活还是政治地位上，她们中每一个人都竭力追求伍尔夫所说的"智识上的自由"。伍尔夫将其描述为"按自己的方式思考，坚持个人追求的权力"。伍尔夫的母亲"一生之中，从美丽懵懂的少女，到进入婚姻、养育子女，就像画布上的公主，从未真正苏醒"。她们不愿重复加诸女性身上的传统模式，而是决心自立谋生，以工作为中心——即使这意味着放弃传统的家庭生活。

如伍尔夫所写，这些女性清楚地知道"智识上的自由有赖于物质基础"：她们能否继续写作、探索新的生活方式，无法由自己随心掌控，而是受到现实条件制约。她们需要且必须找到一种能够持续的方式——通过写作、翻译、当老师、当编辑——挣到在伍尔夫看来对作家必不可少的每年五百英镑，用来支付房租、守卫她们奋战得来的独立。她们在阶级、教育、社会等级上都占有一定的优势；其中也有人继承遗产或得到津贴，有家庭在经济上给予助力，但没有一个富有到从来无须为钱财忧心的程度。即便有着一些外部的有利条件，内心也抱有坚定的信念，她们作为知识分子的身份依然岌岌可危、极不稳固。两次世界大战期间，女子接受教育仍属离经叛道；流行漫画中的"文学女性"形象，总是面容枯槁、憔悴萎靡，吸着烟，穿着钉靴，将男人踩在脚底下；惯用标题博人眼球的《每日邮报》将生育率降低归咎于女性忽视天职。这五位女性都曾在追寻理想生活的路上陷入绝境：无法得到与兄弟同等的教育机会；相比男性同事，她们职位低、薪酬少；无法取得正式学位，被大学列为二等生；被期望甘居幕后，做男作家的灵感缪斯。她们都立意写作、做研究、出版书籍，义无反顾，但极有可能得不到认可：她们必须向世人证明作品的价值，同时面临着自我怀疑。

后人在书写、阅读传记文学时，这时的主人公早已功成名就，因此免不了代入先知的视角。从这一视角出发，人们很难会想到这些人物原本很可能拥有完全不同的人生；很难切身体会到伍尔夫1911年自觉前景黯淡的绝望，"二十九岁，未婚，一事无成，没有孩子，一介怪人，不入流作家"；也很难对 H. D. 和多萝西·L. 塞耶斯的忧惧感同身受，这时她们的作品远远未受广泛认可，她们生怕自己写得不如周围贬低她们作品的那些男人。塞耶斯最杰出的作品《校友聚会惊魂夜》（*Gaudy Night*）[1] 探讨那些"情感细腻且头脑睿智的不幸女性"如何既能品尝心心相印的甜蜜，又能保持独立，保有对知识的进取心——本书五位女性所探索的这一人生命题。她们各自对探索内容的表达方式或许不尽相同，但在决定以自由女性身份生活的环境、方式时，每个人都需要面对以下问题：与其费尽心力去找寻一段不会影响创作的关系，或许不如抹去婚姻这个选项会来得更为简单干脆；成为母亲会不会把她们奋力够到的机会又推远；为了换取经济上的安全感，该牺牲什么样的创造力。掌控生活安排所带来的欣喜，仅仅是个开端。伍尔夫对听众中的女学生提出挑战："现在你已经有了一间属于自己的房间，但这里仍空空荡荡。你必须为它配备家具，装点缀饰，找到与你同住屋檐下的室友。你将为它配备怎样的家具，用什么风格进行装饰？你将与谁分享房间，订下怎样的协议？我想这些都是最最重要的问题。这是历史上女性第一次有资格提出这些问题，也是第一次可以自行决定答案。"

1　现有 *Gaudy Night* 中译本通常将书名译为《俗丽之夜》，但译者认为采纳"gaudy"一词的另一个意思"校友聚会"更符合故事背景。原小说中曾提到主人公的母校牛津大学通常将"校友聚会"称为"gaudy"，因此译者在本书中将此书名译作《校友聚会惊魂夜》。

*

　　为什么偏偏是布卢姆斯伯里？两次世界大战期间，伦敦这座大都市飞速发展：大量民居拆除，取而代之的是规整林立的公寓楼、玻璃明净的商铺；双轮有篷马车逐渐淘汰，取而代之奔驰在马路上的是有轨电车和汽车；以往路上消散不去的马粪臭味也变成了汽车的有毒尾气。伦敦的中心是大英帝国的心脏，整个欧洲的缩影：克拉肯威尔区有一片区域有"小意大利"之称，苏活区有一片法国人聚居区，费兹洛维亚区有一个德国社区（这里在"一战"后发生骚乱，许多暴徒被扣押拘禁，之后渐渐衰落）。伦敦的知识生活中心，也就是学识最集中、文艺创作最活跃的地方是布卢姆斯伯里区。这里有建于 1826 年的伦敦大学学院，因拒绝以宗教信仰作为入学标准而有"高尔街上的无神论学院"之名。这所学院立足于科学与艺术而非神学，向市民提供平价教育。这里还有第一个接收女子的高等教育机构（位于贝德福德广场的女子学院），以及专门为工人开设的夜间课程。街边小巷中出版社聚集，这一带还以书店闻名，有布卢姆斯伯里街上的尤利西斯书店（店内存有店主雅各布·施瓦茨［Jacob Schwartz］购得的塞缪尔·贝克特［Samuel Beckett］手稿）、特维顿街上以书籍艰深晦涩著称的巴雷尔与加尼特书店、德文郡街（现为博斯威尔街）上哈罗德·蒙罗开设的诗歌书店。人们会沿着摇摇欲坠的楼梯爬到阁楼，喝着雪利酒，见证大诗人的新作亮相。区域中心正是大英博物馆阅览室，任何人都可以在这里阅读、学习，无须额外付费。阅览室所在的大英博物馆是英国第一家国家公共博物馆。博物馆前身是十七世纪豪邸蒙塔古大楼，1753 年被改造成博物馆。1857 年，在印刷书籍管理员安东尼·帕尼齐（Anthony Panizzi）的努力下，一座大型图书馆面世，镶金边的天花板被涂成螺旋状的天蓝色和奶白色，宛如辽阔无垠的天空。建筑物的穹顶高高耸立，模仿罗马万神庙建成。伍尔夫站在穹顶之下"像是对着巨大的、光秃秃的脑门"。1894 年，《泰晤士报》评论道，大英博物馆阅览室"有着中心地位和建筑标志，囊古今之智慧学识，集诸文明之艺术精粹"。有着这样一个面向公众开放的阅览室，布卢姆斯伯里自然吸引着众多作家。

二十世纪早期的布卢姆斯伯里俨然是左翼政治与现代文化的代名词。这里住着高尔街上斯莱德美术学院的艺术家、模特，一到晚上，他们就结伴涌入画室跳起狐步舞。画室里乱糟糟地堆着用于静物写生场景的物品，还有画了一半的油画。1920 年代，布卢姆斯伯里最为人熟知的自然当数"住在广场，成群作画，身陷三角恋"的群体，以及这里普遍放荡不羁的生活方式。斯黛拉·吉本思（Stella Gibbons）甚至在 1932 年出版的小说《令人难以宽慰的农庄》（Cold Comfort Farm）中写道，"这些住在布卢姆斯伯里街和夏洛特街的大文豪，思想再开放不过，每周互换妻子、丈夫"。生于英属特立尼达岛的 C. L. R. 詹姆斯是一名社会主义者，在 1930 年代曾在这里的寄宿房屋生活过一段时间，他称这里"从视觉效果而言，堪称世界上最粗陋的地区"，但这里的"布卢姆斯伯里女孩"令他非常惊讶：她们涉猎广泛、独立思考，并且坚持"男性应该将她们作为独立个体来对待，摒弃从前维多利亚时代对女性这个词的定义"。他总结道："如果想过知识分子式的生活，布卢姆斯伯里再合适不过。"

这里旅馆房费低廉，世界各地的旅行者都乐意在此落脚：在酒馆、讲堂大厅、寄宿房屋，费边主义者可能会遇到印度教教徒，来自澳大利亚的学生可能会碰上信仰基督教的社会主义者。如 1935 年的指南书所述，这里住着"来自世界各地的学者"，如发起创立《伦敦诗歌》杂志的泰米尔族诗人坦比穆图（Tambimuttu），在距离罗素广场不远的东方学学院任教的中国剧作家老舍，身兼工党议员、印度同盟领袖及企鹅鹈鹕丛书系列原编辑的克里希纳·梅农（Krishna Menon）。印度小说家、活动家穆尔克·拉吉·安纳德（Mulk Raj Anand）也在 1920 年代来到伦敦大学学院求学。他白天在大英博物馆研究哲学，得空就去咖啡馆、酒馆——通常是贝尔多瑞利、波吉奥利、博物馆酒馆——或与奥尔德斯·赫胥黎一同品尝奶油酥饼，或与 T. S. 艾略特一起思考印度民族主义，或与南希·库纳德（Nancy Cunard）探讨种族关系，或与公交车售票员就《尤利西斯》的价值展开友好的辩论。他后来写道："相比弗吉尼亚·伍尔夫在塔维斯托克广场的客厅，这些对话中的布卢姆斯伯里更为辽阔、宽广。"

布卢姆斯伯里之所以有今日的名声，很大程度源自机缘巧合的建筑改造。十八世纪，这一带还是一片牧场，有精心打理的休闲花园、绵延起伏的田野，零星坐落着几座庄园。但在 1800 年，土地所有者贝德福德公爵让房产开发商进行改造，仿照考文特花园巍峨堂皇的广场，建造统一风格的公馆，将这里改造成上等中产阶级郊区。所有的改造严格按照传统核心家庭的需求：屋后是马厩，父亲乘坐马车出门工作；中央区域由屋子女主人掌控，仆人住在地下室。庄园禁止买卖生意，私人中央花园则洋溢着安康宁静的气氛。然而，公爵雄心勃勃的改造计划很快遇到了困难。他预想的目标租户——向往远离市区、清静的市郊的富有律师、银行职员——现在却更偏爱像梅菲尔区、圣詹姆斯这样的时髦区域，靠近皇家公园和高级商店。建于 1837 年的尤斯顿车站和建于 1852 年的国王十字车站，固然将布卢姆斯伯里与更宽广的世界直接相连，但相比而言，拥有清新空气、更为偏远的郊区或是奢侈繁荣的伦敦西区显然更受上流阶层青睐。新建的公馆公寓无人问津，其他广场的改造也陷入停滞。尖酸的媒体嘲讽布卢姆斯伯里为"偏僻、半开化之地"，只有

"半土不洋"的中产阶级才会住在这里。另一边，公爵还得和那些非法转租的租客、临时私人旅馆打官司，不胜其苦。

梅克伦堡广场建于 1804 年至 1825 年，当时这片土地不在贝德福德公爵名下，而是归属育婴堂。1739 年，航海家兼慈善家托马斯·科拉姆（Thomas Coram）建立起英国第一家收留孤儿和弃婴的育婴堂。当时一些女性因为遭遇强奸或是极度贫困而遗弃婴孩，她们把往往才生下来几天的孩子放在篮子里（通常还会放一些信物，这样日后或许还能相认），挂到育婴堂的大门上。不到十年，育婴堂就收留了四百多名新生儿。育婴堂所在的地区叫兰姆康杜场（Lamb's Conduit Field，有"羔羊中转牧场"之意），以前是决斗场，在当时伦敦的最北边。在科拉姆之前，这块地属于索尔兹伯里伯爵。科拉姆向伯爵购买土地时，伯爵要求育婴堂必须将五十六英亩[1]面积的土地整块买下来。在议会的经济援助下，科拉姆把地买了下来。但在 1789 年，育婴堂陷入资金短缺的困境。虽然育婴堂积极募捐，也有乔治·弗里德里希·亨德尔和威廉·霍加斯的捐赠，社会捐赠资金还是在减少。面对越来越多的孩童，御寒需要衣服，充饥需要食物，管理人员左支右绌。

育婴堂名下有一大片土地可以自由处置。管理人员思索再三，决定先把对孩童们生活在城市环境健康状况"会受到不利影响"的担忧放到一边，委托建筑师塞缪尔·佩皮斯·科克雷尔在这片土地上建造庄园。主体部分就是后来的两大住宅广场：布伦斯威克广场和梅克伦堡广场。为了保留原来视野宽阔的乡村风景效果，每座广场都只有三面建有建筑物。梅克伦堡广场东边的建筑物风格华美富丽，外墙是粉饰灰泥的墙体，此外，还依照由约翰·纳什（John Nash）设计的伦敦摄政公园

1　1 英亩约合 0.405 公顷。

风格，采用爱奥尼亚式柱子，并设计风景优美的幽静处以供休憩。育婴堂的管理人员非常喜欢这儿的设计，为此向负责人——也就是科克雷尔的学生约瑟夫·凯（Joseph Kay）——额外支付八十个畿尼金币，并承诺他死后可以长眠于这儿的小教堂。广场中间地带是一大片私人公园，花圃里栽着玫瑰、丁香，种着悬铃木；外围是住房。当时种下的悬铃木直到现在仍有不少绿意盎然，已经成了伦敦市内最古老的树木。广场东边有一位身穿制服的守卫把守，因为居民投诉这边邻近格雷律师学院路，可能会"受到骚扰"。这边偶尔会接到市民报案，说有妓女来敲门，"嘴里说些不干不净的下流话，污了那些坐在起居室、客厅的家中女眷的耳朵"（一直到 1873 年，广场还设立法规，禁止使用"不得体、不符合身份的语言"，禁止犬类、烟花、板球运动）。除开这些不利因素，育婴堂庄园清幽安静、空气清新，吸引着众多市民前来安居。简·奥斯汀在小说《爱玛》（Emma）中也曾提到这里：伊莎贝拉对不安多疑的爱玛父亲说道："我们在伦敦住的地方是顶好的！您老人家可别把这儿与伦敦其他地方混为一谈。布伦斯威克广场一带和别的地方不一样，这儿十分宽敞，空气也流通！"

但即便如此，在接下来的几十年里，布卢姆斯伯里依然算不上是一个理想、可取的居住区。1904 年伍尔夫和她的兄弟姐妹搬到戈登广场，在当时颇遭人非议。威廉·梅克比斯·萨克雷（William Makepeace Thackeray）出版于 1848 年的小说《名利场》将布卢姆斯伯里刻画成一个"臭名昭著、低俗不堪"的地方，只有不思进取的人才会选择住在这里，否则应该想尽办法远离。但随着十九世纪西进风尚带来的转变，这片地区渐渐有了这样的形象：破败古旧的波希米亚区，住着那些社会边缘人和革命分子。激进人士在附近的大学上学，给慈善孤儿院上课，又因房租低廉而得以租用大房子来运营慈善组织、政治机构。这片区域与女性主义的联系可谓源远流长：早在 1792 年，住在商业街的玛丽·沃斯通克拉夫特（Mary Wollstonecraft）写下《女权辩护》；一个世纪后，妇女选举权运动发起组织将总部设在布卢姆斯伯里。梅克伦堡广场既是数位争取妇女选举权团体的杰出成员的居所，也是弗吉尼亚·伍尔夫女性主义思想启蒙的地方。1910 年，伍尔夫通过帮助全民选举权联合会写信封的方式贡献出自己的力量，她说"这里有受过教育的热心女性和亲如弟兄的职员……赫伯特·乔治·威尔斯小说场景的现实再现"。全民选举权联合会创立于 1909 年，五百余名创始成员中不乏如简·哈里森、伯特兰·罗素、比阿特丽斯·韦伯（Beatrice Webb）这样的知名人物。联合会呼吁，所有人应享有平等的投票权，而不必受财产所有权限制。联合会所在的梅克伦堡广场 34 号有着"变革大楼"之称。大楼还有另外的团体，为工人提供法律咨询，组织罢工，开展反对低薪及违规劳动协议的相关活动。广场为争取女性、工人阶级的利益推动变革，据附近居民回忆，广场总是"乌泱泱地挤着一大群工人"。

布卢姆斯伯里大量富余的房子既为各种进步组织搭建起现实世界中的联结，也无意中为寻找一种不同以往、容纳无限可能的生活的女性提供了能够负担的住房，并且四周是观念相似的邻居，还有无限的机遇。育婴堂、贝德福德庄园急于招徕住户入住，只好同意将公馆分隔成公寓楼，或是直接拆除，把空间让渡给向单身人士提供便捷住宿服务的住房合作社。据 1889 年查尔斯·布思（Charles Booth）所著《伦敦贫困地图全览》（*Maps Descriptive of London Poverty*），在梅克伦堡广场"每幢房子通常住着一户人家，佣人一般有两到三人，多则四到五人"。但到了 1909 年，育婴堂庄园放宽禁止寄宿屋的限制条约之后，大多数房子都有好几家住户。这一让步出现之时，住房组织正处于关于社会、现代性与生活方式的激烈争论的中心。

二十世纪之交，大量受过教育的单身女性，相比从父亲的房子径直搬入丈夫的房子，更倾向于找一份工作。她们需要的居住环境，既可以让她们自由施展抱负，又可以向外界表明，她们拒绝扮演传统的家庭角色。如哈里森所说，她们不仅仅需要一个书房，还要革新"家"这个字眼的定义。以维多利亚时期的观点看来，家和工作分隔得越远越好。因此，靠近市商业中心的布卢姆斯伯里对于体面家庭来说并非理想居所。但对于渴望脱离传统桎梏的现代男女而言，布卢姆斯伯里为他们提供了可贵的机会，他们可以在这儿租一间公寓楼或寄宿房，或与朋友合住，或独自居住。通常房东太太也会住在里面，会为租客提供餐饮（质量参差不齐）。住户为了享受配备齐全的住宿所提供的便捷，通常也会牺牲所有的私人空间；一些人享受群体生活，一些人满足于自给自足的生活方式，既能随时随地跑到城里，也能随心所欲地在家里招待朋友。梅克伦堡广场在报纸上刊登的广告也发生了变化。十九世纪早期，广告一般会强调这儿格调高雅："品味非凡，阖家欢享，尊贵奢华，地段理想。"而一个世纪之后，广告词的风格全然迥异："高级服务套房，价格包含早餐"；"寄宿房屋，价格公道：女性工作人员、学生的最佳之选，包含平日早晚两餐、周日三餐，煤气取暖器、炉灶单独计价"。作家托马斯·柏克（Thomas Burke）将这些挤满了人的房子刻画为"穷困凄惨的青楼妓院"，《星期六评论》周刊则指责布卢姆斯伯里"自贬身价做二流的寄宿房屋"。但除了这些声音之外，其他人则视这种新式生活方式为女性视野得以拓展的象征，并为此而由衷高兴。1900 年一篇名为《工作女性：所经历的生活和所期待的生活之间》的报告称布卢姆斯伯里为"工作女性的选择和挚爱"。这里终于成了这样的地区：人们可以在这儿找到一间独属于自己的房间。

如今，布卢姆斯伯里的公寓早已今非昔比。动辄数百万的房价对于壮志未酬的作家而言根本就是可望而不可即。但如安纳德所言，在战争时期，这一带绝非富裕阶层的专属。1889 年，布思将布卢姆斯伯里大多数地区划分为"富裕的中产阶级"，同时也指出，东边部分有一片地区原本是空地，后来渐渐为贫民窟、妓院所占据，这一片相当贫困。多萝西·L. 塞耶斯有好几部犯罪小说的背景都设在这里。在她眼里，布卢姆斯伯里是一处黑暗的地下世界，充斥着暴力，"人们随时准备把对方打晕"，这里"小孩一个接一个地生下来，妻子忍受着打骂，酗酒更是家常便饭"；玛格瑞·爱林汉姆（Margery Allingham）在 1938 年发表的故事《目光长远的凶杀案》（"The Case of the Longer View"）中称布卢姆斯伯里"像是一个中转站。人们来到这里，要么阶层跃升成为人上人，要么坠入地狱再难翻身"。本书中的女性在面临人生中的未知之时，为这里的低调无争、倏忽无常所吸引，也为这里的文学名声所吸引，因而来到布卢姆斯伯里。但她们都清楚，这种自由建立在稳定的经济基础之上。对于那些蜗居在廉价寄宿房的人而言，这间只能容下一张床的小小房间，与其说是一处庇护所，不如说更像是一间牢房，将她们囚禁于此。琼·里斯（Jean Rhys）就曾在几部小说中写到这些行走在悬崖边的女性。她们以心照不宣甚至明码标价的方式，向那些大多已有妻室的男人提供性服务，以换取一些微薄的收入用于支付一间"帕丁顿甚至布卢姆斯伯里"脏乱破旧的合租房房租。在凯瑟琳·曼斯菲尔德（Katherine Mansfield）描写的故事《电影院》（"Pictures"）中，"独立"对于失业女演员埃达·莫斯而言，不过是岌岌可危的负担，令她不堪重荷。她随时有可能被驱逐，住在"布卢姆斯伯里的一间顶楼背阴的房间，里面充斥着煤炭、粉底、炸土豆油脂的味道，炸土豆还是她前一天打包回来的晚饭"。如果自由需要一间独属于自己的房间来安放，那么维持这间房间则需要金钱和一整个支持体系，让人有足够自信去抵御外界的质疑：在布卢姆斯伯里，安全感和成功，每一样都来之不易。

但对于渴望挣脱家庭传统模式的女性而言，布卢姆斯伯里象征着可能性。1904 年，伍尔夫刚抵达这里时，她立刻感觉到自己"处在事物的中心"：交通的嘈杂声，手摇风琴的乐声，透过窗户传来的蔬菜商贩的叫卖声，在经历"海德公园门令人压抑的寂静"之后，这一切让她初尝自由的美妙滋味，接近外部的世界。在伍尔夫 1919 年的小说《夜与日》中，凯瑟琳·希尔贝利（凯瑟琳和父母一起住在肯辛顿，她原本对数学有浓厚的兴趣，但因为要承担家务而不能继续探索）站在好友玛丽·达切特那间起居室兼卧室的小房间里，望向窗外，玛丽正把家具移到墙边，为一会儿"可以自由谈论一切话题的社团"腾出空间。她立刻意识到这一随心的安排是多么让玛丽精神焕发："在这样一间房间里，可以工作，可以按照自己的意愿生活。"在二十世纪有关布卢姆斯伯里如何解放人的潜能的论述中，多萝西·理查森在《朝圣》（出版于 1915 年至 1938 年）中发表了极为精彩的观点。这是一部现代主义小说，无论是在意识流形式还是情节设置上都具有开创性。牙医助理米里亚姆·亨德森在经历父亲破产、母亲自杀之后住进布卢姆斯伯里一间狭小的阁楼。她在这里"自由地生活，靠一英镑就能躲上一个礼拜"，把"忠实的、代表胜利的大门钥匙"视作自身独立的象征。她享受拥有自己的门，合上还是开着，全凭她自己的心意，她可以把东西"随意摊在地上"，当伦敦这座城市在窗外闪耀时，她可以在屋内读书。从 1920年起和 H. D. 一起生活的作家布莱尔描述理查森为"记录我们早些年经历的贝岱克[1]"。和本书中的所有女主人公一样，米里亚姆寻找的新居所蕴含着一个根本性的追寻：她希望在社会上找到一个合适的位置，她可

1　贝岱克（Baedeker）：德国出版商，1910 年推出英国旅行手册。

以自由地表达自我，而不需要在传统性别桎梏中隐匿自我。

*

家庭内部的这些改变一方面反映着女性公共角色的转换，另一方面也标志着范围更为广大的态度改观：对于女性写作的态度，以及书写女性的态度。如伍尔夫在《一间属于自己的房间》中写道："在评价一本书时，人们总会先入为主地认定，如果它谈论的是战争，那么一定是重要的；相反，如果谈论的是客厅中女人的情感，那么一定是微不足道的。"男人总在小说、诗歌中赞美女人的神秘朦胧，歌颂她们的致命诱惑，却从没把女性写作当回事。伍尔夫细述长期以来女性写作无法受到认真对待的阻碍，呼吁读者扼杀"天使主妇"，然后不加掩饰地书写自己的生活，去描绘我们的母亲、祖母，刻画她们与其他女性的友谊，最终"重写历史"。她那未能完成的遗作本预备提供另一种英国文学史的书写方式，向世人展现历史上被掩藏的"无名者"的声音。这一书写计划动笔于伦敦大轰炸期间，伍尔夫当时就住在梅克伦堡广场 37 号，可惜最终没能完成。书写期间，伍尔夫重读了简·哈里森和艾琳·鲍尔的作品。她们对历史的描写广博精深、充满想象力，正是伍尔夫所期待读到并想要写出的作品。

本书承继伍尔夫"书写不同历史"的未竟之志，记录了五位伟大女性的生平。书中既记录着她们的个人情感、发生在客厅中的私人生活，也翔实记载着她们的职业生涯、政治观念、文学成就和所属社会群体。书中同样免不了涉及战争，这一时代背景深刻地影响着她们每一个人的命运。H. D. 的丈夫理查德·阿尔丁顿在自传中将 1918 年至 1939 年描述为"漫长的休战期"，这一期间局势动荡不安，国际关系日趋紧张。同时，艺术创作空前活跃，新的生活方式也开始涌现。彼时"一战"之惨烈犹在眼前，又渐有历史重演的趋势，人人自危；英国一方面尚沉湎于维多利亚时期辉煌的过往，另一方面又急切地呼唤现代化。精神分析、节育措施、艺术方面取得的新成就，罢工行动以及大大增加的旅行可能，无一不有助于人们认识自身、见识更为广阔的世界。中国和俄国经历的巨变引发了对民主未来的激烈讨论，爱尔兰和印度争取自治权的运动则对大英帝国统治的合法性提出了质疑。妇女选举权得以初步确立，随后权利对象又扩至年龄二十一岁以上的全体女性；女性主义运动如火如荼，延伸至自主流产、离婚法律、同工同酬等方面。同时也有许多激进人士将精力投向推动和平发展，对国际联盟设想的国际协作抱有热诚的信念。

本书主体部分分为五章，每章介绍一位女主角住在梅克伦堡广场期间的生活。我无意悉数记载她们从出生到死亡所经历的每一件事，也不敢妄称面面俱到、毫无偏颇。书中致力描绘的，是那些在宏大叙事中可能被一带而过，但在她们生命中实际上意义显著的时刻。透过住址这一共同联系，联合探究她们各自不同的经历，我希望能让读者看见她们生命中的丰富与浩博，从而更深入地理解她们每一个人。在每一章中，女主角挥别那个困守家中或是羁留别处所造就的自我，来到新地方试图开启全新的生活。她们无一不处于转变过渡之中，前路未明却充满希望。来到梅克伦堡广场，对于多萝西·L.塞耶斯和艾琳·鲍尔而言，带来的是纯粹的鼓舞与振奋；而对于 H. D. 和弗吉尼亚·伍尔夫而言，有矛盾和挣扎，令她们心绪难平。在广场生活的时间虽各有长短，长可达数十年，短不过数月。但在此期间，她们无一不致力于解决那些困扰终生的难题，思考终身都在寻求答案的观念；在这里，她们结识人生中有着重要意义的友邻，也与过往的关系告别；在这里，她们写下开拓性的作品，创立激进的合作组织；在这里，她们深入思考人生的价值，明确自己的志向。刚动笔时，我将此书的内容范围限定于布卢姆斯伯里的一座小广场，但随着对书中每位女性了解的加深，我才意识到，她们的兴趣爱好、影响力和对梦想的热忱，以俄国文学、法国艺术、中国政治为媒介，早已向全世界延伸，给世界同胞带来深远的影响。她们无一不向往自由，也关注个体与群体之间命运的交织与联结，这一群体跨越时间和地域、种族与等级。她们在广场生活，见自身更见天地，绝非隔绝如孤岛的狭隘之辈。时代动荡，世界的关切、种种事件，并非只是她们个体命运际遇的幕布，而是实实在在地深刻影响着她们在广场生活的方方面面；在此背景下，这些女性不遗余力地去创建一个更为平等的未来。

我们在这样的时代背景下走近梅克伦堡广场：混乱与动荡在广场内外蔓延；旧世界终结，新世界降临；微弱的希望转瞬即逝，深切的绝望却盘桓不散。D. H. 劳伦斯在小说《袋鼠》（*Kangaroo*）中写道："旧世界终结于 1915 年。1915 年冬天起至 1916 年，旧日伦敦的精神坍塌，这座城市以某种方式消亡了。它不再是世界中心，成了破碎的激情、欲望、希望、担忧以及恐惧的漩涡。"我们的故事从 1916 年揭开序幕，梅克伦堡广场上空齐柏林飞艇盘旋轰鸣，一盏明灭不定的蜡烛照亮尚未完成的手稿，人人心中萦绕着"战争结束的那一天或许永远不会到来"的恐惧。

第二章

H. D.
（1886—1961）

梅克伦堡广场

44号

1916 年 2 月—1918 年 3 月

"在这场战时爱与亡的祭祀礼上，交换舞伴，
交替牵手，永远不知疲倦地舞"
——H. D.，《让我活下去》（ *Bid Me to Live* ）（1960 年）

1934 年秋日的一个下午，维也纳，希尔达·杜利特尔走出旅馆，发现地上到处是金色的纸带，对折着，像是圣诞拉炮中的箴言。她俯身拾起一把，看见上面印着简短的文字："希特勒给我们面包"，"希特勒给我们工作"。她吓了一跳，忙扔入排水沟，继续赶往贝尔加斯 19 号。她在此约了心理分析学家西格蒙德·弗洛伊德（Sigmund Freud）教授。街道上设有铁丝网路障，配枪士兵在角落潜伏。这一画面令她想起关于美国内战的麻面照片。正对着教授家大门的马路上，有粉笔画的纳粹万字符。

H. D. 在这一阶段的回忆录《向弗洛伊德致敬》（*Tribute to Freud*）（1956）中写道，她接受治疗是为了学着应对"个人对于战争这一恶龙的恐惧之情"，让自己更为坚强，以应对第二次战争爆发的可能性。她同时也希望弗洛伊德能帮助清除一直抑制自己写作的"精神黑纱"，将她从崩溃边缘拉回。弗洛伊德鼓励 H. D. 放下一切忧虑，让思绪自由自在地漫游：飞越他的房间——在书和信件堆成的摇摇欲坠的小山之间，有许多古老的物件：庞贝古城的赭红色砖石、埃及的布料、描绘精细的木制灵柩、狮身人面像——回到 1916 年正遭受轰炸的伦敦。弗洛伊德在她的潜意识中探索，寻找心理障碍的根源。H. D. 发现，自己不断返回住在梅克伦堡广场 44 号时的那段生活经历，那时正值第一次世界大战，她和彼时的丈夫理查德·阿尔丁顿以及其他一些人一起生活。H.

D. 在给同性伴侣布莱尔（Bryher）的信中以及后来的自传中都描述过弗洛伊德如何引导她凝神深思，去回想她"始终小心翼翼地避免与之和解的一段时期"，一段一旦在脑海中浮现"就会在分析报告中留下深刻印迹"的时期。弗洛伊德意识到这段经历对 H. D. 仍是一个障碍，因此建议她重新执笔，将她 1918 年住在康沃尔郡时就开始动笔、以梅克伦堡广场公寓为故事背景的自传性小说继续写下去。H. D. 向布莱尔坦露，弗洛伊德"似乎认为，将 1913 年至 1920 年期间的生活经历坦率地记录下来，会对我有益"。她无奈地写道："我封锁了这整段经历，但是显然写下来才能挣脱束缚，放下执念……解脱之法，恐怕只在于亲自书写，平直、不加修饰，像记叙历史那样。"

44

H. D. 创作生涯漫长，以一代诗人之名著称于世。1960 年，美国艺术文学院授予她杰出诗歌奖章，以表彰她富有创新性、涵盖多方面内容的作品体系。她不懈地摸索艺术风格，叩寻终极意义，深入探究性别与神话、语言和现代性的问题。她是历史上第一位获此殊荣的女性。H. D. 在 1961 年离世时被赞为一代天才，却又很快湮没无闻。一直到第二波女性主义浪潮兴起，人们开始找寻失去的"母亲"时，她才重新进入世人视野。她的诗歌以全新的选集形式出版，数篇学术文章和自传面世，此前未曾发表的几篇小说也相继发表——这些小说将她与女性之间的亲密关系带入公众视野——她的女儿珀迪塔·沙夫纳（Perdita Schaffner）为这些小说写下感人至深的序言。但人们一说起 H. D. 的生平，更多还是围绕着她与几名男性之间的关系：少女时期与埃兹拉·庞德的婚约，和理查德·阿尔丁顿那段动荡的婚姻生活，和 D. H. 劳伦斯的特殊关系——一段风流韵事，还是一次充满创造力的分歧，抑或不过一场虚构的相遇？世人或是哀叹她在情场中数度失意，或是赞颂她如超凡脱俗的梦境，她的美貌、特立独行引得伟大男性为她写下不朽的作品。但这些观点都不足以勾勒出她的全貌，她终其一生不断努力走出他们的阴影，建立起自己的身份——而这份努力正萌芽于梅克伦堡广场。

H. D. 在小说《赫耳弥俄涅》(*HERmione*)（写于 1926 年左右，直到 1981 年才出版）中借叙述者之口说道："人会保留一两种色彩，将一生或浓烈铺满、或淡然浸润。""一战"期间在广场生活的这两年对她整个人生都至关重要。这之后的四十多年里，她一直在试图解读这些岁月的真正含义。她反复将这期间充满戏剧化的种种事件嵌入不同的背景，改变人物性格、动机和时间尺度，用不同的视角、风格和叙述形式书写自传性作品，并将这些作品视为一部完整的小说。多数已经完成的手稿上写着同一个词："销毁。"H. D. 离开梅克伦堡广场不久，于 1918 年 7 月就开始动笔写"这部小说"，反复改动原有素材，写了好几个各有差异的版本，一直到 1960 年才以《让我活下去》这一书名最终出版。早先的手稿包括《赫耳弥俄涅》、《常春花》(*Asphodel*)、《画下来，在今日》(*Paint It Today*)，后来也都一一付梓。这些作品一方面展示了 H. D. 诗人以外的另一重身份——一位用词考究典雅的现代散文家，另一方面也让她的人生全景更为扑朔迷离。她并没有如自己声称的那样"不加修饰"地记叙整个故事，反而创作了多个互相矛盾的版本，这些版本不可能全部都记录了真相。这些奇异、引人入胜的小说，每一篇都支离破碎、彼此重复，随处都是典故和梦境的意象，在一系列充满矛盾的人物关系中探索某个角色的内心世界。她遇见理想但自负的男人，对她的艺术家生涯造成威胁；她遇见善解人意、给人安慰的女人，但她们又有吞没她、消除她的可怕内在力量。这一切设定都指向主人公的努力，去消除过往伤痛、重新学会写作。公众臆想了太多关于她的故事。通过书写过往经历，H. D. 试图掌控自我的公众形象。如果写作是 H. D. 呈现自我故事的一种方式，那么她仍需构建起一个真实的自我。

H. D. 在小说、信件、访谈及分析报告中描述自身和周围人时，常出现前后不一、自相矛盾的地方。尽管声称故事中所有主人公"当然……就是同一个女人"，她却给每一篇小说署上不同的名字，每一本手稿上都明白无误地写着不同的作者名。H. D. 似乎正是通过这一方式，将自己同主人公甚至故事叙述者分隔开来。她曾想以笔名迪莉亚·奥尔顿为《让我活下去》署名，但由于出版商认为用声名卓著的"H. D."更有利于宣传，她才勉强让步，但坚决拒绝附上本人照片。"H. D."这个名字最早由庞德提出：1912 年，大英博物馆茶室，希尔达请庞德品评她的一些早期作品，这一事件正是意象诗派的起源。庞德惊叹"森林女神[1]，这就是诗"。他抓起一支笔，改动了几个单词，划掉几行，满意之后，在页面底端写下"意象派 H. D."——这个名字在她后来的职业发展中既有助力也是束缚。在当时，希尔达为被推举为庞德新运动的标志人物而受宠若惊，而且新名字既能摆脱本姓[2]中暗含的懒惰、无成就之意，又能隐去性别的痕迹，她为此很是欢喜。她在一生之中顶着"H. D."的名字赢得无数赞誉，但并不愿世人将她当作庞德的门生。对她而言，这个名字联结着她的早期诗作以及越来越令她不堪忍受的文坛。她逐渐发觉，这个未经她同意就署下的名字将她困囿于特定的身份，而她将终其一生去挣脱这一束缚。

随着《让我活下去》的出版，H. D. 以戏剧化的姿态与过往彻底割席。

1　Dryad，希腊神话中的森林女神。

2　Doolittle 在英文中与 do little（成就甚微、懒惰者）谐音。

这部晚期现代主义小说贯穿着如梦境般的超现实风格，引人入胜，描绘了当年她在梅克伦堡广场的战时生活，剖析了住在同一个屋檐下的奇异的家庭组合。H. D. 这时已七十三岁，住在瑞士的疗养院。面对前来采访的《新闻周刊》记者，她百感交集地说这本书"完全属于自传性质"。她告诉记者："事实就是如此，一字不差。这是一部影射小说，线索并不难寻。我个人甚至认为里面有些内容可能会损害名誉，好在律师说无碍。书中的茱莉亚就是我，所有人物都是现实存在的。"熟悉情况的读者一眼就能看出：书中骄傲自负的丈夫理夫·阿什顿就是 H. D. 于 1913年与之步入婚姻的丈夫理查德·阿尔丁顿，贝拉就是理查德的情人阿拉贝拉·约克（Arabella Yorke），温文尔雅的弗雷德里卡和他的妻子艾莎就是 D. H. 劳伦斯和他的妻子弗里达·劳伦斯（Frieda Lawrence）；"布卢姆斯伯里宽敞的客厅"就是梅克伦堡广场 44 号公寓的二楼。但是，书中呈现的"真相"蒙上了层层叠叠的小说迷雾。H. D. 将这些岁月记叙下来并最终出版，应当不仅仅是为了创造出现实主义的纪录片。1921年她曾经给好友约翰·库诺斯（John Cournos）看过早前版本，她称这本书"不是出于文学目的而创作，至少目前如此。对我来说，这一过程大于目的本身。我很希望能借此理清过去的一些纠葛"。

这些笼罩着 H. D. 生平的迷雾与面纱令为她立传的作家既喜且忧。将几部小说逐一归整，对照人物性格、描述，将故事情节与同时期信件、其他人根据同一事件创作的小说和回忆录一一比对——但这些尝试不但没能让真相进一步清晰，反而让真相更为扑朔迷离。梅克伦堡广场 44 号公寓中的住户离开后，理查德·阿尔丁顿将地下室落下的信件——H. D. 在战时与他及劳伦斯的往来信件——塞进一个破旧的行李箱付之一炬。他后来也为此懊悔不已，但这些丢失的信件注定使得这一时期的叙述无法全面、具体。如果说一本传记文学提供了一种人生版本，那么 H. D. 可以说经历了数种不同的人生。但无论这些事件、对话与背叛是否真如《让我活下去》书中所描述，甚至是否真正发生，这本书的创作对于 H. D. 的意义之大都是毋庸置疑的。创作这部作品的过程让她得以与战争以来复杂的关系与情感达成和解，让她有机会去直面有关写作、性别、暴力和力量的深层次问题，并最终平息自广场的艰辛岁月以来便一直困扰着她的那场关于信心与身份的危机。

44

希尔达·杜利特尔从童年开始就一直自觉像个局外人。她出生于美国宾夕法尼亚州伯利恒市，有五个兄弟，是家中唯一的女儿。她原本有两个姐姐，但都在襁褓中不幸夭折。和弗吉尼亚·伍尔夫一样，她后来意识到，她的存在离不开父亲第一任妻子的不幸早逝。"为什么去世的总是女孩？"她在回忆录《天赋》（*The Gift*）中不安地诘问。在这本回忆录中，年幼的希尔达为从未谋面的女性哀叹，为未来忧虑：自己是否注定只能过着眼界狭隘、无法施展才能的人生？母亲海伦是神秘的新教教团"莫拉维亚弟兄会"创始成员之一的后裔。由于仪式神秘，这一派别并不为传统教堂所接受。曾有占卜者告诉海伦，在她的孩子当中，其中一个将拥有"超越常人的天赋"。这个预言令 H. D. 自感挫败，她后来写道："母亲因不是所有孩子都具有天赋而感到失望，而这种失望实质是出于她对自身的苛责，认为是因为自己天赋不高才祸延至下一代。可我又能从何得知呢？"海伦原是位音乐家，热心于歌唱事业，但后来因丈夫抱怨歌声扰人清静就放弃了。根据莫拉维亚派别的教义，眼界和天分是代际遗传，海伦因此认为只有她的兄弟继承了眼界天分。海伦和伍尔夫的母亲朱莉亚有许多相似之处。她们都是典型的"天使主妇"，为丈夫能安心工作而兢兢业业，对丈夫的观点绝对服从。母亲这一角色向女儿展示的，是传统女性角色受到的束缚多么令人不堪忍受。回望母亲的人生，H.D. 心碎地意识到，母亲留给自己的遗产是缄默，是病态地消隐自身一切的才能与光芒。但无论如何，她相信自己同时继承了在母亲那里被挥霍的"想象才能"。

希尔达九岁那年全家搬到费城，父亲查尔斯·杜利特尔在这里担任天文学教授。他常半夜出门，聚精会神地观测星体，有时胡子都会冻在望远镜上，这些令年幼的希尔达十分好奇。在费城几所学校和神学院上了几年学之后，希尔达在 1905 年时进入布林茅尔学院学习，但只上了三个学期就退学了，转而投入写作。据同学威廉·卡洛斯·威廉姆斯回忆，希尔达为了"感受自由"而往衣服上泼墨。威廉姆斯一向钦佩她"蔑视规则，挑战秩序"——她那率真的笑容、男性化的着装风格、在暴雨中漫步的爱好。但挑战权威只会招致更多的威势压迫。希尔达在 1950 年写道："我不喜欢布林茅尔，但这不能怪学校，因为我与庞德相恋，大学第二年就此中断。"1901 年，十五岁的希尔达在万圣节派对上遇见了庞德；十六岁的庞德穿着突尼斯王子那样的绿长袍。接下来几年里，庞德自任希尔达的文化启蒙者，带她看歌剧，给她列书单（易卜生、巴尔扎克、罗塞蒂、萧伯纳的作品，还有他每天刷牙时创作的十四行诗），带她品尝布里奶酪（希尔达坦承不喜欢布里奶酪的味道，庞德揶揄她"品味不佳"）。他称她为"森林女神"。希尔达森林女神的身影常现身于庞德早期诗歌，相关诗作后来结集成《希尔达之书》（*Hilda's Book*）出版。

对此时的希尔达而言，庞德铺天盖地的温柔网替代了充满压抑和误解的家庭，还予她新鲜的刺激。她很清楚自己想要一种不同的生活，但周围的狭小世界没有可供她参考的范例。1908 年，庞德突然离开美国

前往欧洲，两人之间的婚约也因此告终。希尔达的父母倒是松了一口
气，在他们看来，庞德性情乖戾，据传言还有多个对象，算不上是可靠
的婚姻对象。希尔达也暗自松了一口气。庞德傲慢跋扈，习惯掌控一切，
一心想着自己的抱负；这时的他对希尔达的写作也漠不关心。H. D. 后
来反思，假如他们步入婚姻，"埃兹拉一定会摧毁我，摧毁我诗歌中被
称为'灵魂与精魄'的内核"。在 H. D. 根据费城生活写成的小说《赫
耳弥俄涅》中，主人公被美人鱼的故事吸引了注意力：美人鱼为了能与
王子在陆地上生活，以美妙的歌喉交换双腿。赫耳弥俄涅因而意识到，
婚姻会把她绑在缪斯的位置上，她将因此不可避免地失去诗人这一身
份。这段感情对 H. D. 影响深远，与庞德的相处方式也为之后的感情建
立起一个模式：她在一生中遇到了几个男人，她称他们为"启蒙者"。
在与他们相处时，她一度让自己陷入脆弱受伤的境地，但最终走出阴
影，反抗他们的指导。这一阶段的希尔达从傲慢的庞德所规划的未来中
逃脱，接下来，她需要以自己的力量逃离费城。

　　1911 年 7 月，希尔达动身前往欧洲，准备在欧洲旅行，欣赏风景。
与她同行的是前一年认识的弗朗西丝·格雷格（Frances Gregg），诗人、
艺术家、神秘主义者。H. D. 深爱着弗朗西丝，称她"就像是世界上另
一个自我"，两人的亲密关系如同"蓝色火焰"一般填补了庞德离去留
下的缺失。弗朗西丝正是她一直盼望的姐妹、灵魂伴侣；她们互称女
巫、同胞姐妹。漫漫长夜，两人在希尔达狭小的房间里一同写作、倾诉
秘密、念诵魔法咒语——两人之间的联结令她决心颠覆传统，不被父母
狭隘的期望所左右，过一种自由自在的生活。受庞德给她的忒奥克里托
斯的诗歌译本所启发，希尔达写下了她最早的爱情诗，这些爱情诗的对
象却是弗朗西丝。

　　弗朗西丝母亲也与她们同行，处处警惕。一行人先是在巴黎郊区一

处"逼仄又糟糕的地方"落脚（她们在此失望地得知，卢浮宫内《蒙娜丽莎》画像被盗），接着又来到伦敦，在布卢姆斯伯里的伯纳德街住了下来。希尔达给庞德寄了张明信片，装作若无其事地写道："周日抵达。期待一聚。"庞德对新伙伴的到来十分高兴，马不停蹄地带领女士们融入他在这座城市营造的时髦环境。希尔达在给庞德母亲伊莎贝拉的信中开心地写道："我们在伦敦受到了热情友好的接待，这都是庞德和他朋友的功劳。"这时，庞德因创新性的诗作和高调的着装风格早已在伦敦文坛和八卦小报上声名鹊起。他带着她们去文学编辑瓦奥莱特·亨特（Violet Hunt）和福特·马多克斯·许弗（Ford Madox Hueffer，后改名为福特·马多克斯·福特［Ford Madox Ford］）家中参加茶话会，在场的全是支持妇女参政权的新新人士；带她们去位于苏活区先锋派风格的金牛犊夜店，欣赏声色犬马的娱乐晚会；带她们去格调高雅的公寓参加缤纷耀目的晚会，希尔达在这里感受柔软的地毯，享受花香，聆听宾客的妙语连珠和高冷侍从的窃窃私语。

她在这座城市四处游荡，探索公园、小巷、咖啡店、画廊；她在W. B. 叶芝家中喝着鸡尾酒，与人探讨乔治时代的诗歌特色；她四处参观艺术家的工作室，如雅各布·爱泼斯坦（Jacob Epstein）、温德姆·路易斯（Wyndham Lewis）、亨利·戈蒂耶－布尔泽斯卡（Henri Gaudier-Brzeska），其中布尔泽斯卡的作品风格抽象，强调粗制的真实性，深受埃及风格影响，庞德认为这一风格与他倡导的现代诗歌不谋而合。她前往参加由小说家约翰·高尔斯华绥（John Galsworthy）的妹妹莉莲·索特（Lilian Sauter）为倡导妇女选举权而举办的会议，并且有感于妇女遭受的不平等对待，将这次经历写成了一篇短文。充满无限可能的伦敦生活深深地吸引着希尔达，她觉得终于找到了自己的归属。她试图劝弗朗西丝和她一起留下，在布卢姆斯伯里租个公寓。在希尔达看来，这片地区风气开放，文学氛围浓厚，正是她渴望的那种生活的缩影。但弗朗西丝并未留下：10月，她和母亲回到美国。次年4月，弗朗西丝寄来一封信，告诉希尔达，她和一个叫路易斯·威尔金森的男人订婚了。希尔达困惑又难过，两人曾一起畅想现代女性的生活，约定抛弃婚姻、拥抱差异和创造力，弗朗西丝却半途而废。与此同时，她自己从未考虑回家。就像弗吉尼亚·伍尔夫逃离肯辛顿区来到布卢姆斯伯里一样，希尔达之所以离开美国来到伦敦，正是为了寻找"思想和灵魂的自由"，并借此建立起全新的自我。她在后来给布莱尔的信件中写道："要想有所成就，我必须逃离。你能看出来吗？伦敦至少让我感觉到自由。"疏离感有助于诗歌创作；远离家乡，与严厉的父母远隔重洋，让她有勇气去探索自我，或者说，探索想要的那个自我。

事实上，H. D. 此后一生中回到美国的次数也屈指可数。在伦敦这个浪荡不羁、蔑视陈规的波希米亚主义文化圈子里，她在忙碌的生活中获得了费城无法提供的激发与助力，交到了一群志同道合的朋友，在他们的支持下，庞德固执如一的掌控欲带来的影响也得以降低。庞德曾告诉她："你是造物的天工。"希尔达·杜利特尔留着一头短发，身形优雅（她身高将近1.8米，少女时期曾为此尴尬难堪，不过当地篮球队因此受益），常穿着希腊风格的服饰，行动起来如水波激滟，留下一抹别致的身影。她对古希腊语的热情、脸上"极度脆弱"的神情以及几乎毫无大西洋彼岸口音、婉转动听的语调，无一不令周围好友好奇而着迷。在小说《常春花》(《赫耳弥俄涅》的续篇）中，伦敦赋予女主角对自身和作品全新的自信：当未婚夫要求她从"地狱般的布卢姆斯伯里"搬出来时，赫耳弥俄涅坚定地拒绝了他，称她在昏暗的单间公寓里体会到的是自由的甜蜜。不过希尔达的独居生活并没有持续太久：1911年年末，在某个派对上，经新朋友布里吉特·帕特莫尔介绍，希尔达遇见了理查德·阿尔丁顿。

　　阿尔丁顿这年十九岁，比希尔达小六岁。编辑哈丽雅特·门罗（Harriet Monroe）称阿尔丁顿有着足球运动员的外貌，非常惹眼，这让他很恼火。他原本在伦敦大学学院攻读英语学位，因家中破产而提前终止学业（但后来据他所称，他是因为一场隐秘的叛乱才被退学）。他本有机会在伦敦金融中心工作，领一份优渥的薪酬。但他不顾亲朋好友劝说，执意在舰队街找了个体育新闻编辑助理的岗位，预备以此作为跳板，为日后真正踏入文学界做准备。两人相遇时，阿尔丁顿已经在几家杂志上发表了诗歌和译作，常常把饭钱省下来买书。

　　他们两个在大英博物馆中一起细细欣赏原稿、建筑雕刻；由于未满二十一岁，阿尔丁顿无法进入阅览室，希尔达就将希腊诗歌誊抄下来，然后在家中或咖啡馆一起翻译。1912 年秋天，杜利特尔一家开始了欧洲之行，阿尔丁顿在意大利加入同游。庞德在意大利遇到了这一行人，他幽默地写道："理查德和希尔达大约在离开那不勒斯的途中坠入了爱河。"他们同样尚古嫉俗，渴望在诗歌事业上有所成就，排斥中产阶级价值观，而最为将二人紧密结合在一起的，是他们都渴望建立一种没有等级秩序、有别于传统的亲密关系。在此之前，希尔达也曾担忧坠入爱河的未来不知会是什么光景。但阿尔丁顿看起来和庞德不一样。她开始感觉到，真正平等的感情未必会吞没她作为个体的身份，而是能让她在充满创造力的关系中持续地生活、写作，这也是一种自由的途径，两个人能彼此激励，创作更优秀的作品。1913 年 10 月 18 日，就在见证诸多文化名人缔结良缘——如凯瑟琳·曼斯菲尔德和约翰·米德尔顿·默里夫妇，娜拉和詹姆斯·乔伊斯夫妇，弗里达和 D. H. 劳伦斯夫妇——的肯辛顿区婚姻登记处，希尔达·杜利特尔和理查德·阿尔丁顿正式结为夫妇。结婚证书显示，这一年他二十一岁，她二十七岁；职业一栏他填着"诗人",她则没有填,只用斜线划去。

有段时间,希尔达、阿尔丁顿和庞德三人分别住在肯辛顿区教堂街的 6 号、8 号和 10 号。结婚后,希尔达希望建立属于自己的家,就和阿尔丁顿搬到荷兰街公寓 5 号居住。但庞德以躲避叶芝为说辞,几乎随后就在大堂对面租了个房间。这多少给希尔达带来困扰。阿尔丁顿夫妇在公寓里写诗的时候,庞德常常一阵风似的冲进来,借点小东西,或是朗读几句新作的诗。夫妻俩很快不胜其扰,再次搬家,住到汉普斯特德的基督教堂街 7 号。这样一来,夫妻俩发现,保持距离之后"少了在肯辛顿区的龃龉、钩心斗角",和庞德之间的关系反而有所改善。这个转变对希尔达尤为意义重大。她这时候正苦心孤诣地摸索个人诗歌风格,从大自然、希腊神话中汲取灵感,尝试创作质朴、凝练的作品,兼具汹涌力量和静水流深的艺术激情,例如鹅卵石上交错杂漫的花茎之美,海面上猎猎劲风之美。她写于 1912 年的长诗《道路之神赫尔墨斯》("Hermes of the Ways")开篇描绘了陆地和海洋的交界线:

坚固的沙滩碎裂
其中的沙粒
如酒一般清澈

在海滩遥远的地方
风
在宽阔的海岸嬉闹
堆出小小的山脊
又被大浪
吞没

那天下午在大英博物馆茶室，当希尔达把这首诗向庞德展示时，庞德欣喜若狂，赞叹："焕然一新！"庞德立意引领一场激进的文学运动，通过直接处理描写主题将诗歌从维多利亚时代和乔治时代的浪漫主义风格中解放出来。这场文学运动将以清晰平白的意象为核心，"绝不包含在某种实际情境下、具有某种真实感情状态时不会真正使用的语言"。庞德在希尔达的作品中看到了一种可以将他的理想传递给外界的声音。为此，他把希尔达的三首诗歌寄给《诗刊》编辑哈丽雅特·门罗。《诗刊》是当时具有极高影响力的杂志，除了刊印著名诗人的作品，也挖掘初出茅庐的有才之辈的作品。他写道："给你寄了几首美国诗人的现代作品。我说的'现代'是指它们使用的是意象派风格简洁的语言……客观，直接，没有迂回，没有过多的形容词，没有经不起检验的比喻。平直的叙述，像希腊语一样不加修饰！"

1913 年 1 月，《诗刊》发表了《道路之神赫尔墨斯》、《隽语》（"Epigram"）、《果园》（"Orchard"）三首诗，作者署名"意象派 H. D."。作者介绍一栏也保留了神秘感：H. D. 是一位远离故土的美国女士，编辑尚不知晓她的确切身份。希尔达看着诗作以庞德留下的印迹署名刊印，恍惚间有一种隐身的不真实感，仿佛作品不是真的出自她的手，仿佛没有名字的她真的完全不存在。有趣的是，她决定什么也不告诉庞德，而是在此之后私下给门罗写信，请她将"意象派"一词从署名中删去。她的诗作从此都署名"H. D."。

庞德后来说过，开创意象派是为了推动他的"森林女神"事业发展，将一批志同道合的诗人聚集在她周边，包括 F. S. 弗林特（F. S. Flint）、T. E. 休姆（T. E. Hulme）、福特·马多克斯·许弗。阿尔丁顿并不看好这一流派，认为意象派"不过是虚张声势、博人眼球的方式"。意象派运动很快遭遇困境：庞德开始将个人意愿凌驾于团体的文学主张。1913 年 7 月，一位特立独行的波士顿贵族诗人艾米·洛威尔（Amy Lowell）抵达伦敦。她有一辆威严堂皇的座驾，有抽雪茄的习惯，期待与意象派人物会晤，并愿意为意象派投入精力和资金。她在皮卡迪利大街的伯克利酒店租下一间套房，又备下蜜饯等食品招待宾客。她提议定时发行意象派作品选集，内容由团体共同挑选，她来提供资金。庞德则认为这些举动撼动了他的权威，称艾米·洛威尔这样做是在将意象派转变为"艾象派"（Amygism），之后便投身新的运动：漩涡主义。

　　仍有不少人因欣赏洛威尔平等民主、灵活变通的做事方式而继续留在意象派。1914 年 7 月 30 日，洛威尔在伯克利酒店举行晚宴，招待众人。阿尔丁顿后来在自传中回忆，这晚大家都在谈论一个在欧洲大陆生活多年之后又回到伦敦的作家。他也在晚宴受邀之列，只是尚未现身，他的名字叫戴维·赫伯特·劳伦斯。有人听说他患有肺结核；有人压低声音告诉 H. D.——这时她与劳伦斯尚未谋面——劳伦斯就是一个和男爵夫人私奔的骗子。还有人说，劳伦斯的新小说有大量的情爱描写，极尽淫秽，一定会被勒令禁止。阿尔丁顿想透透气，因此走到窗边，对面是格林公园的丽兹酒店。他往街角报亭望去，依稀辨认出新闻标题"德国与俄国正式交战"。这时摊主摊开一张新的海报，钉到报摊上："英国陆军征兵。"阿尔丁顿记得，当他把视线转回房内，"人们从容地谈论着那些文雅的话题，屋内一派祥和的氛围"。就在这时，劳伦斯穿着晚礼服，信步踏入房内。他刚从朋友爱德华·马什（Edward Marsh）那边过来。作为时任海军首席大臣温斯顿·丘吉尔的私人秘书，马什告诉他一个不幸的消息：英国即将向德国宣战。

44

1914 年 8 月 4 日，周二，H. D. 从大英博物馆出来，前往白金汉宫，这里门前聚集着焦灼等待的人群。"我们想要战争！"人群中有人喊道。另一边很快有人回应道："我们不想要战争！"十一点刚过十分，乔治五世国王登上阳台，表情肃穆，准备鼓舞国民。就在几分钟前，在枢密院会议结束后，丘吉尔向海军致电，明确下令与德国交战。H. D. 在这之后不久就会意识到，黄金时代已惨烈终结；她刚找到的同好圈子随之解散。意象派珍视的"率直"的语言品质，也被轻浮的谣言、虚伪的政治宣传所破坏。战壕遍地，泥泞遍野，H. D. 在欧洲的往昔美好回忆逐渐褪色。官方口号喊着"一切如常"，可 H. D. 和阿尔丁顿再也不能通过文学创作获取报酬；社会鼓励小说、诗歌均围绕爱国主题进行创作。而杂志不是停刊，就是被并入宣传机构。意象派人士大多已自愿报名参军，但布卢姆斯伯里文学团体的许多成员仍迟迟不愿报名，挑战着新成立的出于良心拒服兵役者法庭的耐心。阿尔丁顿立刻和好友 F. S. 弗林特前往征兵处表示自愿参军，但因 1910 年接受过疝气手术而无法入伍。离开征兵处，阿尔丁顿不辨方向，误入军械库，立刻因涉嫌间谍罪被捕。

战争爆发后，伦敦的城市面貌发生了巨大的转变。过去 H. D. 曾与人欢快聚会的客厅如今已移交红十字会；每个街角都张贴着"祖国需要你"的标语，布卢姆斯伯里广场花园现在是收留伤兵的医院，也是士兵操练场地。自 1915 年 1 月齐柏林飞艇空袭开始，每幢建筑物外边都蒙上了遮光帘布，这样外界就看不到屋内的活动；路标被拆除，路灯也不再亮起。年轻女人在马路上来回游荡，将白羽毛递给没穿制服的男人[1]；征兵士官在家家户户门前来来去去，试图捕获脆弱的人。面对周围铺天盖地的作战激情，作为一个女性，作为一个美国人，H. D. 只感到疏离。而当宣称不会让美国卷入战争的伍德罗·威尔逊总统再次当选，她更是觉得周围的人开始待她以冷漠和怀疑。同时，她在经济上也开始捉襟见肘。战争给汇率造成了影响，从前父母汇给她二百英镑只需扣除五美元手续费，现在上涨到了七美元。她不得不向艾米·洛威尔借钱以应付开支。而她的忧虑还不仅限于自身：就在战争爆发前几个月，H. D. 发现自己怀孕了。这时，每天都有成千上万的人死去，而他们却要迎来一个新生命，显然并非好时机。但夫妇俩都盼望着能为人父母：这个孩子似乎象征着未来的希望，如果没有它，未来将无法想象。

　　1915 年春天，H. D. 遭受严重打击，这场打击"就像是在她心里凿下了无法填补的黑洞"。5 月 21 日孩子出生，但刚生下就没了气息——那本是个女孩。H. D. 彻底崩溃，就像被推到了"死亡边缘"。她在小说中不断回放这段创伤经历，将个人苦难同当时那场将无数士兵送进坟墓的世界性创伤联系在一起。在小说《常春花》中，女主角的孩子出生于这样的情境：在一场如《每日邮报》报道的那样惨绝人寰的空袭中，"婴儿杀手"齐柏林飞艇像一群大黄蜂一般在上空盘旋。女主角控诉："是战争夺走了他的性命。"命运弄人，H. D. 的身份转换成了悲痛欲绝的母亲，而她甚至无法像英雄妈妈们那样，用孩子是为国牺牲的高尚缘由安慰自己。H. D. 在疗养院休养了三周。这期间，每当没有穿军队制服的阿尔丁顿来看望的时候，她都能察觉出"冷漠、如修女一般的"护士对他们的批判之意。护士长似乎对女性经受的苦痛不以为意，

1　白羽毛，指在斗鸡比赛中仓皇逃跑的公鸡，是英国传统中懦夫的象征。递白羽毛是一种劝人入伍的方式。

一味指责她占用士兵可能需要用到的床位,暗地里轻蔑她不像其他产妇一样,兢兢业业地生下孩子来填补死于法国战场的士兵留下的人口空缺。朋友们带着草莓、鸢尾花、蓝色绣球花前来探望,但 H. D. 认为没有人能对她的痛苦感同身受。

远离故土,远离亲人,H. D. 从未如此孤独。为得片刻安宁,她开始钻研一向钟爱的古代文学。在动荡的时代背景下,古希腊史诗、悲剧乍然有了当代意义,与当下形成映射:女人无望恸哭,丈夫和儿子昂首挺胸踏入本质上毫无意义的战斗。战争宣传常常用古代战争来类比,以激发英雄主义一般的豪迈斗志:1915 年 2 月,加里波利战役在一个名为特洛伊平原的地区进行;3 月,英国派出皇家海军阿伽门农号与土耳其争夺达达尼尔海峡。庞德和 T. S. 艾略特这时正在翻译埃斯库罗斯的《阿伽门农》,这个故事讲的是一个得胜归来的英雄带着战利品回家,却被不忠的妻子谋杀,在家中浴缸内死去。而 H. D. 却被欧里庇得斯的戏剧所吸引。他在以特洛伊战争为主题的戏剧中表达了对那些因战争而遭受灭顶之灾的母亲、女儿的深切同情。1915 年,吉尔伯特·默里(Gilbert Murray)翻译的欧里庇得斯《特洛伊妇女》——这部作品关注点不在于希腊人,而在于希腊人的敌人的人性——在出版十年之后受到社会关注,轰动一时,并在妇女和平党派的赞助下在美国举行了巡回演出。《每日电讯报》称赞这部作品展现了“欧里庇得斯和现代欧洲的相同理念”。在一篇未曾发表的早期论文中,H. D. 盛赞欧里庇得斯写的合颂诗中富有“情感张力”,同时语句凝练,描述色彩和景象时用词生动,读来宛在眼前,这些特点都和她自己的风格相近。她愤愤道:“欧里庇得斯一生,崇尚自由思想,反对传统旧习,却不为世俗所容。”她钦佩他身上的矛盾与冲突,仰慕她眼中他“明确反战的态度、对社会的抗议”:在欧里庇得斯的作品中,H. D. 找到了和自己的悲痛相似的情感。

这年 11 月，H. D. 选译了欧里庇得斯《伊菲革涅亚在奥利斯》中的部分诗节，发表于先锋派杂志《自我主义者》。她节选的部分讲述的是阿伽门农为取得有利风向让希腊船只尽快抵达特洛伊，将自己的女儿献祭。她重点挑选女性合唱部分的诗节，这些女性由于没有足够力量而无法与男子并肩作战，只能在一旁议论评点。这一选择似乎正是她内心无助感的体现。近几个月来，她和阿尔丁顿之间的分歧逐渐变得无法弥合，更是令她感到孤立无援。自 5 月孩子离世以来，她的痛苦有增无减。她怀疑阿尔丁顿对她所遭受的痛苦漠不关心，怀疑他并不和自己一样期盼这个孩子到来——尽管阿尔丁顿一再否认。H. D. 开始将孩子的死归咎于她当时听到卢西塔尼亚号沉没的惊恸。1915 年 5 月 7 日，英国卢西塔尼亚号在爱尔兰海岸被德国潜水艇用鱼雷击沉，遇难者近一千二百人。在 H. D. 看来，阿尔丁顿当时就那样突然地把这个消息告诉了她，丝毫没有考虑这个消息可能会带给她的影响。从这时起，H. D. 就已将阿尔丁顿同让死亡侵入她的身体的军事冲突联系在了一起。她后来写道，战争毁了"爱情的结晶"：孩子的离世为过往无忧无虑、相互激发创造力的三年时光画上了句点。

如果说阿尔丁顿确实没有全心照顾妻子的感受，那是因为他知道战争很快就会将他从妻子、朋友身边带走，远离他的文学事业，甚至可能再也无法归来。1916 年 1 月，随着加里波利战役以惨败告终，《兵役法》规定所有十八岁至四十一岁的未婚男子必须参军。阿尔丁顿知道，已婚男子很快也会被列入征兵范围，而等战事进一步加剧，身上旧伤也不再会妨碍入伍。2 月，为了能有一个全新的开始，夫妇俩离开汉普斯特德这个装满痛苦回忆的家，租下了梅克伦堡广场 44 号二楼的一间单元房。这里是广场新的寄宿房屋，由驻屋房东太太埃莉诺·詹姆斯打理。这栋房子里住了十多名房客，共用浴室，相互只隔了一面墙，基本上没有什么隐私可言。往楼下的煤气表投入一个硬币，就能用热水，牛奶则由一位女仆送至楼梯口。

这个新住处由同为意象派成员的约翰·库诺斯（John Cournos）介绍，他就住在顶楼一间最近刚从浴室改造成卧室的小房间，和几名从事倡导妇女参政权运动的女性共用厨房。每天早晨，他都会被一阵尖锐的咻咻声吵醒，那是她们在刮去面包片上烤焦的部分。库诺斯出生于乌克兰一个犹太教哈西德派家庭。在他十岁那年为了躲避针对犹太人的屠杀，一家人来到美国生活。在费城的时候，他会在上学之前顶着彻骨的寒风，沿街叫卖报纸，然后从办公室职员一步步升职成总编，又通过发表书评、杂议、意见专栏才取得些许成就。1912 年 4 月，库诺斯和庞德、H.D.（不过他们在费城期间并无交集）一样来到伦敦寻找文学机遇。库诺斯和阿尔丁顿夫妇之间形成了一个亲密无间的三人团体，他对他们两个人都怀有深厚的感情，尽管这感情对他无益。库诺斯偏爱圆点领结和儒雅的手杖，眼神中总是含有一丝忧郁。他深爱着 H.D.，但她这时正在婚姻的繁难之中泥足深陷，根本无暇在意他的一往情深。

1916 年 2 月 25 日，H. D. 和阿尔丁顿把所有物品搬到新住所，然后在弗里斯街的贝拉岛餐厅和 F. S. 弗林特一起吃晚饭，提前和对方告别。不过几周之后，两人还没安置好行李，就又离开了梅克伦堡广场。为了暂时躲避伦敦永无休止的空袭，他们和弗林特一起在北德文郡的帕勒科姆租下一间村舍。H.D. 这期间写的诗后来汇成第一部诗集《海园》（Sea Garden），阿尔丁顿也在给弗林特的信中表示希望能在入伍前将手头的书完稿。他们抵达时，乡间覆着厚达六英寸[1]的雪，山谷里报春花却正盛放。有一条小溪流经屋前，蜿蜒曲折，直流入大海中。H. D. 总

---

1 1 英寸合 2.54 厘米。

是很早就起来写作，做柑橘果酱，在小溪里刷炖锅。不久库诺斯也加入了他们，也为顺道拜访住在不远处一所村舍的朋友卡尔和弗洛伦斯·法拉斯。一行人决定暂时将战争抛之脑后，共同享受最后的自由时光。几个星期里，他们在海边野餐，砍树作柴火，在海里裸泳。但气氛很快紧张起来。生下死胎之后，H. D. 渐渐对怀孕产生抵触，她不愿再与阿尔丁顿同房。她在《让我活下去》中写道："前路渺茫，护士长尖锐的语调犹在耳边，宛如对于当时种种可能的诅咒：'你应当清楚，战争结束以前，绝不能再怀孕。'在这种情况下，她又怎么能毫无挂碍地面对他口中的爱呢？护士长的意思是应当和丈夫保持距离，不要让他近身。但他是她的一切，是她的国，她的家，她的挚友。"

阿尔丁顿尽管同情妻子的遭遇，但她对身体接触的抗拒却渐渐让他欲求不满。3月份，阿尔丁顿告诉弗林特，他爱上了弗洛伦斯·法拉斯，但不会越界，以免 H. D. 伤心。但6月份的时候，他承认曾和弗洛伦斯发生过两次关系。阿尔丁顿在给弗林特的信中写道："别骂我无耻、混蛋，我会难过。你一定要相信，我不希望任何人不开心。""我是否被蒙蔽了双眼？"H. D. 得知丈夫背叛后不久，在诗篇《不凋之花》中诘问。诗中写道："难道我的美竟如此廉价 / 如此迅速就被抛掷脑后了吗？"所幸 H. D. 发现，埋首写作之时，痛楚可以稍稍减轻，"艺术与想象的世界具有真实的质感"，沉浸在这个世界，她可以躲避"关于你我的跌跌撞撞的世界"。随着阿尔丁顿入伍征集令的期限日渐逼近，她"万分狂热"地投身工作，努力忽视悲伤。也就是在这时，她的诗歌创作能力臻于至境，诗句自然而然就能从笔下奔涌而出，"如有神助"，这多少能让她展颜些许。她告诉库诺斯："过去种种磨难，让我的诗歌变得自由——对我而言这是最为珍贵的。"

1916年5月25日，《兵役法》（第二版）征召所有已婚男人。一个月后，阿尔丁顿作为步兵列兵应召入伍，归入德文郡团第十一营，被送往多塞特郡威尔汉姆镇附近的沃格热特营地接受训练。自阿尔丁顿应召入伍的那一刻起，H. D. 就下定决心，要尽一切努力帮助他适应部队生活。进入军营之后，阿尔丁顿孤身一人，身边既无知心好友，精神上也无可寄托，白天是无尽的体能操练，日落后又只能待在密不透风的步兵营内，再疲惫不堪也难以入睡，今日重复昨日，日子只剩下单调。见证无数血腥、死亡之后，他感到自己的想象力或许已然枯竭；入营时他随身带了册海涅的诗集，本想空闲时学点德语作为小小的抵御，但很快就被长官没收了。H. D. 鼓励朋友们多给他写信以帮他驱赶"精神上的孤独感"，也十分感谢一直帮阿尔丁顿出版诗歌的洛威尔。她写道："我想让他知道，他没有被遗忘，没有被世界抛弃。"她在阿尔丁顿所在军营附近的科夫堡租下一间房，还写信给库诺斯征求意见：如果她帮弗洛伦斯在附近安顿下来，让阿尔丁顿离情人近一些，这是不是"一个美好、明智的牺牲，一个美丽的自我牺牲"？她告诉库诺斯："我愿为他付出生命，献上灵魂，奉上心灵的安宁，让他可以拥有美、见到美、感受美，从而能够写作。"

这个提议令人震惊。阿尔丁顿认为她的自我牺牲远远超过她应当付出的，甚至一度怨恨她如此心甘情愿将他推向情敌："你为什么不怨弗洛伦斯、不恨卡尔……看在上帝的分上，去爱别人，不要这样无私。"但在 8 月寄给洛威尔的信上，他又写道："H. D. 对我的爱和无私的付出支撑着我的存在，她是如此伟大。"而对于 H. D. 自己而言，在提出这一提议之后，她发现自己如此轻易就能屈从于他人，放弃自己的欲望和兴趣，这令她感到不安。她告诉库诺斯："我一直对自己的作品抱有坚定的信念。有时，我真希望自己对于这具身躯，对于自己的品质，也能抱有同样坚定的信念。"

她从科夫堡给库诺斯寄了许多离题万里的长信，信中含有大量的典故，恳请库诺斯能理解。这些信件显示她苦苦挣扎，试图在这场从一开始就信奉独立至上、蔑视占有私欲的婚姻里建立边界。她希望库诺斯能以知己的身份陪伴她，倾听她，和她交流，却忽略了他原也是剧中人。阿尔丁顿出发前往军营后，库诺斯留在村舍，陪着"失魂落魄"的H.D.一起整理行李。两人坐在客厅喝茶，她突然冲动地吻了库诺斯。库诺斯在自传中回忆，几天后，两人同时有一种奇怪的感觉：他们都听到阿尔丁顿大声呼喊库诺斯的俄文名"科尔修恩！"两人就此悬崖勒马，没有进一步发展。但库诺斯再也无法隐藏长期以来对H.D.的爱恋之情。H.D.接受了他的感情，但明确表示，无论如何阿尔丁顿都会是"她生命的核心"。尽管从未直接拒绝库诺斯，H.D.的种种表现却表明，她更倾向于与库诺斯进行灵魂交流，而非肉体交流。她促请库诺斯将他爱而不得的激情写下来。她写道，"如果对我的爱——至真、强烈、无望的爱恋——能帮助你写作的话，那请你爱我吧"，又补充道，她希望他们之间的关系能让阿尔丁顿嫉妒，从而激发他的创作激情，无论这是出于率真或机谋。库诺斯黯然回到梅克伦堡广场。H.D.在寄给他的信中写道："如果这是最佳的选择，我会告诉阿尔丁顿，你深深地爱着我。我会告诉他，我和你两个人在小村舍幸福地生活。我说我可以爱你，你应当明白我的意思。我是说，如果这能对理查德有益。"

44

理查德·阿尔丁顿没有随部队去前线，而是被授予陆军一等兵军衔，留下接受军官训练——这意味着他幸运地躲过了索姆河战役，这场"一战"中最惨烈、规模最大的战役。他知道自己随时可能会被派往法国战场，因此想让 H. D. 离开英国，独自回到费城。他在给库诺斯的信中写道："如果我死了，希尔达在美国或许能少一些痛苦。"H. D. 则执意回梅克伦堡广场。她第一次环视公寓，心里清楚，这将成为她在这场战争中唯一的庇身之所。像是回应阿尔丁顿的恳求，房东太太察觉到她的孤立无援，提出有朋友可以帮她离开这座城市。H. D. 并非没有退路——艾米·洛威尔捐了大笔资金给赫伯特·胡佛发起的资助驻欧美国公民回国计划——但伦敦是第一个让她有归属感的地方，她不愿离开。阿尔丁顿归期遥遥无期，梅克伦堡广场 44 号的这处居所对于 H. D. 有着象征性的重要意义：这是独属于她一个人的写作场所，在当下周遭万物都难以把握的时刻，只有这里恒常不变。只要它还存在，未来就还有希望，她所信奉的价值观就还能具有意义。

　　房间倒还宽敞，杏黄色的墙，靛蓝的地毯，只是充斥着一股腐败的味道。带间小小的厨房，用一席西班牙风情的幕帘作为隔断。起居区摆了张低矮的沙发，罩着印花棉布，晚上可以当作睡觉的床。房间里四处点着蜡烛，H. D. 借烛光看清了室内的摆设：几尊佛像，一把赭褐色的茶壶，地毯上铺着翻开的报纸，已被茶叶濡湿，烟灰缸里堆着满满的烟头，杯子上一眼可见黑咖啡和利口酒留下的斑驳痕迹，书架下面架子上插着几支玫瑰，已然凋谢，还立着几枚孤零零的鸡蛋。每到夜间，住在顶楼的几个做军需品的女工都会叽叽喳喳地下楼去上夜班。这些动静，房间里的 H. D. 听得一清二楚。这栋房子里还住着一位叫阿莉达·克莱曼塔斯基（Alida Klemantaski）的女人。她是诗人兼出版商哈罗德·门罗（Harold Monro）的恋人，哈罗德和阿尔丁顿一样，刚刚入伍。H. D. 曾试着和阿莉达做朋友，但对方显然更乐意与暂时安置在玻璃器皿里的昆虫做伴，不愿被人打扰。因此，H. D. 大多时间都是独处。通往阳台的落地窗挂着深蓝的窗帘，后面是带铁闩的厚百叶窗，每当空袭来临，她就会将百叶窗拉下来。在 H. D. 后来的回忆中，这幕窗帘就像是一处边界，保护她不受外界危险侵害，给予她一丝慰藉。但屋子也因此如同一座牢笼，困住她，封锁她，她整日担惊受怕，却无从逃脱。她在《让我活下去》中称之为"一幅画框"：梅克伦堡广场这间小屋，每一处轮廓，每一处肌理，都紧密联结着她在这一年所经历的情绪波动。

1916 年 12 月 21 日，H. D. 在给洛威尔的信中描述了一幅全国女性都不陌生的景象："我在滑铁卢等待与理查德告别，他将于今晚离开英国。"她孤身一人留在梅克伦堡广场，将在帕勒科姆和科夫堡就已动笔的作品继续写下去。她写道："我希望，等到战士们归来之时，诗歌仍在吟唱，薪火相传。"阿尔丁顿前往法国战场之后，她发现自己很难集中注意力。这期间，她正在翻译欧里庇得斯的《希波吕托斯》，以描述王后淮德拉对继子的不伦之恋的诗节部分为核心。她接替阿尔丁顿的工作，担任《自我主义者》杂志助理编辑一职。《自我主义者》杂志"废除诸般禁忌"，是意象派的主要拥护力量；杂志新近连载发表了詹姆斯·乔伊斯的《一个青年艺术家的自画像》。H. D. 与 T. S. 艾略特共事，发表了几篇自己的诗作和朋友的评论文章，对这一工作角色乐在其中。但在战时从事艺术职业似乎注定徒劳无功。她在 1916 年 11 月发表于《自我主义者》的长诗《悼念》中，描述了一座城市在卑鄙恶魔的统治下，百业凋敝，市民恐慌无助之情难以言表，"我们的生活 / 为卑劣所玷污辱没 / 它已将我们歌声 / 湮灭"。H. D. 间或处于创作高产期，间或有自我毁灭倾向，在两个状态之间来回交替。阿尔丁顿从法国写信给洛威尔，提到他劝 H. D. 不要烧毁那些不满意的作品，但她已经烧毁了"几篇含义隽永的抒情诗和一篇近万字的长诗"。她告诉好友约翰·古尔德·弗莱彻（John Gould Fletcher），在伦敦生活期间，她"精神近于崩溃"，创造力已被死亡的暗流扼杀。

战事胶着，丝毫没有停止的迹象，H.D. 看不到未来，失去了方向。伦敦的天空在她眼里像是一张巨大的吸墨纸，每天都灌输给她无尽的苦痛。齐柏林飞艇空袭相当频繁。梅克伦堡广场在地理位置上距离尤斯顿车站和国王十字车站这两处轰炸目标都不远，遭轰炸的风险极高，布卢姆斯伯里一带就常有轰炸机盘旋，所到之处遍地残骸。H.D. 会在月色下坐在阳台，对这样的景象已司空见惯：探照灯光束聚射在一架银色飞机上，刹那间，炸弹、炮弹高亢的哀鸣撕裂空气，高射炮像烟花一样在空中炸裂，紧接着，童子军会吹响号角，警示全体隐蔽。自从生下死胎以来，她就意识到"死亡随时可能降临"；走在伦敦大街上，她会感觉就像穿过一片墓地，"路边某块石头或许就是我们的墓碑"。持续不断的空袭逐渐占据伦敦的想象力，攻陷市民的心理，威胁着在最意想不到之时造成巨大破坏。每当空袭警报响起的时候，梅克伦堡广场 44 号的居民就会聚集到地下室。这时房东太太会为大家送上热乎乎、甜丝丝的"齐柏林之茶"，一度会有种气氛欢乐的错觉。H.D. 通常不会随众到地下室避难，她宁可孤身死在自己的房间里，也不愿在这种情景下与人寒暄。某次空袭，邻屋被炮弹击中。她回忆道："我们回家的时候，几乎是蹚着玻璃碎片过来的。风从没了百叶窗的窗户中呼啸而入，屋子几乎等同于畜棚、起不到保护作用的防空洞。对于我个人，甚至还有这个时代，这样的震撼对于心灵、对于想象力，究竟会留下怎样的影响？"

阿尔丁顿请求洛威尔能"编一些谎话逗她开心"，又拜托弗林特带 H.D. 去看剧、参加派对，甚至想以同样的大度回报 H.D. 对他婚外情的包容（又或者只是让自己不再背负愧疚）："如果 H.D. 能和某人享受些许愉悦时光，请你千万不要从中作梗……要是你能专门给她找朵'风流桃花'，消磨消磨时光，那再好不过。"同时，为了找回新婚时的激情，两人还找了一家俄亥俄州某个教堂经营的小出版社（由一位有志于从事出版事业的牧师查尔斯·克林奇·巴布创立）将两人的往昔岁月做成精美的小册子进行交流。这些小册子里有他们对希腊文明共同的热爱，在意大利旅行的回忆，对于这场让他们天各一方的战争的痛恨，以及通过语言治愈伤痛的可能。写下这些诗歌，再等待收到阿尔丁顿的诗歌，给 H. D. 带来莫大的温暖和鼓舞。她甚至为此专门写信给巴布，感谢他为装订这些册子付出的心血。"你很难想象这些册子给予了我们多大的勇气（尽管我再三地向你强调），让我们得以在枪炮与杀戮之外的另一个维度，拥有继续坚持下去的信念和勇气。"阿尔丁顿也在寄给巴布的信中满怀喜悦地说，他十九岁遇到了妻子，二十一岁与她结为夫妇。"当时周围的人都说，我这样不仅会毁了自己的生活，还会毁掉一个富有魅力的女子的生活！我现在可以开心地说，这些悲观的预测都是错误的。我们以前也常吵架，但结了婚之后，就再也没吵过架。您瞧，我二十一岁时可比许多三十岁的男人都成熟。就算是现在，也很少有人相信我才二十四岁。"

44

1917 年前几个月，阿尔丁顿所在的军营很少有作战任务。军营驻扎在法国亚眠市和比利时边境之间，远离主战场。因此，阿尔丁顿主要负责干些挖战壕、维修道路、制作标记坟墓的木制十字架一类的体力活。7 月，就在第三次伊普尔战役正式打响前几周，阿尔丁顿回到英国，到斯坦福德郡的利奇菲尔德附近军营接受军官训练。H. D. 也来到这里，在集市广场租下房间，在那里平静地写作，和阿尔丁顿共同度过了"悠闲、愉快"的几周。

机缘巧合下，H. D. 离开期间将梅克伦堡广场 44 号的这处住所转租了出去。约翰·库诺斯还在费城的时候曾爱上一位富有魅力的美国女人。她的名字是多萝西·约克（Dorothy Yorke），不过她更喜欢大家叫她"阿拉贝拉"。她有着古铜色的头发、红润的肌肤和深沉的嗓音。她会给自己做衣服，正尝试抽象画。两人本来一度订婚，但在 1912 年库诺斯随阿拉贝拉来巴黎后，阿拉贝拉的母亲嫌弃库诺斯是一个身无长物的犹太人。在阿拉贝拉母亲的阻挠下，这段恋情只得遗憾告终。两年后，阿拉贝拉回到美国，两人的情愫又通过书信往来复燃。库诺斯为能见她一面，辛苦工作数月凑齐船票钱。但等他抵达纽约，阿拉贝拉又转变了心意。库诺斯只好回到伦敦，满腔幽怨，发誓再不会为女人远渡重洋。

1917 年，库诺斯在海滨无线电报社担任译员，负责翻译俄国电台传输过来的讯息。夏季末，他接受了一份新的工作：在英国外交部组织的英俄委员会担任译员、通讯记者，工作地点位于圣彼得堡。恰在此时，他和阿拉贝拉重逢了。某天早上，他经过南安普顿路，透过商店玻璃，意外看见了阿拉贝拉和她的母亲。两人上一次分别的时候，场面颇有些难堪。但在这里，在布卢姆斯伯里的大街上，库诺斯的疏离和冷漠最终屈服于慷慨与热心。他听说阿拉贝拉在伦敦还没有找到合适的居所，就提议她可以借住在他楼下：H. D. 这段时间在利奇菲尔德，这间房眼下正空着。阿拉贝拉接受了这个提议，搬了进来。H. D. 在 8 月 30 日给弗林特的信上写道，"一位美丽的女士搬进了我的房间"。库诺斯每晚都会来到阿拉贝拉的房间，两人会一起吃饭、聊天，然后互诉衷肠。但一切都已经太晚：库诺斯几天之后就要前往俄国。他恳请阿拉贝拉等他回来，阿拉贝拉说她会一直等着他。

9 月，阿尔丁顿再次被送往法国战场，H. D. 搬回梅克伦堡广场原来的房间，阿拉贝拉则住到了库诺斯空下来的房间。每逢休假，阿尔丁顿都会乘轮船回伦敦。轮船上除了像他这样的士兵，通常还有护士、报道记者。交战前线距离伦敦的距离逐日逼近：站在多佛港，能听见远远传来的隆隆炮声；士兵甚至可以在伦敦不慌不忙地吃一份早餐，然后在傍晚前赶回前线，继续蹲守在满是淤泥的壕沟里，脚边尽是窜来窜去的老鼠，无望地幻想自己本该拥有的生活。前线的日渐迫近无疑令阿尔丁顿和 H. D. 双方都更为不安。信从前线寄到 H. D. 手里，需要两到四天。为此，除非阿尔丁顿推门进来，否则 H. D. 总疑心丈夫已不在人世。甚至哪怕他休假在家，H. D. 也会被一种奇怪的感觉占据：此刻在她身旁的只是一个游魂。每当他们彼此拥抱，他制服上的纽扣贴上她的脸颊，她都会浑身不由自主一个激灵；每当瞥见他随手挂在扶手椅上的卡其色外衣，听见他放在桌子上、表盘上装着金属网的手表发出嘀嗒嘀嗒的声音，H. D. 都会感觉到战争脚步的迫近，侵入她最后的庇身之所。

此外，H. D. 对于丈夫身上发生的转变的不适，还来自他第二段婚外情。这段婚外情比第一段持续时间更久，给他们的婚姻留下了难以愈合的深刻裂痕。1917 年秋天，阿尔丁顿开始和阿拉贝拉·约克上床。H. D. 从一开始就知道他们之间的关系，也默许了它的发生——只要她可以不必经受痛苦的性交。阿尔丁顿再三保证，他依然爱着她，和阿拉贝拉睡觉只不过是为了享受鱼水之欢，而且——据 H. D. 回忆——"他回到前线后，随时可能死去，因此必须抓紧机会享用生命的每一寸欢愉"。从这时起，阿尔丁顿休假回来，不再只为与妻子团聚。到了晚上，阿尔丁顿会留宿在楼上的小房间，而 H. D. 则独自躺在房间里，为丈夫的转变痛彻心扉。小说《常春花》中，以阿尔丁顿为原型而塑造的人物杰罗尔德·达林顿私生活混乱，婚外情数不胜数：他会在派对上引诱女性，和她们上床；仅仅隔着一层薄薄的帘幕，就是他的妻子赫耳弥俄涅，她清醒地躺在那里，感受着身体正在撕裂，一半留在沉默躺着的身体里，另一半潜入正和丈夫紧紧相拥的女人身体里。《让我活下去》书中对结局的描写更细节：一场危险的空袭过后，理夫和贝拉一起出门，去西奥博尔德斯路上一家酒馆喝白兰地定神。回来的时候，只有理夫一个人。茱莉亚（H. D. 在书中的角色）立刻察觉到了异常。"在广场上，她拥抱了我。"理夫茫然道，低垂着眼帘，走了出去。只留下茱莉亚一个人站在满室狼藉之中——散落的书本，碎裂的玻璃。她神情恍惚，将房间整理干净。然而她知道，一切都已经回不去了。

　　她后来所有关于这段时间的写作都显示，阿尔丁顿第二段婚外情对她造成的伤害远比第一段更深。她在所有小说中对这段故事的描述始终带有一种梦境般的抽离感，似乎战争为每一个人物都规定好了角色——士兵、妻子、情人——每一个人都盲目地被命运牵引，就像希腊悲剧中的人物，被造物主无情地推向属于他的命运。对外，H. D. 谨然扮演着等待丈夫归来的妻子角色，就像珀涅罗珀等待奥德修斯归来；但在内心深处，她觉得自己更像是伊菲革涅亚，被她的丈夫———一位崇尚毁灭的士兵所欺骗。H. D. 刚到伦敦时，她所展望的生活是身边围绕着作家、艺术家，和同样热爱希腊文化的同伴一起生活、写作。这些才是她当初留在这里的初衷。可是现在梅克伦堡广场 44 号的这间房子里挤着那么多不相干的人，一点风吹草动都会引发新的风向。卧室和起居室之间没有任何隔断，私人空间更是无从谈起。要是访客上门，所有一切都会暴露在他人的审视之下。这样的房屋结构让 H. D. 觉得没有任何遮蔽，只能任人侵入。她感到房间像是一处"舞台布景"，许多人事来了复去，而她找不到自己在其中的位置。这间布卢姆斯伯里的寄宿屋不再是助她挣脱传统家庭生活桎梏的自由之所。它仅仅是对原本将与阿尔丁顿、他们的孩子共同生活于其中的屋子的一种残酷扭曲。房东太太明显的谴责之意也让她无地自容——有一次空袭来临时，阿尔丁顿和阿拉贝拉穿着睡衣跑到了楼下客厅。她也一定知道，原本就住在广场后面格雷律师学院路上的凯瑟琳·曼斯菲尔德和约翰·米德尔顿·默里，因为未婚同居，被坚决要在自己领域保留体面尊严的房东太太赶出了家门。在楼梯上，每当其他房客从她身边经过时，都会投来探询的目光，为此，她想方设法地避开他们。她不愿成为布卢姆斯伯里寄宿屋居民之间无聊的八卦谈资。但她没有足够的力量去反抗这一切。最后，她把主卧室让给阿尔丁顿和阿拉贝拉，自己则撤退到库诺斯那间狭小的阁楼，像是一种自我毁灭的姿态。她在这里孤身度过漫漫长夜，身上裹着那条初来欧洲途中、坐在甲板上用过的旧毛毯。这似乎是另一个令人震惊的让步。但这时 H. D. 已经丧失了全部自信。梅克伦堡广场 44 号像是"即将倾圮、往她身上压去的四堵墙"。

阿尔丁顿从前线写信回来，言辞恳切地请求妻子原谅他的所作所为。他说自己生命里已经没有太多可以指望的了，并不愿任何人受到伤害。他拙劣地为自己的专一辩解："我爱的是你，但我的欲望却面向另一个人（也就是阿拉贝拉）。"几十年来，他的这些话一直在 H. D. 脑海中反复回响，最后被原样写入了《让我活下去》。书中，理夫坦承他享受妻子的陪伴，也喜欢与妻子谈话，但贝拉更富于传统眼光中的"女性魅力"，更能挑起他的欲望。他说："她拥有我的思想和心灵，你拥有我的身体。"丈夫的态度让茱莉亚终于看清，他将女性分成两类，在这种分类标准下，没有女性是完整的。"如果能活在两个维度，我才能得到自由。"茱莉亚写道。这些阴暗的景象编织成了 H. D. 在梅克伦堡广场的主要回忆，也让她最终体悟到本书五位女性都赞成的一个观念：真正的自由意味着能够按照自己的意愿生活，没有任何人可以规定她的身份，给她设限。正是明白了这一点，H. D. 最终决定离开梅克伦堡广场，去寻求弗洛伊德精神分析的帮助，去尝试构建全新的人际联结，去通过写作来表达遭受的痛苦。但在梅克伦堡广场生活期间，严重摧毁 H.

D. 自我意识的不只是她的丈夫。1917 年 10 月，一场意想不到的转折将几个新人物带入广场 44 号。此时的他们无从得知，这将带来一系列始料未及的变故。

44

由于年代久远，资料散佚，重新勾勒出 H. D. 与 D. H. 劳伦斯之间的关系并非易事。D. H. 劳伦斯也是意象派圈子中的一员，不过他埋首写作，又与妻子弗里达（本名弗里达·冯·里奇索芬，为和劳伦斯私奔抛弃了丈夫和孩子）鹣鲽情深，因此只处于圈子边缘。自从 1914 年在伯克利酒店相识之后，H. D. 和阿尔丁顿曾数次前往汉普斯特德拜访 D. H. 劳伦斯。D. H. 劳伦斯 1915 年发表的小说《虹》因直白的情欲描写而被勒令下架，陷入经济困境。阿尔丁顿夫妇深切同情他的遭遇。劳伦斯敏感地察觉到 H. D. 身上的脆弱性。相识不久后，他就描述 H. D. 道："她就像时刻在绳索上行走，让人不由担忧她能否顺利通过。"最重要的是，劳伦斯十分欣赏她的诗作，认为她是意象派成员中唯一"有所成就"的诗人。他在给爱德华·马什的信中写道："你有没有发现，H. D.，也就是阿尔丁顿夫人，写了一些非常优秀的诗歌？在我看来，文笔绝佳。"对于劳伦斯的赞赏和肯定，H. D. 受宠若惊，深受鼓舞。两人在战争期间一直保持联系，将还在创作中的作品寄给对方评点，包括劳伦斯小说《恋爱中的女人》的早期版本、H. D. 从希腊神话人物身上获取灵感创作而成的组诗。

在劳伦斯看来，战争是对"生命本身的一种亵渎"。他厌倦了无休无止的战争，准备开展一项逃避战争的幻想计划：召集一群志同道合的伙伴"驶离这个战火纷飞、卑鄙者当道的世界"，找处地方建立一个全新的乌托邦世界。劳伦斯用希伯来语"Rananim"形容这个世界，意思是"让我们共同开怀"。H. D. 激情满怀地写信给约翰·古尔德·弗莱彻，说他们计划在安第斯山脉地区找一个牧场，"离开欧洲几年，也许从此不再归来"，在马背上"建立新的国度"。她在信中的表述和劳伦斯一样虚无缥缈。此外，她还在信中流露迫切想要离开这处让她感到压抑的住所。"我再也不能呼吸这死气沉沉的空气了。这里的空气正一点一点消耗我的生命，把我的思想、我的灵魂推向远方。现在的我就像一具行尸走肉。"在这个设想中，英雄主义不再是最高价值，创造力受到珍视，战争与冲突消弭，团体与和平成为主流，这正是此时的 H. D. 最向往的生活。但劳伦斯这一提议不啻异想天开，因为他的护照已经被外交部没收。

康沃尔郡为劳伦斯提供了一处避世之所。他和弗里达两人在泽诺小镇附近的高特雷格登找到了一间背临峭壁的村舍，在这里过着"安宁、与世隔绝的生活"。正是在这里，他们结识了塞西尔·格瑞（Cecil Gray），这个 H. D. 生命中的短暂却留下重要足迹的过客。格瑞对艺术和美有着天然的敏感，愤世嫉俗，特立独行。他在 1915 年离开爱丁堡，来到伦敦，决意远离战争，一门心思想要创作出"艺术迄今不曾梦想过的狂野和放浪"的音乐。他这年刚二十一岁，情绪往往飘忽不定，经常抑制不住地陷入自我怀疑。刚萌发的激情也许转瞬就会消散，就连他自己都为性格中的变化无常而困惑。他住在切尔西区，一日三餐全靠各种豆子和奶酪果腹。一边创作管弦乐乐谱，一边钻研尼采和瓦格纳的联系，晚上就在费兹洛维亚区的小酒馆、咖啡馆里，和一帮艺术家、波希米亚主义者谈天喝酒，度过漫漫长夜。

格雷在朋友菲利普·赫塞尔廷（作曲家，后以彼得·瓦洛克的名字闻名）的介绍下结识了劳伦斯。这位朋友对劳伦斯推崇备至，坚信他是"不世出的文学天才",认为英国对于美和天才的冷漠是不可饶恕的,为此最近正筹备建立出版公司,专门刊印劳伦斯被禁的书籍(最后以失败告终)。1917年春天,格瑞和赫塞尔廷来到高特雷格登,格瑞几乎立刻爱上了康沃尔郡。他和劳伦斯一样喜爱这里的宁静。这里有蔚蓝的天空,一望无际的原野,点缀着不知名的野花,风里有惊涛拍岸声,还有海鸥、海燕的啾啾鸣啼。站在峭壁上,能望见大西洋四十英里[1]海域。这样开阔的视野,坦坦荡荡。格瑞感觉像是来到了"天堂般的所在,远离战事的一切"。他不加多虑,立刻签下一间小屋五年的租契。这间小屋有七个房间,静立在博西格兰城堡遗迹附近,就在泽诺小镇沿海岸线过去三英里的地方。为了与新来的邻居维持良好的关系,劳伦斯代格瑞筹办家具甩卖,将房子里的木制品重新粉刷,给地板抛光,在形制各异的桌椅上签下"铭记革命"的文字。

作为同被"冷漠无情的世界"流放之人,格瑞和劳伦斯夫妇很快熟稔,几乎每天都会碰面。但当地人早就对弗里达的德国口音起疑,渐渐地谣言四起。劳伦斯在屋顶烟囱上抹了沥青防潮,却被说成这是用于向敌方传递消息;当地人说他们在岩石中偷藏石油,还说他们在执行秘密任务,给岸边巡逻的敌方潜艇运送食物。有一天,劳伦斯夫妇从当地商店购物回家,警官一路跟着他们,要求检查他们的生活用品,还将面包误认作隐藏相机一把抓起。还有一天晚上,在格瑞房子里,他们将窗帘拉上,由劳伦斯弹琴伴奏,弗里达领头,三人合唱了一首德国民谣。门上突然传来砰的一声巨响,六个身上滚满了泥的男人(他们在窗下偷听的时候,不小心跌进了沟渠)举着上膛的来复枪气势汹汹地走进来,坚称他们看见有灯光向海面闪烁。最后,根据《英国国防令》,格

1　1英里约合1.609千米。

瑞因受指控举止轻浮而被"惩罚性地"罚款二十英镑。他后来才知道，曾经有一天晚上，愤愤不平的邻居们带着镰刀、干草叉朝他家过来，但这支队伍在半道上丧失了士气，最终折返散去。

10 月 12 日，一群警官带着军方机构下达的通知来到劳伦斯家中，要求他们必须在三天内离开。警探逐一搜查了面包罐和茶叶罐，对劳伦斯的抗议视若无睹。弗里达则在一旁默默饮泣。他们失去了住所，无家可归，直到转机出现。劳伦斯在 1923 年的小说《袋鼠》中交代了相关详情："我们有一位正在军队服役的英国诗人朋友，他的美国妻子将她梅克伦堡广场的房间让给我们住。索莫斯和妻子哈里埃特来到伦敦的第三天，就搬了进去。他们十分感激这位年轻的美国女孩。他们身无分文，她却慷慨地赠予他们房间和食物，给他们鼓励。她是一位美丽、勇敢的女诗人，她的诗作令理查德敬仰。"

44

劳伦斯满怀忧愁地回到伦敦。他给格瑞写信说这座城市堪比人间炼狱，"空袭占据着人们的脑海，飘浮于空气之中，潜伏在生活的每一个角落。除了空袭，再没有其他"。他沿着雾气弥漫的国王十字路怏怏游荡，鞋子上还残留着康沃尔的泥土，遥想村舍周围即将盛放的吊钟花。他请格瑞寄一磅[1]康沃尔郡产的黄油，又向英国陆军部请愿，恳求撤销驱逐令，言辞哀切。他在小说《亚伦魔杖》（*Aaron's Rod*）中回忆了那些在梅克伦堡广场游荡的夜晚：

1　1 磅约合 0.4536 千克。

街边栽着高高的灌木丛，栏杆看起来又高又沉。潮湿的街面泛着星点黯淡的光。一片漆黑的海域。广场的房屋如礁岩静立海面之上，只有几扇窗户中透出微弱的光。枝丫颤动，簌簌作响。一辆出租车在街角打了个弯儿，吱的一声停下，灵敏得像一只猫。

　　他在这里也曾度过相对欢乐的时光。好友辛西娅·阿斯奎思有时会骑自行车来到梅克伦堡广场，在"一间雅致房间的炉火边"和大家一起享用沙丁鱼梨蛋卷。考文特花园当时正在上演莫扎特的《后宫诱逃》，他们订了一间包厢，多出来的一张票送给了阿拉贝拉。辛西娅在日记中写道，这是一个"可怜的美国女人，优雅时髦得像是《时尚》杂志上的模特"。11月末，劳伦斯夫妇搬去与格瑞母亲同住，住在伯爵府的一间"布尔乔亚小公寓"。他们会定期回到梅克伦堡广场，和H.D.、阿拉贝拉、阿尔丁顿（当时正值为期一个月的圣诞假）一起坐在炉火边，玩凭动作猜字谜游戏，度过欢乐的夜晚。劳伦斯尤其擅长模仿，常逗得大家捧腹大笑。而就在房外冰冷的楼梯上，警探悄悄蹲守，伺机抓到劳伦斯煽动对立的罪行。劳伦斯夫妇之间的关系一直狂暴而激烈。H. D. 就曾目睹两人几次三番大吵大闹。楼上的阿莉达·克莱曼塔斯基也曾亲眼看见弗里达用力一推，把丈夫推进隔壁房间，房间里的人都吓了一跳。在这整段期间，齐柏林飞艇空袭从未停歇，有一次甚至把阿莉达房间里的天花板震了下来。但他们依旧在许多夜晚苦中作乐，聊作消遣。有一晚，大家在公寓里搬演一出舞台剧，由劳伦斯一一分配各人的角色：前来做客的塞西尔·格瑞扮演天使，用雨伞作烈焰之剑，H. D. 扮演一棵舞动的生命之树，阿尔丁顿和阿拉贝拉扮演亚当和夏娃（用菊花作为遮羞叶），弗里达扮演蛇，在地毯上扭动。作为故事背景叙述者、舞台剧导演，劳伦斯自任全知全能的上帝。在给艾米的信中，劳伦斯写道，这时的 H. D. 和阿尔丁顿"看上去拥有当下情境所能允许的最大欢乐。我们大家在梅克伦堡广场度过了一些真正欢乐的时光，将一切烦恼暂时忘却。还记得伯克利酒店的那个夜晚吗？那是我们大家初次相识，那时可真是欢乐呀。亲爱的艾米，我向上帝祈愿和平与自由能早日到来，我们会在那时重聚，欢声笑语，逸兴遄飞。眼下这个严冬，远比我想象中更为苦寒"。

但是，将 H. D. 从当下绝望深渊拯救出来的并不是劳伦斯，而是他的朋友塞西尔·格瑞。H. D. 后来极少提起格瑞，但在她围绕这段时期创作的作品中，格瑞都是拯救她脱离绝望的形象。1938 年，H. D. 回忆，她和格瑞在劳伦斯介绍下相识，私下曾一起吃晚餐。（小说《让我活下去》中，某次空袭来临，以格瑞为原型创作的角色西里尔·文拉着茱莉亚跑到一家餐厅，在那里吃饭。餐厅里犹是熙熙攘攘，满座皆是休假的军官在隔着餐桌大喊大叫。这些军官点了许多酒，作为一种昂贵的暂时遗忘的方式。）后来，两个人回到梅克伦堡广场喝咖啡，她在这时向他吐露了自己的伤痛。格瑞非常同情她的遭遇，直白地告诉她，无论发生什么，她都应该马上离开阿尔丁顿。他清晰地看出当前的境遇如何恶劣地损害她的健康，并且指出，"在这样的环境下，继续这样等着丈夫休假归来，无异于自取灭亡"。纵观她几部自传性质小说，里面多数人物在不同小说中都具有各有差别的面目。而格瑞的形象则是罕有地一致：他是那个"没有身穿卡其色军装的人"；那个"不会谈论战争的人"。他厌恶战争，不尚武，一心热爱音乐，令 H. D. 回忆起那个曾一样胸怀万千气象，而今却不复如初的恋人。他们一起谈论艺术，谈论美，一起放声大笑，她回想起战争前的自我，感觉仿佛摆脱了士兵妻子这一身份的束缚，回到另一个不同的身份。

1918 年 3 月 11 日，格瑞离开伦敦，并邀请 H. D. 一起回康沃尔郡。

她一开始不愿离开梅克伦堡广场，放弃这个和阿尔丁顿共同的家，就此斩断和丈夫之间的关联。但随着阿尔丁顿即将休假归来，她发现，格瑞的邀请展示了一个机会：独处，并重新获得一些被战争毁灭的私密性——或许还有可能展开一段新恋情。格瑞从博西格兰写信再次声明欢迎她的到来，提醒她带好床单、毛巾、黄油配给卡和福楼拜的信件，同时也给出了小小的警示："我在伦敦和你说的那些话——我打算做的事，我是多么善良忠诚——希望你别太当真。"这虽然称不上是热情的邀请，但也没有打消她前往康沃尔郡的念头。3 月底，她离开梅克伦堡广场，坐上了前往康沃尔郡的列车。就在临行前，H. D. 收到故友来信。上面写着：

可怜的森林女神

旅途愉快[1]

埃兹拉

44

十月革命爆发，身处圣彼得堡的约翰·库诺斯工作遭遇停摆。1918年 3 月 3 日，《布列斯特－利托夫斯克和约》正式签订，苏俄已呈动荡之势。留在这里终归不是长久之计，库诺斯决定启程回家。他先是被困在一辆罢工的火车上，在摩尔曼斯克的北极港滞留了三个星期，接着坐上一艘从德国人那里缴获的轮船返回多佛港，一路为这艘严重超载的轮船提心吊胆。等最终疲惫不堪地抵达伦敦时，他期待着阿拉贝拉会热

1　原文是 Buon Viaggio，意大利语，旅途愉快之意。

66

烈地迎接他的归来——尽管他定期寄出的信以及让阿拉贝拉寄巧克力的请求都如石沉大海，没有任何回音——却只发现，H. D. 去了康沃尔郡，阿尔丁顿正在坦布里奇韦尔斯一个新的训练营，而阿拉贝拉明显和阿尔丁顿成了恋人，两人就在他那间顶楼的卧室里云雨交欢。库诺斯怒不可遏，责怪 H. D. 没能信守当初妥善照顾阿拉贝拉的承诺。回想起 H. D. 对阿尔丁顿和弗洛伦斯外遇的包容，库诺斯甚至推测 H. D. 也是这第二段外遇的同谋。在他看来，H. D. 不仅拒绝了他的感情，还把他的未婚妻也诱骗得背叛了他。

阿尔丁顿坚称，是因为阿拉贝拉极力恳求，他才没将这段感情告诉库诺斯。阿尔丁顿在信中的言辞既有恳求库诺斯谅解之意，又带有一丝挑衅："对我做过的事，我并不感到羞愧。我不后悔。""我知道你为什么会感到受伤。你觉得我无非是趁你不在才和阿拉贝拉走到了一起。但即便你在这里，难道结局就能有所不同吗？我不确定。生命里有的是比我们更为强大的事情，也许真的存在宿命。真是辛辣的讽刺……我们彼此相爱，仅此而已。"相比而言，H. D. 的信件更具忏悔之意，她请求库诺斯不要断绝彼此间的情谊。她在 1918 年 4 月写道："你无法想象，那段时间里，一切都太糟糕了。我现在很难视自己为一个正常情况下的人。我的一举一动都是无意识中为之的……属于从前世界的每一个人都已经离我远去。"她还说，她现在正像之前在德文郡那样，面对"脑海里或精神上挥不去、理不清的困惑"，就退守到写作中去，并且建议他或也可效仿。"身处在一个疯狂的环境，如果不将'房屋建在磐石上[1]'，我们也会发疯。你我的磐石就是创作，用想象力去写作……不要被外界

1　出自《新约·马太福音》第七章。将房屋建在磐石上，无论风吹、雨淋、水冲，房屋总不倒塌。

所伤害。"

　　库诺斯显然采纳了这一建议，将一腔怒火化作了一篇极尽辛辣讽刺的小说，还引用了大量 H. D. 的书信原文。这部小说《米兰达·马斯特斯》（*Miranda Masters*）于 1926 年出版，H. D. 读了之后瞠目结舌（"这样一个愚蠢、无能的女人，压抑的女色情狂……极尽抹黑之能事"）。库诺斯的小说为梅克伦堡广场发生的事情提供了一个非常不同的视角，这也提醒着我们：H. D. 相关的叙述再多、再不同，对于这些影响着许多人一生的种种事件，终究也只是她的个人观点。库诺斯这部小说将矛头完全对准米兰达，而这个人物，也被《旁观者》杂志评价为"即便在当代小说中，也称得上是最扭曲、最令人生厌的女性之一"。在他笔下，米兰达丈夫的婚外情是出于身体对慰藉的渴望，无可避免而情有可原；而米兰达与书中中心人物约翰·贡巴列夫（明显是库诺斯自己的化身）手段低劣的调情，却是因为她道德败坏，企图勾引男性。整部小说中充斥着库诺斯遭受背叛的痛苦，是阿尔丁顿这场失败婚姻造成的附带伤害。库诺斯曾经艳羡阿尔丁顿夫妇的婚姻："夫妻双方都是诗人，一起写作，共同度过甜蜜的生活。"库诺斯一度将这场婚姻设想为自己和阿拉贝拉之间的未来。但现实让他感到幻灭，他从此变得偏执而多疑。正如这段过往给 H. D. 留下难以消磨的痕迹一样，这些感情受挫的经历也影响着他将来的感情——尤其是两年后，发生在同一所梅克伦堡广场公寓中的一段感情，与一名叫作多萝西·L. 塞耶斯的年轻毕业生。

44

　　离开满目疮痍的伦敦，远离那些悲痛往事，H. D. 在康沃尔郡迎来了崭新的开始。格瑞赁下的这座屋子宽敞又华丽，墙上列满了书籍，管家言行谨慎、受人敬重。格瑞为她单独安排了一间房。从房间窗户望出去，是一望无际的海面和久受岁月侵蚀形成的岩层，树木的震颤不再是因为空袭，而是因为感知到了凭虚而起的烈风。H. D. 正是在这里写下了著名诗歌《勒达》、《忘川河》和《歌》。在她眼中，康沃尔郡的景色像是沐浴在"凉爽的雾气之中，抚愈人的伤痛，仿佛有人轻轻地呵出一口气息"。和劳伦斯一样，H. D. 也将这里视作另一处"Rananim"，给人带来全新的、焕发生机的生活方式。阿尔丁顿 1918 年 4 月回到前线，一直给她写信，并且特意写收信人为"理查德·阿尔丁顿夫人"。H. D. 将这些信件全都藏好，不让格瑞发现。在这些信件中，他不再向 H. D. 隐瞒前线的真实生活："上周，我有两次想在战场上死去，但还是活了下来。这是幸还是不幸，只取决于你怎么看。"6 月，他给听闻阿尔丁顿夫妇已经分离的弗林特回信，冷峻地写道："我在法国，她在康沃尔，我们仅仅只是这一意义上的分离。如果你——以及全世界——认为我和 H. D. 会离开彼此，只能说你见事极不分明。"阿尔丁顿请求她接受他的钱，不要和他脱离关系："能以我之姓，冠你之名，我很骄傲。无论发生什么，你一定会保留这个姓氏的对吗？至少作为某种纪念。"他提到约翰·库诺斯"在伦敦四处散播消息，说我犯下了令人不齿的背叛罪行"；还提到阿拉贝拉正胁迫他离婚，然后和她结婚，企图"奴役"他："对你，我低估了自己对阿拉贝拉的激情；对阿拉贝拉，我低估了自己对你矢志不渝的忠诚。"阿尔丁顿在信件中一再请求原谅。"我现在身处至暗深渊，混乱不堪，失去了方向，丧失了一切兴致，我现在唯一的牵挂——就是你。"

1918 年 7 月末，H. D. 发现自己怀有身孕。她将这一消息告知丈夫。起初，阿尔丁顿是鼓励态度，劝她"振作起来，努力加餐"，还承诺只要她愿意，他就可以接受这个孩子。但阿尔丁顿很快转变了态度：最初对妻子婚外情那种漫不经心的包容态度消失（他曾写道："杜利，这真是可恶！我毫不怀疑，女人要是有心，可以将任何情人收入网中。"），转而严厉批评起她的疏忽大意。阿尔丁顿在信中暗示是妻子破坏了这段开放关系的道德准则，却对自己造成的痛苦浑然不觉："现在格瑞才是你的丈夫，而我却成了你的情人。维系恋人的情感如诗歌一样精妙、纯粹，但是新生命比任何美都更为沉重……我们的感情如此深厚，从前那些感情插曲从来未曾真正造成干扰。可是现在，一个新生命！此中痛，不堪忍，彻心扉！"但事实很快证明，H. D. 和塞西尔·格瑞之间的纽带并不坚固。同月，曾因幼年疾病而四次被拒入伍的格瑞，最终也不得不应召入伍，负责担任一些最低等级如清理厕所一类的职务。格瑞立马躲藏起来，认为战争已经进入尾声，当局不会费力去追究他的逃兵行径。当初邀请 H. D. 来康沃尔固然是戏剧般的英勇之举，但他还不想承担起做父亲的责任。他初心不改，渴望一种自由自在、全心全意为艺术奉献的生活，只将当下的境况视为考验。之前 H. D. 犹豫是否要离开伦敦的时候，格瑞曾来信劝她别再"如此难以捉摸，如此难以接近"。"无须假装比实际爱我更多。"他写道。但现在正是格瑞将两人之间的感情拉回现实。他对责任的逃避多少受到好友菲利普·赫塞尔廷的影响。这位好友新为人父，曾给格瑞来信诉苦，有了孩子后，经济上捉襟见肘，家庭束缚也让他难以兼顾艺术追求。（菲利普拒绝与孩子母亲——一位名叫普马·钱宁的模特结婚，他称她是"吸血鬼"。）据格瑞在 1948 年的自传《音乐椅》(Musical Chairs) (他没有一笔曾提到 H. D.) 中记录，他在意大利逛了六个月，"无比厌倦这个世界、世界上的一切、每一个人"。H. D. 再也没见过他。

再一次，H. D. 孤身一人。那个原本承诺带她脱离困苦的男人，毫无风度地抛弃了她。这已经是她在战争期间第二次怀孕，而上一次死胎所带来的悲伤依旧历历在目。这时更是传来噩耗：她深爱的哥哥吉尔伯特死于法国战场。阿尔丁顿态度也已明确，婚姻已经结束——"终了，终了，终了"——但两人依旧是朋友，保持通信，谈论"艺术、文学和人生"。夏末，H. D. 离开康沃尔郡，来到汉普斯特德和好友艾米·兰德尔（Amy Randall）同住。她不愿再回到梅克伦堡广场，把房子剩下的租期转租出去。11 月 1 日，阿尔丁顿来信，说他即将"踏上战场"，并且为了以防万一，预先寄来一张空白支票。十天后，战争结束。

就在 H. D. 以为即将失去新建立的自由生活之时，她的生命中出现了一个至关重要的人，让她再次有机会重生，就像当初在康沃尔时一样。1918 年 7 月 17 日，H. D. 写信告诉库诺斯——尽管库诺斯对她充满怨言，她也一直写信给他——她正准备"真正开始创作小说"。这一天她遇见了布莱尔。布莱尔原名安妮·温妮弗雷德·埃勒曼，因为钟爱锡利群岛[1]，且不认同原名对性别的单一限制，故而改名。布莱尔的父亲是轮船大亨，据称为英国首富。布莱尔不愿别人攻评她利用父亲的影响力，因此决心写作时不以原名为署名。（她在一生中，曾为在巴黎遇到的那些陷于经济困境的作家慷慨解囊，为数不胜数的创新性的出版社、杂志和电影制作提供赞助。）布莱尔比 H. D. 年轻八岁，熟读 H. D. 的诗集《海园》，对学习古代语言充满热情，将 H. D. 视为"再生的希腊人"。她当时恰好在康沃尔郡，一听说 H. D. 就住在附近，就立马冒着暴风雨步行前往博西格兰拜访。这次会面开启了一段长达四十年的开放式亲密关系，此后她们即便不在一处，也会每天给彼此写信。

但是，过去几年的种种背叛、对尊严的践踏让 H. D. 陷入矛盾之中：是否还要重蹈覆辙，为另一个人的幸福负起责任？布莱尔极度情绪

1　锡利群岛位于康沃尔郡西南方，气候温和，景色优美，布莱尔是其中一座岛屿。

化，她的爱带有强烈的压迫性质。H. D. 在给库诺斯的信中写道："最糟糕的是，这个女孩对我用情至深，疯狂到令我不安。没有一个男人曾像她这样爱过我。她有时候简直像被邪灵或恶魔附身……我必须首先捍卫自由，如果束缚变本加厉，我会不再和她往来。"但有着细腻情感的布莱尔主动参与 H. D. 的生活，在两人初识的第一年发挥着重要作用。由于上一次怀孕生下死胎的经历，H. D. 在整个孕期坐立不安，自我欺骗式地否认即将发生的巨变。她在给朋友的信中写道："想到要为一个新生命的生活和未来而担忧，我感到非常邪恶……上一次经历给我留下来太多伤痛和悲伤，我无法和你谈论此事。"1919 年 3 月 31 日，弗朗西斯·珀迪塔（Frances Perdita）在伊林区的一家疗养院出生。前来探望的庞德说："我唯一的指责是，这不是我的孩子。"阿尔丁顿这时已退伍，正遭受炮弹震荡症的痛苦，也带着水仙花束前来探望。这次生育的过程和后遗症给 H. D. 造成巨大创伤：一场流感大流行在战后的欧洲蔓延，夺去了无数人的生命，H. D. 也不幸染病，病势危殆，房东太太甚至建议布莱尔为 H. D. 的丧葬提前备好费用。但布莱尔在 H. D. 整个生育、生病期间都坚守在她身边，无微不至地照顾她。H. D. 后来也承认"如果没有她……我肯定没法撑下来"。

　　布莱尔完全理解 H. D. 对于成为母亲这一身份转变的矛盾感情：她担忧照看小孩会让她失去自由，威胁艺术家的身份，将她束缚于"天使主妇"这一传统角色之中。布莱尔坚持认为 H. D. 不能中断写作。在 1919 年 4 月寄给 H. D. 的信中，布莱尔写道："我很希望，理智能让你的目光超越珀迪塔。你被赋予诗才，不是为了留在某个小屋子里，成天围绕着一个孩童。"怀孕初期，H. D. 面临着或许不得不独自照顾孩童的可能性。她在这时就曾写信给布莱尔，除了期盼孩子长大、和她一起体验"人生中的伟大冒险"之外，还提到想聘请一位布里吉特·帕特莫尔推荐的保姆，这样一来"偶尔保姆能全权照顾孩子，我好抽空继续写作"。而布莱尔的帮助则提供了更为彻底的解决方式：她负责出钱，让珀迪塔全天住在肯辛顿区著名的诺兰德育儿所，还在康复中的 H. D. 每天前往看望孩子。1921 年以后，照顾珀迪塔的人除了两位女性，还有前后几位保姆、周围好友、布莱尔的父母、H. D. 的母亲海伦，她在丈夫去世后就来到了欧洲，一行人常一起出行），以 H. D. 的工作为核心组成了一个充满爱意的整体。珀迪塔后来回忆幼年时光，会想起母亲在书房里削黄色的铅笔、将笔记本摞起来，接着就会被布莱尔带出书房，房门在她们身后合上。至于布莱尔，她在写作的时候允许珀迪塔在桌下玩耍，不过小小的孩童也知道不应打扰妈妈。对于 H. D. 而言，布莱尔为她提供了一种可以兼顾母亲角色和艺术创作的生活方式（即使并不稳定），在此之前，她从来不认为这种生活方式真的存在。每年的 7 月 17 日，如果布莱尔不在身边，H. D. 都会特意写信给她，信上写着：每年今日，我都由衷感谢你拯救了我，还有我的小小孩童。

④

二十世纪二十年代间，H. D. 出版了几本文学价值颇高的诗集，在遍布欧洲的波希米亚主义作家、艺术家中居于核心地位。但那些与梅克伦堡广场相关的创作危机却未曾平息。她的书架上放着没有完成的手稿，这些年来她写了多遍，改了多遍，整个过程像在织珀涅罗珀的网，在枯燥乏味的循环中不断毁灭、不断破坏，永远无法完成。到了二十世纪三十年代初期，她在创作上陷入停滞，感觉自己像是被困在"重复回放的思绪和经历"的漩涡之中，无法继续前进。正是在这时，在布莱尔的鼓励下，H. D. 开始接触弗洛伊德。弗洛伊德关于性心理学、自我和潜意识的前卫理论为医学界带来了全新的观点。他们之间既是某种程度上的老师和学生，也是精神分析学家和精神分析对象，这段关系对相互都有激励。H. D. 称弗洛伊德为"父亲"或"教授"。对 H. D. 而言，弗洛伊德称得上是位出乎意料的导师，曾对她说过一些让她气愤的言论："女性在创造力方面没有成就，或者不会有太多成就，除非可以从男性同辈或男性同胞身上汲取灵感。"愤慨的 H. D. 决定向他证明自己的艺术力量正是通过女性的身份得以施展，而不是通过克服女性身份。但弗洛伊德挑衅的态度和整体气质令她回想起一个自以为早已遗忘的人。随着精神分析的深入，记忆中有关 D. H. 劳伦斯的过往不断在脑海浮现：发生在梅克伦堡广场这段短暂而压抑多年的插曲，这时有着比以往任何时候都更为重要的意义。

　　离开梅克伦堡广场以来，H. D. 再也没见过劳伦斯。但在精神分析过程中，她看到弗洛伊德身上和劳伦斯的相似之处，回忆因此被激活。她请布莱尔寄来一些劳伦斯的信件（后来这些信件由赫胥黎编辑，并于 1932 年出版。而劳伦斯在两年前已因患肺炎离世，年仅四十四岁）。这些信件激起了她的兴趣，她开始阅读一些狂热女性——如凯瑟琳·卡斯维尔，玛贝尔·道奇·卢汉——撰写的关于劳伦斯的回忆录，这些回忆录似乎将劳伦斯视为"某种导师、大师一般的存在"。死亡轻易就将劳伦斯镀上了一层偶像的幻影，这股"风潮"令 H. D. 愤懑（用弗吉尼亚·伍尔夫的话来说，劳伦斯死后获得了"先知、神秘的性学理论的倡导者"的声名）。但劳伦斯的身影越来越频繁地出现在她的脑海，甚至潜入了她的潜意识。H. D. 有一次梦见劳伦斯，没有胡子，身影渐渐与 H. D. 在某张照片中看到的父亲模样融合在一起。这一联系似乎一方面象征着劳伦斯对她的影响，而在另一方面，更是模糊了劳伦斯和她自己的身份。后来在第二次世界大战中，在某个"黑暗、炮弹轰炸的夜晚"，她再一次梦见劳伦斯，"浑身像是着火般灿黄，他的身影倏忽而逝，只留下一句话，'希尔达，在整个群体中，你是唯一一个真正会写作的人'"。

劳伦斯的赞赏诚然对 H. D. 的写作激励良多，可这些幻象也让她回想起过去在他身边常感受到的某种不安。H. D. 在 1916 年 10 月寄给约翰·库诺斯的信中提到，她现在开始将色彩和人联系在一起：库诺斯是青金石般深邃平静的深蓝色，阿尔丁顿是热烈如火的酒红色。她还向库诺斯透露："但是现在出现了另一个人。颜色如灿黄火光，辉煌、无情、绚烂、可怖、冷酷！这种灿黄色在我身上看到了与其恰好互补的特性。这个人身上有某种杀死我的力量……我不是说身体层面上——（我也不认为可以再见到他）——我是指以某种更为微妙的方式。我不是不相信命运，但我究竟是生是死，似乎真是命运主宰！"H. D. 并没有指明姓名。库诺斯也没有再在信件中提到这一节，但在《米兰达·马斯特斯》中逐字引用了这一段文字，并在文中表明，他认为这段话是在描述这样一位诗人，他那"华美而富有激情的诗篇因其直白大胆、耽于享乐的情欲描写而令整个英格兰为之震撼"——显然是指劳伦斯。H. D. 没有再向库诺斯提及此人，库诺斯这部小说中这个人物也没有再次出场，像是一段没有交代、缺少终阕的插曲。但 H. D. 的信件表明，她对劳伦斯怀有深厚而复杂的情感。两人之间的交集不过寥寥，但对她而言，却蕴涵着丰富的预兆：两人的出生日期相隔一年少一天，因此一年之中两人只有一天是同龄的，这令她十分惊讶；H. D. 的姓名首字母顺序颠倒之后，恰好就是 D. H. 劳伦斯的姓名首字母，这对她而言也暗示着某种重要的双生关系。但她认为劳伦斯具有某种"杀死"她的力量，"虽然不是身体层面上"，这一观念表明这种相似性——恰好互补的特性——本身具有某种威胁，带给她不安的感受：他可能会吞噬她的创造力，以某种方式掠夺她的声音。

如今已过去二十年，当初的担忧似乎已经成真。H. D. 向弗洛伊德详细地叙述有关劳伦斯的一切。她逐渐相信，开启那些抑制她写作、尚未解决的难题的钥匙，正在于梅克伦堡广场那段岁月。弗洛伊德的心理疗程让她回想起一段至关重要的回忆：一场有关艺术的争论。在弗洛伊德的鼓励下，H. D. 重新动笔修改小说，将这场争论作为整部小说的高潮加入原本就已经反复修改的故事基础，成了一个全新的、显著不同于以往的情节。

除了《让我活下去》之外，H. D. 那些大多写于二十世纪二十年代早期、本不打算出版的小说，无一例外都以这样的方式结尾：H. D. 的角色在与另一位女性的亲密关系中寻找到认同和自由。一开始 H. D. 撰写关于梅克伦堡广场时期的故事，在很大程度上是为了向她和珀迪塔、布莱尔三人组成的新型家庭致敬。在这个由女性组成的家庭中，以自由和创造力为核心，人和人之间的关系不是通过法律绑定，而是出于个体选择。在《画下来，在今日》（这一版本创作于 1921 年前后，是几部小说中同性恋描写最为明确的一部）中，阿尔丁顿这一角色地位无足轻重，主人公与他结婚只是为了安抚专横的父母，从他们身边逃离，这段婚姻也只是主人公的两段主要同性恋情之间的小插曲（这两段同性恋情的对象分别以弗朗西丝·格雷格和布莱尔为原型）。在《重写之书》（Palimpsest）（1926 年）这个更为冷峻的故事版本中，背景设定于罗马一处军营，与阿尔丁顿的婚姻被改写为一场迫不得已的结合：希腊奴隶被迫嫁给一位好色的士兵，布莱尔的角色拯救了主人公，帮助她重新写诗，唤醒她身上已被婚姻扼杀的"纯粹的、令人心醉的智慧"。在小说《常春花》（1921—1922 年，1926 年修订）中，怀孕和分娩往往被刻画为男人对女人施暴的源泉，并且总与战争相联系。而在小说结尾，怀孕、分娩成为创作表达的一种形式。这一故事版本着重描述赫耳弥俄涅最终与贝丽尔（布莱尔的角色）一起生活，共同抚养女儿。她告别不合适的伴侣，最终找到幸福；不再害怕怀孕；不再继续在异性恋爱中追寻幸福；找回对生存本能的自信，能够继续生育、写作。

《让我活下去》是 H. D. 唯一一部完全以异性恋爱为中心的小说，格雷格、布莱尔以及她的第二次怀孕没有在书中出现，并且结尾以一个其他手稿中不存在的角色里卡作为中心人物。1949 年，H. D. 表示《让我活下去》是第一部让她满意的小说："在这部小说里，我向英格兰、布卢姆斯伯里文坛和过去岁月中的那些人致敬。尽管曾有人请我写一写劳伦斯，但我从来没有写过任何关于他的文字。我确信我笔下呈现了一个非常真实的弗雷德里卡，我很高兴，因为我不希望没有一声招呼、一句告别，就让一切往事都随风而去。"不同于早先版本，这部小说寻求幸福的方式并不是通过找到一段新的关系，或借母亲这一身份。它的内核是一场自我宣告，这一宣告的重要性不亚于其他任何事情：H. D. 宣告自己的作家身份。

44

在 H. D. 梅克伦堡广场时期遗存下来的信件中，除了这封写给库诺斯的信，几乎极少提及劳伦斯。鲜少有证据能表明两人之间存在深厚的私交，至于是否存在浪漫关系，更是无从查证。正因如此，当《让我活下去》隐晦地表明这样一段漫长的感情的存在之时，会令人如此震惊。在这一小说中，茱莉亚正是在以劳伦斯为原型创作的弗雷德里卡的鼓励下才走上写作的道路。H. D. 将庞德那段开启她职业道路的著名言论归入里卡名下，似乎这一举动正是为了创作她的个人故事。

"难道你不知道？难道你没有意识到，这就是诗歌？"弗雷德里卡说道，将她一步步逼向房间的角落。他举着她给玛丽·道威尔写自传用的几页纸。"难道你没有意识到这就是诗歌？"

小说中茱莉亚痴迷里卡，日渐沉湎。她幻想和里卡两个人去到另一个维度，离开这个房间、这座城市，远离这场战争。小说中最引人入胜的一段情节发生在一间宽敞的客厅。当时，其他人都出门购物，只留下茱莉亚和里卡。对于茱莉亚而言，这一时刻经过精心设计："在这样的情境，她和里卡似乎应当理清彼此间的一些关系。"里卡翻开一本笔记，摊在膝头，在茱莉亚眼中，"像一位真正的艺术家那样浑然忘我地开始工作"。茱莉亚移步到窗前，望向广场，"广场上的悬铃木随风摇晃，枝丫伸向天空"。她乍然回眸，却发现里卡的视线正牢牢地锁在她身上。他的视线在两人之间几乎生生辟出一条轨迹，充满了某种难以言明的吸引力。她站起身来，把椅子往他身边拉近，轻轻地拉了拉他的袖子——这一触碰却令他浑身一颤，宛如"一只受伤的豹子"，他突然退缩，避开她的触碰。这一反应令茱莉亚愕然，不再继续行动。两人一句话也没说。很快，门口响起艾莎和贝拉的谈话声，两人嬉笑着进门，边取笑里卡说刚刚在楼梯上房东太太不怀好意地向她们打听里卡，边放下手中的物品，贝拉把东西四处堆放，艾莎把手中许多袋子放在地板上，房间马上会用于喝下午茶。茱莉亚注意到，里卡已经重新开始写作。

1960 年《让我活下去》出版后，这一段描述 H. D. 与劳伦斯之间的悸动的内容在约翰·库诺斯和阿拉贝拉·约克两人眼里是对事实的歪曲，两人大为愤慨。两人都否认劳伦斯曾对 H. D. 有意，H. D. 认为劳伦斯对她有意只是错觉。但他们对这一场景的理解，一如某些传记作者认为劳伦斯是珀迪塔的父亲、H. D. 是查泰莱夫人的原型一样，都过于注重字面解读。书中里卡这一人物的意义不在于他在茉莉亚情爱方面的地位，而在于对她的写作和自我意识所带来的挑战。H. D. 将劳伦斯写进关于梅克伦堡广场岁月的故事之中，目的并不在于展现某种浪漫的迷恋，而是为了剖析劳伦斯这一形象所象征的力量，这一她终生都在试图克服其影响的力量。H. D. 在《让我活下去》中对男女之间错综复杂的关系的深入探索，正是在探索一种更为广泛的、她始终在追寻的生活方式：一种可以生活在两种维度的生活方式，在这种生活方式中，她可以兼顾作家和女性这两重身份。这么多年以来，她的情感世界遭受男性的压制，从童年时期，到与庞德订婚，再到后来婚姻破灭，这些进入她人生的男性，各自以他们的方式掌控她、影响她，这一切慢慢堆积下来，已经让她不堪重荷，无法继续写作。必须理清一切的时刻已经到来。当她回望梅克伦堡广场那段岁月之时，这段人生经历给她造成的伤害以艺术创作危机的方式展现出来。

44

劳伦斯一向极少谈起与 H. D. 相关的话题。但在 1918 年 12 月听闻 H. D. 怀孕后，曾在写给阿拉贝拉的母亲塞利娜·约克的信中提到 H. D. ："她的遭遇令人心碎。但我并不信任她——这可是一个新生命啊！"此外，他曾在 1926 年寄给朋友的信中为 H. D.（"一只猫咪"）愤愤不平，不解她为何不和阿尔丁顿离婚，甚至允许他和阿拉贝拉之间的感情，"尽管她自己也跟格瑞走了"。而劳伦斯对这一团体谈论最详细的地方，当属小说《亚伦魔杖》。这部小说自 1917 年 11 月在梅克伦堡广场动笔，于 1922 年出版。相比库诺斯的作品，这部小说对 H. D. 的行为举动刻画得更为细腻，但恶毒程度不相上下。主人公亚伦·西森在旅途中遇到一个奇特的波希米亚式家庭团体，家中正一片杂乱：他们厌倦了传统的客厅游戏，正准备把蜡烛、烟花挂到外面森林的树上去。团体以茱莉亚（令人震惊的是，四十年之后，H.D. 采用了同一个名字为书中的自己命名）为中心，而她的忧愁苦闷从故事一开始就显而易见。她是一个"身材高挑的女人，但坐下的时候，会将身子弓起来，活像个女巫"；她的手指修长，常因激动而发颤，眼神里总带有狂热的色彩，常常发出高亢的笑声。劳伦斯将 H.D. 和阿尔丁顿两场外遇的时间线进行了改动，变为 H.D. 有外遇在先——由于任何熟悉这一团体的人都能轻易辨认出故事中的人物原型和场景，这一歪曲不可谓不令当事人难堪。故事中，茱莉亚出现的第一个场景，就是她正不遗余力地卖弄自己的女性风情，一边还怂恿丈夫罗伯特，"一位年轻稚嫩的英国男人，穿着卡其色军装，身形臃肿"，去和一位叫约瑟芬的女人展开外遇。原来，茱莉亚和西里尔·斯科特"陷入热恋，两人拥有灵魂上的共鸣，带给彼此情感上的震颤"，她想抛弃丈夫，和西里尔在一起。罗伯特声称不反对妻子的风流韵事，亚伦因此推断，茱莉亚事实上只是希望罗伯特求她留下来，她将自己的处境加以戏剧化，只是为了博人眼球。团体中各人对茱莉亚的态度不一，有人厌恶反感，有人置之一笑，也有人为她惋惜。至于亚伦，他一向担忧女人会将男人玩弄于股掌之间，站出来宣扬自由从而毁灭男人的自由，在他看来，茱莉亚道德败坏，玩弄人心，正验证了他的担忧。

　　H.D. 在读到小说时，发现这些角色"在战争时期的伪装下不可辨认。而其中最无法辨认的，就是我的角色，茱莉亚。毫无疑问，我并不想认出她"。听上去她已无意辩驳，但看见自己曾经的痛苦被以这样残忍的方式添枝加叶，看着劳伦斯和库诺斯都以小说为工具来谴责她，她必然万分苦楚。他们曾经满口谈论追寻个人自由，但所作所为却只能印证他们的虚伪。劳伦斯这部小说的主题在于表明男女之爱"本质上是双方为掌控对方灵魂而发起的一场战争",这一主题同样贯穿劳伦斯的全部作品以及他个人的亲密关系。劳伦斯的许多朋友,包括格瑞和阿尔丁顿在内,后来都曾写过劳伦斯的控制欲,他要求所有的朋友都听命于他、顺从于他。正如格瑞所写,这是"任何具有人格的人都不愿付出"的牺牲。劳伦斯这一观念尤其体现在他与女性之间的关系。格瑞后来写道,他逐渐开始"厌倦、怀疑"劳伦斯那种对许多爱慕他的女性的态度,他似乎是有意引导这些女性对他产生敬慕之情。就连待在梅克伦堡广场期间,劳伦斯也明显有意对 H. D. 产生影响力。格瑞曾在 1917 年 11 月 7 日写信给当时正住在梅克伦堡广场 44 号的劳伦斯,指责他诱导女性敬慕他,像"抹大拉的玛利亚敬慕耶稣基督那样"。面对这一指责,劳伦斯却不见愠怒,只是置之一笑,他在回信中告诉格瑞,那些爱上他的女人不为身体满足,而为追寻精神觉醒,而对于这一点,他完全有资格指点迷津。他居高临下地说道,这些女人,"包括希尔达·阿尔丁顿在内",对他而言象征着"一扇门,通往新世界或地狱,通往知识与存在";他准备通过写作来揭示这些秘密之域。信件内容晦涩神秘,但有一点意义很明确:对劳伦斯而言,女性并不居于平等地位,仅仅只是缪斯;她们本身不是艺术家,仅仅是他用于创作的素材。

近四十年后,H. D. 恍惚忆起,在某次难得和弗里达独处时,弗里达曾警告她:"事实上劳伦斯并不在乎女人。他只在乎男人。希尔达,你根本不知道他其实是个怎样的人。"H. D. 回想起,当年在梅克伦堡广场,他们一起围坐着,房东太太的椅子边沿是灿金色,劳伦斯那时曾说弗里达永远站在他右边,而 H. D. 永远站在他左边。劳伦斯这样说是将他自己比作耶稣,将弗里达比作忠诚的使徒约翰,而将 H. D. 比作犹大,那个敌人、潜在的背叛者。这样的比喻让 H. D. 哑然失笑。但这一画面却也让她感到不安——无论好坏，两位女性只是这位先知般的男人的内助。H. D. 因此想到，劳伦斯和阿尔丁顿一样，将女性视为只有身体或是头脑：弗里达提供情感支持，希尔达则在智识方面激励着他，两人各自划分领域，相互不得跨越界限。《让我活下去》中，茱莉亚开始意识到里卡胜利的外表仅仅是一张面具：他突然成了侵略者的象征，红色胡须化为火山，大笑时露出的牙齿似乎随时会扑上来"撕裂一切，吞噬一切"。茱莉亚也突然明白，里卡的妻子艾莎为何不采取措施阻止这场潜在的恋情：让茱莉亚代替她为这位伟大的艺术家提供支持、提供灵感，只有这样她才能摆脱丈夫，去追寻自己所求。茱莉亚后知后觉地意识到，如果要为里卡的自由创造条件，她将不得不牺牲自己的自由："她会被使用，像一捆干草、一堆柴火，为里卡的火焰而燃烧，化为灰烬。"

小说用一个具体事件来呈现茱莉亚的恐惧。在书中一处关键情节，茱莉亚将自己写的诗寄给里卡，诗的内容是关于俄耳甫斯与欧律狄刻之间受到诅咒的爱恋，里卡对这首诗反应非常激烈。里卡勃然大怒："俄耳甫斯系列，前后两部分我都不喜欢。你只需要写女人说了什么。你怎么知道俄耳甫斯的感受？你应当集中精力来描述女性、女性的感受，只要写欧律狄刻部分就够了。你不能同时负责两部分。"里卡的批评让茱莉亚感到困惑，他的言外之意似乎是让她抑制野心，只从个人经验出发去写作，而不要试图表达一些普世的观念。H. D. 借茱莉亚之口表达了对这种双重标准（尤为令人愤慨的是，劳伦斯在梅克伦堡广场生活时期正在给《恋爱中的女人》一书校稿，这本书深入挖掘布兰文姐妹的内心世界）的困惑："里卡这种男女分裂的观点并不正确，根本站不住脚……假如他能如此邪恶地洞悉女性的感受，为什么她却不能洞悉男性的感受？"

　　H.D. 没有允许劳伦斯抹去她的声音。她反而吸纳了他"只作为女性书写"的观点，将女性的声音、经历置于作品中心。曾受劳伦斯批评的诗歌《欧律狄刻》在 1917 年 5 月发表于《自我主义者》。在最终发表的版本中，欧律狄刻没有说话；小说表明，原先诗歌第二部分有欧律狄刻说话的部分，而 H.D. 采纳了劳伦斯的建议，将其删除。但这首诗歌却是对传统故事的全新改写。在传统故事中，俄耳甫斯一时不慎，令欧律狄刻陷入永久的沉默。除了引来短暂的哀叹以外，很快就被人遗忘。而 H.D. 笔下的欧律狄刻则强大独立，甚至充满危险性。她责怪俄耳甫斯让她回到地狱，在结尾更是宣布地狱已成其统治的领土，她在这里得以独自安宁度日，不必再忍受丈夫沉闷呆滞的歌声。H.D. 在梅克伦堡广场度过的时期，对个体人生而言充满了痛苦的回忆，对写作而言却是一个重要转折点。这篇诗歌独白比之前作品篇幅更长，叙述角度更为个人，具有突破性，标志着她已脱离意象派的审美，开始形成独具个人特色的风格。而这篇诗歌的出版也为 H.D. 开启了一项新的、横贯接下来整个人生的写作方向。在接下来四十余年，她的诗歌从早先如《海园》这种永恒、超脱个人感情色彩的风格转向更偏重叙述的风格，并以神话中女性角色为中心——如卡珊德拉、卡吕普索、得墨忒耳。传统神话中，女性英雄总是居于被动或次要地位，无不遭到贬低和中伤。H.D. 则在作品中探索古老神话中女性英雄的内心世界，超越这些传统神话，开始构建她们自身的叙事和形象。H.D. 自传性质的作品表明，她这一写作方向折射出她想要探究自身过往，反抗那些她曾允许引导她的"引导者"。当她通过书写将这些女人从禁锢她们几个世纪的神话中解放出来之时，她也开始将自己从梅克伦堡广场时期那些吞噬自己的情境中解放出来。

　　H.D. 的重要史诗作品《海伦在埃及》（*Helen in Egypt*）出版于 1961

年，也就是《让我活下去》出版的第二年。两部作品于同一时期同步
创作。在这部作品中，面临著名的未解之谜，即特洛伊战争是否因海伦
不忠而引发，H.D.借鉴了欧里庇得斯创作的具有颠覆性的戏剧《海伦》。
在 H.D.笔下，海伦不再是那个喜怒无常、对以她名义发起的屠杀无动
于衷的美人。她变成了一个被困在埃及、无辜又困惑的女人。在特洛伊
制造浩劫的，只是一个众神创造的幽灵替身。对 H.D. 而言，海伦是伊
菲革涅亚的一面镜子，她的身影映射出第一次世界大战期间的自己：两
者的身体和声名都因男人的好战本性而牺牲，她们被迫失声，而男人的
兵法权谋却像俄耳甫斯的歌声一样流传千古。《海伦在埃及》中，海伦
踏上寻找自我的道路，通过精神分析修复破碎的心灵，摆脱他人臆想出
来、强加给她的身份（千古美人，被动的客体，一个私德有亏、遭人
厌弃的女人），沿途与故人相遇，并且开始写作。H.D. 在所有作品中
始终在为一个简单事实寻找全新的理解方式：社会对女性应如何表现赋
予种种期望，一直以来，女性被这些期望规训，无法按照自己的意愿去
发现自我、了解自己想成为怎样的人。H.D. 的成功之处在于塑造了一
个完整、复杂的个体，此后，人们再也不会只按传统眼光将海伦解读为
一个被动的客体。

44

　　《让我活下去》最后一章是一封茱莉亚写给里卡的信。里卡批评了
茱莉亚的诗歌，认为女性无法真实刻画男性，应该只以熟知事物为描
写对象。在信中，茱莉亚对里卡这些观念一一予以回应。这封信既有力
反驳了那些妄图根据他们选择的标签来定义她的人，在更广泛意义上
而言，也对女性居于从属地位这一社会现象提出公开抗议。在弗吉尼

亚·伍尔夫的小说《到灯塔去》(*To the Lighthouse*)中，艺术家莉丽·布里斯科无视丈夫尖酸的奚落——"女人不会画画，不会写作"，依然坚持寻求一种不必履行母性职责、家务职责的艺术表达方式。故事结尾，莉丽完成画作，正是对这些嘲弄的胜利回击。茱莉亚这封信也出现在一部诗性、复杂的小说结尾，同样反击了女性无法成为艺术家的观念。茱莉亚表明，她渴望成为一名作家，而不是缪斯，期望通过创作激进的艺术来超越当代女性身份所有的桎梏。

弗洛伊德曾经告诉 H. D.，她属于"十足的双性恋者"。接受精神分析期间，H. D. 曾在给布莱尔的信中提到，她意识到自己从来没有想象自己是父母中的任何一方。她写道："我曾经试着成为男人或女人，但是这两种性别我都有。"在 H. D. 接受精神分析五年前出版的《一间属于自己的房间》中有一节著名的论断，伍尔夫延续柯尔律治的观点进一步提出："伟大的灵魂从来都是双性同体……只做纯粹的男性或纯粹的女性一样不可取。"伍尔夫建议女性作家成为"带有男性特质的女性，或者是带有女性特质的男性"，不要受传统性别角色束缚而限制个人的格局和抱负。H. D. 的书房里就放着这本书，茱莉亚最后这几句话极有可能曾受到伍尔夫这番论断的影响。女性一生面临的危险数不胜数：如意外怀孕这类"生理陷阱"，做一位"和颜悦色的家庭主妇"所面对的枯燥与孤寂，成为一位从来不受人重视的"年老仆妇"。谈及这些危险，茱莉亚提出，富有创造性的工作或许能让女性达成"真正的成就"：

> 还有一种逃脱的办法，那就是成为艺术家。这些危险或许就可以避免。女性可以成为带有男性特质的女性，男性也可以成为带有女性特质的男性。而弗雷德里卡尽管认可她的诗作，却仍然对她喊着男性即是男性、女性即是女性那一套说辞，他那尖锐、像孔雀一

样洋洋得意的吼叫，是所处时代观念的反映，同时也奏响了这一观念的灭亡乐章。

最后，茉莉亚取得了 H.D. 所称的"gloire"（荣耀），这个词在古希腊语中是"kleos"，用来表示不息的荣光、永远流传的光辉事迹。这个概念的描述对象往往只有战争中的英雄以及诗人。过去，劳伦斯在凭动作猜字谜游戏中一向扮演上帝角色，而在书中，茉莉亚不再允许里卡扮演上帝的角色，他再也不能限定她写作的界限。对 H.D. 而言，"gloire"成为了一种流动性的力量，无论男女都可以拥有。

> 或许你会像当初评价我写的俄耳甫斯一样，又认为我越界，我无法洞悉两边处境。你曾经说过，我或许能在性格上变成欧律狄刻，但女人就只能是女人，不能同时如实刻画男人的内心世界。而 gloire 却可以既属于男人，又属于女人。
>
> 不，这样说反而破坏了这个词，它既同属于两边，又不属于任何一边。仅仅是我自己，此刻正坐在床上、手边放着一盏蜡烛、写下这些字句的我自己。

H.D. 还记得写到这段结尾时，正待在瑞士一间陌生的旅馆，屋子里越来越冷，好像有某种力量推动着手中的笔。她做了几处修正，把文本打出来，感到一阵松快。她大声读着这些文本然后"意识到，关于'一战'期间的故事最终'呈现出来'"。1953 年，她告诉阿尔丁顿，创作《让我活下去》一书的过程对她最终重获自由有着重要意义："请不要以为我不看重你的付出、你这些年来的努力。只是有些事必须我自己去做。从最初开始，即便是和埃兹拉在一起的时候，我也一直处于被他人作品否定的危险之中。我在书中谈到的这一点有关于劳伦斯。"H. D. 在花甲之年回想起，当年劳伦斯在批评她的诗作时，曾无意中说"丢弃你那令人厌倦的生命之屋"。而此时的 H. D. ，在漫长的职业生涯中取得了满意的成就，有伴侣，有许多好友，还有四位孙辈，最后一部小说也大获成功。她写道："这是我的生命之屋，但并不令人厌倦。"

第三章

多萝西·L. 塞耶斯

（1893—1957）

梅克伦堡广场

44_号

1920 年 12 月—1921 年 12 月

"梅克伦堡广场那座花园或许是个不错的选择。
在枝叶下可以躺上很久。"

——多萝西·L. 塞耶斯,《剧毒》（*Strong Poison*）（1930 年）

1920 年 10 月 14 日，秋日阳光在玻璃窗间闪烁明耀。牛津大学第一批女毕业生正在谢尔登剧院参加学位授予典礼。剧院当天聚集着大学有史以来最庞大的观礼人群。当南门打开，身着方帽长袍学位服的女子学院院长们闪耀登场时，全场自发爆发经久不息的掌声。为了争得学位的荣誉，她们付出了数十年的努力。多萝西·利·塞耶斯就是典礼参与者中的一员。她在萨默维尔学院学习现代语言学，五年前就已完成所有学习任务，今日终于以一等学位获得毕业证书。她专门写信给学校，希望能获准参与这场典礼，即将离开英国自然是原因之一，而原因还不止于此："但是，说真的，还因为我真的很想站在第一批女毕业生之中，那一定很有趣。"——她在 8 月份寄给母亲的信中写道。当晚，萨默维尔学院的毕业生齐聚一堂——当中还有薇拉·布里顿和温妮弗雷德·霍尔特比两位作家——共进晚餐，度过了欢乐愉快的一晚。这晚，吉尔伯特·默里教授作为荣誉嘉宾受邀列席，所有毕业生特意敬祝学院院长艾米莉·彭罗斯。默里教授的好友简·哈里森从剑桥大学来信写道："想到萨默维尔学院年轻的女毕业生可以穿着学位服，简直令我咬牙切齿！"早在 1895 年，她就曾向剑桥请愿，请求允许女性以正式学生的身份进入大学学习，但未能获准。这年 12 月，她的申请第二次遭到拒绝。"剑桥和牛津如此相像！牛津在接收女子学生方面起步比我们更晚，却比我们更早有成效！"

薇拉·布里顿曾写过:"第一次世界大战前几年毕业的萨默维尔学院学生之中,多萝西·L.塞耶斯在同辈间最为亮眼,知名度也最高。"布里顿作出这一评价时是 1960 年,这时的塞耶斯早已被公认为侦探小说界的资深作家。她塑造的彼得·温西爵爷威风凛凛,戴着单片眼镜,家喻户晓,和赫尔克里·波洛、布朗神父、夏洛克·福尔摩斯一样深受市民喜爱。将时间线拉回 1920 年,这一年,塞耶斯对于未来却茫然没有计划。她只知道自己绝不愿安安稳稳做一名老师,满心希望通过写作获取成功。她对未来的迷茫令一直悬心的父母开始为她担忧,就连她自己——即便竭力隐藏——也渐渐惴惴不安起来。这一年,塞耶斯在梅克伦堡广场写下了第一部小说。作为后来人,或许倾向于轻描淡写地将其视为她后来获得无数赞誉和商业性成功的起始点。但对这时的塞耶斯而言,一切未来的成功都尚遥不可及。她和曾经的 H. D. 一样,在寻找自己声音的路途中,面临着同辈男性对她作品的批判和轻视。并不和谐的亲密关系挑战着她的独立理念,迫使她反思不阻碍追求事业的亲密关系是否真的存在。这一年,塞耶斯的人生有着许多可能的发展轨迹:是否要为了获得安全感而接受那个并不合适的男子的求婚,是否应该听从父母恳求,接受一份安稳体面的教职而只把写作作为个人娱乐爱好。但她却依靠自己的想象力和决心,走出了一条截然不同的道路。

多萝西·L.塞耶斯于 1893 年出生于英国牛津市,她的父亲在当地担任基督教堂教会学校的校长。她是家中唯一的孩子,在乡间小镇布兰蒂舍姆长大,她的父亲塞耶斯牧师被任命为这里的教区牧师。宗教在她的童年生活中始终占据一定的色彩,但与 H. D. 家族中莫拉维亚教派的神秘灵性并不相同。她后来回忆,童年时期"在种种道德戒律的约束下度过",教区的宗教生活反而不如思想、学习的其他层面那样严格执行,这令她多少有些沮丧。无论如何,多萝西的学业是全家的头等大事。六岁那年，父亲就开始教她拉丁文，在整个少女时期，父亲一直鼓励她尝试各类文学创作，包括为《小妇人》改写戏剧版，为一个自杀的战俘写独白诗，还写过一篇题为《名利不过如此》的文章，这篇文章主题与自我意识觉醒有关，描述的是一位"非常年轻的女作家"最新出版了一部畅销书，但她的姨母们发现她们在这本书中受到批判，女作家因而遭遇一系列麻烦。还有一篇诗体形式的《喜剧广告》，讲的是一位热情洋溢的女主人公，因为性格沉闷的未婚夫不够智慧，不足以打动她，因此决意取消婚约。当时还处于少女时期的塞耶斯写道："天呐！一个十九岁的女孩子应该想的是如何享受人生，而不是和所谓的'好丈夫'绑在一起！"她在二十多岁的人生阶段始终坚持着这一观念。

塞耶斯成为作家二十年之后，曾将走过的人生历程与几位姨母的人生进行对比："她们在成长期间，没有接受教育，也没有任何训练，外祖父去世后不久，就被扔到一个对她们毫无意义的世界。"一个成了修女，还有一个成天与几只老猫"作伴"，靠着贩卖些杂物勉强度日，毫无目的地做着一些对人、对上帝都没有意义的事。塞耶斯的母亲非常热衷于写作，塞耶斯还不到四岁的时候就在母亲教导下学会了认字。塞耶斯后来描述母亲是一位"非常聪慧的女性，很可惜没能接受应有的教育"。塞耶斯能接受教育全部归功于父母。塞耶斯的父母亨利和海伦虽然不算非常富有，但女儿的早慧让他们感到神奇又高兴，因此十分努力去满足女儿的好奇心，培养她的兴趣。父母的教育理念对塞耶斯的个人发展起到了至关重要的作用，帮助她在往后的岁月中有底气、有信心去成为一位作家。H.D.的天文学教授父亲教她学习他自己感兴趣的数学和科学，却禁止她进入艺术学校学习；弗吉尼亚·伍尔夫的父亲倒也鼓励女儿广泛涉猎，但这仅仅是因为他认为没有必要训练女儿的职业能力。而塞耶斯却在父母的严格教育下，在家中学习多年，并在1909年进入索尔兹伯里的歌德芬女校寄宿学习。1911年春天，剑桥大学高等教育地方考试在全国推行。塞耶斯次年参加考试，名列前茅，荣获吉尔克里斯特奖学金，进入牛津大学的萨默维尔学院深造。

进入大学之前，在塞耶斯的观念中，女子接受教育是寻常事。然而此时在牛津这所古老的大学校园内，女性地位却正面临着激烈的争论。十九世纪下半期以来，运动人士一直向大学呼吁允许女性在中学毕业后以与男性同等的资格继续接受教育。这一呼吁一旦推行，将极大改变社会现状，因而激起一些社会评论家的极力反对：一部分人以医学为借口，称教育会打乱女性的月事，引起生育系统紊乱；一部分人称女子一旦接受教育，在古典文学的耳濡目染下，将变得行为不检点、放荡不羁；校园里的大龄单身女老师也会潜移默化地向她们灌输一些"关于感情观念的歪理谬论"；甚至有人称一旦社会大范围雇佣女性员工，可能会引起性别对立的严重浩劫，最终导致种族灭亡。1873年，牛津大学的两所学院承诺为在"剑桥大学地方考试"中取得最高成绩的中学生提供奖学金。但当考试成绩发布，一名叫"安妮·罗杰斯"的女学生名列榜首时，学院却尴尬地收回这一承诺，只以几本书作为安慰奖。罗杰斯后来成为女性争取受教育权利的代表性人物，尤其是在牛津大学。这一年，牛津大学校园内，一系列"女性课程"借用教室开课，参加课程的都是那些支持女子受教育权的大学老师的妻子、女儿、姐妹。1879年，萨默维尔作为宿舍区接收女学生，十二名学生在这里生活、学习。

随后几年，萨默维尔成为第一所采取入学考试的女子学堂，并且开始以"学院"自称，同时也是牛津大学中第一所与宗教属性分离的学院。这一世俗属性深深吸引着塞耶斯——在此之前，无论是在家中还是在中学，她都必须真情实意、尽职尽责地遵循基督教的礼仪规范，这些已经让她不堪忍受。到她入学时，萨默维尔学院正处于试行期：一方面，学校允许女性参加任何课程和考试，但她们仍不属于"正式"学生，取得的成绩最后也不会被授予学位证书的认可；另一方面，校园内为容纳女学生建造了几幢新建筑，新的空间也扩大了女性的自由。萨默维尔学院的女学生不用排队等着用一间由仆人卧室改造成的盥洗室；学院有了一间宏伟的阅览室，在原来建筑基础上增建的方庭中正在建设一间宽敞的餐厅。最初的建筑设计是为了让这里更像一个家，但这些改造都是为了让这里更接近一所真正的学院，让学生能在这里安心学习。尽管萨默维尔学院各方面都有所改进，但塞耶斯这几届毕业生还是能记得永远温暾的水、难以下咽的食物以及整体压抑、让人倍感束缚的气氛——那些反对女子受教育权的人时刻关注着这群女学生的学业成绩、生活中的一举一动，一旦发现一丝丝不端举动，都会不遗余力地渲染，逼迫牛津大学撤销女性的受教育权。一位女学生回忆，某位男教授上课都以"各位先生，以及其他来听课的人"作为开场白，还有一位男教授会要求来听课的女学生坐在他背后，以免他在讲课的时候看见她们。此外，报纸文章时常故作姿态，为女学生担忧，声称她们天生禀赋不足，难以承受学习所需的大量脑力、体力劳作。

　　但这些并不妨碍塞耶斯自得其乐。她烧掉了年长她几岁的表亲邀请她加入基督教社会联盟的信件，积极参与各种艺术活动：加入巴赫合唱团（还曾因在浴室练歌被学院教务长训斥），去听 G. K. 切斯特顿 [1] 的

1　G. K. 切斯特顿（G.K. Chesterton，1874—1936）：英国作家，文学评论家。前文提到的布朗神父即是他作品中的人物，《布朗神父探案》首创以犯罪心理学方式推理案情的模式。

课（她用教授的名字给卧室里的软垫沙发命名），常常去观看吉尔伯特和沙利文的歌剧，参加校园辩论赛（在某场辩论赛中，塞耶斯的好友、后来成为支持节育的领军人的卡丽斯·巴尼特提出一个观点："现代女性谨慎考虑是否进入婚姻大大有益于社会"）。教务长担忧女性身着暴露身材的服装会令男考生心猿意马，勒令女生在公共场合保持朴素、低调。可塞耶斯不断地挑战着教务长的耐心：她和女朋友们故意避开女伴护，和男性友人在校园里的茶室碰面；在深夜里举行派对，和大家一起在烟雾缭绕的派对上喝着可可。朋友们都知道，大学时候的塞耶斯痴迷"华丽的室内帽饰"，喜欢戴长长的耳环，耳环上精细地雕刻着一只鹦鹉，卧在金丝笼中。后来，塞耶斯开始骑摩托，穿男性化服饰。她在一篇小品文中写道："如果女人穿西裤对你没有吸引力，别急着担心。还有更糟糕的呢：此刻我根本不想吸引你的注意。我只想享受生而为人的自由。"在当时的萨默维尔学院，比起奖学金，许多女学生仍然更想找位好丈夫。此时的塞耶斯已经开始反抗女性固有的桎梏，明白遵循这些规训只会阻碍她实现创作方面的抱负。

在上大学之前，塞耶斯的读者只有宠爱她的姨母、不情不愿地帮忙的中学好友。到了萨默维尔，她终于为自己的作品找到了新读者。塞耶斯和好友巴尼特以及其他几位同学，包括缪里尔·耶格、缪里尔·圣·克莱尔·伯恩、多萝西·罗，一同创建了文艺互赏协会，协会成员相互赏评文学作品。（塞耶斯自嘲，若非她们主动给自己取名"文艺互赏协会"，其他人也会把这个名字奉赠给她们团体。）在这个女性团体中，每位成员都为提高写作水平而努力，也尽心竭力地给他人的作品提意见。塞耶斯在这个团体中得到了莫大的支持，激励她坚信自己的写作才能。这也是她对文学圈子的初印象。协会好几位成员日后在文学上都取得了一定成就，出版了小说、戏剧和诗歌，彼此始终保持联系，时常合作。塞耶斯在毕业后也会将作品寄给这些昔日文友。她们会和从前一样，认真点评，也从不吝惜真诚的赞美。二十五年之后，塞耶斯结识了几位"文墨"文学团体的成员，这一文学团体同样是牛津大学校内团体，且更为知名。"文墨"中有多位成员的文学影响力已走出校园，在英国文坛上名声斐然，如 C. S. 刘易斯、查尔斯·威廉姆斯、托尔金。"文艺互赏协会"仍然是一个颠覆性的、不被大众欢迎的校内组织，这一点不断提醒着团体内的女性成员：她们的才能并不为社会所赏识。

"文艺互赏协会"每周举行例会。塞耶斯通常会提交诗歌体裁的作品，用她自己的话说，诗歌是"形成个人风格的最佳形式"。她曾和朋友说："我写得太糟糕了，而且毫无灵感。"塞耶斯这些诗歌通常采用传统体裁，风格严肃，不加雕饰。此外，她在大学期间还相当突破自我，参加过一些鄙俗的讲故事聚会，相互比拼智力。塞耶斯曾写信告诉父母，萨默维尔学院正风靡"鬼怪热潮"，每个人都在讲"通灵故事"。她自己也写了一个关于亿万富翁死后的故事。魔鬼要求富翁讲述一生经历，好算一算他的灵魂应该在地狱受刑几年。但在塞耶斯大学第二学年结束后，战争爆发，这股虚幻鬼怪故事热潮也随之消退。

"一战"爆发初期，塞耶斯不顾父母担忧跑到法国度过了一个无忧无虑的假期。在此期间，塞耶斯既没有周围好友处于危险之中，也没有像 H. D. 那样留在充满战争冲突的地方，因此她只觉得这时所处的环境"令人兴奋不已"。第二年夏天，塞耶斯住在奥里尔学院（萨默维尔已经改造成军队医院），完成了主攻中世纪法语的学位，接着开始考虑未来的出路。她也曾有继续留在萨默维尔学院的念头，但这个念头只是一闪而过。她写信告诉父母："你们或许会为此失望，但是在牛津大学待的时间越久，我就越肯定学术路线并不适合我——我的性格偏外向，喜欢和人打交道。"周围许多萨默维尔学院的学生都已经开始从事战事相关职业,在英国红十字会、圣约翰救护队工作,有的成了化学家,有的在军队医院担任放射线技师,有的在英国陆军部担任行政管理人员,还有人去了法国前线做护士,薇拉·布里顿就是其中之一。塞耶斯抱着"人生中第一次做一些真正有意义的事"的信念,也曾考虑过这些工作,但担心自己无法承受"战争的恐惧和身体上的疲累",只好继续想别的出路。1916 年 1 月,塞耶斯抱着试试教一年书"也没有什么坏处"的想法,接受了赫尔市一所女子学院的工作,教授现代语言学。

但过了不久,塞耶斯就开始感到脑子"变得迟钝"。1917 年 4 月,她回到牛津市,在出版商、畅销书作者巴兹尔·布莱克韦尔手下做一名学徒。他是塞耶斯写作事业的早期支持者。(布莱克韦尔在 1915 年 12 月出版的《牛津大学诗集》中选录了塞耶斯早年创作的一首诗歌,此外还收录了托尔金的《哥布林的脚》,这也是托尔金第一首公开发表的诗歌。1916 年 12 月,布莱克韦尔出版了塞耶斯的处女作《第一乐章》[一个恰如其分的名字]。)塞耶斯对父亲说:"教书对我来说没有前途,我或许能在出版界做出一番成就。"这份工作既能让她的文学天分有用武之地,也具备一定的实践性,塞耶斯乐在其中。但 1919 年夏天,塞耶斯离开布莱克韦尔去了法国诺曼底,希望能再次迎来全新的转变。

塞耶斯来到法国韦尔纳伊小镇,在一家依照英国公立学校系统建立的男子学校——奥诗国际学校担任秘书一职。而塞耶斯之所以接受这一职位,其实另有用意:与牛津大学校友埃里克·惠尔普顿共事。塞耶斯对他的情意,两人身边的好友都心知肚明,可惠尔普顿却浑然不觉(据后来他自己所称)。惠尔普顿当时一方面患有军队服役造成的创伤应激障碍,另一方面和一位"有一半奥地利血统的聪慧的女公爵"正打得火热。塞耶斯临行前,他的父亲曾邀请惠尔普顿来家里吃饭。惠尔普顿穿着一身正装前往赴宴，在席上向塞耶斯父亲保证："我已经心有所属，对多萝西绝无感情方面的任何企图。到时候，她会有自己的居所，除了上班时间，我会尽量避免和她碰面。"

这对塞耶斯或许尤为遗憾——惠尔普顿果然没有食言。1920 年 7 月，惠尔普顿突然宣布要和一位离异女性搬往意大利佛罗伦萨。原来，他在剧院对她一见钟情，之后在《泰晤士报》上的个人专栏刊登寻人启事，终于联系上了她。塞耶斯苦涩地自嘲"这整件事简直是荡气回肠、令人叹赏，如果忽略背后的黑色幽默的话"，无奈地接受了现实。惠尔普顿劝她接替他的职位，继续留在这所学院。尽管待在这里有种种好处——她喜欢这里轻松愉快的氛围，有活泼的学生做伴，有可口的食物——但塞耶斯还是决定放弃这一切，她渴望新的刺激，想要一间自己的房间，她在里面可以全心投入去做真正感兴趣的事。她在给父母的信中写道："如果可以的话，我真的很想去伦敦。"8 月，她在一张抬头印有惠尔普顿新工作地址的纸的背面写下对未来的展望。"绝对不要再教书，我已经教够了……我也相信自己总有一天会适应所谓的安稳生活，但这其实和没安定下来没有什么区别，一样令人忧惴难安。"1920 年 9 月底，塞耶斯抵达伦敦，没有工作，没有住所。在这段幽暗的日子里，唯一取得暂时胜利的是这样一则消息：牛津大学在 5 月 11 日已经通过了一项条例，允许女性在满足与男性相同条件的情况下获得学位证书（神学除外）。当多萝西·L. 塞耶斯身着方帽长袍的学士服站在谢尔登剧院时，她面临的是一个渺茫、晦暗的将来。

●44●

第一次世界大战刚结束的几年里，挥散不去的阴沉与腐败的气息始终盘桓在伦敦这座城市的每一个角落。"我们这一代人每天都遭受着血腥战争的折磨，"弗吉尼亚·伍尔夫写道，对街上走过的肢体残缺的士兵已经司空见惯，"有的只是不太灵便，步履蹒跚，有的只剩下了一条腿，挂着橡胶底的拐杖，还有的袖管处一片空荡荡。""只有在一个世纪以后，人们才能评判这场战争到底有多么惨烈。"那些在战争中逝去的生命，正如 J. B. 普利斯特利所言，"是伟大的一代，本可以拥有光明灿烂的未来"。很长一段时期内，国家都在为逝去的生命致哀。1920 年11 月，英国将一位不知名士兵的遗体装在用汉普顿宫中橡树制成的棺木中，用轮船将其从法国运回英国，为他举行国葬，把棺木埋葬在威斯敏斯特大教堂，国王乔治五世出席致哀。但在休战纪念日种种庄严仪式之后，难以言表的创伤依然在每一天隐隐作痛。1919 年在巴黎签订的和约原本旨在让各国在国际联盟领导下展开和谐合作，迎来国际关系新时代，但对德国一系列的严厉赔偿条约让许多人不禁怀疑那些为迎来和平而不懈战斗的一代人所付出的勇气和热忱遭到了背叛。1922 年，英国陆军部"炮弹震荡症"调查委员会向国会提交了一份冷漠、缺乏同理心的报告，将身患炮弹震荡症的病因归结为懦弱胆小，并提议那些患者只需要"拿出一点真正的决心"就能痊愈。许多重病患者被诊断为精神病，政府对他们放任不管，任由病情恶化。"一战"停战纪念日后数月内，几千名曾经为国家战斗的士兵只能睡在海德公园，衣食无着。塞耶斯刚到伦敦的前几个月，城中举行了多场抗议失业的游行，许多市民冲向政府白厅，又全部被警察击退。

这些事件影响着她后来的小说。但她这段时间的家书中很少提及它们，提到更多的是她自身的困境。在 1920 年，伦敦对于塞耶斯而言象征着无限的机遇。她经人介绍结识了一位电影制片人，这位制片人告诉她，"如果深谙诀窍，创作剧本可谓商机无限"，并鼓励她根据伊巴涅斯 1908 年的小说《血与沙》构思一个关于西班牙斗牛士的浪漫爱情剧本。塞耶斯为默片的提案投入大量精力，对这本书以及当代电影进行相关研究，将提案写在奥诗国际学校宣传册的背面。这些精力的投入最后没能带来任何结果——疏忽大意的制片人没有提前确定版权——但这个过程本身就令人振奋：塞耶斯得以证明自身的专业素养，也学会以平常心看待人生起伏，并且在她心里播下了一颗种子，祈祷下次能遇上更好的相关机会。"无论如何，似乎处处都充满了机遇。"塞耶斯在给父母的信中写道，父亲则在回信中充满同情地附上了五英镑。"我从来没有更加清楚地意识到实地观察的重要性——我甚至不敢离开伦敦一时一刻。"

　　塞耶斯想在伦敦过一种与文学相关的生活，这份决心不但没有因此事受挫，反而愈加昂扬，于是她开始物色居所。她曾考虑与好友缪里尔·耶格合租一间公寓（"我觉得我们可以约定一些互不干涉的条约，和和气气地共处一室"），但没能实现。10 月 26 日，塞耶斯写信告诉父母，她已经在"伦敦西南区圣乔治广场一处像是女士俱乐部的地方定了一间房，住在顶楼，房间没有装修，但很温馨"，晚上就睡在一张"稍有破损、但总体很不错的行军床"上。但由于房东太太的原因（"她收的租金太高了，而且根本不肯和善待人"），她在这里没住多久。12 月 3 日，塞耶斯发布租房启事，着急想找到新居所。这时，缪里尔的一位朋友向她推荐了一间原本给自己找的"舒适的房间"。1920 年 12 月 7 日，在给父母的信中，塞耶斯看起来十分欢欣："我最爱的爸妈，新房子已经敲定了，我周四就会搬到梅克伦堡广场 44 号，我想我会在这里过上更幸福的生活。"她请了一位卖蔬菜的商贩帮她搬东西。搬家后，总算是摆脱了那位脾气暴躁的皮姆利科住宅的房东太太，她大松了一口气。塞耶斯希望在梅克伦堡广场迎来崭新的人生，"不同于以往的生活，取得一些成就"。

　　这是麦基洛普夫人看中的房子，她十分中意。房间整体是乔治时代风格，有三面巨大的玻璃窗（啊！或许我可以负担得起给它们装上窗帘！——应该总有一天能负担得起吧），有看得到广场的阳台，有明火壁炉（上一位租客非常贴心地留了一些炭下来，我可以买下来直接用），还有燃气灶。唯一的不足是房间没有通电，不过我可以买盏小小的油灯，这样房间里就会很温馨。总的来说，这是一间舒适、宽敞的房间，比我现在住的地方大了许多，租金还更便宜。房东太太留着一头短发，看上去神秘而疏离——和拉奇小姐完全属于两个极端——而且她完全理解房客想一个人待着。我正是想独处，没有理由不允许我独处！

　　这正是 H. D. 三年前住的地方（当年因城市灯火管制而装的深蓝遮光帘布显然已经拆除）。塞耶斯说的这位房东太太埃莉诺·詹姆斯正是 H. D. 在《让我活下去》中描述过的那位"勇敢的激进分子、妇女参政权支持者"，她常披一身直贡呢的披肩，手里举着杯基安蒂红酒。房东太太的租客通常都是渴望非传统生活方式的波希米亚主义年轻人。如库诺斯在《米兰达·马斯特斯》中所写："她宁愿让房子空置，也不租给那些讨厌的布尔乔亚。她对正式结了婚的夫妇投去怀疑的目光，反而偏爱那些没有正式结婚、只随心意住在一起的伴侣。"这种异乎寻常的环境正是塞耶斯想要的。12 月 9 日她告诉父母："我已经在新居所安定下来。我的随身物品不多，放在宽敞的屋子里，一时之间倒显得空荡荡的。我想，我在这里一定能过得很舒心。"她请好友巴兹尔·布莱克韦尔给她寄来一幅波提切利的《维纳斯的诞生》，告诉父母："我真的非常希望能留在这里。我会为此好好努力。"

塞耶斯马上适应了在梅克伦堡广场的生活。和曾住在同一间房子的 H. D. 相比,塞耶斯更把这里当成自己的家。塞耶斯写道,这座房子从阁楼到地下室都住满了人(这一点倒和从前没有分别),由詹姆斯小姐掌管着。詹姆斯小姐也不再是 H. D. 笔下那位在齐柏林飞艇来袭时给大家提供茶水的严厉女主人。在塞耶斯眼中,她是一位"非常令人满意的女士——她从不出现在我们面前。只有偶尔在我着急出门赴约的时候,她会踱步过来,和我谈论一些关于艺术、文学、家庭开支的问题"。H. D. 曾经感觉詹姆斯小姐给人一种压迫感,似乎无声地评判着她家里的种种事件。而塞耶斯却将她看作一位相处愉快的邻居,有时甚至还能聊一聊心里话。此外,塞耶斯也能很好地习惯来去变换的隔壁房客。毕竟在曾经的寄宿生活和大学生活之后,缺乏隐私这一点对她来说并不会难以适应,反而觉得身边能有人陪伴。H. D. 本性缺乏安全感,容易紧张,群居生活对她象征着家庭结构的分崩离析,是破灭婚姻的写照;而对于快乐的独身女性塞耶斯,则意味着独立。

塞耶斯请来一位"性格和顺"的女人为她打扫卫生、清洗衣物,"只需支付很小的一笔费用",就能解放自我、得享自由。她也喜欢在家里做手工活,用旧毛衣料做套头衫,还打算接着做"有小小的紫色鹦鹉图案的可爱内衣"。独立生活还让她学到了新技能。之前无论是在萨默维尔学院还是法国奥诗国际学校,饭食都是现成的。而现在,如她自己所写:"我发现,在不提供三餐的地方生存,一口煎锅是顶顶重要的。我前几天买了一口,亲身印证了我最喜欢的理论——经过训练的大脑所具有的优越性,无论之前接受的是什么训练。虽然印象中从来没下过厨,可我今晚做的煎蛋简直无可挑剔——确实不像家里的味道,带点市区风味,但这当然不是我的问题。要是能邮寄一些农家鸡蛋就好了!

但谈何容易呢？"父母心疼女儿碰到难题，1921 年 1 月 22 日，塞耶斯就回信感谢母亲寄来的"可爱的鸡蛋，我真是太太开心了！"不过，新住所距离拥有众多餐厅的西区、费兹洛维亚区都不远，抵御美食的诱惑自然不是易事。她写道："千万别以为我会在吃上面亏待自己。食物是我最具罪恶感的奢侈方式了。现在我马上就要出发去苏活区，花上 2 先令 3 便士（还不包括啤酒）吃上一顿大餐！"

当被问起大学毕业对未来的展望时，塞耶斯回答，她那时"一方面觉得并不缺少在某一领域取得非凡成就的天赋，但另一方面也觉得最大的可能还是成为一名老师"。教书被认为是女性抚育天性的一种拓展，也是一份受人尊敬的工作。当时牛津大学和剑桥大学的女学生中有百分之八十毕业后进入教育行业，而一旦她们结婚，劳动合约就会合法终止。直到 1935 年，这项婚姻限制就业的条款才被取缔。在布卢姆斯伯里，追求文学事业的女性以大英博物馆为中心聚集在廉价的寄宿屋中。塞耶斯搬到这里，勇敢宣告着自己决心追求一种不同的生活方式。她在写给缪里尔·耶格的信中曾严肃探讨这一问题，"接受一份工作，全是为不工作的时候打算，这不道德。但我们中有许多人都以这种心态接受教职"。选择少有人踏足的路径，未必会通向成功，却必如临渊履冰。塞耶斯很清楚这一点。因此，为了向父母证明自己并非不切实际，也为了证明自己实现抱负的决心，塞耶斯在 1921 年接受了克拉帕姆中学的临时教职，教学时间是这年的前几个月。据一名学生回忆，塞耶斯"脸色苍白，波纹似卷曲的头发在脑后梳成圆发髻，夹鼻眼镜的链条总在脖子间晃荡，时常穿着一条没有型的黑裙，让人疑心她是不是扔了一半的早餐，总之看上去颇为粗陋笨拙"。塞耶斯浑身散发着古怪的气息，显露了她根本不想在这里的心思。她有时会瘫在长凳上教课，有一次甚至用一把剑在黑板上做指示棒。

除此之外，她还尝试了一些别的工作。通过父亲介绍，塞耶斯为"一家不知道名字的波兰机构"提供法语翻译，翻译一页可以得到一先令，开心地"小小赚了一桶金"。她用这笔收入给自己买了一套"未来主义风格图案的"床单，"集橙色、黑色、紫色于一体"。只是机构支付翻译费的时间颇有些随心。有一次她向詹姆斯小姐提起这件事，对方提出可以借钱给她，还说可以缓一缓再交房租。詹姆斯小姐或许是同情塞耶斯既想自力更生，又想认真追求写作事业。而塞耶斯则写道："她真是房东太太中的楷模。"通过翻译赚来辛苦钱，塞耶斯得以继续写诗。她将十二世纪法国诗人托马斯用古法语写成的《特里斯坦》(*Tristan*)翻译成英文，译作在 1920 年发表于《现代语言学》的 6 月刊和 8 月刊（塞耶斯奉托马斯为心理小说大师、抒情诗人）。12 月 14 日，她满怀喜悦地告诉父母，"由顶尖团队经营的优秀月刊"《伦敦信使》的编辑 J. C. 斯夸尔已经同意刊登她的诗作《音乐的葬礼》。第二周，塞耶斯在家书中向父亲和姨母为之前对他们造成误导而道歉。她之前开玩笑说自己捉襟见肘，结果两人误以为她真的负债累累，都寄来了大额支票。事实上，塞耶斯很为自己能在布卢姆斯伯里自力更生而自豪。好友缪里尔·耶格曾经在周刊《时与潮》担任副编辑，后来辞职回了家。塞耶斯认为自己比她更有毅力："说起艰苦度日，缪里尔确实不如我。她的身体更为柔弱，喜欢舒适的生活，也离不开舒适的生活——但她其实不明白真正舒适生活的要义。"

伦敦生活很快围绕着工作展开。"我似乎没有什么新消息可以分享。每一天的生活，除了吃饭睡觉，无外乎在大英博物馆看书、写作。"

她给父母写道。塞耶斯去伯贝克学院观看马洛的《爱德华二世》，认为伊丽莎白王后的悲剧似乎言过其实；参观国家美术馆，还会参加巴勒姆地区一支无名宗派"信仰主义者"的集会，宗派首领自称有神灵"附身"，会在黑暗中对着人说一些可怕的、受神灵启示的话语。不过，塞耶斯这一年最开心的时候，当属大基诺剧院风格的戏剧演出季——她后来有一项重要的写作项目正是受此启发。戏剧上映地点在约翰亚当街的小剧院，就在离斯特兰德大道不远的一条破旧小巷里，门口有旋转的红灯。导演乔斯·利维为了致敬巴黎蒙马特区的大基诺剧院（由于许多观众在观看表演时晕倒，剧院甚至聘请了一位驻院医生），将这间正如其名的小小剧院租下。这一风格的戏剧糅合暴力和色情，对感官造成强烈冲击，热衷于打破禁忌，以恐怖的氛围和扣人心弦的刺激感让观众坐立难安却又欲罢不能。第一轮演出季于 1920 年 9 月份开幕，因场面血腥残酷，包含奸淫、下毒情节，以及裸体和挖眼镜头而招致无数批评，于 1922 年 6 月闭幕。曾经有一张海报广告上画着这样一幅画面：一群大惊失色的观众，或是晕倒在座位上，或是拼命从剧院里逃出来。这张海报后来因为画面过于惊悚而被伦敦地铁下令禁止。

尽管戏剧招来许多争议，但是高水准的剧作家（诺埃尔·科沃德即是利维请来的剧作者中的一员）以及著名演员（比如西碧尔·索恩迪克，她那令人毛骨悚然的尖叫声可谓声名在外）仍旧吸引了一众热衷观众，其中就包括弗吉尼亚·伍尔夫（她至少看过一场）。塞耶斯十分享受观看过程，和不同的朋友前去观看了多回，"我听说这一最新系列的戏剧在惊悚程度上可谓无可匹敌"，她写道。对惊悚题材的涉足体现在了她的最新作品中，最早可以从她在 1921 年 1 月 22 日写给母亲的信中看出："我现在生活很繁忙。一方面在克拉帕姆中学教书、为波兰机构做翻译，另一方面还在创作两部作品：一部侦探小说，一部大基诺剧本，但我怀疑最后也许一本都写不出来……我的侦探小说开头是：一位体形臃肿的夫人被人发现死在了浴缸里，浑身上下不着寸缕，只戴着副夹鼻眼镜。猜一猜，为什么她要在浴缸里戴着夹鼻眼镜？如果你能猜到的话，就有可能找到谋杀凶手，一个冷酷、狡猾的家伙。大基诺剧本的结尾是一个有毒的吻！"

44

塞耶斯 1934 年出版的小说《九曲丧钟》(*The Nine Tailors*) 中有一个叫希拉里·索普的年轻人物曾就是否想成为诗人做出如下回答："或许吧，但我不认为诗人能获得丰厚的经济报酬。我还是更倾向于写小说。那种令所有人痴迷的畅销书。"塞耶斯如今自力更生，需要独立支付房租、账单，便稍稍调整了文学抱负，使之迎合经济现实，试图依靠一支笔生存。塞耶斯早期诗作侧重抒情，富有表现力，描述对象带有忧郁气质，却并未达到病态的程度。但她在法国开始尝试、之后在梅克伦堡广场继续写作的散文却明显偏好阴森可怖的题材。在《埃及契约》这部电影剧本中，一位教授出于嫉妒将情敌用氯仿麻醉。当时正值当地博物馆举行埃及木乃伊展览，教授用情敌代替其中一个古老的木乃伊，这样一来，这个不幸的男人勉强能喘气，但丝毫无法动弹，直到最后一刻才被人发现——原来，他竭力喘息所呼出的气体在玻璃橱柜内侧凝成了冰晶，这才被博物馆工作人员发现。在另一个早期故事《牧师的卧室》中，一位精神扭曲的中世纪牧师和男爵夫人通奸，由于担心丑事败露，声名不保，就在卧室里将这位夫人钉死在十字架上，六盏祭坛上的蜡烛火光闪烁，照亮着骇人的十字架。故事下半段，时间来到 1919 年，一位年轻女子前往城堡拜访朋友，在屋子里发现了这场许久以前的谋杀案所遗留的尸体残迹。

塞耶斯真正感兴趣的不是恐怖恶行发生后的救赎与忘却，而是随之而来的严密调查。去法国之前，塞耶斯曾经想集结大学好友共同组建一个侦探故事写作联合会，但是她引为知己的埃里克·惠尔普顿却认为这种类型与他们的文学兴趣不匹配，甚至批评她这种兴趣。他后来回忆，在法国韦尔纳伊小镇时，塞耶斯床边的书桌上摆着"几部尤金·苏的作品，好多本法国不同警官写的回忆录，还有大量我们曾视为低级趣味的惊险小说"。与此同时，她还存有：她眼中第一部现代侦探小说作者埃德加·爱伦·坡的全集、偶像威尔基·柯林斯和谢里丹·勒·法奴的作品以及 G. K. 切斯特顿的作品（塞耶斯后来告诉作者妻子，切斯特顿的作品对她的精神构成有着重大影响，远超任何其他作家）。早在萨默维尔学院求学时期，塞耶斯就曾和好友缪里尔·耶格一同研读关于住在贝克街上的侦探塞克斯顿·布莱克（由作家哈里·布莱思 [Harry Blyth] 于 1893 年创造）的小说（"和福尔摩斯小说如出一辙……水牛比尔风格的冒险故事"）。布莱思去世后，后人借用他创造的人物（布莱克的助手廷克、侦探犬佩德罗、丰腴的管家巴德尔太太），塞克斯顿·布莱克的冒险故事仍在继续，杂志、默片电影、广播剧、舞台甚至扑克牌上都有他的身影，塞克斯顿侦探的形象也从维多利亚绅士逐渐演变为无所不能的动作英雄。

塞耶斯十分钟爱布莱克侦探，认为布莱克系列侦探故事是"最接近全国性民间传说的现代创作"。与惠尔普顿不同，塞耶斯并不标榜品味高雅，不赞同以预设的创作水平等级来区分阅读书目；她既读中世纪诗歌，也看平装的犯罪恐怖故事，而且在阅读时付以同等热忱的想象力和同样严谨的批判性。就在十年后，塞耶斯可以宣告，侦探小说的阅读场景"不再仅限于黑乎乎的厨房"，还包括"唐宁街、布卢姆斯伯里的书房、主教的住宅，还有杰出科学家的阅览室"。而此时，对于那些嘲笑她阅读品味的人，塞耶斯也乐于反击，不遗余力地批判他们那自认优越的态度。塞耶斯在梅克伦堡广场生活期间写过一篇文章（未公开发表），以与一位"文学硕士德斯特小姐[1]"（可能以惠尔普顿为原型）对话的形式展开。这位想象中的对话者德斯特小姐"不赞同作者对侦探故事这种流行读物的喜爱"，她不情不愿地接受福尔摩斯探案故事，"就像我们必须忍受阿尔伯特纪念碑那样"，坚持认为那些没有名气的作者"品味低俗"，他们的作品只不过是"勤杂工写给另一些勤杂工看的东西"。塞耶斯则以她一如既往昂扬的感染力写道，这种"粗暴的蔑视"掩盖的是这样一个事实：无论是亚瑟王、侠盗罗宾汉的神话传说，还是斯堪的纳维亚与古希腊的英雄史诗，刚流传时都曾与侦探小说这一文学体裁在当代评价中占据相似的地位。她认为，小说中的侦探"为维护文明、抵抗战乱和侵略挺身而出，真正是最后的大英雄。塞克斯顿·布莱克破解犯罪谜案，就像圣骑士罗兰对战撒拉逊人，贝奥武夫战胜巨龙"。1920 年 3 月，塞耶斯写信给缪里尔，请她寄来"所有你手头能找到的塞克斯顿·布莱克侦探的故事……请将书本仔细包装，一次寄两本左右，这样就能被当作信件顺利抵达，不会滞留在海关"。她在从法国写给缪里尔的信件中热烈地分析不同作家笔下布莱克侦探形象的优点，仔细研究布莱克这一形象的起源，包括太阳神话、古埃及神话中的冥王奥西里斯的神秘祭仪，以及圣经中有关祭祀和复苏的神话（"塞克斯顿·布莱克等同于耶稣基督"）。

在法国韦尔纳伊小镇的时候，塞耶斯曾患上腮腺炎。休养期间，她曾尝试自己写塞克斯顿·布莱克的侦探故事。这篇《皮卡迪利公寓冒

1　原文"Dryasdust"含有"枯燥无味、过分学究气的人"之意。

险》只写了五章和故事梗概，但这次尝试不仅仅标志着从侦探故事读者到作者这一身份转变，还有一个更重要的意义使得这部未完成之作为人所知：故事中，一名法国政客的尸体神奇地出现在一间单身公寓。公寓主人叫作彼得·温西爵爷，该角色的魅力竟强大到令塞耶斯花费接下来一整年的时间专门为他创作了一部小说。在这篇未完成的故事中，塞耶斯原本畅想了一部欢闹的作品：互不信任的英法特工，一场飞机追踪，在威斯敏斯特大教堂极富戏剧性的真相揭露，布莱克和温西爵爷联手找回失窃的密码本。塞耶斯设计了一个巧妙的情节让凶手现出原形。在一列火车上，一个穿着女子服饰的人正和法国官员激烈争吵。两位侦探注意到，这位"女性"争执时无意中使用了阳性形容词来形容"她"自己，从而发现了他男扮女装、企图蒙混过关的真相。塞耶斯这个故事已然脱离了传统布莱克侦探故事的窠臼：传统的布莱克侦探故事注重动作多于推理，注重速度多于洞察力，多以充满异国风味的惊险旅途为故事背景，而忽略对证据进行细致入微的分析。这则故事梗概所构思的不落窠臼的情节正是以具有丰厚文化素养的细节作为支撑。

在接下来的几个月里，塞耶斯尝试探索温西爵爷这一角色，一气写下许多故事片段、剧本概要，终于勾勒出一个饱满的人物。于是这样一个彼得·温西爵爷的形象被勾勒了出来：他戴着单片眼镜，家中藏有古籍珍本，能将不合情理的解决方案解释得清晰简明，同时脚下的拖鞋丝毫不会滑落。埃里克·惠尔普顿后来鼓吹这一谦恭有礼的贵族形象是以他为原型塑造的（尽管塞耶斯的作品他一本也没读完），同时还借鉴了奥诗学校其他一些职员的特征。塞耶斯还在奥诗学校执教时，惠尔普顿曾受命指任一位新教师，他拒绝了"一位腼腆的爱尔兰人乔伊斯"的申请，聘请了一位资质不符的伊顿公学毕业生。他叫查尔斯·克赖顿，"年龄四十五岁，潇洒英俊，直白地说女人是他的爱好"。塞耶斯很少有耐心听克赖顿讲他那些风流韵事，惠尔普顿则常去俱乐部听克赖顿夸夸其谈，谈论他的绅士仆人、乡村别墅以及他在上流住宅区梅菲尔的杰明街的公寓。塞耶斯对惠尔普顿这一行径很是不屑，但她从克赖顿的描述中借鉴了一些细节来塑造彼得·温西爵爷的伦敦生活。但根本来说这一人物绝非传记性质的创造。准确而言，这一人物所具有的随机应变的才智、敏锐聪慧的情智和风度翩翩的仪表源自塞耶斯对侦探小说作品的想象与沉浸。

1921 年 1 月，在梅克伦堡广场二楼的房间，塞耶斯从窗户望出去，花园里正有人打网球，她决定开始认真创作小说。彼得·温西爵爷正要出门，去参加一场珍本拍卖会，突然接到母亲打来的电话。母亲丹佛公爵夫人告诉他发生了"一件离奇的怪事"：那个修复教堂屋顶的建筑师回到家，竟在浴缸里发现了一具素昧平生的人的尸体，尸体全身赤裸，体毛全被剃光，只有鼻子上挂着一副夹鼻眼镜，模样颇有些滑稽。想到这或许是从事"犯罪调查兴趣"的宝贵机会，彼得爵爷乐呵呵、急匆匆地赶往巴特西。调查结果很快显示，这天有一位鲁本·利维爵士失踪。这位爵士是一位理财专家，当天恰好安排要完成一笔价值百万的订单，和好友在丽兹酒店吃过饭之后就失踪了。但温西爵爷却觉察到，利维爵士和浴缸里这具尸体之间的联系或许并不是表面上看起来的样子。

塞耶斯将这部小说命名为《谁的尸体？》（*Whose Body?*），小说整体洋溢着热情喧闹的基调。尽管这场谋杀的惊悚程度在塞耶斯塑造的案件中排得上前几，温西爵爷对破解谜案的热情却是势不可当，他对案件有着敏锐的直觉，又抱着轻松诙谐的态度。奉命介入此案的巡查警长萨格按图索骥，抓捕了多名嫌犯，真正的幕后凶手却依旧逍遥法外。温西爵爷略施小计，使公寓主人带他进入现场，一边故意喋喋不休地说着关于"油烟和佣人"的双关语来分散公寓主人的注意力，一边趁机对尸体进行全面勘验——"就像已故的约瑟夫·张伯伦品鉴珍稀兰花品种一样"。如萨格警长所勘查，尸体身上有帕尔马紫罗兰的香水味，发型新近打理过，手指甲也修剪得很整齐。但同时，温西爵爷也发现了许多萨格警长遗漏的细节：尸体双手粗糙有厚茧，牙齿皆已龋蚀，脚指甲里尽是污秽，躯体布满了跳蚤叮咬留下的痕迹。（原稿中，温西爵爷还注意到这具尸体没有受过割礼，不可能是失踪的犹太商人——但出版商认为应该删除这个细节。）"这个事件简直太适合写成侦探故事了，"温西爵爷客观分析道，"我们要应对的是这样一个罪犯：有头脑、思虑周全的混蛋，谨慎、计划周详、绝对可恶的家伙。"

塞耶斯在 1937 年重读《谁的尸体？》时，自我评价称这只是"一个非常中规中矩的故事，情节单薄得不像部小说。不过这也是意料之中的事，要想写好小说，作者必须有一些对生命的思考想要通过小说表达出来。但我并没什么想表达，因为我那时尚对生命一无所知"。但这部小说除了向公众呈现出一个意气风发的主角之外，还显示出塞耶斯对这种她所熟知且钟爱的文学题材的摸索，以及对这一题材推陈出新的尝试。鼎盛时期的侦探小说普遍遵循这样的规律：秩序从混乱中恢复，全知全能的侦探惩罚罪行、守护正义。而这一时期的侦探小说也常常被视为战后的英国渴望逃避现实的一个象征。在二十世纪二十年代，这种逃避现实的渴望还表现为风靡一时的足球彩票、填字游戏以及一些轻松的娱乐活动（比如音乐剧《朱清周》，1916 年 8 月在英国首映，之后连续上映五年）。塞耶斯后来回想自己沉浸于阅读、写作侦探故事的动机时，也曾写道，"或许是因为通过侦探小说，人可以宣泄某种情绪，涤荡心中的不安与自我怀疑"。

塞耶斯的非凡之处就在于她从不会对这些问题给出简单的答案。就连处女作刻画的彼得·温西爵爷这一角色也已经展现出了复杂与厚重的特质，他看待自己调查所带来的后果的方式在侦探小说中是非常罕见的。作为一名退伍军人，温西曾在与警官好友查尔斯·帕克交心谈话时这样谈论自己对侦探的兴趣："我最开始对侦探感兴趣，是因为事情背后的真相往往出乎意料。一步步接近真相，让人激动又兴奋。如果这一切只发生在纸张里，我会品咂每一个情节。我很喜欢刚开始某份工作的感觉——你不知道会遇见谁，一切都是那么地令人激动、令人愉悦。但真的到了围捕一个活生生的人、将他送上绞刑架的时候……我似乎没有任何理由置喙。"当温西意识到真正凶手是谁的时候——凶手的身份着实令人始料未及，温西一开始甚至觉得自己"仿佛在诋毁坎特伯雷大主教"——他整个人都开始颤抖，陷入战争梦魇：他的牙齿剧烈地打战，耳边传来炮火的爆炸声，他相信自己正身处沟壕之中，敌人马上就要来袭。在这部处女作中，多萝西·L.塞耶斯为塑造一个具有道德正义感的侦探形象打下了基础；在梅克伦堡广场，她将过往人生中所有汲取的养分加以糅合，创作出不落窠臼的情节，同时还打造出一个长盛不衰的角色，这一角色的喜好、所蕴含的深度提供了丰富的素材，令她足以在日后以该人物为核心继续创作出若干部小说。

❹❹

"你根本不知道为钱犯愁是什么滋味。"《杀人广告》（*Murder Must Advertise*）（1933）中，凶手对温西说道。但温西的创作者显然能感同身受。回望在梅克伦堡广场生活的那一年，除了小说《谁的尸体？》最终大获成功带来的喜悦之外，还有那些患得患失的情绪所带来的黯淡记忆：写作是否真能带来物质上的回报？塞耶斯在给父母的信件中，通常会事无巨细地向父母汇报日常生活、对写作的感受，很少提及那些幽暗的情绪。即便塞耶斯没有全然向父母吐露隐忧，我们仍能从信件中寻找到她在这段时间正经历沮丧情绪的痕迹："最近发生的事都诸多曲折，令人疲惫，也令人欢喜。我的情绪起伏很大，这一刻还是欢欣鼓舞，下一刻或许就跌入了绝望深渊，连我自己都无法预料。我如此痴迷于彼得爵爷的故事，其中一个原因或许是写作能完全占据我的思想，这样我才不会一门心思想着那种我渴望却求之不得的生活。"她后来回想起消沉是怎样给她因新获独立而振奋的心灵蒙上阴影，正如痛苦而清醒的认知是怎样煎熬她写作的决心，她明白万一写作这条路无法带来物质回报，那么她投入写小说的时间越多，她亲手给自己搭建的孤立无援的境地——既是情感上，也是经济上——轰塌时就越声势浩大。和 H. D. 一样，只有在度过困境之后，塞耶斯才有勇气承认她是如何咬紧牙关在这关键的一年里坚持了下来。在梅克伦堡广场，为了抵御时时侵袭的忧郁情绪，塞耶斯通过自己独特的方式来幻想雅致、考究的生活：她将所期望通过写作获得的财富尽数加诸笔下的人物。她在几年后写道："彼得爵爷有巨额的收入（虽然我从来没有特地思索过收入来源）……我是特意安排给他的。这样的安排不需要我特别费力，而我那时经济相当拮据，给爵爷花钱能让我获得快乐。我不喜欢住在装修简陋的屋子，就给爵爷安排一间位于皮卡迪利大街的豪华公寓。我屋里的地毯廉价粗糙，还有个破洞，就给爵爷安排一块极尽华美的奥布松地毯。我没有钱付公交车费，就给爵爷安排一辆戴姆勒 - 双六型高级轿车，还给轿车装上素雅奢华的软垫。我要是情绪低落，就让爵爷开着这辆车出去兜风。我衷心向所有对收入不满的人推荐这种低廉的方式。它能让人心情愉快，还不会对任何人造成损失。"

这些幻想支撑着塞耶斯度过了 1921 年。她告诉自己，只要能继续支付梅克伦堡广场的租金，就仍有一线希望取得文学成就。在她的脑海深处始终漂浮着这样的担忧：将来也许还是不得不担任全职教师，或回到父母家中，丧失独立继续生活下去，这样的担忧令她时刻保持警醒。她写道："我会用尽一切力量在伦敦扎根。无论如何，我热爱这座城市。这是唯一的地方。"她并非被对名利和光鲜亮丽的文坛生活的渴望所驱使，而是因为坚定期盼将时间花费在她真正享受且确定自己真正擅长的工作上。塞耶斯周六总在大英博物馆看《英国著名审讯》，看罪犯乔治·约瑟夫·史密斯、犯罪同伙威廉·黑尔和威廉·布尔克相关的案件报道，前一个罪犯因谋杀三名女性（三具女尸在浴缸里被人发现）于1915年被处绞刑，后两个罪犯做下连环谋杀案，还把尸体卖给一位不加怀疑的解剖学教授。（温西爵爷曾以这两个连环谋杀案举例，如果不是因为罪犯过于自满，可能永远也抓不到。这些案件特点在小说《谁的尸体？》情节里均有明显体现。）工作日不用教书的时候，塞耶斯会坐在 H. D. 三年前曾经坐过的位置，桌子上摊着一大本笔记本，手边还放着一本电话簿，给配角名找灵感。

3月份，波兰机构那边又派了一些兼职工作，塞耶斯为此雀跃不已，写道："我又能撑下去了，前段时间的担忧一扫而空。我相信，好事会'接踵而至'的。"她还在《泰晤士报》发布可以提供写作服务的广告，结识了一位自称或许需要法语翻译的人。7月，塞耶斯说社交生活并没有因经济拮据而受影响，她"上周还参加了许多聚会，去了剧院、夜店（！！），这周和朋友去喝下午茶，下周要去丽兹酒店用午餐"。但塞耶斯很快遍历了伦敦的多姿多彩，而好友多萝西·罗总也不邀请她去伯恩默思。"我找不到渴望的工作，拿不到满意的收入，买不起中意的衣服，没有想象中的假期，得不到喜欢的男人！！"

7月27日，塞耶斯写信告诉父母夏天的时候会回家一趟。在这封信中，她第一次提到这个男人："9月底的时候我会邀请一位朋友过来，不过他十有八九无法成行。"又在下文中以明显冷淡的口吻写道："如果他真的能来，你们无须大费周章。他已经习惯了在不那么舒适的环境里居住，不会作过多要求的，只要你们和善对待就好……他不是那个请我在丽兹酒店吃饭的年轻男子，也不会妄图让你们以丽兹的标准来接待他的。"这个男人就是约翰·库诺斯。

·44·

库诺斯从圣彼得堡回到伦敦，发现未婚妻阿拉贝拉·约克和好友理查德·阿尔丁顿背叛他之后就离开了梅克伦堡广场，埋首从事政治、文学相关的工作。我们无从得知塞耶斯最初如何与库诺斯初识，两人的初识又是否与梅克伦堡广场 44 号有关，但塞耶斯在小说《剧毒》中曾描写过一场布卢姆斯伯里的聚会，两人很有可能在类似的情境下相识：火炉上烤着香肠，吱吱作响；茶壶沸腾，升腾起袅袅的烟雾；伴着先锋派钢琴曲的音乐，满室正谈论着"自由恋爱、D. H. 劳伦斯、矜持外表下的病态色欲、半身及地长裙暗含的淫荡之意"。1921 这一年，库诺斯住在牛津市，正专注于创作个人三部曲中的第三部作品《巴别塔》（*Babel*），前两部分别是《面具》（*The Mask*）、《墙》（*The Wall*），其中《墙》是一部自传色彩浓厚的作品，内容关于他在乌克兰度过的童年时期以及在美国度过的青少年时期，受到叶芝、福特·马多克斯·福特的赞赏。这第三部作品伴随着他从费城搬到伦敦，融入意象派。他写道："它现在是我生活中的头等大事。"

年长她整整十二岁的库诺斯没有理会塞耶斯的一再恳求，始终不曾陪伴她前去拜访父母。她写道："可能圣诞节的时候他能有时间陪我。眼下他的工作真是繁忙，不容他分心。"看上去漫不经心，但难以掩盖字里行间的失落之情。这一整年，库诺斯一直与约翰·古尔德·弗莱彻保持固定通信，正如他自己所写，这段友谊"抚慰了他那遭遇诸多背叛的受伤心灵"。战前小圈子里的人都已各自离散——庞德马上就要离开伦敦去巴黎，艾略特的身体每况愈下，H. D. 和布莱尔远在瑞士，还有一些人，比如亨利·戈蒂耶－布尔泽斯卡，在战争中不幸离世。两人都为此伤心不已。库诺斯想象自己和弗莱彻是"生命的囚徒，却试图在囚牢的墙上画下美丽的图案"。两人在信件中互相安慰，抒发对自身局限的忧虑，抨击没有品味的英国读者，指责作品代理人、推介人员没有用心推广他们的书籍，谴责同辈作家（"伦敦满是这些拉帮结派、没有真才实学的文坛骗子"），对他们抱有敌意，将他们斥为"文学流浪者"。而在这些所有的私人信件中，库诺斯从来未曾提及多萝西。

在这段持续一年的恋情中，库诺斯始终相当淡漠。塞耶斯正处于易受伤害的年岁，他的表现让她伤心，也让她不知所措。库诺斯曾形容写作正将他的灵魂指向不可预料的扭曲。在他心目中，塞耶斯的地位根本没法和他的写作相较。对于这一点，她不是看不分明，此外，库诺斯从不让她融入他文学界的圈子。她多么渴望进入文学圈呀，可库诺斯却亲手堵上了这条可能的途径。她一定曾为此暗自沮丧。更何况，库诺斯显然不认为奉献给写作的一生能容纳小情小爱，这也折磨着塞耶斯。塞耶斯的情爱经验乏善可陈，除了埃里克·惠尔普顿，就只短暂单恋过几名演员，还有休·艾伦博士，那个牛津大学巴赫合唱团特立独行的指挥。与库诺斯的这段恋情第一次让她认真思考将来。塞耶斯行事风格切合实际，坚定不移地相信男女智力发展平等。除此之外，在牧师家庭长大的塞耶斯对未来理想婚姻生活的构想无外乎爱人与孩子。她的确立意将精力都投入写作事业，但和 H. D. 不同，她认为这并不一定意味着要在生活的其他方面也离经叛道。在她的观念里，依然对社会传统规则保有一定的敬畏，不会放任自己越界太多。

1919 年塞耶斯曾受邀给《法定人数》（*The Quorum*）杂志投过一篇诗作，一曲逝去之爱的挽歌，略带情欲色彩。《法定人数》杂志由来自激进社团英国性心理学研究学会、喀罗尼亚社团的成员创办，其中后者是由男同性恋者组成的社团，旨在挑战那些在家庭、情感方面僵化严苛的道德理念。作为杂志唯一的女性作者，塞耶斯在这本只发行了一期的杂志中可谓是独树一帜、增光添彩的存在，她曾在给编辑的信中强调自己喜欢异性的取向："女性之间的友谊很少能被视作浪漫爱情性质……我避之如瘟疫。"除去这些传统的方面，塞耶斯也有她不遵循传统的坚持，她绝不会为任何将她视为"天使主妇"的男人安定下来，进入婚姻：住在梅克伦堡广场这间寄宿屋尽管有种种不便，她依然享受这里的生活，并不急着成为某个传统家庭的女主人。早在 1917 年的时候，于某次牛津大学的晚宴上，晚宴主人正在厨房制作咖啡，老朋友伦纳德·霍奇森牧师向她求婚——这场慌乱的求婚让塞耶斯大惊失色，她"不愿与这个男人有任何牵扯"。她在给父母的信中写道："不要对我说教，我是绝对不会和不喜欢的人结婚的！"霍奇森后来再次向她表明心意，塞耶斯坦然道："一想到有人全心全意地爱慕我，我只觉得烦闷无比。我讨厌别人对我言听计从，讨厌别人对我百依百顺。每句话都被人算计着，每个举动都被人注视着，这样的生活只会让我发狂。我只想要一个能与我并肩作战的人！"

塞耶斯设想的平等的男女关系，应当彼此倾心相爱、相处轻松融洽，充满着激情洋溢的辩论。但库诺斯并不是满足这种设想的良人。库诺斯对 H. D. 爱而不得，又遭遇阿拉贝拉背叛，过去的感情经历让他变得不再相信女人，不肯再交付真心。他更愿意把时间花费在写作事业上，写作赋予他人生意义，而且永远不会欺骗他。库诺斯浑身萦绕着愁云惨雾，给塞耶斯与生俱来的热情天性也浇上了一桶冷水。但在"某种丧失自尊的英雄崇拜情结"驱使下，她不顾受伤害也要取悦他，而她后来才意识到自己有这种情结。她渴望赢得库诺斯的爱慕，做出种种努力赢得他的关注，但是这样她感觉自己被迫处在附属的位置，自己正一步一步丧失独立，而她并不喜欢这种感觉。塞耶斯之后才认识到，那时的库诺斯"是可怜女孩的糟糕伴侣"，他从来没有欣赏过她的才华，而是"训导她、对她说教，直到这个可怜的女孩丧失人格"。"你真是愚不可及！"塞耶斯之后写信给他，指责他对音乐厅、猜字谜、小剧院的"惊悚剧"通通缺乏耐心。（她后来回忆，为了陪库诺斯找一部他"勉强屈尊愿意看"的电影，她走了大半个伦敦，脚后跟磨出了大大的水泡。）"我并非多么想跳舞，只是希望有人想教我跳舞。我从未被当成女人，只是被看作文学怪人。"这是一个深刻、发人深省的宣告。塞耶斯是公开提出以下观点的第一人：男人对待女性应该抱有与对待同伴同等的态度，任何因女性身份而加以优待的行为本质上都是居高临下且毫无必要的。但这一观点同时给塞耶斯带来了某种难处：库诺斯对她欠缺绅士风度，可他的种种举止显然又不是因为尊重女性。如此一来，持有这一观点的塞耶斯却也很难将对库诺斯的失望宣之于口。阿尔丁顿曾经告诉 H. D.，他是被她的思想而不是身体所吸引，他将她视作文友而不是恋人，这样的真相曾经让 H. D. 痛苦万分。而塞耶斯的境遇比起 H. D. 来则有过之而无不及：库诺斯既不愿与她展开浪漫的爱情，也丝毫不在乎她的写作事业。

塞耶斯和库诺斯一样全身心投入写作事业，却没有他那目空一切的观念——库诺斯将自己作品的湮没无闻归因于公众读者缺乏良好品味。（库诺斯在有次收到印着"销售数量：零"的版税单后，傲慢地写道："伟人与畅销书作家，这两种身份无法兼得。"）塞耶斯曾经不顾库诺斯高深莫测地暗示"他作品中的观念会给她父母造成巨大冲击",鼓励父母去读一读库诺斯的小说:"我个人认为《墙》不像约翰自以为的那样惊世骇俗。为什么男人总喜欢想象自己是和实际身份相差甚远的大人物?"反观库诺斯,无论是否曾读过塞耶斯的作品,他只将它们视为不入流之作。"库诺斯是那种对写作事业一丝不苟的人,把艺术性看得比什么都重要,我想他是不会喜欢彼得·温西爵爷的。"塞耶斯写道,用她那一贯乐观的态度掩盖住一丝令人心碎的落寞。和 H. D. 不同的是,塞耶斯没有固定的文学圈子可以平等地和人交流观点。她与萨默维尔学院的朋友依然保持通信,互相鼓励,但毕竟已经远离文艺互赏协会成员聚集在一起吃着烤棉花糖、烤板栗,喝着热可可的那间卧室。塞耶斯大概从来没这样想过:库诺斯之所以对她的作品缺乏兴趣,或许是因为他其实对自己的作品没有安全感。塞耶斯的作品后来大获成功,名利双收,她也终于可以回击库诺斯对她心血之作的那种不可一世的嘲讽。但在当时,来自这位更年长、更有经验的作家的否定一定曾对她本就已经动摇的自信心带来重创。所幸塞耶斯懂得自我排解,她曾将报上读到的小品文作家菲利普·圭达拉(Philip Guedalla)的一句话摘录下来作为自勉:"侦探故事是高尚心灵作为休闲娱乐的一种日常方式。"塞耶斯在给父母的信中骄傲地写道:"这句话让我觉得自己很高尚。"她不会因为约翰·库诺斯而放弃写作彼得·温西爵爷的故事。

·44·

库诺斯依然住在牛津市,很少受到伦敦的吸引。塞耶斯夏天在父母家完成了《谁的尸体?》的写作,其间把梅克伦堡广场的房间转租给牛津大学的一位朋友埃杰顿·克拉克,这位朋友离开后给屋子留下了"满满一橱柜发霉的三明治"。11 月 8 日，彼得爵爷来到打字员手头（"我预计这得花上七英镑，诅咒这位爵爷！"）。但自我怀疑向她袭来。库诺斯那高高在上的态度更是加重了她的不自信。她写道："有人承诺帮我把书介绍给不同的出版社。但我不敢抱什么期望。我对这本书没有一丁点儿的信心，这实在让我沮丧，毕竟我真的很享受将整个故事呈现出来的过程。"她鼓足勇气把手稿发给一位文学代理人，但这位代理人恰好收到书不久就去世了。塞耶斯自嘲地写道："我打算这样给书打广告：夺命之书——文学代理人之死。"但无论如何，塞耶斯还是立马着手开始写第二部温西爵爷的侦探小说《证言疑云》（*Clouds of Witness*）。"我现在整天在大英博物馆里看犯罪故事、写犯罪故事。这真是美妙的生活，不是吗？我今天写到了法医给陪审团的破案方向，我真是累极了。"

1921 年 11 月底，塞耶斯收到一个噩耗：她不能继续住在这个让她第一次有归属感的地方了。詹姆斯小姐马上要离开梅克伦堡广场，要求所有租客在 12 月 5 日前把房子空出来。"我要么重新找个住所——可我既没钱，又没正式工作！要么离开深爱的伦敦，灰头土脸地回老家。"而后者在她眼里根本算不上是一个选项。"我现在真想进城去，看能不能把温西爵爷的故事给出版了，哪怕只有一线希望呢？"这也是塞耶斯父母第一次建议她或许可以把写作只当作一项爱好，而不是指望靠写作养活自己。但塞耶斯成为专职作家的决心丝毫没有动摇。她坚持捍卫自己的决定，不愿再多申请一份教书的兼职，而是卖掉了小提琴。"写作没办法只作为一份'闲来无事聊作消遣的爱好'，哪怕只是写个博人眼球的糟糕故事，也一样需要投入所有的时间和精力。"但她也承认完全理解父母的担忧："谁又能比我更清楚当下经济状况种种的不如意呢。我很想找份合适的工作，或者让我知道自己到底能不能通过写作赚钱……如果你想，我可以立下誓约——请你们再支撑我到明年夏天，如果彼得·温西的故事到那时还没能卖出去的话，我就彻底死了这个心，承认失败，找份固定的教职。"塞耶斯的疲惫是显而易见的，但为了向父母证明自己还没有放弃对布卢姆斯伯里生活的渴望，塞耶斯在大詹姆斯街 24 号又租下一间公寓，就在梅克伦堡广场往南方向走几分钟的路程。她决心继续写作事业，抱着最后一线希望祈求命运的眷顾。

1922 年春天，身处低谷的塞耶斯迎来了人生的转机。5 月，她得到一份广告文案撰写的职位，为伦敦中部霍尔本区一家 S. H. 本森广告公司工作，每周有四英镑收入，最重要的是，她终于"觉得能在岗位上安定下来，还是一份颇有前景的工作"。文字天赋使得她在写广告词时能一展所长，而且父母看到她为吉尼斯黑啤酒、科尔曼公司的芥末酱写的那些巧妙的广告词出现在报纸上、全国各地的广告牌上也倍感欣慰。塞耶斯认为这份工作"很有活力，每天都在高速运转"，经理对她也多有赞赏，称她具备成为一流广告撰写人的潜质。"我想我终于找到正确的工作了！"她给父母写信，语气谦逊而释然："爸妈，谢谢你们。在一切都如此糟糕的时候，你们一直站在我身边包容我、接纳我，从来不会指责我的任性、我的失败，永远做我坚实的后盾，为我提供经济支持。你们是最棒的父母。"最重要的是，处女作的出版进程也迎来了曙光。这年 4 月，经朋友介绍，塞耶斯结识了文学代理人安德鲁·戴克斯（"他极具幽默感，偏爱刺激的故事"）。戴克斯称他"非常看好"彼得·温西爵爷的侦探故事，而且"确定书籍一定能大卖，尽管可能还需要一些时间"。1922 年 7 月，美国出版商博奈 & 利夫莱特支付二百五十美元预付款定下《谁的尸体？》。戴克斯穿着一身得体的晚礼服，来到大詹姆斯街和塞耶斯一起吃晚饭庆祝。两人谈论"狼人、宗教、婚姻、流行服饰、现代社会的机械化，聊得十分尽兴"。1923 年

4月，英国费希尔·昂温出版社买下《谁的尸体？》，彼得·温西爵爷正式登场。

44

至此，塞耶斯的事业开始进入正轨。可强烈期盼着被爱、被爱人当作唯一的塞耶斯没能在约翰·库诺斯身上看到她所盼望的亲密关系的迹象。她一将话题转向爱情的承诺，库诺斯就会用"依据本性，自由去爱、去生活"的说辞来回绝她。库诺斯曾经梦想与阿拉贝拉步入婚姻，今时今日却坚称无意承担起做丈夫、做父亲的责任。这些条件对塞耶斯而言，"将爱剥离得彻底只剩最原始的身体交流"。1922年1月18日，她在给父母的信中说库诺斯"前些天过来了，一切都好，一心扑在《巴别塔》上。不过我们两人在关于基督徒生活守则的问题上有一点分歧（他在这个问题上持强烈反对的态度），以后我可能再也不会收到他的消息了"。在此之后，库诺斯还来过大詹姆斯街几次，和塞耶斯一起吃晚饭。仍渴望给对方留下深刻印象的塞耶斯陷入了对厨艺的狂热之中（"今天晚饭有五道主菜，每一道都很成功，除了果酱是罐头食品，其他都是我亲手做的"）。但就在这年10月，库诺斯突然离开伦敦，坐船去了纽约。11月28日，她在信中哀怨地写道："约翰离开后，甚至连一张明信片都没给我寄来。"

动摇两人关系的所谓"基督徒生活守则"实际上与避孕措施有关，这是在当时关于性、现代家庭、女性经济自由的讨论中居于核心地位的问题。1921年3月17日——这时塞耶斯已经结识库诺斯——玛丽·斯托普斯在梅克伦堡广场西边不远处的荷洛威开设了大英帝国第一家免费的节育诊所。有人认为斯托普斯这种行为败德辱行，会对神圣的婚姻造成难以转圜的破坏。这些保守言论没能阻止大批的女性慕名前来，诊所门口排起了长队。经过培训的护士、助产士为她们提供专业建议。斯托普斯以为节育正名为己任，主要向"已婚夫妻、即将步入婚姻的伴侣"提供建议。（同时也会建议不适合生育的夫妻进行绝育。）她在1918年出版过一本《夫妻之爱》（Married Love）。没有出版商愿意冒风险，这本书只能秘密出版，在这样的情况下依旧成了大卖的畅销书，几百名年轻女性读者给斯托普斯寄来信件。这些女性在维多利亚式的环境中长大，如今生活在更为开放的社会中，她们担忧过早生育会阻碍事业发展，但是圣公会在1920年7月公开批判"使用避孕药具会对身体、道德、精神造成严重损害"。这些年轻女性因此陷入两难的境地。

库诺斯并不想和塞耶斯步入婚姻，也从没对她避讳这一点。他只是坦然表明自己愿意在采取保护措施的情况下与她发生性关系。而塞耶斯的拒绝并不是出于对避孕药具本身的担忧，而是因为避孕药具所象征的含义。"现代文明创造出避免自然结果的卑鄙伎俩"助力下的性本身对于塞耶斯并不具吸引力，她不像库诺斯那样被"动物本性"所驱动。她自然也希望与库诺斯同枕而眠，但必须是在一段充满爱意的关系中，而不是在一段特地"排除坦率、情谊和孩子"的关系中。但库诺斯将塞耶斯的拒绝视为一种虚伪的表现，她所宣称的渴望自由仅仅是口号。库诺斯在曼哈顿中心区的阿尔贡金酒店写下的寄给约翰·古尔德·弗莱彻的信件中，透露了他失望离开伦敦的原因："在酒店的每一个角落，初次相遇的男男女女眼神火热，目光相对，然后说：'我愿意，来吧！'当晚就会睡在同一张床上！这也是爱情的一种，这也是生活的一种！亲爱的约翰·古尔德，不要因为'没有活过'而懊悔。"

44

塞耶斯没有因库诺斯的离去消沉太久。1922年12月18日，她写信告知父母："千万别惊讶，我打算周六骑摩托车回家过圣诞，还会带位男子回来。请求你们说些友好的欢迎话语，和善地招待他。"比尔·怀特原来是名职员，后来遭遇破产，眼下正从事汽车生意。这年秋天，怀特为了寻找新的工作机遇来到伦敦，临时住在塞耶斯楼上。他让塞耶斯误以为他这个"可怜人一无财产，二无家室"。塞耶斯对他十分同情，开始为他做饭（"我现在在烹饪方面越来越有创意！"）。她现在的境况比起以前已经稳定了许多，对怀特的不幸遭遇感同身受。她告诉父母："我曾在伦敦有过苦寂而潦倒的生活，个中滋味我再清楚不过。我知道你们一定也能设身处地地理解失业者的感受。"怀特的性格与库诺斯截然不同，他时刻富有昂扬的激情和幽默，又带有一丝痞气。他带塞耶斯去哈默史密斯舞厅，两人伴着爵士乐起舞；为她清理起居室，把地面打磨得光可鉴人；教她骑摩托车。塞耶斯委婉道："才智不是他的强项。事实上，你们或许会认为他是世界上我最不可能带回家的那种人。不过无论如何，他确实是一个和善的人。"比起和库诺斯之间那段交织着矛盾与忧虑的感情，这段新感情更为随心所欲。或许是因为这个原因，又或者仅仅是因为怀特更富魅力，感情的未来因此更令人向往，塞耶斯和怀特之间在采用避孕措施的情况下发生了亲密关系。可惜造化弄人，1923年春天，塞耶斯发现自己怀孕了。

怀特这时已住在"西奥博尔德斯路外的一处贫民窟"。得知塞耶斯怀孕，他承认自己已经结婚，妻子和七岁大的女儿住在多塞特郡。怀特闷闷不乐，不愿意担负任何责任。真相对两个女人而言都是晴天霹雳，却让这两个女人奇异地联合在了一起。比阿特丽斯·怀特来到伦敦与塞耶斯会面，决意为丈夫的谎言收拾残局。塞耶斯不想与比尔·怀特结婚，怀孕的事必须瞒住父母和雇主。比阿特丽斯了解塞耶斯的想法之后，无私地承担起一切责任——她邀请塞耶斯去她的家乡南伯恩待产，在当地为塞耶斯找到住所，又请疗养院里的医生哥哥照顾好塞耶斯，没有告诉哥哥塞耶斯肚子里的其实是他妹夫的私生子。

塞耶斯离开伦敦那天，在南安普顿路遇到了约翰·库诺斯。1917年，库诺斯正是在同样的地方与阿拉贝拉重逢。塞耶斯没有告诉库诺斯自己怀孕的事，库诺斯也没有多想。在塞耶斯待产的这段时间，比阿特丽斯和女儿瓦莱丽住在大詹姆斯街，给塞耶斯的小猫亚甲喂食，将塞耶斯给父母的信寄出，这样信封上就能印上伦敦的邮戳。11月，塞耶斯这时已怀有七个月的身孕，她告诉父母自己圣诞节无法回家。为了不让父母察觉，也为了把新书送去出版，她告诉父母"我现在诸事缠身，千头万绪。春天之前，请爸妈先不要来伦敦"。本森广告公司这边，塞耶斯只说因为身体疲倦，必须休假一段时间。公司没有多加怀疑，准许她休假。1924年1月3日，塞耶斯生下一个儿子。这时她依旧没能忘记库诺斯，给孩子取名为约翰·安东尼。

比阿特丽斯·怀特至死都没有泄露这个秘密。塞耶斯用她独特的方式向她表达感谢：在其1935年的小说《校友聚会惊魂夜》（*Gaudy Night*）中，用比阿特丽斯的本名"比阿特丽斯·威尔逊"给一位出场不多但令人钦佩的年轻女孩命名。这位年轻女孩不愿意听从母亲的意见去找个丈夫作为依靠，只想成为一名机械师（"我不想要一个丈夫……我更想要辆摩托车"）。就像布莱尔向 H. D. 伸出援手一样，比阿特丽斯的善意举动极大地抚慰着失望的塞耶斯，毕竟，比尔·怀特逃离之迅速敏捷比起塞西尔·格瑞来也是不遑多让。（这边塞耶斯肚子里的孩子还没出生，比尔·怀特就已经有了新欢。不过这对塞耶斯的影响不大："我从没对他有过什么期盼，只当作人生中的一段插曲罢了。"）比阿特丽斯对丈夫情人的态度不符合世俗常理，但她并不是特意要特立独行的，这一点和 H. D. 接受弗洛伦斯·法拉斯、阿拉贝拉·约克的出发点不同。比阿特丽斯大度接纳塞耶斯并非因为她拒绝受社会道德观念束缚，反而其实是受其驱使：或许是心疼女儿瓦莱丽，父母离婚会让她蒙受耻辱（而且她清楚离婚后比尔不会再为女儿提供经济支持）；或许也因为同情这个和曾经的她一样被这个男人的花言巧语所迷惑的女孩。比阿特丽斯接受了糟糕的局面，并尽全力弥补。塞耶斯后来在小说中写道："在所有的犯罪动机中，侦探小说最少提及的'体面'反而是最为强而有力的，会推动一系列的犯罪行为：从谋杀到各种最奇特、最匪夷所思的反常举动。""体面"一词推动着比阿特丽斯咽下所有的苦闷来安排好一切，也令塞耶斯的心灵因向公司、父母编造谎言而备受啮噬。对于孩子、她自己，未来该何去何从，必须有所决断。

就连身边好友也只有在 1957 年塞耶斯突然离世时才发现她有一个儿子。在人生中，她只有某次在火车上向一位陌生人提起过这件事。当时，这位萍水相逢的女人刚刚离婚，带着十岁大的孩子，向塞耶斯倾诉自己的遭遇。因为这个秘密被隐藏得如此之深，后人很难找到蛛丝马迹来勾勒出塞耶斯在这段动荡时期的想法：她是否曾考虑过流产（流产在当时尚属违法行为，但如果有意也不算难事），为何她会如此笃定一向深爱她的父母不应该知道外孙的存在（"这会给他们带来毫无必要的伤心。"塞耶斯这样说道，但没有进一步解释）。在她做出这些决定的背后，在牧师家庭长大的童年经历或许占据了部分原因。总之，隐瞒所有人、独自在陌生的地方生育必然对她的精神、身体造成了巨大的伤害。把孩子生下来之后，孩子应该去哪里生活、怎么生活，依然是摆在眼前的问题。

生产前两天，塞耶斯给牛津市一位以专门照顾孩童为工作的远亲艾维·施林普顿写了一封信，告诉她"请务必帮我这个忙，照顾这个婴儿……当务之急是让这个女孩不要失业"。艾维同意照顾这个孩子。1月27日，塞耶斯又寄了一封信："我所说的关于这个男孩的一切都是真的——但我没有告诉你，这是我的孩子。"我们无从得知艾维对塞耶斯的态度究竟是批评还是安慰，但无论如何，她答应了塞耶斯的请求，帮她向家里隐瞒此事。约翰·安东尼一个月大的时候，塞耶斯把他装在摇篮带去牛津市，交给艾维照管。她当晚回到伦敦，发现钥匙被锁在屋里，因此不得不在电影院枯坐几小时，等着打杂女佣把备用钥匙带给她。2月1日，母乳喂养刚停几天，塞耶斯就回到了岗位。截至此时，休假恰好整整八周。她没有频繁前往牛津市探望，但隔段时间就会写信给艾维，急切地询问孩子的饮食多少、是否哭闹，每个月除了看医生的费用，还会再寄三英镑。她曾告诉艾维，她希望孩子在"爱意中长大，而不是在过分富足的物质条件中长大"；或许是因为想起了库诺斯，还告诉艾维，"我希望孩子长大以后不会想在音乐、艺术方面发展，我真的厌倦了作家和这类人"。

在塞耶斯这段时间写给艾维的信件中，乐观、务实的态度一如往昔。但在伪装面具之下，必然有着许多令人心碎的痛苦与挣扎。她将一切都安排得天衣无缝。在这一点上，想必过去精心构思侦探情节的经验一定对她助益良多。可为孩子提供物质保障毕竟不能永远代替母子之间的感情。她曾幻想过与库诺斯的将来，幻想两人有第一个孩子后的生活，可现实与幻想相去甚远。可是，她为了追寻梦想中的生活来到梅克伦堡广场，希望在这里独立生活，取得职业上的成功，智识上的自由。她是多么渴望这样的生活啊！如果私生子的单身母亲这一身份曝光，父母或许会因为失望与羞愧而与她断绝关系，国家不会为她提供制度上的支持，自食其力也会遭遇额外的阻碍，这样一来，刚刚展露一线希望的梦想生活就会消失得无影无踪。塞耶斯这时的境遇与当年离开梅克伦堡广场的 H. D. 可谓惊人地相似，可她并没有一位布莱尔在身边，为她提供情绪和经济支持。她不是因为比常人更勇敢才没有选择传统核心家庭这条更为保险的路，而只是因为一旦选择这条路，她只会更加地忧虑、自责。她没有忘记写作这一初心。可是她想不到有什么方法既能让她全心全意地写作、又能兼顾母亲这一身份所隐含的自我牺牲的期望。在当下，顾家、追寻事业这两者对于塞耶斯而言不可兼得。塞耶斯拥有选择的自由，做出了她的选择。

除了怀特夫妇、艾维以及她后来的结婚对象，塞耶斯在一生中只将约翰·安东尼的存在告诉过一个人：约翰·库诺斯。一到纽约，库诺斯似乎就忘记了绝不结婚、绝不要小孩的承诺，与一位叫海伦·克斯特纳的女性订了婚。这位女性结过两次婚，有两个孩子，用不同的笔名写浪漫爱情小说、侦探小说。1924 年 1 月 1 日，也就是多萝西临产前两天，库诺斯与克斯特纳在伦敦的斯特兰德皇宫酒店步入婚姻殿堂。8 月，塞耶斯给库诺斯写了一封信。信中措辞克制而隐忍，掩饰字里行间的痛苦之情。塞耶斯在写给父母的信中一直努力呈现出强大的形象，但这封信展现了她脆弱的一面：

亲爱的约翰：

听闻你已步入婚姻，我衷心希望你能拥有幸福美满的生活，有一个真正相爱的爱人。

我越过了险峻高峰。如你所知，我本很快就会抵达。但我没有选择与你同行，而是选择了一个我根本不爱的人。我无法承受与你一同坠落，陷入绝境。但是越过高峰之后的绝境比我预想的更为可怕。我生下了一个小男孩（感谢上帝，万幸不是个女孩）。与我同行的男子不愿承受压力，选择离开，去牵别人的手。我还没有想好怎样把孩子抚养长大，可他是那样可爱。

你瞧，你我都踏上了曾发誓不会踏足的路径。希望你的选择会比我好。你不必担负必须回信的义务。我只是觉得似乎应该让你知道这些。希望你永远快乐。

多萝西

库诺斯选择了回信，在信中语气哀怨地控诉塞耶斯的区别对待：愿意和怀特发生亲密关系，却不愿和他。面对这样的指责，塞耶斯很快恢复理性与原则，回信道："比与没有感情的男人生下孩子更糟糕的事，是被曾经爱过的男人判处终身没有后代。"库诺斯提议见面，塞耶斯激愤拒绝道："上一次见面，你以那样残忍的直白告诉我，厌恶与我对话。难道你竟会以为，分别以后我所遭遇的不幸会令我贫瘠的才智新添光彩？还是说，我会为你那约翰·贡巴列夫[1]哲学的新一章提供素材？如果见到你，我大概只会哭泣——可过去三年我已经哭得太多了，我对哭泣实在已经厌倦至极。"她自称已妥切应付一切遭遇，而且没让本森广告公司发现她休假的真正原因。"你可以选择把这些写进书里，没有人会相信的。"

库诺斯遵循了她的意见。接下来这几年，就像曾经对待 H. D. 那样，

1　库诺斯小说《面具》中的主人公。

库诺斯再次满怀愤懑地将与塞耶斯之间的情事写成了小说。他丝毫没有掩盖女主现实身份的意图，任何熟悉这段过往的读者都能推断出塞耶斯就是书中女主，塞耶斯因此甚至不得不改变为约翰·安东尼计划的将来，这也令库诺斯的面目显得更加残忍。1927 年，库诺斯在小说选集《美国秘辛》(*Americana Esoterica*)中发表了短篇故事《大方的姿态》。这篇短篇之后又以更加详尽、冗长的形式于 1932 年面世，小说名为《恶魔是一位英国绅士》(*The Devil is an English Gentleman*)。具体而言，这两个故事讲述的内容都能与塞耶斯信件中展现的这段感情相呼应：信奉波希米亚主义的男主人公观念新潮，拒绝步入婚姻。他遇到一位女子，她坚持必须得到爱情承诺才能同意与他发生亲密关系。小说中，这位不幸的女子（一位性格阳光的剑桥大学毕业生，有着并不纤美的脚踝，"喜欢与人交谈，喜欢被人倾听，过分沉迷说俏皮话"）流着眼泪妥协，男主人公却在这时气冲冲地离去。在他看来，女主人公只将性视为一种牺牲，而不是出于自由意愿的"大方姿态"。这种"大方姿态"在他眼里，是女主人公对他的爱情的见证；在她眼里，却是男主人公对她掌控力的证明。

　　1924 年至 1925 年间，无论是塞耶斯还是库诺斯都正经历着人生中的重要转变。这期间写给库诺斯的信件展现了塞耶斯正逐渐加深对亲密关系和个体自由真正含义的理解：彼此之间绝对信任，任何一方都不需要压抑欲望，不需要放弃追逐野心，不需要抛弃信奉的价值观，只有这样的感情才能让她真正快乐，只有这样，爱才能变得真正"自由、无虑"。她写道："我已经受够了以'自由爱情'之名所施加的诸般令人厌恶的限制。"对于库诺斯而言，这只是反抗陈规旧习的一种浮夸姿态；对于塞耶斯而言，却意味着陷入绝望境遇的风险，就像怀特给她带来的不堪境遇。在这场二人角力中，库诺斯的艺术家身份从来无须承担风险，可塞耶斯明白，哪怕只有一刻分神，她的艺术家事业也有可能会燃烧殆尽。塞耶斯在经历与库诺斯、怀特的感情之后痛苦地意识到，身为女性，在追寻自由的路途上比起男性需要面临更多的风险。也正是在这两段失败的感情经历之后，塞耶斯进一步明晰了人生中的优先项。在塞耶斯看来，自由女性不应如《恶魔是一位英国绅士》中主人公提议的那样，"将伴侣的兴趣当作自己的兴趣"，而是应该在一段给她提供支持、提供滋养的联盟中追寻自身的智识自由，她的伴侣应该"与她志趣相投，拥有共同归属，携手度过漫长岁月"。这一观念在梅克伦堡广场的岁月中发芽，之后，塞耶斯又通过论文、宗教戏剧等文学形式进行探索，最终在侦探小说中创作出了哈丽雅特·文这一角色。

约翰·库诺斯显然不是唯一一个能将现实经历转化为小说的人。自《谁的尸体？》以来，塞耶斯相继又出版了三部以温西爵爷为主角的小说以及一系列短篇故事。她选择了侦探小说这一种看上去最不可能的形式来表达她与库诺斯之间的这段感情。1930 年出版的第五部小说《剧毒》以一场法庭审判开篇。"年事已高，看上去似乎已被死亡和时间遗忘，老迈得再不能发生任何改变"的主审法官正慢悠悠地与陪审团对话，记者在一旁记录。被告哈丽雅特·文是位侦探小说作家，一位"出类拔萃的年轻女性，在严格的宗教准则中长大，在二十九岁前就已经能以合法方式自力更生，独立生活，不依附于任何人，不需要任何人的帮助"，因涉嫌毒杀前男友而受审。前男友菲利普·博伊斯也是作家，主要写些关于无政府主义、无神论、自由恋爱之类"道德败坏、具煽动性的"文章（他的文章商业价值远不如哈丽雅特，令他气结）。法官冷冰冰道，博伊斯"坚决反对任何形式上的婚姻"，逼迫哈丽雅特抛掉这种形式"和他一起亲密生活"。过了一段时间，邻居听到哈丽雅特打包行李离开的声音，还听见她说"令人痛苦的欺骗"。但争论的真正焦点并不是他们所以为的不忠或残忍这类原因，而是因为博伊斯口口声声说着反对婚姻，另一边却又向哈丽雅特提出合法婚姻。而哈丽雅特之所以如此震怒，是因为博伊斯的虚伪，白白伤害她的感情。哈丽雅特从监狱中给彼得·温西爵爷打电话说道："我以为他真的不相信婚姻，可到头来只是一场测验，测验我对他的感情是否能让我牺牲一切尊严。我当然不能。我不会将自己的婚姻打折奉上。"

　　法庭审判呈现了维多利亚时代观念与现代观念之间的激烈冲突。"古董"法官明显判定哈丽雅特是一个"道德立场不稳定的人"。由于塞耶斯没有对库诺斯在书中的化身手下留情，哈丽雅特面临着严重指控：某天晚上，菲利普·博伊斯前往拜访哈丽雅特，喝了一杯咖啡之后就倒地不起，接连几天呕吐、腹泻，最终"在极大的痛苦中"死去。整场审判可以说是对哈丽雅特生活方式的审判。法官暗示，哈丽雅特作为一个受过良好教育、事业成功、在生活方式上背离传统的职业女性（哈丽雅特住在布卢姆斯伯里道堤街的"一间自己名下的小公寓"，而道堤街是一个脱离陈腐观念约束的地方），极有可能会藐视公序良俗，谋杀旧爱。博伊斯的同伴认为哈丽雅特因嫉妒爱人的才华而动了杀念，讥讽道，"你应当侍奉天才左右，而不是同他争论"。哈丽雅特的好友则为她争辩道，所谓这样的观念——"她的职责是为他的写作事业妥善照料一切，而不是自己动笔，写些不知所谓的作品妄图给他俩赚钱"——女作家要想取得事业上的成功，必须态度鲜明地加以反对。哈丽雅特珍视自己的价值，不愿牺牲自己的成就成为博伊斯个人价值的附属。她的遭遇正提示着女性所面临的危险：与塞耶斯不同，哈丽雅特面临的后果不是怀孕，而是陷入蒙受耻辱、遭到社会处罚的梦魇之中，甚至陷身牢狱这种最为确切的剥夺自由的方式。

温西爵爷无可救药地爱上了陷身牢狱的哈丽雅特。他有一个月的时间为她脱罪。几位独身女密探决意帮助女主角洗清冤屈，在她们的协助下，温西爵爷无往而不胜，找出了真正的凶手。女侦探如默奇森小姐，为打入声名狼藉的涉案律师的办公室，伪装成一位不停犯错的秘书；如克林普森小姐，亲自设计灵应占卜牌，从一位相信鬼神显灵之说的陪侍那里获得了关键信息。小说结尾，哈丽雅特无罪释放。虽然她很难真正摆脱案件对名声的损害，但是她得到了法庭真诚的道歉，作品也因此大卖。塞耶斯对库诺斯的回击可谓精彩彻底。哈丽雅特·文的故事没有结束。哈丽雅特勇敢而机智，在独立受到挑战、人格受到侮辱的时候，能一如既往地保持坚韧，她有作品作为寄托，有一大帮女性朋友的真挚友谊。创作这样一个角色给予塞耶斯莫大的精神安慰。她回顾过往人生中的成就与遗憾，开始思考笔下这个角色能否兼顾事业的成功与个人的幸福。

塞耶斯一开始想让哈丽雅特和彼得爵爷订婚作为《剧毒》的结尾。尽管不愿让彼得爵爷落得像福尔摩斯那样的结局——从莱辛巴赫瀑布落入悬崖而丧命（虽然作者柯南·道尔后来因架不住读者反对而又将他复活）——塞耶斯也已经厌倦了笔下这个"玩偶"，他那永远处变不惊的镇定，所向披靡的胜利，面对谜案时英勇无惧的勇气和周密的逻辑令所有人折服。彼得爵爷总是能"轻松化解种种危难"，塞耶斯不想继续创作同质的故事，因此，"在刚动笔写《剧毒》时，想通过让他步入婚姻的方式来告别这一角色"。所以，她专门设计了一个案件，让这个角色"像珀尔修斯那样"，拯救一个无辜女孩，赢得美人归，从此"两人幸福地生活在一起"。这样不失为一个干脆利落、体面的结局。

　　塞耶斯对这一角色的不满很大程度上来自这样一种感受：她无法在侦探小说这类文本中探讨她愈加关切的道德问题。早在创作第一部小说时，这种感受就曾让她感到刺痛。1928年，塞耶斯曾为格兰兹出版公司的侦探故事选集写过序言。在这篇涉猎广泛的序言中，塞耶斯论证维多利亚时期惊险小说逐渐过渡到爱德华时期更侧重逻辑性的破案小说，这种转变意味着在她所处的时代，侦探小说本质上是一种技艺，而不属于艺术或某类文本风格。塞耶斯对G.K.切斯特顿所称的"一出脸谱化的戏剧，各个角色缺少鲜明的面目"这类小说大加讽刺，认为在这类小说中，惊险刺激只浮于表面，谋杀案的情节明显只是为了让故事出现一具尸体，除了探长那危在旦夕的赫赫名声再没有其他推动因素。塞耶斯坚持认为侦探小说不应止步于此，它应该和任何一种"文学"小说一样，具有烘托气氛的环境、个性鲜明的人物、关于人性的真相以及合理的情节推动因素。只有这样的侦探小说才能"让人相信暴力带来的伤害"。

　　塞耶斯找到了真正想写的那类侦探小说的典范：威尔基·柯林斯的《月亮宝石》（1868年）和E.C.本特利的《特伦特最后一案》。其中《特伦特最后一案》于1913年出版的时候，极大地震撼了塞耶斯，让她"视野更为开阔"（伍尔夫也表达过对这部小说"爱不释手"）。本特利发奋要"写出一种新的侦探故事"，探索在探长推理能力受人性弱点左右的情况下，故事会有怎样的走向。塞耶斯盛赞本特利笔下的人物"活灵活现，仿佛就在眼前真实地呼吸、行动"，他所描写的爱情故事"感人至深、具有信服力，推动着故事情节发展"（探长爱上了主要嫌疑人，对调查产生不利影响）。《特伦特最后一案》对《谁的尸体？》的影响显而易见，并且极大地影响着塞耶斯之后作品的创作方向，如创作野心、创作范围以及别具匠心的剧情反转设计——结尾揭示探长对案件的推理完全走向了错误方向。正因有本特利的创作珠玉在前，塞耶斯才相信不一定非要让彼得爵爷从笔下消失。不过，后来彼得爵爷不但不用谢幕退场，还阻止了未来的新娘与他人步入无趣的婚姻，这一情节设计则完全基于塞耶斯个人的人生经历。

随着《剧毒》故事情节的开展，塞耶斯逐渐意识到，如果笔下人物在小说目前情节的基础上就步入婚姻，将会"是彻彻底底的错误，难以支撑起令人信服的逻辑"。她塑造出哈丽雅特·文这一与她自己十分相似的"布卢姆斯伯里文学女性"形象，如果到头来只成了温西爵爷爱情的对象，居于客体的地位，会严重损害她的创作立意。这样一个有抱负、曾在爱情中受伤的女孩，不会因为对方救她出牢狱（何况过程中"自尊丝毫未曾受损"），就向他拱手献上一生的幸福。五年之后，塞耶斯更是写道："尽管女主以身相许以报救命之恩的戏码理所应当以至于俗滥，我却明白建立在感激、自卑基础上的婚姻很难长久。"在经历与库诺斯、怀特之间的伤心往事以及无法亲自抚育孩子的遗憾之后，塞耶斯在职业发展上收获了成功，她希望赋予笔下人物同等的自由，尽管这样或许会令哈丽雅特失去一位势均力敌的爱人，甚至因此和她的创作者一样，无法品尝为人母的喜悦。

但无论如何，小说结尾，面对救她出狱的温西爵爷的求婚，哈丽雅特选择了拒绝。塞耶斯在下一部以哈丽雅特·文为主角的小说《失衡的时间》（*Have His Carcase*）（1932 年）中交代道："世人总以为，要治愈受过情伤的心灵，可供依靠的宽阔胸膛才是良药。可事实上，哪比得上值得全力以赴的工作、充满活力的身体以及暴富来得药到病除。"这是塞耶斯的切身体会。哈丽雅特没有留在丹佛庄园过奢侈而悠闲的生活，而是选择与女性好友漫游欧洲，沿途收集小说素材，写些旅途点滴卖给报社。旅途归来后，她搬到梅克伦堡广场一间全新的高级单身公寓。对她而言，这个地址象征着她最珍视的独立与自立。这时，塞耶斯已经离开梅克伦堡广场整整十年，十年之后，广场对塞耶斯而言仍然代表着一种投入智识追求的生活。哈丽雅特在新房子继续创作侦探小说，由于之前案件巨大的曝光量，侦探小说能给她带来可观的收入，足够有尊严地独立生活。

塞耶斯决定，如果要让彼得·温西爵爷够格做哈丽雅特的丈夫，必须对他的性格做出"较大的调整"：他的心理世界得足够深沉，道德准则得足够坚定，"在前几部小说中，我总是根据侦探情节的需要来赋予他性格特征，这些不够慎重的性情设定必须都得做出调整"。所幸，塞耶斯在梅克伦堡广场完成的第一部作品《谁的尸体？》就给温西爵爷这一角色赋予了足够的深度。不同于一般侦探小说，温西爵爷对道德观念具有敏锐的意识，谨慎考虑破案爱好在现实世界可能引起的法律后果。这些特质使得他的性格可以合乎逻辑地进行转变，也让塞耶斯得以在探索新类型侦探小说上迈出重大一步。《剧毒》是温西爵爷破案系列中第一个脱离纯粹智力挑战的故事，在失去一切破案线索时，温西爵爷不再如之前那样遇难愈勇，而是无助、害怕，万一失败，他将不得不"眼睁睁地看着想救的女人遭受绞刑痛苦死去"。到了《失衡的时间》，哈丽雅特在沙滩上发现一具尸体，再次被列入嫌疑。温西爵爷受命调查，两人携手破案，但过程并不顺利：哈丽雅特一直和温西爵爷保持距离，不愿因为"背负感激涕零的义务"而处在弱势的地位。哪怕温西爵爷每年4月1日都会向她求婚，也无济于事。（求婚的仪式很简单，温西爵爷会发一封只有一个拉丁单词的电报："Num？"塞耶斯的父亲曾告诉她，这个单词通常以"不"作为回答。哈丽雅特为此在语法书里仔细搜索，想找个"较为礼貌的否定词"。）哈丽雅特与温西爵爷保持着专业的合作关系，作为地位平等的伙伴，而不是妻子或福尔摩斯的华生，和他一起调查案件。

❹❹

塞耶斯为哈丽雅特·文的未来认真思索了几年时间。和 H. D. 一样，如果没有将梅克伦堡广场期间和之后所遭受的痛苦诉诸文字，她就无法真正释怀。这段经历教会她不要将自身价值依附于任何人。她终其一生都在强调从事职业的重要性，只有"找到一份值得付出的工作，兢兢业业地将它完成"，才能得到真正的"灵魂、精神和身体上的满足"。她对职业的重视与以下观点紧密相连：她坚定相信，"应该将女性作为人来对待，而不是以女性这一性别为桎梏来限定她们所能踏足的领域"。

塞耶斯在论文《是人非人》（收入 1946 年作品集《和寡集》[*Unpopular Opinions*]）中描述主角具有"伟大的、真正的双性同体的灵魂"。这一说法与伍尔夫《一间属于自己的房间》、H. D. 在《让我活下去》中从伍尔夫那里引用的内容遥相呼应："每个人体内都占据着男性和女性两种力量。当这两种力量在身体内部和谐共处、灵魂契合之时，人就能达到一种稳定、自洽的状态。"将女性从智识领域驱逐荒谬且极不合理，塞耶斯和伍尔夫、H. D. 一样，都很清楚这一点。在她们生活的时代，社会依旧拒绝女性力量，认为女性的需求和欲望不同于男性，并据此对女性施加期望。而这些女性在她们各自的人生、作品中，试图在这样的社会中找到所期盼的生活方式。"女性到底想要什么？"塞耶斯曾在另一篇论文中回应这一问题："我不确定女性作为一个群体有什么一致的特别需求。但是我想，尊敬的男士们，和你们一样作为人，女性想要的和你们并没有本质区别：有趣的职业，享受乐趣的合理自由，情感寄托。"无论是作品风格还是本人性格，多萝西·L. 塞耶斯和 H. D. 都可谓大相径庭。但是，除了共同的住所以及都认识约翰·库诺斯这些共同点之外，两人之间有着更深层次的联结。塞耶斯提出社会缺乏那些"情感细腻且头脑睿智的不幸女性"的生存空间，H. D. 在《让我活下去》中借茱莉亚之口说出"我想生活在两个维度"，这两种观点在本质上是相似的。在成为作家的路径上，两位女性同样面临着令人分裂、丧失自我意识的两种截然不同的标准。塞耶斯在思考哈丽雅特·文的未来之时，同时是在思索一个自梅克伦堡广场时期就困扰着她和 H. D. 的问题：女性如何既能取得智识上的成就，又能追求爱情；既能遵循心意写作，又不必抛弃女性特质。

　　1934 年 6 月 13 日，恰好在四十三岁生日这天，多萝西·L. 塞耶斯回到萨默维尔学院，参加为昔日法语导师米尔德丽德·波普（Mildred Pope）举办的庆祝晚宴。晚宴上，众人邀请塞耶斯为牛津大学献上祝词。塞耶斯回想毕业以来的种种遭际，认为大学所赋予的不是"通往财富、显赫地位的通行证"，而是教会她懂得知识本身的价值。（她沮丧道："当下或许是世界历史上最迫切需要学识的时代。"）就在这场校友聚会上，塞耶斯恍若拨云见日：牛津大学这所女子学院正是小说难题的关窍。她想到了如何让哈丽雅特·文和彼得·温西爵爷合乎情理地步入婚姻，而且任何一方都不需要做出有失尊严的让步。在萨默维尔学院求学的经历给予了她追寻写作事业的勇气。虽然从未后悔当初离开学院、孤身摸索写作事业，但时隔多年，她回想起昔日在这个女性大集体的生活：她的才能得到欣赏并进一步发展，周围的人从来不会因为她女性的身份就认为她不具备学识与才智，这一切都支撑着她，让她心生感激。在这样对于女性智识成就的重视多于女性情感投入的背景下，哈丽雅特终于能够"以自由的姿态，与彼得并肩而立"。回想往日，库诺斯曾让她放弃自己的信念，塞耶斯写道："在当今这个情感动荡的世界，我写了这样一个情节，将智识的完整性视作某种伟大而永恒的价值。或许这样会让人感到困惑，但这的确是我始终想要表达的。"

这时的塞耶斯正在构思一篇"平铺直叙"的小说，讲述这样一个故事：毕业于牛津大学的女主人公，按部就班地步入婚姻、成为母亲，拥有一切生活所应给予的幸福。行至中年，她才恍然意识到，她真正的使命在于投身富有创造力的智识生活，只有在这样的生活中，她才能真正快乐。塞耶斯将这部自传性质的作品暂名为《小猫奥玛丽》(*Cat O'Mary*)，以早年所写、第一人称视角的《爱德华时代的童年生活》中的回忆作为素材。除了从自身经历取材，《小猫奥玛丽》中的虚构女主角凯瑟琳·拉玛斯身上还有哈丽雅特·文的影子——比如凯瑟琳和哈丽雅特一样在剑桥郡的乡下度过童年。故事讲到凯瑟琳即将进入萨默维尔学院求学时中断，但通过一系列人物短文以及一本写满故事简介的笔记本可以拼凑出凯瑟琳日后的生活状况。凯瑟琳嫁给了一位政府工作人员，表面上是风光悠闲的上流阶层富太太。但这个身份与牢笼无异：在丈夫眼中，自己的工作永远优先于妻子的工作；而凯瑟琳正怀着身孕，一切心力均为家务琐事所占据。下一部分，凯瑟琳已经离开了和年轻秘书有外遇的丈夫，计划重新投入学术工作。气急败坏的前夫道："你是不是想和你那帮成天待在博物馆的老朋友一样，变成那种不修边幅的布卢姆斯伯里邋遢女人！"塞耶斯回想起自己以前总担心被人看成"文学怪人"，可现在换个角度来看，这样的辱骂简直令她发笑。凯瑟琳一直不敢承认渴望这样的生活：在布卢姆斯伯里独立生活，周围没有对她说三道四的男人，只有志趣相投的好友。而她现在终于有勇气冲破枷锁去追求梦想中的生活。最后一幕，凯瑟琳正参加一场面试。教授问她，为何明明具备"学者思维"，之前却耗费那么多时间在家庭琐事上。这是一个让人倍受激励的结尾。凯瑟琳的幸福不是因为找到了真命天子，而是因为找到了人生价值——只作为个体，而不是某人的妻子或母亲。

凯瑟琳的人生轨迹很难不让人联想到塞耶斯个人的情感经历。这时塞耶斯已经步入婚姻，但生活难称美满无虑。之前，与比尔·怀特分手后，塞耶斯告诉库诺斯她"正在学着应付孤独"，而且已经决定放弃对浪漫爱情的幻想，因为爱情"会扰乱心绪、令人无法专心工作"，不过同时，如果出现"一个温和、纯粹、热爱生活的男人，能享受激情所带来的狂乱与动荡"，她也愿意接纳他进入自己的生命。1925年秋天，塞耶斯遇见马克·弗莱明（Mac Fleming），一位离异的记者，供职于《世界新闻报》，主要报道犯罪、汽车的相关新闻。具体的恋爱过程已无从追溯，次年4月，两人举办了一场低调的婚礼。塞耶斯只通知了父母，并且直到婚礼前五天，才用一封极不正式的信件将婚礼安排告知父母——婚礼无法在教堂举行，她知道父母一定会为此难过。马克刚离开前妻和两个女儿，以后不再为她们提供经济上的支持。塞耶斯高兴地告诉艾维，马克"愿意日后关心、爱护约翰·安东尼"。她曾经提议等照顾安东尼不再那么耗费精力，"而父母年纪又大到不再适合为任何事情费神的时候"，就将安东尼接过来和她一起生活。但这个提议最终也没有实行，尽管马克在1935年就已经在名义上收养安东尼。一方面，孩子和艾维生活在一起，日子过得很开心；另一方面，塞耶斯虽然也常给安东尼写信，但并不愿意为了照顾他而放弃工作，马克更是如此。（周围人的说辞是塞耶斯是安东尼父母的姐妹。安东尼虽然有所怀疑，但一直到申请护照的时候才发现他和塞耶斯的真实关系。）

在这段感情中，塞耶斯一开始很享受两人平等承担家务的合作关系：马克负责大多数的烹饪任务（他在1935年出版过一本食谱《饕客饮食之书》[*The Gourmet's Book of Food and Drink*]，并将此书献给"我那会烘蛋饼的妻子"），对"照顾"妻子这件事乐在其中。塞耶斯则为他织袜子，陪他参加赛马大会。从塞耶斯在信件中描绘的生活片段看来，感情初始，两人都喜欢去剧院、看电影，追求独立，相处得轻松又愉快。但战争期间担任陆军上校的经历给马克造成了极大的负面影响。他很快对塞耶斯的成功感到厌恶、疏离和愤恨。后来，他们在艾塞克斯的威瑟姆买下一所房子，此后两人基本处于半分居状态。马克大多数时间住在这幢房子，而塞耶斯仍然住在大詹姆斯街。这里是她隐秘的避风港，支撑着她在伦敦忙碌的职业生活，也提醒她早年在梅克伦堡广场的独立生活。某种程度而言，这段婚姻解决了家庭琐务，她因此得以专心投入工作；但并不幸福的婚姻生活，让她转从日益成功的事业找寻慰藉——塞耶斯已经是有口皆碑的畅销书作家，拥有众多忠实拥趸，还有大出版社的约稿。但塞耶斯希望哈丽雅特能够拥有她自己没能得到的东西：一段不会强迫她在个人幸福和智识独立之间只择其一，而是提供条件让她能两者兼得的感情。塞耶斯在下一部哈丽雅特·文小说中，设计出了理想的方案。

44

《校友聚会惊魂夜》以塞耶斯十五年前再熟悉不过的场景作为开篇：在梅克伦堡广场的公寓里，哈丽雅特·文坐在书桌前，正百无聊赖地望着楼下的花园，网球场上热闹喧嚣，花坛里的郁金香也是一派生机。接着，她离开广场，前往大学时就读的学院参加校友聚会。她来到舒兹伯利学院（一所虚构学院，按塞耶斯小说设定，坐落在温西爵爷母校巴里奥学院的板球场），满心后悔今日不该来参加这场聚会。昔日旧友玛丽曾经是那样活泼，事事冲在前头。毕业一别，玛丽"很快就结婚了，从此很少听到她的消息"。相隔多年重聚，玛丽面容疲惫，写满了挫败，看上去是那样沉闷、迷茫。哈丽雅特当初如果和菲利普·博伊斯顺利结婚，或者说，塞耶斯当初如果和约翰·库诺斯顺利结婚，今日或许会落得和玛丽一样的结局——塞耶斯狡黠地设计了一个细节来影射：校友联络名单上，玛丽的登记名字为 H. 阿特伍德夫人，这正是库诺斯妻子海伦的正式名字（海伦前任丈夫的名字叫哈里·阿特伍德）。"令人不胜惋惜"，看着如今的玛丽，哈丽雅特想道。她愈加坚定，绝不允许婚姻消解个人身份，让她的抱负沦为陪衬。"要想获得灵魂的安宁，人必须忠诚于自己的使命，哪怕这意味着在情感生活中犯错误。"

校友聚会后不久，舒兹伯利学院突然出现一个神秘而邪恶的"幽灵"，在学院里四处散播包含恐吓内容、厌女言论的字条。这个所谓幽灵只可能是学院里的人，一时间，学生、教师、职工等人通通被列入嫌疑范围。报纸报道将舆论矛头引向学院中的女性，暗示这些受过高等教育的单身女性处在封闭的环境中突然集体爆发精神错乱。围绕着这一舆论导向，报纸有一系列现成的词语："贞洁败坏""不遵循自然规律的生活""半人不鬼的老处女""欲求不满、压抑天性""助长道德败坏的环境"，诸此种种，不一而足。哈丽雅特立刻意识到，这些舆论会对当下争取女性受教育权的斗争造成巨大损害。她决定利用写作侦探小说的经验来破解这场现实生活中的谜案，回到舒兹伯利学院。白天研究谢里丹·拉·法奴（Sheridan Le Fanu），过着平静的生活，晚上则在走廊、板球场四处偷偷巡视，并且还要竭力不去回想过去在伦敦度过的动荡岁月。

彼得·温西爵爷缺席了大半部小说，取而代之的是塞耶斯刻画得最为精彩的人物群像：敲诈勒索的门房，还有一帮无所顾忌的男性大学生，他们为了和受到门禁管制的同伴一起夜间活动，一门心思要攀爬学院的高墙。整个故事中没有出现真正的凶杀案，但一系列令人毛骨悚然的事件却让整个故事的悬疑氛围有增无减：画像上斑驳的墨迹，从窗户扔下来的书，"幽灵"在方庭来去无踪却将保险丝熔断，夜半时分在学院里的亡命追逐，还有神不知鬼不觉出现在礼服口袋中、写满刻薄恶毒之语的信件。

这场精心谋划、专门针对女子教育机构的攻击同时也以更具戏剧冲突性的方式体现了哈丽雅特的个人矛盾境遇，她不确定是否要接受彼得爵爷的真心。舒兹伯利学院的女教师牺牲家庭生活，选择全身心投入工作（诋毁者认为这种行为违背女性天性，令人气愤）。哈丽雅特在这里遇到了高傲、独身的希利亚德小姐，她对历史上那些女性谋害男性案件的技术方法有着特别的研究兴趣，因此引起哈丽雅特怀疑；还有自律庄重的经济史学家德·瓦因小姐，她当初之所以离开未婚夫，是因为意识到"我真不应该花费那么多时间去和他争论一段有争议性的文章"。但也正是德·瓦因小姐告诉哈丽雅特，世界上或许有一种方法，可以避免面临塞耶斯在二十世纪二十年代遭遇的艰难抉择。有一次，两人就"智识生活和情感生活两者难以兼得"进行过讨论。哈丽雅特不明白，如果女子没有准备好将婚姻作为全职工作，是否还要进入婚姻。"或许不吧。"德·瓦因小姐答道，"但我相信，世界上存在着少部分的人，他们不会把自己视为雇主，而是把妻子视为平等的人。如果你能找到这样一个人，他不会因为你的遗世独立而厌弃你，反而对你更为倾慕，那么这份感情一定是弥足珍贵的。因为它完全真挚、纯粹，和他在一起，你不需要伪装成任何人，只需做真实的自己。"

哈丽雅特在伦敦的时候，彼得·温西爵爷常陪着她去乡村间的小别墅、苏活区的餐馆，留下了许多美好时刻。有一次，温西爵爷送她回家，两人一路"畅聊着伦敦乔治时代风格的建筑"，就在出租车从吉尔福德街转入梅克伦堡广场的时候，温西再一次向她求婚，得到一如往常的答案之后，平静地接受了她的拒绝。但哈丽雅特仍然有了一些不一样的感觉，她意识到，温西一再坚持求婚的背后，其实对于她的抗拒有着异乎寻常的敏感，他完全了解一间属于自己的房间对于她的重要性。哈丽雅特后知后觉地意识到，温西"从来没有越过界限，进入她在梅克伦堡广场的公寓。有那么两三次，出于礼貌，她邀请过温西进房间。但他总会找借口离开。哈丽雅特明白，他是在避免她的个人领域与任何不快的事相联系"。她竭力赶走那些柔软、开始融化的心思，专心投入工作——如她对彼得承认道，这是她"在生活中唯一不曾搞砸的事情"。但随着舒兹伯利学院的古怪案件越发扑朔迷离，哈丽雅特发现自己无论是案件调查还是正在写的小说都陷入了困境。她已经将五名嫌疑人困在水力磨坊，每一位都有合理的犯罪动机和不在场证明，但是她无力地发现人物观念、人物关系都开始走向僵化、模式化，脱离了人性弱点复杂的不可预知性。在彼得的鼓励下，哈丽雅特跨越了这道坎（正是塞耶斯在这本小说中通过自己的努力跨越的坎）："放弃传统的那种谜案破解故事，转而书写人性的故事。"当哈丽雅特承认害怕暴露真正的自我时，彼得答道，只有跨出舒适区才能创作出真正发挥潜能的作品。就在这时，哈丽雅特意识到，彼得与菲利普·博伊斯不同，他真正接纳她的成功，不会像博伊斯那样（又或者说，像约翰·库诺斯那样），会让她冒险做那些只对他有益的事。彼得真正关心她的作品，希望她获得真正的个人成功。

恐怕很难在不剧透的情况下完整传达出《校友聚会惊魂夜》的精彩之处。塞耶斯呈现了最感人至深、扣人心弦的结局，有着一副象棋棋盘、牧师白色衣领以及一场注定的河边野餐。总之，在故事结尾，哈丽雅特经历过一系列戏剧般的事件之后，终于能肯定，彼得不但理解她不可能以不平等的姿态进入婚姻，而且会不遗余力地保证她能在婚姻中一直保持"独立自由的合伙人"的身份。小说最后画面，彼得和哈丽雅特坐在音乐厅内，欣赏 D 小调小提琴双协奏曲，曲中两个平行旋律没有相互压制，只有相依相衬。正如哈丽雅特与彼得爵爷之间的感情一样，不但不会让她地位下降或自由受阻，反而让她能够安心继续追寻日益成功的写作事业。彼得最后一次求婚，这次，他使用了牛津大学毕业典礼的用词，"Placetne, magistra?"——这一措辞在拉丁文中表示期盼着对方回复"是的"。

44

塞耶斯从来没有期望《校友聚会惊魂夜》能获得商业上的成功。"你可以将其宣传为爱情故事，或是宣扬教育重要性之作，又或者是痴人妄言，都随你。"塞耶斯对出版社负责人维克托·格兰兹（Victor Gollancz）写道。这部作品的篇幅不算精短，以及，正如塞耶斯自己所言："其实并不是一则真正意义上的侦探故事，最多称得上带有些微侦探色彩，而且完全偏向心理分析类型。"但是，小说一经面世便风靡全国，赢得了广泛赞誉：《泰晤士报文学副刊》赞其"全面探讨了女性生活与智识生活之间的问题"，并且认为"即便在塞耶斯女士星光熠熠的作品中也称得上独树一帜。而塞耶斯女士早已自成一派"。时至今日，《校友聚会惊魂夜》依旧是塞耶斯最受读者欢迎的作品，享有"第一部女性主义侦探小说"的美誉。这部作品始终崇奉教育、独立与智识自由，通过这部作品，塞耶斯最终回应了那些自梅克伦堡广场以来就萦绕于心的问题。创作过程中，她的思绪曾回到"炎热、沉闷的那一年，她试图麻痹自己，屈服也能获得幸福……使自己屈从于他人的意志，但最终没能说服自己"。库诺斯对她的感情与尊重有着附加条件：他所信奉的原则必须占据上风，并将潜移默化地抹去她的原则。今天，和H.D.一样，塞耶斯以成功的作品回击了当年所有诋毁的声音。塞耶斯在作品之中为以智识自由与人格独立为核心的现代情感设立了典范。

曾有采访者问道，是否愿意重回二十一岁。"不愿意。"当时四十三岁的塞耶斯斩钉截铁地回答："千金再难得，我们也不愿重历年少时的那些笨拙摸索的经历，那些千回百转的情事，那些只有自己才懂的稚拙的屈辱。"她还指出，那些教导人永葆青春的言论听上去多少像是让人回到了"女性只需感受，无需思考的历史社会时期"；与其如此，"更合理的是，告诉她们如何长大"。对于塞耶斯而言，正是在梅克伦堡广场生活的那段时期教会她长大，让她下定决心过一种拼尽全力、与众不同的人生。"我想年轻人应该知道这件事，"塞耶斯在1944年对一位记者写道："人在青年时期总是充满了愤懑和忧虑，会犯各种错误，对未来一片迷茫。随着年岁渐长，这段时期终究会过去。而且，你一定会跨越这个时期，成为一个成熟、得体的人。别盲目相信中年人的那套说辞，什么青年是人一生最好的时期，之后生命再没什么值得期盼的……坚持做好你相信应该做或是真正想做的事，到四十岁的时候，你会发现，你真的完成了这件事，并且开始真正地享受这件事。"

第四章

简·艾伦·哈里森

（1850—1928）

梅克伦堡街

11号

1926年5月—1928年4月

"最令我感兴趣的是简和霍普之间的关系。试着获取她们的信赖，
我肯定，她们是值得深交的一对妙人儿。"

——多拉·卡林顿（Dora Carrington）写给利顿·斯特雷奇（Lytton
Strachey）的信，1923年8月27日

1909 年的某一天，时值夏日，一队陌生车马行至剑桥附近，驻扎在格兰奇斯特的野外。大篷马车泊停妥当，马儿被拴好了，晾衣绳张了起来，孩子们睡觉用的稻草也铺上了。来者正是奥古斯都·约翰（Augustus John），一位魅力非凡的费兹洛维亚区艺术家。他专程前来，预备到纽纳姆学院为声名赫赫的古典学教授简·艾伦·哈里森绘制一幅画像。"约翰在这边露营，同行的还有他的两位妻子，以及整整十个赤身裸体的孩子。今天我在街上碰见他——这幅景象在这一带来说实在是不同寻常。"约翰·梅纳德·凯恩斯（John Maynard Keynes）写道，当时他正在国王学院专心研究概率论。他告诉邓肯·格兰特（Duncan Grant），"这里所有人都在谈论奥古斯都·约翰。据鲁珀特（鲁珀特·布鲁克 [Rupert Brooke]）说，约翰大部分时间都泡在剑桥的酒吧，有天喝醉了，在街上和人起争执，直接往对方脸上抡了一拳"。

这个月，街上大多数人都害怕约翰，对他唯恐避之不及。但他此行的目标人物却认为他是个值得亲近的人。推荐约翰前来为哈里森绘制肖像的是艺术鉴赏家 D. S. 麦科尔（D. S. MacColl），哈里森向他描述约翰这位声名在外的艺术家时，称其"具有令人愉快的能量"："从他走进房间的那一刻起，我就感觉到，和他相处，我的灵魂会十分自在。"两人虽有天差地别，却惺惺相惜。约翰受到了哈里森的热情接待。这时，哈里森已近花甲之年，身材瘦削，一头银发细柔茂密，有一双罕见的灰蓝色眼睛（她将此归因于维京祖先）。在约翰的画笔下，哈里森身穿一袭黑色蕾丝长裙，斜躺在沙发上，一根接一根地吸烟，一边和同为古典学者的密友吉尔伯特·默里畅谈、轻笑。哈里森对这幅肖像很满意。在写给好友鲁思·达尔文的信中，哈里森做过关于约翰的总结性表述："在我看来，约翰能够真正看见'丑陋的美感'……那些很少展现在稚嫩面孔上，只有在经历过磨难的平凡脸庞上才能看见的某种或许可以称为'品格'的特质。"约翰则称她是"一个富有魅力的人物，很难用画笔描绘"。简·哈里森有着神秘的一生，无数人前赴后继，试图解开围绕着她的谜团，或是捕捉其中的不确定性。约翰画下的这幅哈里森肖像正是首次成功尝试。

H. D. 和多萝西·L. 塞耶斯两人初至梅克伦堡广场之时，都还是年轻女性，即将迎来的是漫长而激越的职业生涯。而简·哈里森抵达之时已经七十五岁。她放弃作为剑桥大学教授所能享受的优渥生活，抹去过往生活的一切痕迹。她来到广场，不是为了在此开启人生，而是为了实现因迟迟到来而显得尤为急迫的新生。1928 年 4 月 15 日，哈里森在位于梅克伦堡街 11 号的家中（距离主广场不远）去世，享年七十七岁。四天后，葬礼在芬奇利的圣马里波恩公墓举行，前来吊唁者的身份形形色色，正是哈里森一生之中，尤其是晚年时期交游广阔的证明：研究希腊语的教授、神色悲痛的俄国诗人、出版业从业者、布卢姆斯伯里文学圈的文人、来自约克郡的远亲、杰出的欧洲哲学家，以及在哈里森生前长期悉心照料她的医生和护士。葬礼仪式是对逝者的追忆，吊唁者或可从中一瞥逝者的人生经历。但前来告别哈里森的吊唁者却只感到愈加不了解这位他们共同的朋友。葬礼仪式由霍普·莫里斯（Hope Mirrlees）操持，过去十年里，一直是她与哈里森一起生活。吉尔伯特·默里认为这场葬礼"怪异且令人失望"，察觉到霍普"如同遭人遗弃"。伦纳德和弗吉尼亚·伍尔夫夫妇赶到时，牧师已经念完追思文章。弗吉尼亚认为葬礼仪式与哈里森的宗教观念相抵触，在日记中记下对葬礼安排的困惑："'上帝'是谁？基督恩典又是什么？这些对简有什么意义？"

梅克伦堡街租下的这座房子租期还剩几个月，霍普·莫里斯留下来，试图由自己来呈现哈里森给这个世界留下的印象。接下来的三十年里，她一直在为哈里森写传记，但最终没能面世。我们无法确切得知，这究竟是审慎衡量之后的忠义之举，还是一个严重违背作家意愿的案例。哈里森的另一名学生杰茜·斯图尔特曾指责霍普的失声，对此，霍普充满歉意地回复道："什么该保留、什么该隐去，着实是个艰难的抉择。简对自己的过往的态度非常保守。她历经风风雨雨，我揣测——事实上，我几乎能肯定，她很希望就让往事成为往事，随风而去。可如果将这些略过不提，她的人生又会丧失某种她称之为'底色'的特质。"哈里森的人生不只拥有一种"底色"，在其不同人生阶段结识哈里森的朋友对哈里森的真实形象各执一词，都坚信他们所看到的才是独一无二的、"真正"的哈里森。俄国作家德米特里·彼得罗维奇·斯维亚托波尔克－米尔斯基[1]公爵在哈里森晚年时期与之关系十分亲密。在米尔斯基眼中，哈里森是一位真正激进的、具有明显现代特性的思想家。1950年3月，吉尔伯特·默里写信给斯图尔特，谈到过对米尔斯基某场讲演的看法："这场讲演非常有见地。但坦白说，我不敢苟同。我不喜欢将简和弗洛伊德、乔伊斯，甚至是共产主义制度混为一谈……米尔斯基

1　Prince Dmitry Petrovich Svyatopolk-Mirsky，国内通常称其为"德·斯·米尔斯基"（1890—1939），俄国文学史家、批判家、社会活动家，活跃于二十世纪二三十年代西欧及苏联文学界、知识界。曾任教于伦敦大学国王学院。常以英俄两种语言著书撰文，写有《俄国文学史》《俄国抒情诗选》《普希金》《俄国社会史》等著作，是英语世界乃至整个西欧学界最负盛名的俄国文学专家。

或许的确知道我所不了解的简的一面，但我认为，他掺入了太多个人观点。"哈里森于 1898 年至 1922 年在纽纳姆学院教授古典学，在此期间一直与默里保持着亲密的关系。默里之所以急于驳斥米尔斯基眼中的哈里森形象，正是源于他的困惑，他不理解哈里森何以以七十二岁的高龄离开剑桥，还在离开前烧掉了所有的纸质文件（其中就包括默里写给她的信件），又为何如此决绝地转变人生志趣与生活方式——离开剑桥之后，哈里森在巴黎、布卢姆斯伯里度过了人生最后六年，身边围绕着遭到政治放逐的俄国人。"我永远无法理解简在人生中最后几年究竟经历了什么，"默里对斯图尔特写道，"难道是纽纳姆没有保留她的研究员身份，深深地伤害了她？还是别的什么原因，让她决意离开剑桥大学，离开希腊研究，斩断与过去的一切联系？霍普在其中又扮演着怎样的角色？"

Ⅱ

简·哈里森曾写过一本简短的自传，内容极富艺术魅力，但笼罩在她周围的迷雾却是有增无减。《忆学生生涯》（*Reminiscences of a Student's Life*）于 1925 年经由伦纳德与弗吉尼亚·伍尔夫夫妇的霍加斯出版社出版。依托哈里森卓著的声名，这本自传很快就在流行周刊《民族与雅典娜神殿》（*Nation and Athenaeum*）上连载。"现将一本微不足道的小书寄给你，关于一些更是微不足道的内容，"哈里森以她一贯的谦逊态度写道，"此后关于我的传言都该休止了。"但这本自传只叙述到 1916 年，也就是写作的前九年——哈里森不愿意透露任何"近期的、太过私密的"事情，只说近些年来，点亮她生活的，一是对俄语的热爱，二是"比任何血亲都亲近、灵魂意义上的女儿"的陪伴。

自传出版通常昭示着这样的时刻：传主行近人生的终点，一生功业已然成就，带着审视的目光回望过去。但简·哈里森不曾停下脚步，而是选择去往全新环境展开新生活。一生在职业生涯中从未被预期设限的哈里森拒绝安定、沉闷的退休生活。她不再因根深蒂固的旧观念、旧规则而义愤填膺，而是开始不以为意，处之泰然。她研究的是古老的过去，着眼的却是将来。哈里森的主要研究对象中有一位原始神祇，叫"恩尼奥托斯半神"，也就是年半神，掌管季节更迭。随着恩尼奥托斯半神死亡与重生的永恒轮回，群体得以生长、繁茂。恩尼奥托斯半神可以变幻形体，无尽地重塑自我，从某一程度而言，正反映了哈里森始终旺盛的好奇心，她从未中断过对自我与他人的探索，时刻准备迎接未知的生活方式。简·哈里森一生热切追寻自由，古稀之年仍不惧做出重大转变与牺牲，只为创造最佳的研究条件。当周围环境无法继续满足她的需要之时，哈里森没有犹豫，重新审视所处环境；她的人生经历告诉我们，对于"如何生活"这一问题，未必只有单一的答案。

简·哈里森在《忆学生生涯》中交代了她最为人津津乐道的一段经历：一位来自约克郡的女孩排除万难寻求接受教育的机会，让自身才华不至于遭埋没，这段经历极大地鼓舞着后来的弗吉尼亚·伍尔夫。1850 年，简出生后不久，她的母亲就因产褥热离世。当初，玛丽·沃斯通克拉夫特[1]也是在生育女儿玛丽·雪莱之后染上产褥热不幸殒命。一个本应幸福美满的家庭因母亲的去世而化为乌有，母亲去世后，父亲

---

[1]　玛丽·沃斯通克拉夫特（1759—1797），西方女性主义思想史上的先驱，著有《女权辩护：关于政治和道德问题的批评》。其女儿玛丽·雪莱（1797—1851）是英国小说家，因创作了文学史上第一部科幻小说《科学怪人》（又译《弗兰肯斯坦》）而被誉为科幻小说之母，也是英国浪漫主义诗人雪莱的妻子。

组建的新家庭也并不幸福，简将这些罪责全部揽到自己头上，从小背负着内疚感长大。母亲离世后，一位姨母担负起照料哈里森家中孩子的责任，但谁也没有料到，姨母没有任何征兆就离开了这个家，与人结婚。为了找人代替姨母照料孩子们，父亲聘请了一位家庭女教师。不到六个月，简的父亲便向其求婚。简的兄弟能够去公立学校上学（如同伍尔夫的兄弟一样），而简只能留在家中，接受维多利亚时期典型的家庭淑女教育，学习针线、礼仪、文雅举止，背诵圣经上的句子（在简看来，这些句子全都是"东拼西凑的废话"）。继母坚持为简的雨衣缀上流苏边，只为让雨衣更富有女性的柔美特质。在简的老师中，曾有一位"懂得不多但乐于学习"的老师，很愿意和她好问的学生一起学习。在她的教导下，简学会了一些简单的德语、拉丁语、希腊语和希伯来语。但这段教育实验没有持续太久："唉！善良的老师很快被送进了精神病院。我无意知晓，老师精神崩溃究竟和我有多大的关系。"

最终，由于简与一位助理牧师之间发展出暧昧关系（有一次，简在路上将他拦下，向他请教关于希腊语版圣经上的一处误译，两人因此结识），家人认为这段关系"非常不光彩"，就将她送到切尔滕纳姆寄宿中学。这所学校旨在让中产阶级的女孩接受与她们兄弟同等水平的教育。简的父亲和继母虽然不看好，但认为简接受教育后，结婚前就可以待在家里教妹妹们念书，称得上是一笔划算的投资。按照父亲和继母的计划，简只能度过狭隘的一生。简之所以得以逃离，独立追寻人生，全得益于一场考虑周全的预先谋划。1871年开始，也就是简年满二十一岁后，根据母亲的遗嘱，简每年能收到三百英镑年金（相当大的一笔数目）。简的父亲并不乐于见到女子赚钱，而且早就对岳父的安排颇有怨言：根据简的外公安排，简的母亲、几位姨母都能独立继承财产，不受丈夫约束。即便不满，简的父亲也无权阻止女儿在财务方面享有自由。1874 年，哈里森以最佳成绩通过剑桥大学女子会考，被授予奖学金，进入纽纳姆学院学习古典学。学院最早的这批寄宿生共有二十人，她们被誉为"英国最智慧的女性"。

纽纳姆学院设立于 1871 年，为渴望参加剑桥大学一系列"女子课程"的女性提供住宿。首任院长安妮·杰迈玛·克拉夫（Anne Jemima Clough）希望吸引社会捐赠以建设有利于学习的良好环境，提出这样的观点（伍尔夫后来也提出近似的观点）："如果能为方便她的学习来布置住所，在这个住所里，她能专门拥有一间房间，不受人打扰，有途径获取任何一本需要的书籍"，女性一定可以更加高效地取得成果。这一观念在当时不可谓不激进，克拉夫坚持她的学生每人都应拥有一间单独、私人的房间——女子当时还无法进入大学图书馆，一间单独的房间因此愈发具有重要性。哈里森将起居室用"莫里斯设计的最新款壁纸进行装饰，房间整体呈现静谧的风格"（乔治·艾略特前来拜访的时候，对此赞不绝口）。学院生活令哈里森初尝陌生的自由滋味。处在这个有利的环境中，她终于可以着眼于学术职业，发展学术兴趣，探寻志向所在。

哈里森于 1879 年带着失望离开了纽纳姆学院：由于成绩不受官方认可，她只能被列为二等生，也无法作为助教留在学院。她于是前往伦敦，寻找工作机会，直到四十八岁那年才得以返回纽纳姆学院，并在这里完成了她最知名的作品。后世往往将目光聚焦于她丰厚遗产所赖以建立的短暂几年，却对她生命中更长一段犹疑彷徨的时期一笔带过：整整十几年，哈里森都不确定自己的才华是否会有受到认可的那一日。后来，哈里森和吉尔伯特·默里这对终生维持友谊、保持书信往来的好友兼合作者都成了时代中成就最为突出的古典学学者、受人尊敬的公共知识分子，影响力扩大至所属领域之外。但比较两人的人生轨迹，却无法不令人唏嘘。二十三岁那年，默里从牛津大学毕业。导师向评选人举荐默里是他遇到过所有学生中最为优异的本科毕业生。默里因此顺利成为格拉斯哥大学的希腊语教授，享有舒适的住宿条件、可观的一千三百英镑年收入。反观哈里森，她的大部分青年时期以及刚步入中年之时都在伦敦廉价的寄宿屋中度过，一边通过在英国各地做一些收获远低于付出的工作在学术领域之外建立起名声，如在学校、博物馆讲课，为男士俱乐部做运营工作，一边承受被有声望的岗位一遍又一遍忽视的失望。

哈里森曾在牛津高中和诺丁山高中给女学生上过一段时间课，不久后，经人介绍认识了查尔斯·牛顿爵士。牛顿爵士当时负责管理大英博物馆中的古希腊、古罗马文物，对性格开朗的哈里森印象深刻，就邀请她来文物室为前来参观的年长的女士们做讲解员。哈里森很快开始通过"巡回讲演"谋生：接下来十年间，哈里森为了向公众重现古时的节日、舞蹈和祭祀，设计了近似戏剧的表演剧，在全国巡回展演。表演时，哈里森会穿上缀满亮片的缎袍，戴上埃及珠串，披上光耀夺目的披巾，演到情节紧张时，她会将披巾从肩上抖落下来；她会特意将灯光调暗以模拟夜间神秘的崇拜仪式，她会说珠玉般流畅、清脆、响亮的希腊语。有一次，为了展现俄耳甫斯教入教祭祀仪式，她还安排了两位合作演员躲在观众席后方击奏"吼板"，这样观众就会听见一种怪异的声音，却看不见声音从哪儿传出来。1891 年，《帕尔摩报》描述道"在过去十年中，通过亲自设计的巡演，这位女士以一己之力恢复了大众对希腊文化的兴趣"。

虽然收获了如潮的大众赞誉，哈里森依旧没能获得机构认可。1889年，《妇女便士报》采访哈里森，问及女性身份是否对其职业发展造成阻碍。从不希望被人同情的哈里森否认了这一点："在这一领域，女性的身影目前尚不多见。我侥幸位列其中，也仅仅是在职业声望上有一些知名度。"就在采访前一年，哈里森曾申请接替查尔斯·牛顿担任伦敦大学学院古典考古学的耶茨教授职位，但在最后阶段被学院拒绝了。尽管推荐名单上赫然列着整整一长列国际考古学家、学者和博物馆负责人的名字，学院委员会中有两位成员最后还是在文件上表明"伦敦大学学院内由女性来担任教职并非为人所乐见"。1896 年，她再次申请该教职，依旧遭到拒绝。这一回，委员会毫无讽刺之意地表示，除了在纽纳姆学院的教育经历，申请人"未曾有同等机会扎根于各个学术分支机构深入耕耘"。委员会的某位成员更属意他之前的学生欧内斯特·加德纳，私下透露哈里森已经出局。伍尔夫在小说《雅各布的房间》曾描写一位女学生在大英博物馆等书的时候，望着阅览室的天花板，注意到穹顶上刻着的名字里无一例外全是男性，这间阅览室明白无误地向她昭示，过去、未来，学者只会是男性。这时简·哈里森已年近五十，有阿伯丁大学、杜伦大学的荣誉学位，却依旧没能得到任何大学的教职，她一定也曾意志消沉、叹息命运不公。和伍尔夫一样，她清楚，要想创作出具有学术分量的作品，时间、空间和金钱都必不可少。尽管不断付出努力，尽管明显具备应有的能力，眼下，哈里森似乎仍无法逃离局外人的命运。

之前，父亲反对哈里森上大学，是母亲留下的遗产让她如愿接受大学教育。时隔多年，哈里森同样也是在女性的帮助下，得到女性机构的支持，才得以脱离既定的命运。1898 年，哈里森受邀回到纽纳姆学院。原来，学院为毕业生专门设立了三年研究员资格的制度。哈里森满怀喜悦地接受学院邀请，成为第一个受惠的毕业生。现在她终于有了机会，她决心营造可以专心致志地投入工作的环境。哈里森在伦敦时通过兼职赚取的收入并不稳定，常因需要前往各地巡回演出而分心，室友难相处，合租房内也总是堆满了物品。现如今，她终于有了一份按时发放的薪水，再一次拥有了一间专属书房；学院花园宽阔而宁静，她可以在这里驰骋神思，周围都是富有活力的女性学者，她们中的许多人，如珀内尔·斯特雷奇、玛丽·佩利·马歇尔和埃莉诺·西奇威克，都成了哈里森的终生至交。渴望弥补逝去时间的哈里森一开始就与学院约定，她在岗位上只需要做研究，免除像上课任务、行政事务、教牧职责这些本属于职责范围的相关事务。经过商议，哈里森每周只需教一门课程，以此换取旅行、阅读、写作的自由。哈里森对学术工作纯粹的投入赢得了学院内众人的敬仰：她受同事尊重（尽管有几位不得不代其承担琐碎而乏味的事务），深受学生爱戴。晚饭后，学生们常常成群结队地来到她的房间，一起窝在沙发上吸香烟、喝威士忌，浏览散落在地上的希腊花瓶照片。女性主义周刊《时与潮》描绘了一个热情洋溢的哈里森："任何对大学女教师的预期想象都不曾束缚她：她不受教师身份的桎梏，按照自己的意愿穿着打扮、教学、创立理论。"

早年初到纽纳姆学院之时，作为学生的哈里森的希腊语水平远远落后于幼年就开始学习相关科目的男同学，对文献学的掌握也远达不到自信的程度。但在作为研究员回到纽纳姆学院后，她从旁观者的独特视角出发，拓宽了学科原有的界限。不到五年，哈里森就出版了突破性的学术著作《希腊宗教研究导论》。书中对希腊宗教所包含的丰富内容娓娓道来，被作者笑称为"一本丰足、秀美的书"，是几十年研究的心血结晶。在纽纳姆学院，有了机构认可，哈里森终于有信心、有威望将这些研究详细编撰成书。在接下来二十余年的时间里，女子学院的支持获得了丰厚的回报：哈里森出版了一系列具有学术分量的著作，并且通过这些著作让女性重返历史，为历史学家、诗人、小说家等打开了全新的创作机遇。

简·哈里森刚踏入学术界时，领域内对古典学的研究局限于对经典文本的细致校订。十九世纪最后数十年中，考古挖掘开始在欧洲、中东地区涌现，大量充满戏剧色彩的考古发现突然令古老的世界仿佛重现眼前，与当前时代如此贴近、如此具有人的色彩。具有戏剧眼光的海因里希·施里曼放弃商业生涯，转而从事考古事业，在土耳其境内的希沙里克山丘成功挖掘到古建筑遗址。他坚称这是荷马在《伊利亚特》中描述的战争所留存下来的历史遗迹。这一消息出现在了全球新闻的头版头条。"我凝视着阿伽门农的面庞。"从墓中出来的施里曼宣布道。报纸刊印的照片上，施里曼妻子索菲亚身上装扮着特洛伊的海伦的珠宝，光彩照人。哈里森跟随施里曼的考古队伍踏遍了这片陆地，为著作、课堂收集前沿素材：在雅典，她坐在帕台农神庙阶前抽烟斗；在科林思，她和队伍一起骑着骡子登上科林思卫城山；在巴萨伊，她在阿波罗神殿遗迹下的山腹中野营。阿瑟·埃文斯在克里特岛发掘出克诺索斯宫殿遗址，举世震惊。同年，哈里森就亲身前往探访，在那里，她发现了一枚印着牛头人弥诺陶洛斯的图章，他端坐在王座上，脚下匍匐着一名信徒。这枚图章攫住了她的想象力。"宙斯无处可寻，"哈里森以胜利的口吻对默里写道，"在我眼里，他一直是一个遭人唾弃、德不配位的神祇。多年来，我一直试图让大众看清他虚荣狂傲、自以为无所不能的真面目。'将掌权者从宝座上拉下来'令人愉悦。"

持续进行的发掘活动为简·哈里森的主要学术兴趣提供了相关的素材：挖掘出"层层厚土掩盖下的宗教信仰"，重现关于希腊古时宗教崇拜的历史。与她同时代的学者普遍将荷马史诗视作西方文学的发端，认为这些诗歌代表着最早的宗教研究。但哈里森无法认同这样的观点。在她看来，荷马和希腊悲剧中所描绘的独特、拟人化的奥林匹亚诸神——神族受全能、滥情的宙斯掌控，整个家族性情阴晴不定、常常相互交战——并不能证明真正的大众宗教的存在，仅仅是"艺术和文学的产物"，诸神脱离神秘、道德败坏的特性，"假扮为神"。在克诺索斯宫殿遗址、她被允许仔细勘查的发掘物品中有一枚她最喜欢的黏土图章，她将这枚图章解读为"关于克里特岛信仰和仪式微小而有力的印证"。图章内容清晰可辨：一位女性安坐于山顶之上，两侧俯伏着恭谨的狮群。哈里森通过这一画面判断，这是在历史上湮没已久的古代崇敬母权仪式。她的这一发现之后将彻底撼动古典学研究的基础。

哈里森并不是第一个寻找奥林匹亚诸神的替代宗教信仰的学者。弗里德里希·尼采在 1872 年的著作《悲剧的诞生》（哈里森称之为"真正天才的巨著"）中就已经提出质疑，文学作品中呈现出占据垄断地位的奥林匹亚诸神在古老宗教中有无任何现实依据，詹姆斯·乔治·弗雷泽爵士在其流传甚广、具有学术影响力的比较宗教学著作《金枝：巫术与宗教之研究》（1890 年）中也已表明，古时宗教以对一位神秘的王的崇拜和祭祀为核心，这位王在丰收之时死去，又在春日复活——弗雷泽认为这一轮回在所有神话中都占据着核心地位。以上两位男性学者都将作品的核心着眼于男性神祇和原型，而哈里森则提出，现有广为人知的神话传说起源于更为古老的崇拜，这种崇拜立足于情感和团体精神，以抵御邪恶力量、庆祝季节转换为主要目的，并且，女性在其中占据绝对分量。

哈里森在主要著作《希腊宗教研究导论》（1903 年）和《忒弥斯》（1912 年）中收入亲眼见证的前沿素材和证据，首次向读者展现那些古代曾经独立作为市民崇拜对象的强大女神——如阿尔戈斯的赫拉女神、雅典的雅典娜女神、爱留西斯的得墨忒尔女神和珀耳塞福涅女神、德尔斐的盖娅女神——古代对这些女神的崇拜仪式逐渐无声地被对宙斯的崇拜取代，她们的祭祀庙宇被更名，神力被归到其他神祇，相关的传说被更改以适应奥林匹亚诸神的故事。哈里森认为，这些后来创造的神祇不仅有着人的外形，而且反映了由男性制订的等级秩序：男性神祇的崛起证明着希腊社会女性地位的逐渐下降。随着社会观念希望将女性禁锢在家庭之中，这些强大、深入人心的女神便构成了对国家秩序的威胁。雅典娜女神自宙斯头颅降生，这一"异于寻常、充斥着暴力"的神话在哈里森看来是"通行父系继嗣的社会结构在宗教上的呈现"，目的在于抹去母亲的存在。哈里森还提出，最初，狄俄尼索斯和母亲塞墨勒——色雷斯的古代土地女神———起受市民崇拜，但随着社会开始通过父系血脉来记载家谱，塞墨勒的身影逐渐被抹消，狄俄尼索斯便以宙斯之子的身份为人所知。

哈里森在早期地方偶像崇拜中找到了相关证据，证明与她所处时代截然不同的世界秩序的存在。在这种世界秩序中，家族谱系根据母系血脉来记载，女性活动构成了团体生活的核心，市民虔诚地崇拜，而不是讥讽、害怕"属于母系氏族、没有丈夫的女神"。哈里森写道，女性不仅是希腊早期宗教中的核心崇拜对象，在宗教活动中也扮演着重要角色。她在《希腊宗教研究导论》中提出，欧里庇得斯在《酒神女信徒》（*Bacchae*）中所描写的照料狄俄尼索斯的那群激情、狂热的女信徒并不是完全虚构的神秘人物，而是采用文学策略刻画的真实存在的崇拜者，她们聚集在只有女性能参加、为乞求神灵庇佑整个族群得以延续而举行的季节性集会上。阅读哈里森的读者能够看出，哈里森所书写的是对当今时代有着巨大影响的一段历史，正是这段历史千百年来不断累积、加重的影响导致了女性今天的附属地位。"伯里克利时代雅典留存下来的观念，那些关于规则与秩序、理性与极限的观念在我们脑海中如此根深蒂固，"哈里森写道，"因此我们总倾向于将那些无法套入既有观念的事物归结为'神话性质'。所有人都告诉我们，历史时期上那些女性的丈夫和兄弟是不可能允许她们走到山上去恣意狂欢取乐的。"过去的人生中，哈里森再三被由男性主导的机构拒之门外，如今身处由女性组成的团体中写下这本书，她拥有独特的视角。她注意到过去被忽略的原始资料曾提到，在马其顿地区，狄俄尼索斯的女性崇拜者因她们"附身的仪式以及狂欢的场面"而将丈夫们吓得"失去理智"。哈里森写道，这些男性惊叹于眼前显然强大无比的力量，根本没有能力也没有合理的理由来阻止这类祭祀活动："这些女性着了魔，拥有魔法，应对起来很危险。"

哈里森通过性别与权力的视角重新解读历史，极大地激励着现代作家，让他们敢于尝试全新而激进的形式。"在挖掘希腊神话和仪式起源这方面，很少有作品能像哈里森小姐的作品这样引人入胜。"T. S. 艾略特写道，他曾在哈佛大学毕业论文中引用她的作品；此外，他在《荒原》（1922 年）中对季节仪式和预言的描述辛辣尖锐，锋芒毕露，明显受到哈里森影响。哈里森对艺术理应勃发于"真挚而强烈的情感"的主张宛如吹响了一声激昂的号角，启发着那些正在寻找坦诚、直接抒发情感的表达方式来传递真相、"让一切焕然一新"的作家，其中就包括庞德和其他意象派成员。哈里森描述的那些富有创造力、具有强大力量的复仇女性，她揭露的那些证明着在漫漫世纪的父权体制下、女性价值在系统性压制下被贬低的有力证据，在接下来几十年中，为许多作家在塑造女性角色时提供了不竭的源泉，如 E. M. 福斯特笔下的施莱格尔姐妹，詹姆斯·乔伊斯笔下的莫莉·布卢姆，弗吉尼亚·伍尔夫笔下的拉姆齐，D. H. 劳伦斯笔下的布兰文姐妹。（就在劳伦斯初遇 H. D. 的前几个月，他恰好读了哈里森的《古代艺术与仪式》，他告诉朋友"艺术脱胎于宗教祈求，这一观念令我耳目一新"，还推断这部作品应当是出自一位"学术派女性"之手。）哈里森对同时代年轻学者的作品也怀有同等的关切，希望能学他人之所长。例如，虽然没有十分读懂《尤利西斯》，她仍然欣赏乔伊斯"尝试以有声、有意识的方式呈现潜意识。他在挖掘人性中的幽深。这是他的无上贡献"。

哈里森的作品为崛起的女性作家——其中就包括 H. D. 和弗吉尼亚·伍尔夫——开启了全新的艺术可能。H. D. 年轻时自学过希腊语，借助法语版和英语版翻译欧里庇得斯的作品。她没有明确提到过哈里森，但很有可能读过期刊《新自由女性》在 1913 年刊登的称赞哈里森的文章；H. D. 也读过吉尔伯特·默里关于希腊宗教的研究，而默里在相关研究中归纳过许多哈里森的理论。在 1932 年一次以寻访希腊文化为主题的航游中，马耳他大教堂教士威格拉姆牧师在课堂上向学生简要介绍过《希腊宗教研究导论》和《忒弥斯》两本书。H. D. 听后满怀雀跃地写信给布莱尔："从多多那沿海岸线往下，宙斯受到崇拜的地方，都曾存在过母系崇拜！"自从梅克伦堡广场那段时间以来，H. D. 一直更为关注希腊悲剧中女性合唱部分，而不是英雄的独白。因此，这一发现让她的想象力开始畅游驰骋。她之后的诗歌显露出对于母性角色的迷恋，这些角色无不拥有强大的力量，她们象征着爱与创造力，而非战争与毁灭。H. D. 投入长期精力的写作项目为古代女英雄发声，而哈里森则将神话传说中处于边缘的女神恢复地位，两个人的工作相映生辉。

对于伍尔夫，简·哈里森也起着极大的影响和激励作用。按照家庭规划，弗吉尼亚和姐姐文妮莎本应如当时上流阶层家庭对女孩的期望那样，担负起管家的职责，学会自我牺牲。她们没能像家中的男孩那样去学校上学，但依旧决心学习知识、发挥创造力。两个人整天都待在房间里，文妮莎对着画架，弗吉尼亚则对着高高的书桌。整个青少年时期，弗吉尼亚一直跟着家庭教师刻苦学习希腊语。1904 年 10 月，弗吉尼亚在姨妈陪伴下待在剑桥休养身体，以走出精神崩溃并第二次试图自杀的阴霾。期间，表亲弗洛伦斯·梅特兰带着她去纽纳姆学院拜访各位"学养丰厚的女士"，简·哈里森便是其中一位。同年，拜访不久后，弗吉尼亚搬到戈登广场，第一次公开发表文章和书评，以自己的方式开启了社交生活。因此，以下推测大约不算牵强附会：这段拜访经历曾推动弗吉尼亚彻底下定决心。哈里森的作品向她展现了一种全新而颠覆性的历史观照方式，伍尔夫因此看见强大、可供女性回望的"母亲"，明白父权制社会赖以存在的结构是人为构建且极不稳定的。伍尔夫之后的小说、论文无不受此影响。对于布卢姆斯伯里的男性文人圈，包括利顿·斯特雷奇、约翰·梅纳德·凯恩斯、E. M. 福斯特，伍尔夫一直感觉有隔阂。他们结识于剑桥大学，都是由哲学家乔治·爱德华·摩尔担任导师、只接收男性的精英社团——剑桥使徒社的成员。即便在戈登广场客厅，这个男女共处一室、自由讨论的地方，男性有时候也会聚成一个小圈子，说着弗吉尼亚听不懂的拉丁语笑话，弗吉尼亚这时就会有强烈的孤立感。（罗杰·弗莱曾经夸赞哈里森"拥有真正的使徒式的头脑"，可谓是一则认真严肃的高评价。）简·哈里森为伍尔夫照亮了另一条她能感觉到归属的路线：一所不同的剑桥大学，一个不同的布卢姆斯伯里文化圈子，一种观照历史的不同方式，以及一种不同未来的可能。

在纽纳姆学院生活期间，哈里森生活的小圈子信奉开明的价值观，坚信女性在智识上与男性平等，在这样的环境下，哈里森取得了丰富的学术成果。但她对外的形象有悖于公众对女老师性情恭顺、富有母性的期望，这使得保守的剑桥大学古典学师生纷纷对她侧目而视，还有谣言称哈里森向学院女学生教授萨波[1]的诗歌，借此鼓吹"自由恋爱"。哈里森提出新理论之后，整座剑桥小镇到处流传着对她的中伤。人们举出种种原因来攻讦她的著作：证据过少、主观臆断；章节散漫、缺乏条理且语言过于感性；刻意抬高女性地位，仿佛专门制订了女性主义议事日程；文本风格"过分修饰"，有"失于理性""过分主观""宣传教化"之嫌。急于否定哈里森结论的评论家甚至将哈里森的著作与芭蕾舞女演员伊莎朵拉·邓肯所崇尚的狂乐乱舞的古希腊人文主义相提并论，将哈里森归类为现代传统派那种天马行空的艺术家，而不是处理真实材料的严肃历史学家。随着她在剑桥大学待的时间愈久，纽纳姆学院以外的同行对她的批评愈加激烈。哈里森于1916年提出假设，俄国传统木偶戏和施洗者约翰的头颅这一古老传说有可能共同发源于仪式性舞蹈。威廉·里奇韦爵士（剑桥大学冈维尔与凯斯学院著名考古学家，顽固的保守主义者，国家联盟成员，在反对妇女选举权上十分活跃）写信给剑桥大学校内极具影响力的国王学院院长 M. R. 詹姆斯，谴责哈里森的推断是"无惧无耻的一派胡言，彻头彻尾败坏年轻一辈思想的言论"。对此，M. R. 詹姆斯发表了一篇文章，对哈里森大加斥责，列举她在学术方面的罪责：掌握拉丁语谚语的水平不足，侮辱攻击基督教信仰。哈里森公开表示不会迎合所谓"学者印象"的文化霸权，对于同时代学者轰轰烈烈的反对反而感到满意，因为这证明她大胆的理论有着一定的影响力。她后来在梅克伦堡广场家中撰写《忒弥斯》时写道："对于同时

---

[1]　萨波：古希腊女诗人，与荷马齐名。今国内通常沿用第三国语言即英文读法译为"萨福"，本书采纳周作人在《希腊女诗人萨波》中的译法，译为更接近希腊语语音的"萨波"。萨波曾建立女子学校专门教导女孩子写作诗歌。当时社会风气对同性恋爱抱以宽容的态度，师生间的同性恋情盛行。萨波为女学生写下了许多动人的情诗。

代持传统信仰者，对于年轻一代反对社会变革者，《忒弥斯》是一本危险的作品。他们的担忧不无道理。有一只手已经攀扶上了他们所在的诺亚方舟。"

在当时，女性有途径获取知识仍会引起社会不安，简·哈里森在剑桥大学古典学的存在因此是对现状的挑战。十九世纪末二十世纪初这期间，掌握希腊语是社会阶级的一种标志，在公立学校中，只有那些被期望将来获取有权力名望的职位的男孩才有学习希腊语的机会。正因如此，古典学成了不容女性和工薪阶级踏足的知识领域，这也标志着他们被权力体系驱逐。"我愿献出十年生命以掌握希腊语，"克拉丽莎·达洛维自言自语道，她是弗吉尼亚·伍尔夫首部小说《远航》中的人物，作为一位上层阶级的妻子，她一心只想接受教育。随着女性教育逐渐普遍化，对女性而言"掌握希腊语"的象征意义远远超过拥有可以记诵语法和单词的良好记忆力。学习一门古代语言不仅提出挑战、带来乐趣，更是郑重宣布：女性在智识方面同样占有一席之地。

哈里森在论文《科学仪式的渴望》中写道："不抱任何其他目的而学习一门已经'消亡'的语言可谓趣味无穷，单词之美丽，句法构成之严密，无不令人心醉神迷……第一次在脑海中重新搭建历史过往，令人欣喜无限。"长久以来，女性所能接受的教育无外乎妻子、母亲需要的实用技能。现在能够出于单纯的喜好选择一门学科，几乎称得上是令人大喜过望的突破性举动。哈里森相信"学习的自由"是"每一个人生来被赋予的权利"，所谓某一领域"不适宜女性"学习的言论让她愤懑。幼年时期，一位姨母曾将她的希腊语法书没收，"刻薄地"提醒她，等她有了"自己的房子"以后根本用不着这些。这段回忆让哈里森始终无法忘怀："就因为她只是一个小女孩，她就应该永远待在房子里做些分内之事。学习殿堂的大门关闭之时，她清晰地听见了哐当的声音。"

这扇关闭的大门在《一间属于自己的房间》中也能找到呼应：门房没收了钥匙，剑桥大学图书馆的大门在伍尔夫面前缓缓闭上。伍尔夫在论文中将"家"——一个将女性利益放置于次要地位的地方——所要求的使人感到腻烦的屈从性转变为对全新居住空间乃至全新生活的期盼，在新环境中，女性的学术兴趣为社会所乐见并积极加以培养。正是因为有哈里森作为范例，伍尔夫于1928年写下这些文字时才看到这种转变的希望。但在二十多年之前，随着诋毁的声势日渐浩大，哈里森自己也开始对大学职位产生怀疑。

那些反对她的说辞，诸如作品缺乏逻辑、情感泛滥，正是那些孜孜不倦地阻碍女性接受教育的人所使用的老一套。哈里森很清楚这一点。她在1909年至1914年期间写了一系列慷慨激昂的文章（后结集为《始与终》[*Alpha and Omega*] 出版），倡议将女性从这样的观念中解放出来：man（人，男人）一词可以代表全体人类，而woman（女人）却只能代表女人。她再三强调，"无论是将男性还是女性限制于其性别桎梏之内"，危害的都是整个社会群体。"在知晓女性究竟是更适于智识生活还是情感生活之前，我们必须解放女性。""或许有朝一日，为了整个人类族群的共同利益，全体女性都需回归闺房。但必须是在科学的前提下。同样，以科学之名，我们是不会在实验之前回到闺房的。"和多萝西·L.塞耶斯一样，哈里森从不犹豫反驳这样的言论：男女大脑构造不同，他们和她们所擅长学习的知识或攻克的工作相应各有不同。哈里森提出，古代崇拜俄耳甫斯的信众"塑造神像依据的既不是男性形象，也不是女性形象，而是某种双性别的对象，它纯洁无瑕，生有羽翼，长着四只眼睛可望四方、观天下"，伍尔夫提出双性同体的头脑这一概念或许多少受此启发。哈里森的各种观念都紧紧围绕着权力；考古证据证明，古代群体社会中女性享有崇高地位，受此鼓励，她进一步提出那些被视为独属于女性的美好品德"是地位而非性别使然",并写道,"像男性凌驾于女性这样在权力上凌驾于同类,是严重的精神危险"。随着1914年的到来,哈里森和伍尔夫、H. D. 一样,明确将父权制专政与威胁当下社会的军事主义联系起来。

第一次世界大战爆发后,周围同事以极大热情投入战争、积极撰文发声,整个英国随之陷入狂热的爱国情绪,这些无不令与 H. D. 持相同立场的哈里森深感痛心。她写道:"以我身,以我心,我永远拥护和平。"哈里森提出的"将女性作为平等人类看待"的观念原本只是单纯的主张,但在举国陷入极端爱国情绪的环境下,这一观念的建立基础"个人之自由必涉及他人之自由"被解读为反对军事主权——其中的"他人"被引申为"任何种族、国土"。她和威廉·里奇韦爵士之间的争执也演变成了个人恩怨。哈里森曾为支持伯特兰·罗素发表演讲,慷慨陈词,呼吁学院撤销对他的处罚——罗素因替拒服兵役者发声遭三一学院除名,失去讲师职位。里奇韦公开谴责纽纳姆学院为"臭名昭著的亲德煽动中心",并拒绝哈里森的一位学生进入他的课堂,只因这名学生是反战主义者、民主指挥联盟成员。

面对来自根深蒂固的保守派的挑战,哈里森展现出了不屈不挠的意志。她写道:"在当下环境,依从人性本能即是异端。"她视"拒绝传统信仰、传统习俗"为智识自由的前提,而受缚于过往与权力的保守社会绝不可能抛弃传统信仰与习俗。在她看来,战争是这样一个群体社会自然发展的结果:这一群体社会盲目信奉、重视团体同质性更甚于理性。统治阶级享有压迫其他阶级的权力,却无人对此提出质疑,在被统治阶级不知情的情况下将他们引向危险的境地。对专断而不加约束的权力的厌恶贯穿了简·哈里森所有作品的核心,她批判奥林匹亚诸神,反感机构性宗教。而放眼纽纳姆学院之外的整所剑桥大学,哈里森的主张与学校的一切都格格不入：剑桥大学拥有无法剥离的宗教性根基，几个世纪以来为男性精英特权阶级提供坚实堡垒，骨子里流淌着不加限制的特殊权力——剑桥大学可以经校友投票，选择学校自己的议员，校长甚至可以凌驾于当地管辖权之上。

哈里森对思想自由的渴望被视为有违淑女品行，令学校不安。对于顽固保守派如里奇韦、詹姆斯而言，哈里森象征着对宗教、大英帝国及男性优势地位的威胁，与令人嫌恶的现代性同属一派。身处纽纳姆学院的哈里森日渐感到受冷落、遭排挤，不断被提醒即便同为教师仍然低人一等。此外，剑桥大学再三拒绝为女学生授予学位，即便牛津大学在 1920 年就施行了新政策，这尤其令她感到挫败。"有时候，我真觉得他们在我们身上培养的是一种顺从的品德。"她满心疲惫地对默里写道，列举出纽纳姆全体师生为向男性证明自身价值而必须时刻背负的各种压力，"你很难理解女子学院会对所有的传统观念、保守品德推崇备至……我们的美德正是奴隶所能展现出来的最大美德——举止得体、受过良好教育的奴隶，仍旧是奴隶——我不认为这是我们自身的错误。"第一次授予女性学位的申请于 1897 年，也就是哈里森回到纽纳姆学院的前一年，以失败告终，当时，气势汹汹的校友和一支乡村牧师队伍（根据某项古老的校园条令，他们保有投票权）受到指令，被要求投反对票。1921 年 10 月，为女学生授予荣誉学位的妥协性提案依旧遭到学校拒绝。投票结果出来后，一群男大学生聚集在纽纳姆学院门口耀武扬威，故意毁坏学院大门。

剑桥的抱残守缺让哈里森愤怒，她决定不再容忍，离开校园这个"让人在蝇营狗苟中思维僵化、精力耗尽的地方"，去新的地方追寻智识上的兴趣。与其留在剑桥做二等公民，倒不如寻找一种崭新的、允许挑战传统、实践新设想的生活。战争爆发以来，哈里森不再将目光专注于古代宗教，转而对更为广阔的人类心理方面产生了兴趣：从弗洛伊德心理学到俄国文学，从语言哲学到现代艺术。在《忆学生生涯》中，她坦言"自己将人生中太多时间花费在了学术生活上面，一门心思研究寥寥几个问题的解决之道。在大限将至以前，希望能以更自由的态度、更宽广的心胸来观照世界"。但以七十二岁的高龄离开剑桥大学的象征意义远远超出学习、旅行的意愿：她决心建立一种拒绝顺从的品德会受到珍视的生活方式。极少数人会在七十多岁时考虑这样巨大的生活转变，遑论真正去实施。哈里森则坚信生命会赐予她更广阔的宽度，她也能为生命创造出更多。是时候放弃一本正经的学术生活，去国际都市翻开全新的一页了！那里将有蓬勃发展的艺术和政治观点，会欣然接受全新的理念。1922 年，哈里森前往巴黎，三年后来到伦敦的梅克伦堡街 11 号定居。动身之前，哈里森将所有纸质文件付之一炬——一同抹去的还有她过往生活的全部痕迹。我们无从得知，这把火究竟是一时冲动还是经过深思熟虑，但这一富有戏剧意义的毁灭姿态，足以确保哈里森在重塑生活之时不受任何过往生活留下的物件羁绊。好友送给她三百二十五英镑和一封写着鼓励之语的便笺，纷纷与她告别，庆贺她胜利重生。所有同事集资买了告别礼物，除了里奇韦。

⑪

对于哈里森而言，离开剑桥大学既为拓宽智识兴趣的边界，也促使她思索在学术生活之外应如何度过个人生活、与谁共度。回首过去，她在感情上几番失意：大学时，导师亨利·布彻刻意隐瞒已经订婚的事实，对她格外照顾，致使她误以为导师会向她求婚；之后不久，她同意与古典学者 R. A. 尼尔步入婚姻，但尼尔 1901 年因阑尾炎突然离世。哈里森并没有深陷于这些挫折之中，只是轻描淡写地解释，她最终选择"过一种精神生活，在那里找寻最大的安宁和快乐"。与年轻一辈的 H. D. 和塞耶斯不同，哈里森从未因对精神平等的伴侣求而不得而痛苦，她这时就已非常坚定，无论是传统模式还是其他类型的婚姻都不适合她。如同《校友聚会惊魂夜》中哈丽雅特·文所说，"要是没有准备好接受一份全职工作，就别急着成为别人的妻子"。哈里森珍视来之不易的独立生活，不愿冒任何风险。她在《忆学生生涯》中写道，"至少对于女人而言，婚姻会对人生中我最珍视的两件事形成阻碍：友谊，学习……妻子与母亲的身份所担负的责任何其繁重；我的脑海已被太多思绪占据，没法扮演好那样的角色"。

但这不代表哈里森一生之中没有经历过深刻的感情。事实上，她曾与几位在学术兴趣上志同道合者有过刻骨铭心的感情。在剑桥大学期间，她和小她几岁的同事弗朗西斯·康福德一度非常亲近，但在他1909 年宣布与弗朗西丝·达尔文订婚之后，两人关系就不再像从前那么热络。康福德结婚后，哈里森更是再没提起对他的感情，身边的朋友也会自觉回避这一话题。从文件中一些隐晦的描述可以勾勒出两人的感情脉络：一同工作时的"美好幸福"，纽纳姆学院令人不安的流言，还有他那封信带给她的悲伤：他以正式而疏离的语气写道，她是一位如同母亲一般的导师，指引他找到自己的道路，他对此有多么感激。

许多人猜测哈里森内心深处渴望成为康福德的新娘，求之不得故而失望。但从她对待婚姻的态度来看，这并非实情。康福德后来曾向妻子抱怨，哈里森表现得"好像他是抛弃爱人的负心汉似的"。对哈里森而言，她之所以感到遭人背叛，个中原因远比这更为复杂。她的确不想找个丈夫，交托出自己的一切（很难想象这位宣称拒绝传统束缚的离经叛道者会站在圣坛上，许诺会遵循丈夫的意愿行事），但她渐渐对与康福德之间"近似婚姻却又不是婚姻"的关系产生了依赖，在这段关系中，两个人既保持独立又并肩作战，全身心投入共同的工作，都视工作高于自身。康福德的婚姻不仅为两人友谊画上了清晰的界线，也为亲密无间的合作关系画上了句点。家庭生活——家中接二连三地添了五个孩子——无可避免地让康福德在工作上有所分心，他很难再随心所欲地为象形文字、楔形文字思虑到深夜，或是兴之所至就能陪哈里森踏上考古短途旅行，或是在她身体状况不佳之时陪她去海边疗养。1914年，康福德入伍，展现出对军火武器隐藏许久的热情，他与哈里森之间的学术搭档关系由此彻底断裂。康福德与弗朗西丝刚订婚时，哈里森曾在给弗朗西丝的信中写道，自己正"面临着无可更改的事实，六个多月来，康福德既没有条件、也缺少心力来关注我们多年合作与友谊共同凝结而成的工作成果"。哈里森也意识到自己对一位同事期盼过多，表示她对弗朗西丝绝无恶意："无论是你还是康福德都还无法理解，等生命进入后期，工作、友谊就会变成生活的全部。"

一位水平相近、志趣相投的伙伴对哈里森能起到极大的激励作用，失去他则令她意志消沉。所幸在纽纳姆学院的最后几年，哈里森找到了一位全心全意投入两人关系的伴侣，正是这位伴侣支撑着哈里森离开剑桥之后的生活。这段重要的关系令简·哈里森迸发出智识火花和全新的合作能量，替代了婚姻的意义——在当时不可谓不激进。这位新伙伴就是霍普·莫里斯，她是纽纳姆学院的学生，比哈里森小三十七岁。霍普从1915年左右起陪着哈里森一起工作、生活、旅行，直到哈里森于1928年在两人梅克伦堡街共同的家中去世。

根据弗吉尼亚·伍尔夫的描述（弗吉尼亚通过弟弟艾德里安·斯蒂芬的妻子卡琳·科斯特洛结识了霍普，霍普与卡琳从大学认识以来就是密友），霍普·莫里斯"来自典型英式家庭，氛围和睦，没有接受过任何教育，拥有小汽车"，家族中一边是贵族，一边是做糖果生意的企业家。1910 年，霍普放弃皇家戏剧艺术学院的戏剧课程，来到纽纳姆学院。这年二十三岁的霍普与家族中的一位好友，名叫亨利·贾斯蒂斯·福德的插画师订有婚约，他体格健壮偏于粗犷，年纪已经有五十岁。婚约解除时，简·哈里森曾专门去信建议她下学期文本选《奥德赛》。"谢谢你写信告诉我婚约的事，"她补充道，"婚约能够解除，我也松了一口气——'尘世爱情'尽管也是理所应当甚至是值得颂扬之事，我还是觉得不止于此……无论如何，下一个秋天你能来到纽纳姆学院，我真的很开心。"同年，一段时间后，哈里森告诉霍普母亲（霍普母亲为了陪伴女儿左右，在剑桥找了间房子，哈里森来此拜访），她很遗憾给霍普上的课程结束了，不过"希望这只是其中一章的结束。或许在老师与学生的关系结束之后，反而更容易增进对彼此的了解"。哈里森在自传中称霍普是"灵魂女儿"就是从这时开始。"灵魂女儿"这一称呼不但表明了两人联结的紧密，更是暗示这段关系不同于世俗常规，它复杂、具有多重意义，无法被简单定义。

　　剑桥好友们一直怀疑哈里森是在莫里斯的撺掇下才会在 1922 年离开剑桥前将全部文件烧毁。而且，在疾病缠身的哈里森弥留之际，莫里斯执意拒绝他们前来探视，他们无法理解，感到被排除在外。他们竭力弱化莫里斯在哈里森生命中的重要性，两人之间的关系也因此难以受到客观的评价：传记作家多持两种论调，一是莫里斯只不过想利用哈里森获得名望，用她的陪伴作为借口，请求父母允许她出国旅行；二是莫里斯仅仅是哈里森晚年的助手和同伴，为她负责生活琐事和出行事宜。就像后人贬低布莱尔作为作家和出版家的职业生涯，只将她视作 H. D. 惊世才能背后的助手一样，莫里斯也被描绘为掠夺者或受害者、操纵者或寄生虫。这些论调不仅低估了莫里斯作为诗人、小说家所取得的成就——其长诗《巴黎》被尊为被遗忘的现代主义杰作——同样忽视了两人之间深厚的情谊和相投的志趣，有了这些作为基础，两人的关系激励着哈里森在二十世纪二十年代开展了多项全新的学术项目。

尽管年龄差距巨大，两人之间却有着非比寻常的亲密关系。弗吉尼亚·伍尔夫曾告诉朋友，莫里斯"爱慕那位著名学者简·哈里森，两个人在一起生活"，她读完莫里斯1919年的小说《马德莱娜》——故事内容关于一位早慧的十七岁少女爱上十七世纪的斯屈代里夫人，成为她的追随者，这位夫人来自巴黎，声名卓著——之后，伍尔夫将这本书看作一本直白的自传，"在我看来，这本书就是萨波式的故事，主人公就是简和她自己"。与哈里森不同，莫里斯从未对异性有过任何罗曼蒂克式的情怀（虽然年少时曾有婚约），早期作品更是深层次地涉及性意识和同性情欲。二十世纪早期，同性恋爱尚处于为性行为学研究者、心理学者及律师所严厉批判的阶段；在1921年以前，这一话题的危险性甚至足以令议会就此展开辩论，议会最终判定女同性恋（与过度教育、卖淫、酗酒、夜店、离婚、剥削爱人的女人相联系）与男同性恋一样同属刑事犯罪，但社会更希望女性从没有想到过这一概念，更愿意不将女同性恋的观念灌输到女性的脑海，这一问题才因此搁置。

一直到二十世纪下半叶以前，描绘女同性恋情欲的语言总体上或是含糊其词，或是委婉隐晦，或是临床诊断用语甚至医学用语。同性恋女性很少明确公开展示同性关系：弗吉尼亚·伍尔夫与维塔·萨克维尔－韦斯特两人在各自婚姻之外的情谊的的确确存在，尽管有时不太稳定；H. D. 和布莱尔在公众面前以远亲的身份互称，由于布莱尔父母从来不曾接受她和 H. D. 之间的关系，布莱尔不得不通过前后两段婚姻来遮掩——这两段婚姻分别与美国作家罗伯特·麦卡蒙，双性恋小说家、电影制作人肯尼思·麦克弗森（当时是 H. D. 的恋人）。大众媒体对同性情欲的刻画无外乎"男性化的女同性恋者"缔结的刻板印象:《笨拙画报》(*Punch*)中用漫画戏谑骑自行车、穿裤子的新女性,妄自揣测她们惊世骇俗的人生态度必然伴随着性堕落。至于那些"越界行为"没有公开化的女性,她们享受与女性之间的关系,这些关系——比如简与霍普之间的关系,无论是否涉及性关系(没有证据能够证明),都为彼此在传统家庭之外提供了颠覆性的亲密关系——无法被套入异性婚姻的标准模板。霍普和简每每提及与对方的关系,无不是使用隐晦、指涉性的用词,她们知道别人或许无法理解,但也不需要外界的认可。霍普将1923 年的小说《谋略》(*The Counterplot*)献给简·哈里森,并引用了《奥德赛》中的一句希腊语:"没有什么能比住在同一屋檐下的夫妇二人更强大,令敌人伤悲,令友人快慰。"

伍尔夫在日记、信笺中花费大量笔墨分析莫里斯的性格,并不全是正面着笔。她无疑是欣赏莫里斯的文学才能的,也尽己所能支持着她的职业发展:她在《泰晤士报文学副刊》上发表了对《马德莱娜》的正面评价(虽然她和凯瑟琳·曼斯菲尔德私下都认为这部小说情节推进缓慢,文笔有矫饰之嫌);1920 年,霍加斯出版社出版《巴黎》,伍尔夫负责排版,还手动对 175 本书中几处错漏进行修正。伍尔夫对莫里斯做出的私下评论既出于糅合着嫉妒的尊敬,还出于羡慕,她羡慕莫里斯的写作才能,更羡慕莫里斯与哈里森之间琴瑟和鸣的感情。伍尔夫1919 年曾在日记中列举身边的朋友,将莫里斯归入"所有朋友中最新结识的",称她是一位"受偏爱的天才":"她永远身着盛装,通身富贵气派,周遭围绕着馨香,永远那样精致,对声名有着热切的贪婪。"这年 8 月,她向一位朋友介绍莫里斯道:"她精通希腊语和俄语,水平远高于我的法语水平;是简·哈里森最得意的学生,创作了一首晦涩、有伤风化而又才气卓然的诗,我们正准备出版。年轻一辈中居然有这样一位人物，简直令人羞惭。但我仍然觉得少了点什么，你不觉得吗？"伍尔夫自己也一直渴望能有一位女性导师，在带着矛盾的心理踏入婚姻之后，她从简和霍普之间基于深厚情谊与相投智识志趣的关系中看到了另一种可能。有了布莱尔作为助力和协作者，H. D. 最终从性别束缚中挣脱出来，获得了写作的新动力，哈里森和莫里斯也从彼此的关系中获得鼓舞，得到自由。不同于康福德，莫里斯全心全意为哈里森和她的写作而奉献：莫里斯照料哈里森的生活起居，在精神上鼓励着她，也为两人共同的学术性项目投入自己的精力。霍普后来写道，"影响一词不足以形容她对我的改变，应当是重塑"；哈里森也曾告诉莫里斯，说"从她身上学到了很多"，莫里斯回忆道。哈里森逝世后，莫里斯的写作产出日渐缩减，声名也逐渐消退，这段短暂的回忆以及几本写着两人名字的小书成了那段岁月留下的最后印迹，而对于两人而言，这段岁月或许都是生命中最欢愉、最重要的时光。始于纽纳姆学院的咖啡和古老的希腊文本，经过在巴黎和布卢姆斯伯里共同度过的岁月的孕育，兴盛出了一种全新的、现代的学术兴趣：俄语和俄罗斯文化。

⑪

简·哈里森最早接触俄语是在剑桥大学的时候，当时正值第一次世界大战。为了从惨烈的报道中转移注意力，加上周围与她有智识交流的好友、同事纷纷参军，哈里森因此想挖掘新的学术兴趣。她告诉吉尔伯特·默里，学习这门语言几乎让她喜极而泣：俄国"比任何国家都更关注灵魂性的事物"，这一点如同脉搏一般清晰。在当时的社会环境下，选择俄语这门语言多少带有一些颠覆性。1907 年英俄协约的签订让两国成为暂时的盟友，1914 年，战争爆发，英国媒体就俄国（其时尚属专制制度，而非民主制度）究竟是西方还是东方、是文明社会还是野蛮社会展开公开争论。这年 8 月，齐柏林飞艇在头顶上方盘旋之时，哈里森写信给莫里斯（莫里斯当时回了家，待在肯特郡奇斯尔赫斯特），告诉她自己正在"为我们的新联盟"学习俄语，并敦促霍普也一起学习。无论是出于个人兴趣，还是为了迎合哈里森的热情，莫里斯接受了这一挑战。1915 年春假，两人一同前往巴黎，在东方语言学校参加俄语的第二年课程（语法和《卡拉马佐夫兄弟》），一同上课的学生有一位牧师，几位典当商人，一位来自法国的妇女争取选举权团队的成员，还有一位"胖得很少开口说话的男人"。"这真是太迷人了，"哈里森在给默里的信中写道，"我一直打算到了老来昏聩的年岁就去学语言，现在成真了。"

这年秋天，在剑桥大学的一堂课上，哈里森描述她的生活因学习俄语而"每时每刻都变得愈加丰富"，学习过程给了她"全新的生命，全新的生活"。吸引她的不是通过语言阅读文学作品（个体头脑的产物），而是语言本身，在她看来，语言能够帮助深入了解另一个群体的潜意识。这时，以统一欧洲语言的方式来促成国家间联系的观点风行一时，但哈里森并不赞同这一观点："如果全世界都说世界语，那该多么荒芜！对我们大多数人来说，生命甚至失去了意义……只有在克服困难学习某个民族语言的时候，我们才能靠近他们，触摸他们内心最深处、潜意识中的灵魂。"哈里森尤其被俄语语法所吸引，特别是"声名远播、为人惧怕的"未完成式——一种捕捉正在进行的动作的感觉，表达超越个体的群体对历史的记忆——她相信未完成式有重大的心理学意义。

亨利·柏格森（Henri Bergson）的作品对哈里森有着深刻的影响。柏格森在巴黎、伦敦、纽约举办的讲座现场总是人满为患，有时甚至会引起交通拥堵。柏格森因为这些讲座被列入了天主教会的黑名单。他认为，西方思想的谬误在于将时间视为一连串先后发生的事件；他更愿意将时间视为一个持续不断、没有尽头的过程，一系列"相互融合、渗透，彼此间没有明确界限的"变化。他将这个概念称为"绵延（la durée）"。哈里森立刻为这一概念所吸引，认为这一概念在俄语的未完成式中有所体现。她写道，"绵延"表明我们是比自身更为宽广的事物，我们同时包含着现在和过去，在某种方式上也是彼此的一部分："我们每个人都是每时每刻越滚越大的雪球，我们自己的过去，还有自身范围以外的过去以及历史上的世世代代，都包含在这个雪球之中。"对于伍尔夫、乔伊斯、普鲁斯特这些现代作家，柏格森的理论开启了这样的机会：以全新的方式安排线性叙事，尝试表现潜意识、视角和记忆的手法；"一战"结束后的这一代人渴望重建社会，柏格森呼吁人们跳脱出当下的限制，置身于更宏观的时间维度，这一呼吁正与时代的渴望相呼应。哈里森意识到"绵延"的理解方式存在于俄语语言的内在，因此对俄国人民产生了深切的同理心：自我表达蕴含着超越国界、民族身份的同胞之情。

1922 年 10 月，哈里森和莫里斯再次来到巴黎，两人为这座城市展示的机遇振奋不已，预备继续投入俄语学习。经哈里森老友艾丽斯·皮尔索尔·史密斯推荐，两人在位于蒙帕纳斯的谢弗勒斯街的美国大学女子俱乐部安顿下来，这里专门为研究生提供住所（而且这里每天都提供冰激淋，图书馆馆藏丰富，收有"所有最新的侦探小说"，霍普很高兴）。在剑桥待了那么多年之后，哈里森再次感觉自己的世界正在扩张，仿佛即将开启多姿多彩的未来。如格特鲁德·斯泰因所写，二十世纪二十年代的巴黎"囊括了二十世纪的一切"。左岸咖啡馆中，人们轻声谈论着艺术、哲学与文学，夜店中跳动着爵士乐悠扬轻快的韵律。被习惯性称作"那片城区"的蒙帕纳斯聚集着不计其数的艺术家、作曲家、诗人和小说家，他们来自世界各地，为追寻自由、寻找灵感而聚集在这里。从简和霍普两人的居所走上一小段路，就可以到达：第六区奥德翁街上有西尔维娅·比奇和阿德里安娜开设的书店，这家书店为先锋派赞助阅读书目、提供聚会场地，先锋派成员可以在半私密的地方进行聚会；詹姆斯·乔伊斯和尚·考克在摄影师曼瑞德的工作室担任模特；斯坦和纳塔莉·巴尼——两位都是有影响力的女性，公开写作、谈论有关女同性恋情欲的内容——会在家中定期举办沙龙和鸡尾酒聚会。罗杰·弗莱的好友、意大利籍俄国人安杰拉·拉韦利带她们去拉波提街的现代美术馆欣赏毕加索、德朗的最新画作（霍普激动地写道，"立体画派已经是过去式了，当下最受追捧的是'博采众家之长'，比如折中主义"），说服已经隐退的艺术品经理人奥古斯特·佩尔兰让她们欣赏他的著名私藏：塞尚的画作（"佩尔兰脾气暴躁，他珍藏的作品大多数人无缘得见，塞尚因此是众人难以企及的灵感来源，拥有神一般的地位"）。霍普买了一件样式时新的蓝色刺绣长大衣，一件天鹅绒斗篷，一顶灰色的毡帽，为了在写小说闲暇之时，"在拉波提街这个神圣纯洁、庄严静穆的地方，穿上与之相称的装束"。弗吉尼亚·伍尔夫1923年曾前往巴黎，写过两人那间"萨波公寓"，亲眼看见两人"情意绵绵的模样"。但简和霍普眼中的巴黎不是巴黎的莱斯沃斯岛或海外的美国那样只有优雅的环境，而是由来自俄国、生活在异国社会边缘的流亡者组成的团体。

1917年，俄国爆发二月革命，士兵和工人联合起来推翻沙皇统治，要求自由、公正和平等。这场革命让英国文学界和社会主义支持者看到与法国大革命相似的自由精神与浪漫精神，哈里森也不例外，为此感到振奋与喜悦。"我感觉到未来最主要的希望在俄国。"D. H. 劳伦斯在5月写道，与他在这段时期向 H. D. 和其他朋友所描述的乌托邦世界

"Rananim"所采用的措辞相一致。1917 年俄历 10 月，以列宁为领导的布尔什维克党推翻临时政府，将沙皇尼古拉二世和其家族关入监狱（后来被处决），掌管了整个国家。布尔什维克党与反革命的俄国白军随后陷入内战，数百万市民被迫逃离祖国，离散在欧洲各地。二十世纪二十年代早期，巴黎是俄国在海外的文化、政治中心，十六区是许多移民的目的地。

美国侨民如欧内斯特·海明威、F. 斯科特·菲茨杰拉德和格特鲁德·斯泰因在巴黎生活是个人的主动选择，他们享受巴黎的咖啡文化和与之伴随的自由氛围。与他们不同，俄国移民作为避难者来到巴黎，不得不长期处于流亡状态。后来在 1933 年成为第一位获得诺贝尔文学奖的俄国人伊凡·布宁（Ivan Bunin）曾在 1924 年 2 月在巴黎发表讲演，宣告"我们不是处于流亡之中，而是肩负着使命"：在新的家园保护俄国文化和遗产，将它们传播至更广阔的世界，重新创造超越国土和国界的民族身份。哈里森对流亡者的困境同情不已，她与生俱来地怜悯局外者与受迫害者，决定尽力帮助这些流离失所的人。莫斯科艺术剧院在欧洲巡回演出，于 1922 年年末来到巴黎，哈里森和莫里斯两人一场不落地观看了每一场表演；圣诞夜这晚，几位移民在表演结束后登台，表示这场表演让他们看到了俄国延续下去的希望。看到这一幕的哈里森心潮澎湃，她写道："这一切真是让人五味杂陈——他们的艺术是这样精彩纷呈，这样一个天赋超群的民族却有成千上万的人都在饥饿中度日，令人叹息、遗憾，简直不堪忍受。"

哈里森与巴黎的俄国群体之间的私人情谊始于后一年。1923 年夏天，哈里森作为杰出思想家受邀参加一场由保罗·德雅尔丹发起的年度学术研讨会。研讨会在勃艮第地区蓬蒂尼的西多会修道院举行，为期十天，只邀请少部分优秀学者共同探讨相关学术议题。研讨会还安排有散步、音乐会以及河中游泳等休闲项目。研讨会初衷是为了抵制"一战"后渐渐出现的民族主义倾向，开展协作，以期为现代全球社会提供良好范例，在欧洲境内建立对话。战后受到这一研讨会邀请的学者有：伊迪丝·沃顿、安德烈·纪德、利顿·斯特雷奇、雅克·拉弗拉、弗农·李以及罗杰·弗莱等（弗吉尼亚·伍尔夫因未曾受邀而闷闷不乐）。在蓬蒂尼，哈里森身处一众杰出的哲学家、作家、历史学家之列，尤其令她高兴的是，其中就有若干位来自俄国的流亡知识分子。

　　第一周，研讨会探讨的主要话题是诗歌中是否存在某种无法言明的民族性，使得诗歌无法被译为另一种语言。某次晚宴上，哈里森旁边坐了一位存在主义哲学家列夫·舍斯托夫，两人谈论俄国知识分子的困境。舍斯托夫告诉哈里森他的一位作家朋友的遭遇。这位朋友叫阿列克谢·米哈伊洛维奇·列米佐夫，他因颠覆政权被俄国政府多次逮捕后驱逐出境，现在正在柏林艰难度日，战后的恶性通货膨胀令基础的衣食住行难以得到保障，政府也开始对移民施压。他的朋友和仰慕他才华的人，其中包括作家托马斯·曼和画家尼古拉斯·洛里奇，正在想办法为让他来法国筹钱。哈里森有感于舍斯托夫描述的朋友的悲惨境遇，捐助了五英镑，并承诺会发动英国朋友一起努力。1923 年 11 月，列米佐夫和妻子塞拉菲玛抵达巴黎。次年 2 月，舍斯托夫将他介绍给简和霍普。哈里森与列米佐夫之间志趣相投，结成了罕见的深厚友谊，两项关于跨文化关系的重要学术项目因此产生。

　　阿列克谢·列米佐夫个子出奇矮小，戴副牛角架宽边眼镜，说起话来轻声细语，尤其令朋友们印象深刻的是他嘴角挂着的那抹狡黠的笑容。他有时会戴一顶特意配备的巫师帽子，出门时，夹克的缝隙中会伸出一条猴子尾巴。阿列克谢这些异于常人的举止却令哈里森感到十分有趣，他的文学作品尤其吸引哈里森。他的妻子塞拉菲玛——一位激进的社会主义同志、研究俄国典籍的专家——也非常和善。几年前，哈里森在东方语言学校学习俄语的时候就遇到过列米佐夫这个名字，他描写的那些关于俄国圣徒的生活、基督教化之前的古老俄国传说深深打动着哈里森，仿佛与她早年研究的奥林匹斯山诸神之前的希腊仪式具有某种共通性。不过哈里森很快放弃了阅读列米佐夫的作品，因为对只有初级俄语语言水平的哈里森而言，他的作品"使用了太多难词"。幸运的是，列米佐夫的作品开始有了英译本，辛勤耕耘的译者不是别人，正是约翰·库诺斯。早在 1916 年与 H. D. 同在德文郡的时候，库诺斯就曾写过一篇洋洋洒洒的文章，称列米佐夫"在以全新方式叙述古老事物的艺术家之中占有一席之地"，文章同年发表于《自我主义者》；1924年，查图温都斯书局出版由库诺斯翻译的列米佐夫小说《时钟》，他在梅克伦堡广场生活的时候就已经着手翻译这部小说，贯穿了整个与多萝西·L. 塞耶斯交往的时期。1917 年库诺斯驻圣彼得堡工作时，还曾与列米佐夫见面。列米佐夫当时生活在贫困之中，屋子里昏暗无比，窗子遮着一块黑布，用于写作的桌子上堆着众多古代文学大师的作品，只有一盏高高的蜡烛发出微弱的光。库诺斯给他带去一瓶浓缩高汤，这瓶高汤支撑着列米佐夫度过了若干个艰难的冬日。一直到七年之后，列米佐夫仍然对此满怀感激，不曾忘怀。

在列米佐夫的影响下，再加上另一位俄国友人德·斯·米尔斯基的鼓励，哈里森开始涉足俄语翻译。1924 年春天，一部十七世纪的回忆录吸引了哈里森，这部自传被认为是俄语文学中最早的自传，由生于约 1620 年的高级教士阿瓦库姆在监狱中写成。当时，俄国东正教对教会仪式进行改革，将古老的习俗改为新式的礼拜仪式，为此，阿瓦库姆发动叛乱进行反抗。阿瓦库姆在位于俄国极地地区冰天雪地中的一个深坑里面度过了人生最后十四年，最终在火刑柱上被烧死。哈里森本身痴迷于大众仪式，且厌恶强加的教条，因此对阿瓦库姆抱有深切的同情和钦慕：阿瓦库姆为保存基于真实民间仪式的宗教而奉献生命，拒绝早已背离群体真正相信的、所谓经过净化的正统信仰。陀思妥耶夫斯基曾有过著名的断言，称这部作品是不可译的；并且，早在 1664 年，米尔斯基祖上就有亲戚因支持阿瓦库姆而被流放。尽管如此，米尔斯基仍旧建议哈里森和莫里斯试着将这部作品译为英文，这是她们第一次富有创新性的协作，也是语言上的一项重要挑战。

列米佐夫为两位女性提供了他自己的藏本，为她们解释不易懂的原文。1924 年整个夏天，每逢周一，简和霍普都会来到位于莫扎特大道的列米佐夫的住所参加阅读会。列米佐夫与塞拉菲玛会耐心地向她们解释古代俄语的含义，如果列米佐夫不十分地道的英语对理解构成障碍，其他朋友就会帮忙进一步解释，就这样，伴随着一杯接一杯沏得酽酽的浓茶——要是碰到尤其晦涩复杂的部分，就是一杯接一杯加了冰的伏特加，哈里森与霍普艰难但稳定地推进翻译进程。8 月，两人返回蓬蒂尼，在那里对手稿进行了最后一次修订。1924 年 8 月 20 日，她们用些许生硬的俄语写信给列米佐夫："我们完成了《阿瓦库姆》的翻译。太多错误！"

1924 年 10 月，译作在由伍尔夫夫妇创办的霍加斯出版社出版，成为该出版社的第四十部出版物、第九部译自俄语的书籍。伍尔夫夫妇一直对俄语文化有着浓厚的兴趣：伦纳德以"二月革命"命名，为社会主义者创办了 1917 俱乐部这个政治沙龙，地点位于苏活区的爵禄街：弗吉尼亚则在蜜月旅行期间读完法语版的《罪与罚》之后，宣告陀思妥耶夫斯基为"有史以来最伟大的作家"，在这之后，她为了能够阅读、翻译原版开始学习俄语。对俄语文化的狂热绝不仅限于他们所在的文学圈。二十世纪早期，全英国上下狂热地尊崇俄语文学、舞蹈、音乐和政治。1911年，迪亚吉列夫带领俄罗斯芭蕾舞团在考文特花园表演，芭蕾舞中那"欢快而充满野性、如同猎豹一般的跳跃动作"让观众为之疯狂；同年，伦敦首次排演契诃夫的作品；次年秋天，罗杰·弗莱将部分俄国艺术作品收入他那广受赞誉的第二次后印象派展览，由出生于圣彼得堡的马赛克设计者鲍里斯·安列普（他的设计作品受拜占庭风格启发，许多布卢姆斯伯里朋友的家中都用他的作品作为装饰）担任策划。

但俄国文化中最令英国着迷的部分无疑是它的文学。1912年，康斯坦丝·加尼特（Constance Garnett）翻译的《卡拉马佐夫兄弟》将陀思妥耶夫斯基带入英语读者的视野。康斯坦丝毕业于纽纳姆学院——据其儿子称，她仰慕简·哈里森，"哈里森那剪得短短的卷发，她突破女性身份桎梏所享受的自由，让人惊奇，让人艳羡"——结婚前在伦敦东区担任图书管理员，也是积极的社会活动家，1889年与编辑爱德华·加尼特结婚。1891年夏天，康斯坦丝孕中无聊之时，因缘际会开始接触俄语：费利克斯·沃尔霍夫斯基，一位因政治原因被祖国流放的人，给了她一本俄语字典和语法书，建议她学习俄语。在接下来的几十年中，康斯坦丝几乎将十九世纪俄语文学中的经典之作全部译入了英语世界，这些作品包括：托尔斯泰的大多数作品、陀思妥耶夫斯基的所有小说、契诃夫的戏剧和小说、屠格涅夫及果戈理的作品。在她笔耕不辍的努力下，十九世纪的俄国伟大作品令二十世纪的英国读者仿佛身处同一时代，读者热烈盼望着每一部译作的出版，译作一经出版马上就会成为热销作品。弗吉尼亚·伍尔夫写道，加尼特夫人的译作提供了更为宏大广阔的思想，将维多利亚现实派小说的旧观念打得粉碎。德·斯·米尔斯基认为，陀思妥耶夫斯基作品具有不经压抑、汹涌澎湃的情感，"弗洛伊德思想的诞生"，以及陀思妥耶夫斯基在英语世界中的译介，将成为

"对维多利亚精神秩序最强有力的致命一击"。

伍尔夫夫妇对哈里森和莫里斯的翻译"印象十分深刻"，很乐意将《阿瓦库姆》添入俄语译介文学之列。米尔斯基曾给俄国出版社寄了几本《阿瓦库姆》，希望对方评价，但包裹因"无人收件"被退回。"天哪！"哈里森写道，"过去的党同伐异，难道永远无法迎来包容的到来吗？"霍加斯出版社在同一年出版了《阿瓦库姆》和弗洛伊德的《精神分析图书馆》，表明伍尔夫夫妇致力于现代化、国际化出版事业的决心。《阿瓦库姆》的出版也为简·哈里森拉开了人生的新篇章。她涉足俄语翻译，成为流亡俄国人和布卢姆斯伯里的时髦圈子之间的媒介，同时成为具有影响力的现代文化活动的核心。这一新身份与她告别的那个封闭的学术世界形成了鲜明的对比：她不再需要顾虑自己在机构的职位，可以以自己的方式回应世界上的事件。哈里森一向不认为"人必须只能从本土文化中汲取养分，从祖辈家园中的一桌一椅、钟表镜子中汲取灵感"；她对语言无穷无尽的兴趣（她一共学了十一门现存的语言和五门已经消亡的语言）源自对其他文化深切的热爱与共鸣。第一次世界大战爆发时，哈里森不解何以"同胞纽带"竟驱使人们奔赴战场，与其他民族作战；何以爱国之情竟会轻易化作冲动，胁迫他国遵守本国律法，采纳本国的语言和风俗，将世界卷入"令人窒息的同质性"。在哈里森看来这种爱国情绪是对人性的压抑。对于她这类思想者而言，哈里森写道，爱国主义"不是一个振奋人心的词语。它激发的是浅薄和束缚。我们希望成为世界公民"。这时，哈里森与来自世界各地的朋友一道在大都市的中心工作，翻译他国语言，宣扬他国的文化与历史，忠实地践行着自己的理念。1926年，她回到布卢姆斯伯里，继续她的工作。

⑪

在巴黎度过了精彩纷呈的三年之后，1925 年，简和霍普准备建立一个更为固定的住所。"是的，给我们留下诸多愉快回忆的俱乐部最终还是'遗弃了'我们，我们准备 9 月份回伦敦找处公寓"，哈里森 5 月份给米尔斯基写信道。她最大的遗憾就是不得不与列米佐夫夫妇告别，临别之际，列米佐夫夫妇为她们专门做了一个"小山一样高的"蛋糕。两人在法国南部旅行之后，于 1926 年春天回到了伦敦。莫里斯这时正在创作小说《迷雾中的卢德》，一部引人入胜的奇幻小说，故事背景设定在一个安分守己的资产阶级国度，整个国家由于边境走私仙女果而陷入混乱。哈里森这时则将精力投注到新家的装修上。"我们盼着 5 月初就能搬进我们那间小小的、风格别致的房子，"哈里森告诉米尔斯基，"这样我就不用再整天只想着新家的墙壁托架和椅子了，生活中这些琐事真是消磨精力。"

那间"小小的、风格别致的房子"就是梅克伦堡街 11 号，位于广场东侧向北面希斯科特街的延展地段。和 H. D.、塞耶斯不同的是，简和霍普两人没有选择寄宿屋的房间，而是选择了一个独立的住处。"我们终于找到一处小小的房子，安定了下来，"哈里森给吉尔伯特·默里写信道，"你愿意来参观一下吗？……我们这处洞穴非常欢迎你的到来。"这处位于梅克伦堡街 11 号的房子是哈里森近三十年来第一处私人住所。回纽纳姆学院教书之前，她一直与其他单身女性合租，彼此相处和睦（偶尔也有冲突）、互相支持。但她一直更喜欢住在校园里，女性在那里既能享受到独立生活，又能享受意气相投者的陪伴，她对个人自由和他人陪伴的需要同时都能得到满足。哈里森在《忆学生生涯》中曾写过自己"天生就适合群体生活"，在她眼里，群体生活"惬意舒适、经济适用，是明智的选择"，还说如果她足够富有的话，一定会"为女性建立一个以学习为核心的社群，将学生的需求放在首位设立适宜的规则和作息安排；我人生的许多岁月都是在校园中度过的，我很满足"。如果说哈里森的乌托邦是以女子修道院为模范的话，那么这处乌托邦的核心要义不是对上帝的信仰，而是坚信这种生活方式——独身、学术性的群体生活——是最有利于女性施展才华的生活方式。

校园一般都雇有专门做饭、打扫卫生的职员，这样哈里森就能在校园心无旁骛地投入学术工作，无须像塞耶斯《校友聚会惊魂夜》中的独身女教师那样为家务琐事分心。在巴黎生活期间，美国大学女子俱乐部的住所为她们提供早餐，有一个宽敞的花园，也有随时可供沐浴的浴室，因此从某种程度上而言，也是哈里森在群体中生活的另一种方式，她也无须为生活舒适程度担忧。搬到梅克伦堡街生活之后，两人立马请了一位管家。霍普告诉母亲，她和简在巴黎的时候就意识到"要想享受舒适的生活，少不了得请位仆人"。请一位管家帮忙打理家务，两人就不会在忙于学术追求之余还为家务劳作焦虑。以哈里森对家务的深恶痛绝，可想而知，她刚到伦敦就对这些新安排有顾虑。

事实证明，布卢姆斯伯里是一个可以轻松融入的家园。布卢姆斯伯里群体中有几位成员原本就是哈里森的旧识，他们蔑视权威，挑战传统——如军事法庭、文学作品审查、约定俗成的晚餐时间——的品质与哈里森不谋而合。他们中有很多人也和哈里森一样拒绝传统家庭模式，既有传统的夫妇同住，也不乏选择与朋友、恋人住在同一屋檐下的人。与简和霍普常常来往的有：弗吉尼亚·伍尔夫和伦纳德·伍尔夫夫妇、德斯蒙德·麦卡锡和莫莉·麦卡锡、约翰·梅纳德·凯恩斯和他的俄国妻子、芭蕾舞女演员莉迪亚·洛波科娃、奥托利娜·莫雷尔、罗杰·弗莱、利顿·斯特雷奇，他们如众星拱月一般环绕着哈里森，热情接纳莫里斯进入他们的圈子。伦纳德·伍尔夫写道，哈里森是他见过"最彬彬有礼的人，也是最幽默睿智、富有魅力的人。我们相识的时候，哈里森已经年迈体弱，但她的思维却始终保持年轻"。这群年轻一辈视哈里森为一位充满智慧却不倚老卖老的长辈，在他们眼中，哈里森具有别具一格的幽默感，对所有智识或个性方面的问题有着全新而出人意料的见解，对他们的观念和挣扎始终抱有真挚的关切。

简和霍普在新家共同开展了一项全新且更具野心的翻译项目，灵感来源于那些与列米佐夫夫妇共同度过的时光。"你一向知道我是一位图腾研究者，"哈里森写信给米尔斯基道，"所以，以下消息大概不会让你太过惊讶：我们准备写一本给老人和儿童阅读的小书——名为《熊之书》。"这是一本以熊为主题的俄国民间故事集，由哈里森和莫里斯负责挑选和翻译。《阿瓦库姆》一书的成功，以及对俄国文化、历史进行更深挖掘的期望，都是促成这本书的动力，此外，哈里森一直以来都渴望窥探人的心理世界。这些年来，她一直都在搜集相关证据，希望证明古老文化相信动植物能反映人的生命。她在《忒弥斯》中明确表示，在宗教最早期的阶段，祭祀者会在祭祀仪式上围绕某个象征团结一致的物体（通常是动物躯体）一起跳舞，庆祝人类与非人类之间的互依共生。哈里森认为，这种图腾崇拜的社会习俗不仅仅是一种祭祀仪式，更是脑海中的观念；在这一阶段的群体认知中，人类不会将自己视为与外部世界隔绝的孤立个体，而是与外界接触广泛且彼此间关系密切的物种成员，与外界环境密不可分。在她看来，人类最终与动物分离开来无疑是"彻底的失却"，预示着人类无法避免渴望统治周围世界的命运——人类将通过差异和等级制度而不是同胞之情来确定自己的身份。她将这种无知视为现代社会苦难的成因；在《忒弥斯》中，她警告道，"没有什么比缺乏对动物的尊重更丑陋"。

　　认识哈里森的人常常会带着几分笑意回忆起她对各种模样的熊的喜爱，她对图腾崇拜的学术兴趣正源于此。纽纳姆学院的一位学生弗朗西斯·帕特里奇回忆道，哈里森的房间"满满的全是熊，贴着熊的照片，摆着木雕熊、银制熊。还记得她用低沉的嗓音说，'我非常喜爱熊'"。哈里森对熊的喜爱（米尔斯基认为这是哈里森做人类学研究遗留下来的感情）源于熊与希腊、女性独立之间的联系：哈里森曾兴致勃勃地描写过布劳隆的阿尔忒弥斯圣殿举行的成年礼，年轻女子会扮成雌性熊为女神跳舞，以此庆祝成年。随着哈里森俄语文化学习的深入，她从熊作为俄国民族吉祥物（漫画中也常常以熊的形象来比喻俄国）这一事实上看到了一些特殊意义。米尔斯基后来写道，尽管有些出于刻板印象，但俄国熊的形象确实是"推动哈里森爱上俄语的心理因素之一"。

　　其中有一只小熊是简和霍普两人关系的中介和象征，在两人心中的地位特殊。这只戴着眼镜的泰迪熊是纽纳姆学院的几位学生合送的，哈里森把它放在壁炉架上最显眼的位置，称之为"教授先生"，或者"老东西"、"真实玩具"。两人围绕着"那只小熊"编织出了一个完整的世界，在这个虚拟世界里，两人都是小熊的妻子，因为共同服从于这位地位尊崇的男性而联结在一起。有了这位假丈夫作为亲密关系形式上的出口，两人就可以委婉地表达对彼此的感情。通过小熊作为中介，两人会在便笺中表达感情——"老东西让我挥一挥他的爪子"，或者表达爱意："我知道小熊很快乐，能有如你一般爱他的人，他的内心深处总是十分快乐。"两人围绕小熊构思了完整的故事情节，由霍普画在一本蓝色的小小的笔记本上，主题叫"他"——一位"有成就的学者"，反对妇女参政权，传统的忠实拥趸；他在很多方面都和简、霍普截然相反，形成映衬；他身上有着各样的怪毛病，两人因此时常联合起来玩笑地反对他。霍普后来在某本书的结尾附了一张大熊星座的图片（两人在便笺中常常以"大熊星座"作为署名），作为一种委婉地向简致敬的方式。两人通过这种私密语言表达着难以为人理解的感情，其中饱含深情，又具有独特的幽默风格，而深情与幽默恰是两人情谊的最佳注脚。

两人这场关于小熊的游戏只是无心的玩闹，带有几分戏剧色彩，但从某种程度而言（从两人广泛的信件往来中可以看出）也是严肃的，对两个人都有很重要的情感意义。对熊的喜爱拉近了她们与阿列克谢·列米佐夫之间的距离，他曾专门写过一部关于"怪诞玩具"的合集，如木鸟、毛绒象、骨头、树枝、由破布制成的打扮得像巫师一样的娃娃，他把这种娃娃看作守护之灵（简和霍普喜欢在"狂想戏剧"里代入列米佐夫，把他想象成巫师娃娃）。和两人一样，列米佐夫对待动物的举动有其荒诞不经而匪夷所思的部分。他认为游戏和笑话事实上蕴藏着人类真相的观点也与简和霍普两人不谋而合，在所谓游戏和笑话之中，社会的惯常规范被打破，固定观念也被无畏地忽视。哈里森在《忒弥斯》中感叹道，只有儿童仍能强烈感觉到与动物的相似性，他们的思维还没有受到理性冲动的影响，正是理性冲动将图腾崇拜画上了终点，也终结了伴随图腾崇拜存在的开放与包容。当她发现最古老的俄国神话记载了对熊的崇拜时激动得无以言表，这一内涵丰富的文化中蕴含着与动物的共情，而这种共情在她看来，在英国艺术作品中失落已久。

在列米佐夫和米尔斯基的帮助下，哈里森开始搜集童话故事，由她和莫里斯一起翻译，童话故事的来源主要包括克雷洛夫、普希金、托尔斯泰、圣典故事以及俄国民间传说中的 skazki，也就是奇幻故事。《熊之书》还收录了列米佐夫创作的四个故事，列米佐夫也是集子中当时唯一一位在世的创作者。"在伊索寓言之后，"哈里森写道，"没有比列米佐夫笔下更加光怪陆离的野兽故事了（尤其是关于熊的故事）。"其中由莫里斯翻译的三个故事选自列米佐夫 1907 年选集《波索隆》

（*Posolon*），列米佐夫以古老的民间传说、神秘事件、法术以及摇篮曲作为故事素材，加以天马行空的重新创作。基督教传教士抵达俄国后，俄国大量市民转而信仰基督教，本土礼拜仪式也发生改革，《波索隆》从这些事件发生之前的、已经散佚的季节崇拜仪式中汲取启示。列米佐夫认为，当这些古老异教神祇被驱逐后，相应的崇拜仪式就会转变成不再具有宗教目的或意义的舞蹈、孩童的游戏。哈里森认为列米佐夫的作品给她很大的启发，并且注意到这一观点与她早先历史研究中曾探究过的希腊宗教转变具有相似之处。哈里森在《熊之书》序言中认为俄国转信基督教宣布着图腾崇拜的告终，此后图腾崇拜只残存于她和列米佐夫收集的神话故事之中。哈里森认为，列米佐夫的故事就像《阿瓦库姆》一样，让她看到了一种令人动容的努力：在国家陷入危难之际，通过复兴古代曾将群体团结在一起的仪式来保存俄国的民族身份。

在写给吉尔伯特·默里（他惊讶于哈里森兴趣方向转变之巨）的信中，哈里森说不敢妄称《熊之书》是一本有影响力的书，只是她在垂垂老矣之时聊作消遣的一个嗜好，是一部写给儿童的娱乐作品。但简一向认真对待游戏。序言中哈里森和莫里斯写道，关于熊的故事是"人性的一面镜子"；通过这本书，哈里森以精妙的方式向图腾崇拜致敬，向被战争割裂的世界疾呼：回望一下过去的时代吧！在过去，人类将动物视为值得尊敬的伙伴，而不是恐惧的敌人——只能被捕猎、被征服。如果在过去，连人类与非人类之间都没有明确的界线，那么为何到了现在仅仅是国籍不同这个理由就足以为未经调解的屠杀辩护？虽然哈里森以她那一贯谦虚的态度自称她一心只做学术研究，并无政治才能，但她每部作品都以其各自的方式呼吁一个反对暴力与侵略、重视创意与协作甚于战争和个人英雄主义的社会。《熊之书》一书正是哈里森对世人沉痛的警示：拥抱差异才能迎来持久的和平。

11

  "我们选择了这片区域，"哈里森从梅克伦堡街写信给默里道，"因为典范出版社（Nonesuch Press）就在附近，《熊之书》这本具有重大意义的书就在那里出版。""到时候我是不会给你寄的，"哈里森狡黠地写道，"因为你提到这本书时的语气可不是我期盼的。"典范出版社位于苏活区一家书店的地下室，杂乱但很成功，由戴维·加尼特负责经营。他是一位性格温和的布卢姆斯伯里成员，人们一般叫他邦尼，也是康斯坦丝·加尼特和爱德华·加尼特夫妇的儿子。在巴黎时，利顿·斯特雷奇把他介绍给了哈里森。1925 年，邦尼的出版社搬迁至大詹姆斯街 16 号一间绿紫条纹的房间，就在这条路上，38 号是周刊《民族与雅典娜神殿》（由伦纳德·伍尔夫担任文学编辑）的办公室，24 号住着正在为第二部温西爵爷系列小说《证言疑云》准备出版事宜的多萝西·L. 塞耶斯。简和霍普从梅克伦堡街走上几分钟，就能到邦尼的办公室，讨论印刷进度、纸张质量、插画等事宜。插画由邦尼这时的妻子雷·加尼特委托画师完成，画上是几个胖乎乎的孩子牵着憨态可掬的熊，哈里森并不喜欢（"熊完全失去了真正的威严"，她向杰茜·斯图尔特抱怨）。两人在新家定期将出版进度告知远在千里之外的阿列克谢·列米佐夫和塞拉菲玛，并以自己的俄语名字作为署名：叶连娜·卡尔洛夫娜和娜杰日达·瓦西列夫娜。她们十分担忧经济仍旧困难的朋友：莫里斯写了一篇洋洋洒洒的论文赞扬列米佐夫的作品；1926 年圣诞节《熊之书》甫一出版，哈里森还没收到书籍版税就提前给列米佐夫寄去了一张支票，促请他去海边度假。

  和哈里森一样希望帮助列米佐夫的还有德·斯·米尔斯基，一位梅克伦堡街 11 号的常客。米尔斯基曾是俄国白军成员。苏联政府剥夺反抗者的公民权利之后，米尔斯基幻想破灭，身无分文地来到伦敦。米尔斯基生活在布卢姆斯伯里，先后住在托林顿广场15号、高尔街17号（中间有半年在巴黎度过），在这时位于戈登广场24号的斯拉夫语言学院教学，成为英国第一位专门研究俄语文学的学者，定期给主流出版作品写评论，在全国各地巡回授课。从两人1924年认识以来，哈里森一直很喜欢与米尔斯基相处，享受与他热烈讨论布尔什维克主义、当代文学和俄语语法中的细枝末节。"熊公爵赢走了我的心，"哈里森写信给默里道，"为什么我没能在五十年前遇见他呢？在那时，我一定会迫不及待地向他奔赴，成为他的公主。"两人的友谊不仅是一段成果丰硕的私人情谊，更是相互提供了进入彼此世界的机会：米尔斯基介绍哈里森认识了多位俄国作家，如玛琳娜·茨维塔耶娃、谢尔盖·叶夫龙；哈里森则将米尔斯基带入了伦敦文学圈和以伍尔夫夫妇为中心的小圈子，帮助他获得前往蓬蒂尼的邀请资格。两人在伦敦和巴黎创立的国际小圈子将世界各地的朋友都联系在了一起，这也正是哈里森当初离开剑桥时所盼望寻找的社团。

　　米尔斯基对这样的现象失望无比：英国对俄国文化的欣赏似乎是建立在对"斯拉夫精神"浪漫化的观念之上，所谓斯拉夫精神，根据陀思妥耶夫斯基的小说归纳，是一种神秘、阴郁、令人难以确切把握的精神。在米尔斯基看来，这种观念暴露了对文学的浅薄理解。此外，更令米尔斯基愤懑不平的是，英国读者似乎只对俄国历史上的经典小说家感兴趣，而对像列米佐夫这样居于穷苦流亡之中的现代作家视而不见。然而正是这些当代作家的作品揭露了尚不为英国的亲俄者所了解的、俄国当代普遍恶劣的政治环境。这一切都让米尔斯基悲愤交加。哈里森对米尔斯基的愤懑充满同情，尽可能用她的影响力来帮助米尔斯基。她为米尔斯基《俄国文学史与当代俄语文学：1881—1925年》一书担任编辑，书中就有关于列米佐夫和舍斯托夫的章节。("有位俄国熊写了本书向我致敬——这不是很令人高兴吗?"哈里森给默里的信中写道。)在哈里森和莫里斯搬到梅克伦堡街那会儿,米尔斯基受失望推动,正尝试一项新项目:在布卢姆斯伯里创办一本俄语文学期刊,不受政治控制,保护和推动流亡中的俄国文学文化,并且希望通过这本期刊将生活在俄国和俄国之外的作家联合起来。

俄国自从爆发革命以来,国内的出版业实际上就陷入了停滞,尤其是与当局相左的政见:亚历山大·勃洛克罹患癌症后,因营养不良而迅速恶化,过早离世;安娜·阿赫玛托娃的作品被当局下令禁止,居住的公寓也时常受到监视。俄语出版商开始在俄国以外的整个欧洲刊印书籍、报纸,其中许多出版商会特意避开苏联政府颁布的新拼写系统和新词汇。这些出版物给了流亡者发声的渠道,流亡者借此表达对故土未来的关切,抒发离乱之感。这些出版物的局限之处在于选印内容必须符合其党派政治倾向,而不愿意发表那些在主题上没有明显反对苏联政府倾向的作品,如列米佐夫和玛琳娜·茨维塔耶娃的作品——米尔斯基眼中俄国本土以外最重要的两位作家。米尔斯基将期刊命名为《俄里》(*Versty*),或《里程碑》,根据俄语旧制长度单位俄里(用于标记主道上的距离)命名。期刊内容包括诗歌、散文、文学批评、历史文件以及关于哲学、艺术、语言学主题的文章,旨在从国际视角探讨"今日之俄国与俄国特质"。哈里森高兴地发现,每一期内容都有列米佐夫的新作品,第一期附录还有经列米佐夫专门编辑和记录的《阿瓦库姆》全文。哈里森认为这个期刊计划"非常有趣",在资金筹措方面尽己所能地帮助米尔斯基(在列米佐夫无法担任业务经理的附加条件下,"你还不如选一位松鼠")。她自己也寄了一张五十英镑的支票,希望自己有能力提供米尔斯基为整个项目做担保所需要的二百英镑:"成为百万富翁该有多好，这些财务事务确实值得一做。想到像列米佐夫这样的人还得求助那些远远比不上他的人，仰赖他们的心情和愚蠢的政治观点，真是令人难以忍受。"

哈里森尽心竭力地为米尔斯基牵线搭桥，寻找那些或许能帮到他的人，希望能将《俄里》杂志办成英俄间一项重要合作项目。她建议米尔斯基先听听伍尔夫夫妇的建议——"不是说他们能给你金钱上的支持，他们自己的经济状况也不乐观，而是伦纳德有丰富的新闻工作经验，也有良好的经济头脑，永远有兴趣尝试思想方面的冒险行动"——请他们引荐约翰·梅纳德·凯恩斯："一位一流商人，热衷于投资那些绝无可能获得经济回报的智识实验。"而且，哈里森认为，鉴于凯恩斯的夫人是一位俄国芭蕾舞者，"俄国对于凯恩斯而言肯定富有特殊的魅力（俄语中居然没有'魅力'这个词，这是怎样一种语言）……有了凯恩斯的支持，你一定能顺顺利利"。米尔斯基遵其所言，给凯恩斯写了信，对方捐赠了二十英镑；也给伦纳德·伍尔夫写了信，伦纳德为他引荐了 E. M. 福斯特，米尔斯基请福斯特写了篇关于现代英语小说的文章。这篇文章就是 E. M. 福斯特《小说面面观》的最初版本，以俄语形式发表在第二期《俄里》杂志上，同期杂志还刊登了米尔斯基对 T. S. 艾略特诗歌热情洋溢的评论（"他无疑是英国最伟大的诗人，甚至可能是战后欧洲最伟大的诗人"）。哈里森为牵线搭桥有所成效感到满意，更令她感到激动的是，她促成了俄国流亡知识分子和布卢姆斯伯里文人之间真正的合作。在梅克伦堡街那间小小的房子里，哈里森帮忙促成了影响力远远超过广场范围的学术项目。

《俄里》期刊最终只是昙花一现：第三期质量已明显下降，也是最后一期内容——米尔斯基、诗人谢尔盖·叶夫龙和音乐家彼得·苏夫钦斯基三人争论不休，陷入内讧。但出版于 1928 年的第三期有一篇由米尔斯基撰写的非常重要的评论文章，评论对象正是简·哈里森和霍普·莫里斯的作品："伟大的俄国友人……当代英语文化界的权威人物。"米尔斯基在文章中指出，哈里森在学术兴趣方面兼收并蓄、毫无拘囿，这些兴趣无不坚定地主张"摧毁'维多利亚时代'世界观，解放受清教束缚的思想"。哈里森逝世之后，米尔斯基在某次纪念演讲中重申了这一话题，认为哈里森的作品和弗洛伊德的精神分析学说、陀思妥耶夫斯基的作品并立，在二十世纪早期思想革命中扮演了极其重要的角色。"从希腊花瓶研究，到原始宗教研究，再到弗洛伊德和托尔斯泰，"米尔斯基总结，"在此伟大历史时代的交汇处，哈里森的研究路径将会是英语世界思想变革进程中最具启发性的表述。"

哈里森自称"一战"结束后十年内都没再捧起一本有关希腊的书。她过去专攻古典学时都是独立开展研究，在新家，她创作的作品都是在环境激发下、在友谊浇灌下与人协作的创新之作。哈里森在梅克伦堡街生活期间重新回归《忒弥斯》，为新版本写了一篇全新的序言，还请吉尔伯特·默里写了导读。为了阅读《爱达经》，她开始学习冰岛文，同时跟着伊斯兰学者盖伊·勒·斯特兰奇继续学习 1921 年开始学习的波斯语（"在很多方面来说，波斯文明都是我接触过最丰富的文明"）。哈里森对新奇观念的兴趣丝毫未减，某次阅读时还无意发现了一个惊人的巧合：古代对俄耳甫斯的崇拜和但丁的作品有可能都源于伊朗早期的传统，这一偶然发现促使她在仪式和语言、文学和历史之间建立了连接。她找到一本《古兰经》评论，坚信自己发现了语源学上跨文化、跨宗教传统的相互影响，这一发现将"撼动整个末世论、正统论、俄耳甫斯研究的原有秩序"。几十年前，哈里森发现早期母系氏族的证据，震惊学界，如今，她同样非常高兴能有机会向世人证明：一部西方文学的经典之作和古希腊的祭祀仪式这一雅典民主制的根基——雅典民主制时至今日仍被视为理性秩序和启迪思想的典范——都起源于另一个完全不同的东方宗教传统。这正是哈里森最享受的、可以颠覆原有秩序的工作。但就在哈里森的学术兴趣回归重生神话之时，她的健康状况开始恶化。她写道："身体不争气，不得不暂缓一个月再投入研究。"1926年9月前，她欢天喜地地为"重写神话"做计划。但是身体疾病让她难以集中精力，这年她寄给杰茜·斯图尔特的明信片上画了栖在沙地上的两头毛驴，旁边用钢笔标着两人名字的缩写，J. E. H. 和 H. M.，还有一句"无所事事"。

在梅克伦堡街的日子，简·哈里森始终受到血压问题的困扰，她渐渐习惯了躺在花园的躺椅上，身上盖着绿色的毛毯。她会在这里口述信件，由霍普帮忙记录。霍普回忆，哈里森"总是那样文思敏捷，用词文雅，我还记得她狡黠的神情，我总是时不时会发出笑声"。1927年6月，哈里森前往坎伯探访一位朋友，但是静脉炎病情加重，她最后甚至不得不坐救护车回伦敦。8月底，霍普给默里写信，从措辞来看似乎是松了一口气，"她已抵达阴间之门的门口，不断往返，目前来看，阴间之门已在她身后合上"。在一支由医生、护士组成的医疗队伍（其中一位住在梅克伦堡广场，还有一位专门从哈利街请来）以及一位"体格健壮如赫拉克勒斯的按摩师"的精心护理下，哈里森身体恢复了健康状态，但行动大大受限。除了在1928年1月16日去威斯敏斯特大教堂参加托马斯·哈代的葬礼之外，她大多数时间都在床上度过。就在梅克伦堡街这栋房子小小的客厅里，霍普给哈里森念信，时常去门口拒绝前来探望的访客。那些早就怀疑霍普企图让简彻底告别过往生活的老朋友们私下里纷纷议论，指责霍普"拒绝他人的善意"、"紧张过度"，但也都承认她显然"非常焦虑，非常用心"。弗吉尼亚·伍尔夫当时正在塔维斯托克广场写《一间属于自己的房间》，也前来探访过几次。

1928 年 4 月 15 日，简·哈里森在梅克伦堡街与世长辞。支气管肺炎是直接死因，同时，在生命的最后几周她还受淋巴性白血病的折磨。据霍普写给塞拉菲玛·列米佐夫的信中称，哈里森得这个病或许是适宜的，因为"这种病通常只攻击年轻人"。塞拉菲玛回信道："亲爱的 N. V.，谢谢你专门写信告诉我 E. K. 生命中最后的日子，我将永远铭记她……E. K. 走的日子是我们民族复活节的第一天。据说这天离世之人的灵魂会直接升入天堂。"

1928 年 4 月 17 日，弗吉尼亚·伍尔夫在日记中记录了一场沉痛的相遇，地点位于圣乔治花园，就在梅克伦堡广场后面那块年岁已久的墓地：

> 凄风苦雨，穿过墓地时看见了霍普和一位身穿黑衣、气质文雅的女性。她们径直从我们身边走过，眼底似乎闪过一丝犹豫。下一刻，我听见有人叫弗吉尼亚，转过身，看见霍普回身向我走来。"简昨天走了，离开了这个世界。"她轻声道，仿佛身在梦中，语气不胜悲怆。我们在克伦威尔将军墓边，这个雪莱过去常常散步的地方，相拥吻面。上次，就在墓地不远的那间客厅，哈里森躺在床上，靠着枕头，像位久受岁月蹉跎的老人，她的生命曾激流浩荡，如今已呼啸远去；她有尊贵的地位，没有遗憾，疲惫不堪。

霍普后来收到一封伍尔夫寄来的便笺，信上的内容让她永生难忘。"上面只有一句话，"霍普告诉朋友瓦莱里·艾略特，她的丈夫 T. S. 艾略特刚刚离世，"但是这一句话抵过其他所有信件加起来的总和：'记住你曾经拥有的。'"

据一位纽纳姆学院的学生回忆，简·哈里森曾在某次晚宴上提出，每个人在生命中都有一个自我最为完整的阶段：有些人在年纪轻轻的时候就攀登上了人生的最高峰，此后再没能超越；有些人会沉淀、酝酿，然后在中年之际臻于芳醇；还有些人或许一生都在经历种种失意，直到晚年之际才等到幸福的降临，成为一位"快乐的老太太"。住在梅克伦堡街的简·哈里森在回望漫长一生之时，或许会认为她的那个阶段正是七十多岁时。曾有人问她是否愿意回到年轻的时候，哈里森则指出这是一个愚蠢的问题："你无法回到年轻的时候，人只经历一次年轻的阶段。你不能把形成今日之你的那个雪球再滚回去：存在的不是'你'这个人，而是你的生活。"这一观点与多萝西·L.塞耶斯的观点遥相呼应：年轻被赋予了太多的重要性。在这两位女性的人生经历中，二十多岁都是最焦虑、最尴尬的年纪，她理应美丽、理应女性化、理应结婚。这些社会压力在这个年纪达到巅峰，她们选择背离传统的生活方式，可这时又尚未有任何成就或功业足以证明她们的选择是正确的。只有等到她年岁渐长，世人才意识到那些知识的积累、经历的丰富使她成为值得尊敬的人，将她塑造成了她真正的模样。

1909年的时候，奥古斯都·约翰之所以称哈里森"很难用画笔描绘"，是因为他察觉到哈里森是一个尚未定型、仍处于发展之中的人物：他用画笔定格下来的仅仅是主人公那漫长、复杂、多姿多彩的人生之中的某个瞬间。如果不是受疾病所扰，哈里森在梅克伦堡街的创作会在她留给世人的馈赠中占据更重的分量。在人生最后几年里，她在布卢姆斯伯里不依附任何人生活，坚持独立工作，身边围绕着知识分子、进步分子，依旧学习新语言、接纳新思想，每天都和往常一样充实、丰饶。以《一间属于自己的房间》来纪念她的一生应当是恰如其分的，她的一生是在智识上踯躅摸索的一生，作为一位女性，她坚定地选择直面来自社会的种种批判，探索一种让她能够遵循本心、将激情注入工作的生活方式。如身边好友所说，从这个角度而言，她永远保持年轻。"我从来没意识到她已经七十七岁了，"利顿·斯特雷奇听闻简·哈里森的死讯后，在写给罗杰·弗莱的信中说道，"真令人不胜惋惜！拥有这样丰富经验和多面个性的人物就这样离开了人世。这不禁让人诘问，她为什么无法长长久久地活下去呢？唉！世间再没有像她这样的人物了。"

撒玛利亚妇人，吉尔福德广场，1912 年

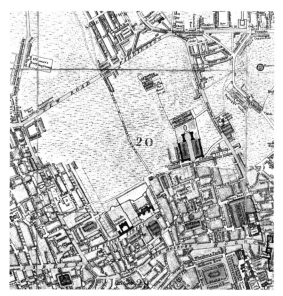

布卢姆斯伯里地图，约翰·凯瑞（绘于 1795 年，上图）

爱德华·斯坦福（绘于 1897 年，下图）

H.D. 在梅克伦堡广场，1917 年（上图）

H.D. 和珀迪塔（下图）

理查德·阿尔丁顿（前排最右），1918年

The first degrees 1920

第一批女毕业生，1920 年 10 月

多萝西·L.塞耶斯在侦探俱乐部，1939 年

艾琳·鲍尔在戈顿学院授课，1915 年左右

EILEEN POWER

invites you to a

Party

on

〰〰〰〰〰〰

from 8.30 to 12 p.m.

Dancing in the kitchen: morning dress

〰〰〰〰〰〰

R.S.V.P. 20 Mecklenburgh Square

London W.C.1

厨房舞会邀请函

艾琳·鲍尔和 H.G. 威尔斯，二十世纪三十年代

伦纳德·伍尔夫和约翰·莱曼在霍加斯出版社

弗吉尼亚·伍尔夫在修士之屋的花园，1926 年

《掠地飞行的飞机》：黛安娜·加德纳的木版画，
展示从罗德麦尔村上空飞过的飞机，1940 年

轰炸袭击过后的梅克伦堡广场（北面），1940 年

吉尔福德街，1940 年

第五章

艾琳·鲍尔
（1889—1940）

梅克伦堡广场

20 号

1922 年 1 月—1940 年 8 月

"我不觉得自己像个大学老师。我想写书。哦天，哦天！"
——艾琳·鲍尔写给马格丽·斯普林·赖斯（Margery Spring Rice）
的信，1911 年 5 月 17 日

在收到那封足以决定人生轨迹的信件时，艾琳·鲍尔正在马德拉斯。鲍尔这年三十一岁，是剑桥大学戈顿学院一名教授中世纪历史的讲师。作为第一位接受阿尔伯特·卡恩旅行奖的女性，她正在进行她的全球探访之旅。阿尔伯特·卡恩旅行奖为选中的学者提供奖金资助，供他们在一年之内探访全球各地，"研究与比较各民族之间的风土人情，不同国家之间的政治、社会、宗教与经济机构"，以期这些学者在探访归来之后"能更好地指导、教化国民同胞"。卡恩是一位特立独行的慈善家，他主导的"地球档案"计划派出了十多名摄影师前往世界各大洲，目的就在于用彩色照片的方式记录下人们的日常生活。在鲍尔眼中，卡恩是一位"开明的银行家，给你一千英镑让你环游世界，叮嘱你务必使自己那狭隘的学术眼界变得开阔"。对于鲍尔而言，能得到这一奖项实属意外之喜：对她进行面试的面试官曾带着狐疑的语气评价她"可能之后会步入婚姻，'违背这份奖项的初衷'（原文如此）"，她也早就做好了奖项最终被颁给一位男士的心理准备，而对于一位男士而言，相同原因就算不上是反对理由。1920 年 9 月，鲍尔离开剑桥大学，生平第一次离开欧洲，独自一人踏上了一趟勇敢的旅程，目的地包括埃及、印度、中国、日本、加拿大和北美洲。

在埃及的亚历山大，鲍尔遍览市集和露天的手作工作室，细细观赏路边的手工艺人劳作，他们有的在精心锻造精致的金链，有的在为色彩亮丽的披巾编织精美的流苏穗带。在印度，她受到本地人的隆重接待，一同参加晚宴的一般有政客、记者和革命家。每场晚宴几乎都只有鲍尔一名女性，她在剑桥大学口袋日记中记录她"享受这样新奇的体验：人们从'我'的角度来谈论政府弊病"。这期间正值激变时期：印度国内激进主义分子积极主张推翻英国殖民统治、重获民族独立性，亲身深入这一国家的政治生活因此格外扣人心弦。这年夏天，印度发起新一轮的民族独立运动，国内反响热烈，鲍尔希望尽力去贴近这轮运动的起因，了解相关的方法。12 月 21 日，有一位当地上流阶层的殖民地长官邀请她前往他的俱乐部跳舞，鲍尔拒绝了他的邀请（她对朋友说过，"身在印度这样一个分裂的社会环境，我无法安心做一位享乐的女士"），选择来到国大党那格浦尔年会，挤在乌泱泱的人群之中。当晚，国大党在年会上宣布采取圣雄甘地所倡导的全面不合作策略，鲍尔成为在场亲眼见证的六位欧洲人之一。在德里，鲍尔以和平主义者、工党成员的身份与甘地短暂会面，两人坐在地板上，谈论各自国家的未来。离开德里，鲍尔一路北行来到开伯尔山口，这里是古代丝绸之路上连接欧洲与印度、中国这两个巨大市场之间的重要通道。到那儿之后才发现，根据某条英国法规，女性无法从这个通道通过。后来，接待鲍尔的人收到一封边境官员寄来的言辞激愤的信：他们发现鲍尔居然装扮作男性，畅通无阻地通过了他们的关卡。

"我对这些国家抱有浓厚的兴趣，它们令我深深着迷，"鲍尔在给旅行奖的最终报告中写道，"但我的心义无反顾地迷恋上了中国。"她在中国待了两个月，这时的中国正处于社会与政治的激荡期。工业和教育业阔步发展，白话文运动如火如荼，为现代文学革故鼎新增添助力，青年女性对投票权的热切"远甚于我以往见过的所有妇女参政论者"。在印度的英国殖民地，在中国的英国租界，鲍尔通过与当地人、政府代表的交谈，第一次真正感知到大英帝国作为一个复杂的实体，"在历史课本以外，在那个无时无刻不处于争论之中的社会以外"，所具有的对整个人类社会的影响。鲍尔近距离观察到"西方各强国之间的敌对正在东方制造出与日俱增的问题"；离开中国后，鲍尔敏锐地认识到，"尽管眼下面临着由西方各强国制造的种种问题，但中国只要奋发图强，必将成为现代一支强大的力量"。这趟环球之旅赋予鲍尔将贯穿她今后所有作品的好奇心与同理心，让她立意书写身边所处环境以外的历史。"阿尔伯特·卡恩旅行奖是破除我旧日桎梏的根源，"她在给同为中世纪学者的乔治·戈登·库尔顿的信中写道，"我的心开始从中世纪这一历史时期飘远。作为调和，我想我会开始研究中世纪欧洲与东方的贸易往来。"

20

1920 年 12 月 4 日，鲍尔在马德拉斯的托马斯·库克办公室收到了滞留三周的邮件包裹，里面有一封信来自伦敦政治经济学院这个她曾度过两年学习时光的地方。学校邀请她担任经济学史讲师，于来年秋季学期开始授课。鲍尔在《印度时报》上读到了那则"令人激愤无比"的新闻：剑桥大学否决为女性授予正式学位的提案。和简·哈里森一样，鲍尔感到幻想破灭，她在这里学习、教学已有十年，这份提案遭到否决，让她感到自己被剑桥大学背叛。"这是我生命中的至暗时刻，"鲍尔在给伦敦政治经济学院经济史教授莉莲·诺尔斯的信中写道，"牛津大学之所以同意授予女性正式学位，女性之所以能够获得投票权，仅仅是因为这些措施推行时恰逢大众有感于女性在战争期间所做出的卓越贡献的触动情绪达到巅峰的时候。现在这个时机过去了，大众的触动情绪也已经退潮，人们又开始对女性的原有处境习以为常：她们所具有的价值和过去没有分别，不应当要求更多。在我们眼中，女性的价值本身就包括被授予正式学位的权利、投票表决的权利。但在男性根深蒂固的观念之中却并非如此。"鲍尔在平安夜给伦敦政治经济学院回信，表达了她的希望——与哈里森曾向纽纳姆学院表达过的希望如出一辙——她的时间不能完全被教学占据，她的岗位应当提供许多时间供她投入纯粹的研究（"我唯一真正在乎的事"）。学校方面给了肯定的答复，于是，3月6日，在从缅甸仰光到中国上海的轮船上，鲍尔写回信正式接受这份职位。乘船从日本到加拿大的途中，鲍尔恰好与伯特兰·罗素以及他怀有身孕的妻子多拉·布莱克同行，他们沿途热烈讨论政治、文学和女性主义，时不时被一大群想要拍下罗素照片的记者的闪光灯打断——正是在此期间，鲍尔在给好友的信中谈起，在远离家园千万里之外的地方做下这样一个重要的决定有多么困难。

　　"我正在考虑转变生活方式，所以当他们写信过来提供这一职位（我没有主动申请）的时候，我就同意了，"鲍尔解释道，"我犹豫了很久，因为这份教职会比之前需要承担更多教学任务，酬劳却只有可怜的五百英镑——无论如何，我想在伦敦生活一段时间……所以，我想先租间公寓，租期先定一个学期左右，找个性格和善的人合租。我当然想有独立居所，但我能承担的独立居所肯定空间狭小，容纳不下我的许多书。所以，如果你或身边朋友知道布卢姆斯伯里有合适的公寓，请告诉我……我从中国带回来一些很棒的家具和挂饰。"她写信给学院院长威廉·贝弗里奇说非常期盼展开全新旅程，认识新同事、新学生，或许还能有机会把旅行中的观点提炼利用起来。"你无须担忧我无法投入新工作，"她向院长保证，"因为我已经疯狂地迷恋上了当下的研究！"

　　鲍尔将波士顿作为全球之旅最后一站，在那里见到了文学偶像、H.

D. 的好友艾米·洛威尔。（"我十分吝惜你不在写诗的每一刻。"鲍尔写道，为耽误偶像的时间感到不安。）1921 年 9 月，鲍尔取道纽约，抵达伦敦，十天后就开始了新的工作。她在贝尔格莱维亚区住了一段时间，年末开始着手寻找能长期居住的住所。1922 年 1 月 30 日，她高兴地写信给库尔顿，说自己找到了一个"相当完美"的住所，和另一位同为老师的好友玛丽昂·格特鲁德·比尔德合住，令人激动的全新独立生活展现在她的眼前：

> 此刻我的心情万分激动。经历了那么多辛苦，我终于在梅克伦堡广场找到了一处极合心意的住所，房子正对着一处树阴遍地的花园，学期末我应该就能搬进去。我还找到了一位合适的室友，她几乎只有周末才会在房间里，而我周末通常又不在家。我认为应当有许多的朋友，但是独自居住。我也说不上来，在确信自己生来不适合群体生活这件事上，究竟是戈顿学院的经历还是研究中世纪修女院的经历对我影响更大。

⓴

我们对艾琳·鲍尔的私人生活知之甚少。1940 年，年仅五十一岁的鲍尔突然离世，此后她的妹妹烧掉了她大部分的私人信件，有意为其记叙生平的传记作家能找到的资料与神秘的简·哈里森留下的资料所差无几。两位女性终生为重现被遗忘的历史而努力，也都度过了无畏而精彩的一生，但都选择了抹去自己的过往，个中缘由我们已无从知晓。至少在进入伦敦政治经济学院执教、成为享有国际声誉的公众人物之后，鲍尔为马格丽写下的那些真情实感、充满智慧、风格写实的长信逐渐散佚，她在戈顿学院留下的档案原本是一个厚厚的文件夹，装满写得密密麻麻的手写文件，也成了薄薄的文件夹，只装着一些简短、关于学术方面的信件和一叠有关课堂、研讨会、论文、广播和书籍的笔记和计划本。我们只有在他人的回忆中能瞥到些许鲍尔的性情：她热爱爵士乐，有一次，她和一位非洲裔美国演员保罗·罗伯逊（和 H. D. 、布莱尔一起参演了 1930 年先锋电影《边境》）被拦在苏活区石像怪俱乐部门外，她当下就放弃了俱乐部会员身份；她曾受邀为《世界名人录》写篇简短的自传，兴趣爱好方面她填了"旅行和跳舞"；她用收入购买现代珠宝和来自巴黎沙龙的华美衣饰，这一点让戈顿学院不好华服的教师疑惑不解（"我强烈感觉到，从学术视角看来，我的服饰极其不符合身份。"她告诉马格丽）。但这些生活细节更多是向我们展示了鲍尔主动展现给世界的一面，而不是她真正的内心世界。鲍尔向公众展示的自我永远是精心构建的：一位女性，也是一位严肃学者。她希望借此打破一种困境，即，对于像她这样在专业领域走在前列的女性学者，公众因其"女性特质明显"的装扮和她们为外在美花费心思而没有对她们付与应有的尊敬。在破除这类偏见的道路上，鲍尔不是第一人，也不是最后一人。

鲍尔离世后，相关讣文——多数出自男性历史学家之手——在生平评价中称颂鲍尔学问研究"深入浅出"，"学养深厚而谦逊内敛"。经济史领域泰斗约翰·哈罗德·克拉潘评价鲍尔"可以在满桌男性中参与谈话"，仿佛这对于鲍尔这样一位优秀的专业学者是多么值得夸耀的成就似的，不过，克拉潘也补充道，因为鲍尔"无论从外表还是谈吐上都不像位教授"。历史学家兼外交官查尔斯·韦伯斯特回忆道，他有一次在哈佛大学参加为鲍尔举办的庆祝晚宴，身着一袭华美晚礼服的鲍尔姗姗来迟，满桌的老古董学者意识到"我们聚集在这里为其庆祝的博学女性，竟就是眼前这位迷人的女性"，韦伯斯特确信现场响起了

"一阵惊讶的抽气声"。G.G.库尔顿回忆第一次遇见鲍尔的情景。当时，库尔顿正走在路上，鲍尔走上前来打招呼，向他请教关于中世纪女性生活的资料来源。库尔顿坦言，当时他注意到鲍尔富有特色的着装风格和显而易见的个人魅力，"理所当然地认为这只是某位一时迷恋做'研究'的时髦女孩"。直到两年后，库尔顿读到鲍尔撰写的足足有七百页的中世纪修女院研究报告，发现这份报告是"迄今为止在这一主题的所有欧洲语言报告中质量最高的研究"，这才意识到自己最初对鲍尔的设想简直大错特错。在鲍尔看来，追求美丽的服饰、具有幽默感与在学术方面严谨周密并不相冲突。但试想，或许有许多女孩误以为需得严丝合缝地符合学术人物的条条框框才能追求学术事业，因而熄灭了对时尚的"热情"，这一点不能不让人警醒。

　　为鲍尔写讣文的这几位男性都是她一生之中的至交好友或精诚协作的同事；在交游中，他们爱她、支持她，但言语中却透露出艾琳·鲍尔在群体之中仍属异数。她在证明自己的学术能力之后，他们以和蔼的风度接受了她，把她作为群体中的荣誉成员，但关于她学术水平和个性的评判标准却在他们那里。从某种程度上来说，鲍尔看起来对这种预设不以为忤，她非但没有因此隐藏起女性美，反而愈加张扬，因为她自信自己的智慧和深厚的学识将让那些低估她的人跌破眼镜。然而这并不意味着鲍尔就没有失落感。她一直都清楚自己的薪酬相比男性同事更低：当她受邀参加国际巡回演讲时，不得不主动提出加薪，当知名大学授予她荣誉学位时，她必须自己要求等级更高的评定。即便被任命为教授这样具有国际声望以及相应行政职务的岗位，薪酬增长的幅度与她对工作的时间投入也完全不相匹配。高级讲师一职原本应有八百英镑年薪，但学校在1921年提供给鲍尔的只是年薪五百英镑的讲师职位。鲍尔在接受的时候，表示希望这个职位只是一个开端，"在没有当地固定居所的情况下，我没办法在伦敦这样一座城市维持这份工作太久。说实在的，这一职位及不上我所做的工作"。鲍尔立意将教育扩大到学术机构之外，因此积极参与广播、童书、大众科普、公共讲座等工作，这些精力的投入相应地减少了她的学术成果；她对于创作受众仅限于其他学术工作者的枯燥大部头兴趣寥寥，正如她曾在一篇文章中写道，"就像政治经济学书里面的社会群体，相互吹捧以勉强维持生计"。鲍尔的许多成果都仅以笔记、未曾出版的讲座的形式留存下来；她馈赠给世人的丰厚遗产之中有一大部分都是无形的，留存在孩童形成世界观之初的模糊印象里。

鲍尔清楚地认识到，用简·哈里森在1914年说的话来表达，"所谓女性所具有的美德，大体上都是由其从属社会地位养成的"。多萝西·L.塞耶斯在1938年论文《女人是人吗？》中尖刻地指出："女性总被作为阶级中的成员来评判，而不是作为独立个体，这一点无比令人厌烦。"与她此观点相似，鲍尔也对这样的社会体系大加鞭挞："当下的社会体系如此急于让人们保持正确，以至于行之有效地让他们远离了真实。"在一篇早年发表的论文《女性在剑桥大学》中，鲍尔回忆曾被人要求就某一问题提供"女性的观点"，对此，鲍尔给出的回答与塞耶斯惊人地相似："一位女性对于艺术与科学的观点与她作为女性的身份无关，仅仅是出于一位作为个体的人的观点……其中的区别仅仅在于是优秀的书籍还是糟糕的书籍，思考方式是偏于冷静理性还是感性而富有激情，而不是出自男性还是女性。"艾琳·鲍尔的人生故事是努力为女性知识分子塑造全新形象，开辟鲜有先例的生活方式：破除邋遢才女的刻板印象，树立既能享有崇高国际声誉、又能欣赏通俗流行风尚的专业女性全新形象，她的社会地位由做出的工作而非家庭出身所定义。正如H.D.希望找到具有普遍性、不因性别而有差异的声音，正如塞耶斯竭力为那些"情感细腻且头脑睿智的不幸女性"思索恰当的平衡，艾琳·鲍尔同样追寻矛盾而互洽的自由，追寻丰盛而激动人心的生活，"撷取生活所能给予的一切可能"。

在梅克伦堡广场生活的这十八年，鲍尔不受社会规训束缚，随心生活，与此同时，她致力于将这种权利扩大至更广泛的层面，无论种族、国度、阶级划分。身边的人受鲍尔感染，将她视作榜样典范。朱迪思·德·马尔菲·曼图阿诺于 1926 年至 1929 年就读于伦敦政治经济学院，她最初从电话本上查到这所学校，从匈牙利孤身一人来到伦敦；她的父母非常富有，但没有为她求学提供任何经济支持，只因他们认为求学是在浪费时间。她无法承担独立住所的费用，担任其导师的鲍尔就让她同住。朱迪思后来写道："在老师那座位于梅克伦堡广场 20 号的房子里，仿佛迷雾消散、地平线显现，我逐渐辨认出另一个世界的形状……在这个世界中，男性和女性并非作为成员隐没在各自的群体之中，而是作为个体的人，依靠自己的长处获得成功。艾琳·鲍尔让我看见了女性能够企及的可能。"

1908 年，正在剑桥大学念本科的艾琳·鲍尔模仿童话故事，创作了一篇戏作《倔强的公主》交给研究导师，还以一位长着獠牙、爽朗快活的少女为主人公画了精美的插画。国王和王后执掌着"戈顿这座红色的城市"。国王与王后为女儿艾琳举行受洗仪式，所有的女神都前来送上各自的祝福，除了正在遥远的地方参加战斗的女战神贝罗纳；贝罗纳的缺席确保"艾琳公主成人之后会珍爱和平"。公主不愿嫁给父母为她安排的丈夫，被锁在塔里。戈顿的一位店员救了她，希望她能像

"任何一位自重的女主角一样"以身相许，回报"他为救她所付出的巨大努力"。艾琳公主依旧拒绝了他。她攀上一架路过的齐柏林飞艇，请求能送她一程。飞艇上的飞行员大吃一惊，问她是否真的愿意和一位"受人唾弃的德国佬"一起飞行。艾琳公主回答道："我们是国际主义者！"于是两人一起逃到中国，"从此过上了幸福美满的生活"。

这则在某种程度上堪称是自传文学的童话戏仿之作，以精妙的幽默感简洁地勾勒出了鲍尔终生秉持的政治观念，集鲍尔始终信奉的女性主义、和平主义和国际主义于一体，还包含了她对个人自由的不懈追求。艾琳·鲍尔出生于1889年，在曼彻斯特附近的奥尔特灵厄姆长大。三岁那年，她的家庭发生重大变故，从此破裂，鲍尔的童年也被蒙上流言的阴影，羞耻感和对父权权威的幻灭更是从此如影随形。鲍尔的父亲原本是证券经纪人，伪造客户签名贷款私用，总金额达两万八千英镑（相当于今天的三百五十万英镑）。他被宣布破产，因欺诈罪入狱。艾琳的母亲玛贝尔·格林德利·克莱格穷困难支，带着几位女儿搬到伯恩默思。也许是出于对母亲的忠诚，也许是因为自己的愤怒，艾琳再也没见过父亲，也很少向朋友提起他，只有一次无意中向马格丽提到，她直至今日仍残存着"突然发现父亲登上每日新闻"的恐惧。艾琳十四岁那年，母亲患肺结核不幸离世，临死前留下遗言，希望女儿们能接受最好的教育。之后艾琳和罗达、贝丽尔两位妹妹搬到牛津郡，和外祖父母及几位姨母一起生活。或许因为是清楚受父亲的丑闻影响，几位女孩子几乎不可能得到有利的婚姻，外祖父母和几位姨母下定决心将几位女孩培养成有能力独立生活的人，竭尽全力供几位女孩进入牛津高中学习。当时，这所高中的升学率非常高，许多学生顺利考入大学（凑巧的是，简·哈里森在1880年的时候曾在这里任教一学期）。1907年，长辈们的远见获得了回报：艾琳获得了剑桥大学戈顿学院的奖学金，在三年的学习之后获得了非正式的历史学一级优等学位。

　　学院生活相对封闭，对女性有着最大程度的支持，但学院环境之外的社会环境却并非如此。鲍尔正是在戈顿学院结识了那些启蒙者，她开始认识到女性在社会整体环境中所面临的政治困境。大名鼎鼎的经济史学领军人物埃伦·麦克阿瑟是鲍尔的老师之一，她也是妇女参政权利的公开支持者。伯特兰·罗素当时的妻子艾丽斯·皮尔索尔·史密斯也给予了鲍尔极大的支持，她也是简·哈里森的密友、鲍尔大学好友卡琳·科斯特洛（两人曾一起度过好几个暑假）的姨母。艾丽斯带着艾琳参加了她生平第一次妇女参政权集会，还把毫无心理准备的艾琳一把推上讲台。艾丽斯察觉到艾琳是一位颇有潜力的学生，拉动艾琳和自己的两位外甥女（卡琳和雷，其中雷·斯特雷奇后来将妇女运动的著名历史写成了《英国妇女运动简史》）一起参与争取妇女参政权相关的运动。艾丽斯的家位于伊夫利的宅邸街道，地理上距离位于牛津郡伍德斯托克路的艾琳姨母家不过几英里，但在艾琳眼里却象征着另一个完全不同、对她有着巨大吸引力的世界。她在这里领略时常举行聚会的奢侈生活方式、汽车探险活动，聆听关于婚姻、哲学和政治的公开讨论，认识到这里的人们心照不宣地相信个人的行动，无论是公开的还是私下的，都能对社会有真正的影响。这里大胆的对话常常让艾琳无比震惊，"我清楚地认识到自己的浅薄，"她告诉马格丽，"因为这里的人都是如此才华横溢。"艾琳还在这里认识了卡琳的另一位好朋友霍普·莫里斯，这位令她印象深刻的女性所具有的优雅教养是那样浑然天成，她甚至能在夜晚舞会上顺利逃过几位年长女伴的密切看管，"有那么一两次或者更多次，偷偷跑出去"。"我简直爱上了莫里斯这位女孩。"惊叹不已的艾琳写信给马格丽说道。

　　没有证据能表明艾琳·鲍尔之后与莫里斯之间保持有任何联系。艾丽斯宣告将尽一切努力"推动"艾琳，"试着将她从高中教师的命运中解救出来"，这令艾琳十分振奋。和这个年纪的多萝西·L.塞耶斯一样，鲍尔对于"成为一名教师，沿着枯燥乏味的职业路径跌跌撞撞地前行"持有谨慎的态度。尽管在艾丽斯的启蒙下，鲍尔已经认识到女性所遭受的不公正待遇，但此时的她依旧尚未找到更合适的人生道路。鲍尔回到戈顿学院，担任全国妇女选举权协会联盟学院分会中的职员，和米莉森特·加勒特·福西特一起在会议上做过两次演讲。鲍尔开始在信中花费大量笔墨抨击"丑陋的"社会制度，这个制度将"世界分成作为男性的男人和作为女性的女人，而无法想象作为人类个体的存在"；她和叔叔们激烈争执，"在叔叔们谈论关税改革及上议院的优点时，她会提出极度激进的提议，让叔叔们恼火"；某次在俱乐部，鲍尔听到一位法国男人"宣称女人的人生使命就是成为妻子和母亲，而男人的领域则是'理性、头脑和学识'"，当即用法语和对方展开论辩。"我从未如此愤慨，"鲍尔告诉马格丽，不过最后的胜利是属于鲍尔的，"在我摧枯拉朽的攻势下，他简直垂头丧气、一败涂地。"

鲍尔从未动摇过踏入所谓"男性领域"的决心。1910年离开戈顿学院后，她获得了巴黎大学的奖学金（"在香烟、谈话和名望的氛围中，过一种波希米亚的生活"）。她在这里写下一篇论文，研究对象是爱德华二世的王后——法兰西的伊莎贝拉。这位"在其生活时代最为声名狼藉的女性"，她的一生，在鲍尔看来"交织着无数的爱人、谋杀和阴谋"。鲍尔非常享受在巴黎度过的日子，她一天天泡在卢浮宫、克鲁尼博物馆，尽情欣赏中世纪艺术，在给马格丽的信中悲痛地诉说她的法语老师的穷困，这位法语老师是一位单亲母亲，生活在一群"诗人、女性主义者和激进变革者"之中，依靠缝纫支撑生活："马格丽，你能想象吗？这样一位才华横溢的女性，不得不终日像奴隶一样做着（她厌恶的）针线活，而报酬却只有微薄的那么一点点。"巴黎生活尽管给予她新鲜的刺激体验，鲍尔却没有留在这里念博士——1911 年夏天浮现了新的机遇：鲍尔得到一份慷慨的奖学金资助，将作为萧研究学生受邀前往伦敦政治经济学院深造。和当初的简·哈里森一样，鲍尔迎来的新机遇同样也是来自女性的馈赠，这也成了她日后成为历史学家的起点。萧研究学生奖学金由夏洛特·佩恩·汤曾德·萧（萧伯纳）于 1904 年设立，她是一位杰出的女性主义者，也是乔治·伯纳德·萧的妻子。奖学金设立之初，一连前五年获奖者都是男性，夏洛特因此定下规定：该奖学金今后将只颁给女性，专门用于支持对妇女生活的研究，希望同辈创作的论著能为妇女历史塑造出亟须的标准。

这时的伦敦政治经济学院，对于鲍尔而言可以说是开创研究事业的理想地点。伦敦政治经济学院由主张社会主义的费边社[1] 成员创立，包括悉尼·韦伯和比阿特丽丝·韦伯，乔治·伯纳德·萧，格雷厄姆·沃拉斯。自创立以来，学院一直是伦敦左翼活动的中心。1894 年，费边社成员亨利·亨特·哈奇森律师自杀前在遗嘱中指定悉尼·韦伯为遗嘱执行人，并明确将两万英镑遗产用于推动与社会主义相关的活动。费边主义相信，要应对当下英国普遍的不平等现象，社会主义是唯一切实可行的出路。受此委托，韦伯夫妇决定在伦敦创建一所学校，创办模式效仿巴黎的自由政治学院，经济学学生在研究中会受到教授和投身于社会改革的积极分子的支持，教学重点在于职业训练和经济理论在实际问题中的运用。伦敦政治经济学院从创始之初就是男女合校，到 1904 年，学院学生已超过一千四百名，其中许多正在攻读经济学的学士和博士学

---

1 社名取自以拖延战术闻名的古罗马将军费边，意指费边社倡导的温和渐进式社会主义改革。

位这一新式学位，学院也是全英国最早授予社会科学大学学位的学校。这段时期，学院会在晚上为白天需要工作的学生重复讲课，有许多学生来自铁路公司、保险办公室或市政机关。在京士威大道和霍尔本大街之间狭窄的街道上，学院高耸的建筑物因伦敦常年的烟雾而些微着色，整个校园每天从早到晚都充斥着学习和讨论的声音。韦伯夫妇（比阿特丽丝的成就要高于悉尼·韦伯）就在不远处克莱门特旅馆通道上的费边社办公室为反贫困法运动而工作。妇女社会政治联盟的总部就设立在隔壁，房间里有许多正在制作海报标语、为宣传册打字的妇女，时不时地，她们还需要躲避警察。

在伦敦政治经济学院，艾琳·鲍尔将之前在剑桥女子学院就形成的观点转化为实践，开始研究中世纪修女院，这也将形成她第一本完整的出版专著。二十世纪早期为平等投票权而发起的斗争激起了社会对女性历史及工人阶级历史的兴趣。妇女不满政治权利被剥夺，寄希望于从历史中找到与当下社会不同的模范，借此建立可以带来变革的历史框架。许多人转向研究简·哈里森，她的作品提供了丰富的证据，证明女性从属地位并非基于任何的"自然"秩序，而是在漫长时间中被精心构建的。鲍尔和她的朋友——其中有历史学家艾利斯·克拉克、薇拉·安斯蒂和艾维·平奇贝克——一起钻研奥利弗·施赖纳的新作《妇女与劳动》，这本书提出资本主义系统地破坏了女性富有生产力的劳动，同时因此破坏了女性的独立性（二十年后，薇拉·布里顿对此写道，"这对于1911年的世界而言，无异于吹响持续而充满号召力的号角，号召所有虔诚人员投入到艰苦卓绝的斗争中去"）。鲍尔1913年以研究导师的职位回到戈顿学院后，开始记录中世纪女性的大致生平——一项她将为之奋斗终身的工作。

引起鲍尔无限遐思的既非骑士时代罗曼蒂克故事中那些完美无瑕的

小姐，也非教堂、贵族这些将"女性视为装饰性质的财产"的描写背景。鲍尔翻遍那时日常生活记录来寻找独立劳动女性的踪迹，发现以下人群中普遍享有"实际意义上的平等"：自己名下拥有财产的农民和农场雇工，以"女个体户"名义做生意、有创业精神的寡妇，为养活家庭而在田地里或坐在长凳上劳动的可怜妇女。而当女性在周日去教堂的时候，"布道者刚说完女性是地狱之门，马上接着说圣母玛利亚是天堂的王后"。她写道："当然，中世纪绝对想不到在维多利亚时代，女性地位下降到只在家里处理家庭事务。"鲍尔希望在男性统领的世界中走出一条独立女性的道路，她希望揭示的正是这些女性的故事：她们在日复一日的寻常生活中的职责与牵念，她们与丈夫、孩子及周围世界之间的关系。

鲍尔的求索兴趣不仅仅着眼于个体，和简·哈里森一样，她强烈希望改变大众对于历史就是"关于伟大男性的人物史"的观念，打破"谈论普通市民有失历史的尊严"的预设。鲍尔的成长环境尽管有过波折，总体上仍旧属于中产阶级。但鲍尔既为宅邸街道贵族式的声色而心醉，也对在巴黎见到的贫苦生活极感兴趣，并且能在这两种割裂的世界中切换自如。在巴黎的时候，鲍尔曾亲历一场历时长久的铁路罢工，这场罢工让她感觉自己是一名"狂热的社会主义者和革命主义者"，"资本家和工人"之间的巨大社会分裂使得穷苦市民得不到丝毫权利的保障，鲍尔为此愤怒不已。现在，伦敦政治经济学院赋予她更为长远的视角，鲍尔希望研究等级制度，何以这样的等级制度会使得人们在出生以后养成如此天差地别的视角。长久以来，中世纪研究由那些维护社会原有等级的专家和怀有民族优越感的学者所垄断，他们所致力的研究是使占统治地位的权力体制变得合理并继续维持下去，他们所关注的核心是战争、王朝与国王，他们所挖掘的是那些能彰显民族品性的历史记录。

而鲍尔想要的是鲜活的历史，探究那些"普罗大众平凡的生命和他们丰富多样的活动"，并将那些对他们生活造成影响的事情记叙下来：她关注1645年芜菁传入英国——这为工业革命进展提供了足够的食物基础——而不是查理一世在四年后被公开处死；她关注银行制度和信用制度的逐渐发展，而不是某座教堂的建造史；她关注战争为每一个寻常生命带来的伤痛，而不是领土得失所彰显的重大意义。

最重要的是，鲍尔希望自己的书写能进入普通读者的视野。回到戈顿学院后，她将之前的相关研究写成《中世纪人》（1924年），一本全新领域的著作和意料之外的畅销书（1937年选入鹈鹕丛书第一辑，以平装版再版，宣传标语是"社会史学经典"）。《中世纪人》所关注的是修女院院长、朝圣者、织布工、毛织品商等人物的故事，别出心裁地聚焦平凡市民的生活，他们的生活或许与显赫的贵族、赫赫有名的罪犯或其他不同寻常、在历史上留下足迹的人物——几乎全是男性——不同，"没有那么宏大而充满戏剧性，却一样妙趣横生、引人入胜"。鲍尔明确她的目标读者是"大众读者"，关注焦点不是那些富丽堂皇的宅邸而是"历史的厨房"，文笔平易近人而极富故事性。通过细致入微的推理和生动形象的细节，她将笔下的人物——她称他们为"我们的祖先"——刻画得有血有肉，人物形象立体、引人共鸣，他们真切地忧虑着那些微不足道却对个人至关重要的事件：租金、一日三餐、照顾孩子和旅行费用的世俗压力；唱歌与游戏所带来的欢乐。历史应如何呈现？这本书宣告了鲍尔的历史观：历史应当与个人生活紧密相连，能为今日读者带来一些启迪，明智而不失趣味性。弗吉尼亚·伍尔夫熟读鲍尔的作品，当她在《一间属于自己的房间》中呼吁让"无名氏"回归到历史上她应有的地位时，极有可能受到鲍尔观念的影响。"时至今日我们依然在颂扬著名的男性，"鲍尔写道，"因为假如历史学家遗漏了某位曾在历史一页留下光辉或浪漫的印记的伟大人物，那么他一定是位不称职的历史学家；但我们在颂扬伟大人物的同时，也需要认识到这样一个事实：在伟大人物之外，那些没有留下姓名的人，那些现在长眠于不知名墓地中的普通而平凡的市民，他们同样也是历史的一部分。"

⑳

艾琳·鲍尔在伦敦政治经济学院求学时，曾严厉抨击学院的社交生活，认为学院里都是"对学问浅尝辄止的学生、自命不凡的社会主义者、夸夸其谈的费边主义者和过于一本正经的年轻人"。但当她在1921年秋天作为讲师回到这里时，她发现周围教职工全是激进分子，她之后许多学术项目都是在他们的陪伴和合作下展开的。1919年威廉·贝弗里奇接任学院院长后，学院迅速扩张，从先前拥挤不堪的临时夜间机构变成了社会学发展前沿的现代化领先大学。作为一位慷慨而自负的工作狂，贝弗里奇从政府、洛克菲勒基金会和商界争取到了数额充足的拨款，学院的年度入账增加到了原来的五倍。没有人能预料到他下一步的扩张计划，全凭他的一腔激情和募捐热情所决定。甚至曾有传言说学院为了让学生研究大猩猩的求偶习惯，将在校园里设置养猩猩的笼子。

1921年，整座校园可以说就是建筑工地：走在路上要小心地跃过水坑，上课的教室由部队的小屋改造而成，在里面讲课的老师必须放大音量才能盖过电钻的声音。这一年，学院从三十多个国家招收了近三千名学生，教师活动室里谈论着风云变幻的政治风向。二十世纪二十年代至三十年代，伦敦政治经济学院是一个中心，比阿特丽丝·韦伯称这里"聚集着叛逆的灵魂和怀有理想主义的个体"，许多人将社会改革的希望寄予刚刚起步的工党。工党于1900年成立于劳工运动之中，1924

年曾在拉姆齐·麦克唐纳的带领下作为少数派政党短暂执政，但在九个月后垮台。一直到 1929 年才重返政府，1931 年再次下台。在两次世界大战之间，学院的经济学家和历史学家致力于打造一个民主的平台，以便将社会主义引入英国，这个平台将专注于解决工党过去几十年在执政期间实际政策方面的问题；他们为重整经济制度所推出的方案将成为 1945 年后工党的行政基础。经济系教师如莱昂内尔·罗宾斯、弗里德里希·哈耶克与剑桥大学的约翰·梅纳德·凯恩斯时常就市场改革的话题展开激辩，住在梅克伦堡广场 38 号的查尔斯·韦伯斯特离开外交部直接成为史蒂文森国际史讲席教授。出生于波兰的人类学家布罗尼斯拉夫·马林诺夫斯基（住在吉尔福德街）和未来首相克莱门特·艾德礼共事，而这位首相的第一份工作就是担任比阿特丽丝·韦伯的秘书。校园里公共休息室的论辩中心往往是拥护马克思主义的政治科学家哈罗德·拉斯基，他的课堂发言直率大胆，保守党议员甚至因此公开指责伦敦政治经济学院成了"教授共产主义的温床"，强迫贝弗里奇禁止学院的马克思社团在校园内举行集会，以此安抚那些担心赞助钱财去向的商界投资者。

伦敦政治经济学院师生深度参与英国政治以及国际政治，这也是学院力量的证明。周一下午，全体教师和学生都会召开"宏大研讨会"，大家会在这一天摒除身份差异，以强烈的实用目的性探讨当今时代的相关问题。学院生活让鲍尔感到喜悦：她在公共休息室或苏活区、费兹洛维亚区的俱乐部和咖啡馆里与人进行迸发着智慧火花的谈话，与韦伯夫妇和他们的宾客在汉普夏郡的帕斯菲尔德角度过欢乐的乡村周末，在梅克伦堡广场度过漫长的晚宴。伦敦政治经济学院给予她的正是她所盼望的、不同于剑桥大学的全新生活方式。戈顿学院虽然给予了鲍尔一个友好的团体生活环境，她也真心享受这样的生活，但也"常常会因为生活之封闭而感到恼火"。在接受伦敦政治经济学院的邀约时，她曾向马格丽坦承，她已经"厌倦了团体生活"，她开始感觉被这种生活束缚住了。和简·哈里森一样，鲍尔痛苦地意识到女子学院（尤其在远离市中心的戈顿学院）在整个大学而言仍然是孤立的，处于从属地位。她感受到与《校友聚会惊魂夜》中的哈丽雅特·文相同的矛盾情绪：大学女教师之间相互支持、扶助彼此的工作，这些都很让人欣喜，但是她们明显脱离大众生活，她们的声音不具备公众影响力，这又令人沮丧。和哈里森一样，随着对政治生活的兴趣愈加浓厚，希望为自己的写作找到更广泛的受众，鲍尔开始迫切地希望离开剑桥大学。抵达伦敦让她如愿品尝到自由的滋味。

伦敦政治经济学院并没有将女性学生和老师单独划分，她们作为平等的个体与男性一起学习新知识、做学术研究。这是一座建立在平等原则上的现代化大都市大学，鲍尔很快融入这里，成为这个乐于吸纳新人的进步思想家群体中的一员。她带着满腔热情投入伦敦的社交生活，频繁光顾餐厅和爵士俱乐部，参与酒店地下室中秘密举行的政治谈话，参加公园里的集会。她在梅克伦堡广场 20 号定期举行的"厨房舞会"永远热闹非凡，前来参加的宾客中有经济学家、政客和小说家。弗吉尼亚·伍尔夫也曾是宾客中的一员，她记得在这里与市政职员亨伯特·沃尔夫分享过一包巧克力奶酪。"我享受与不同的人交往，"鲍尔在 1938 年寄给好友海伦·卡姆的信中解释她为什么没有申请回到剑桥大学工作，这封信展示了快乐的伦敦生活的一个剪影，"我可以第一天和小说家赫伯特·乔治·威尔斯共进晚餐，第二天和外交部的朋友共进晚餐，第三天和某位出版商，第四天和某位教授；我喜欢和那些在伦敦来来往往的人见面，然后把他们中的一部分变成我的拥护者。"

鲍尔一向对环境给人带来的精神影响非常敏感，因此坚定地希望将伦敦的居所打造成一个可以自由展开工作的地方。1910年她暂住在奥尔特灵厄姆的姨婆家,其间写信给马格丽沮丧地说"家里那种繁复的墙纸和马鬃沙发"是老式风格,有一种"典型的维多利亚中期特色,可这会儿维多利亚早已不再具有吸引力"。更令她压抑的是,这里人人都期望她"甜美、像个女孩样儿,展现出少女的恭顺"。"我要是在这儿住上两周,我一定会死的。"鲍尔写道。梅克伦堡广场20号的一切都截然不同。这是一间两层的屋子,鲍尔和朋友合住,好友玛丽昂·比尔德一直住到1937年,鲍尔的妹妹罗达也在1929年搬了进来。鲍尔在窗边摆了一张书桌,邻居常常能看到她工作到深夜,从中国带回来的装饰品、从巴黎古玩店淘回来的小摆设,都被她精心布置在家中。从她的书架可以看出鲍尔广博的品味:据J. H.克拉帕姆回忆,诗歌集子的数量几乎有《经济学原理》这类书的数十倍。每一个房间都摆着鲜花,装饰着具有詹姆斯一世风格的图案雅致的毛毯。"我以前从没意识到我们置身的物质环境可以对人的精神造成这么大的影响,"她写道,"以及,能有人捧来一顿精心烹饪的餐食竟可以让人的精神状态如此愉悦。"

餐食是"有人捧来"而不是亲自烹饪的,是因为鲍尔不愿家务劳作的负担破坏她新获得的自由。1922年,她一搬到梅克伦堡广场20号,立刻就请来了洁西——鲍尔之前在伦敦政治经济学院学习时,曾和卡琳·科斯特洛一起租房子住,当时洁西就是她们的管家,她是一位"受人喜爱、值得尊敬的女性"。鲍尔曾在信中描述洁西"像母亲一样无微不至地照顾着我";1923年8月,洁西因急症猝然离世,鲍尔为此十分难过。"我们是相识十五年的老朋友了,"她告诉库尔顿,"我真是无法想象,没了她我要怎么生活。她是最传统的那种家庭帮佣,一位真正的朋友。"之后,鲍尔请来萨维尔太太帮她打理家务。这是一位尽职尽责的管家,一直到鲍尔去世,萨维尔太太始终在梅克伦堡广场的这座屋子里照料着鲍尔的生活起居。鲍尔在家中举办的晚宴一向有食物精致可口、酒水挑选品味非凡的名声，这些都是出自萨维尔太太之手。（鲍尔曾以以下理由拒绝招待一位朋友："这晚我的邻居会在家中举办晚宴，我已经答应了让管家去帮厨。要是由我来为我俩下厨的话，恐怕会把你毒死。"）鲍尔年幼丧母，这几位女性在她心目中几乎等同于母亲的角色，这一点让人唏嘘；尽管双方在地位上明显不平等，鲍尔依然发自内心地视她们为真正的朋友，是在她身边给她支持、不可缺少的女性，这一点又很有趣。鲍尔很清楚正是因为管家太太的付出，她才能安心投入工作，也对此十分感激；但我们也忍不住想：作为一位社会主义者，鲍尔是否会因为自己的学术工作建立在其他女性的劳作上而心有不安。在鲍尔之前也曾在伦敦政治经济学院执教的前辈莉莲·诺尔斯是英国第一位全职教授经济史的女性，她曾告诉一位学生，"任何一位女性都能拥有一份职业，只要满足以下两个条件：第一，有位好丈夫；第二，有位好管家"。这两位女性都是在由男性统治的学术界率先开辟出道路的先驱，她们都明白，要想突破社会对女性所能达成成就的成见，女性必须拥有一整套可靠的支持体系。

　　在伦敦政治经济学院，鲍尔遇到一位也住在梅克伦堡广场的特殊同事。作为信奉激进主义的一种表现形式，这位同事致力于历史研究，他帮助鲍尔实现了自身工作的政治性影响。他叫理查德·亨利·托尼（人们一般称他为哈里），比阿特丽丝·韦伯称他是"一位有着黑牙齿的理想主义者"。一位不修边幅、看上去永远漫不经心的维多利亚时代绅士，常穿一身满是褶皱的运动服，手指上洇染着墨汁，鼻梁上架着的眼镜让人时刻担忧他下一秒就会摔得四脚朝天，这副外表下隐藏着一位真正激进的社会主义者。1913 年，托尼作为拉坦·塔塔基金会首任主席来到伦敦政治经济学院，拉坦·塔塔基金会旨在研究社会学，创立目的在于研究贫困的成因。在这之前，托尼多年在工人教育联盟担任教师，跑遍全英国向工人教授关于十八世纪经济史的内容。托尼主张工业国有化，支持全民免费教育，并希望"彻底消除所有因财富、机遇、社会地位和经济力量不平等而造成的特权和障碍"。他在 1931 年推出《平等》宣言，作为煤矿委员会工会代表做出瞩目的工作，主张成人教育，深度参与工党事务，这一切都令托尼在两次世界大战期间成为一个家喻户晓的人物，连政府委员会都时常请他提建议。

在托尼看来，经济史"研究的不是一系列过去的事件，而是社会生活"。（仿佛是为了印证历史是鲜活的，他常常漫不经心地在信件开头写上十七世纪的日期。）在牛津大学、剑桥大学这类学校，历史研究往往就是一种学术研究，不涉及实际应用。但在伦敦政治经济学院，社会学家、人类学家在这里开创比较研究方法，韦伯夫妇在这里研究政策并丰富了政府的历史，鲍尔的历史学院同事同时也担任国际和平会议的代表。在这里，鲍尔开始看到她做的历史学研究同样能应用于当今社会所面临的难题。忽然间，中世纪对当今时代显露出极富吸引力的平行对照：苏俄经济问题、亚洲兴起的资本主义以及欧洲的民族主义。鲍尔 1933 年在一次讲课中提出，"对于以研究社会学为己任的社会学家而言，他们应当贡献数据，提出援助方案，从而达到阐明当下的最终目的"。鲍尔的女性主义觉醒于剑桥大学女子学院，国际主义则发轫于梅克伦堡广场。鲍尔在伦敦政治经济学院展开的历史学研究表现出明显的政治学转向，早期对性别平等的兴趣扩展到更大范围的、为争取阶级自由和世界和平而进行的斗争。

鲍尔开始研究中世纪布业，她展开的国际贸易史研究与托尼对资本主义起源的研究同步。两人接下来共同开展了一系列研究，通过研究十六世纪土地制度、工业革命、十九世纪《工厂法》、工会运动和工党的发展，探索现代工业的兴起以及学院同仁正在积极塑造的未来政局。鲍尔和托尼合作编辑的三卷本《都铎时期的经济文献》先后在1924年至1927年出版，1926年两人成为国际学者联盟经济史协会的创始成员。鲍尔为这一协会所做的工作，尤其是作为编辑参与建立的《经济史评论》，使她步入专业领域前沿。鲍尔因此有机会能与全世界的经济史学家展开合作，这些合作后来取得了丰硕的成果。同时，鲍尔与托尼之间的个人友谊也令梅克伦堡广场拥有了一个不同于布卢姆斯伯里的活跃群体，这个群体关注的核心不是有关艺术或哲学的抽象讨论，而是关于使社会朝着更好的方向发展的实际政策。

好友卡琳·科斯特洛和弗吉尼亚·伍尔夫的弟弟艾德里安·斯蒂芬于1914年订婚后，鲍尔曾写信给马格丽提到她认为"所有布卢姆斯伯里文人全都是不知足的家伙，彼此之间保持永恒的关系"。她最终还是去拜访了艾德里安，和他的姐姐至少一起吃过两次饭，但鲍尔始终不愿自己被归类于她眼中典型的"布卢姆斯伯里文人"。同样地，托尼的妻子珍妮特（威廉·贝弗里奇的妹妹）也曾说过他们搬到梅克伦堡广场是"热切期盼地理位置意义上的布卢姆斯伯里，而不是精神态度上的"。托尼的态度则更为直白，将布卢姆斯伯里称为"精神病害"。至少在部分意义上，这些表达仅仅是一种说辞。1926年英国发生大罢工时，梅克伦堡广场成了工党罢工报纸《英国工人》的主要分发地点，托尼夫妇知道霍加斯出版社有意愿为工人阶级发声，刊登社会主义文章，曾和伦纳德·伍尔夫合作，为煤矿工人的权益请愿。鲍尔则从来没有崇尚过波希米亚那种具有艺术性的生活方式，布卢姆斯伯里文人群体著名的回忆俱乐部所具有的哲学姿态和自我沉湎的内省方式让她无法忍受，她更希望自己身边被行动派环绕，而非偏爱美学的文人墨客。围绕在鲍尔周围的布卢姆斯伯里群体，他们的活动关注能帮助解决社会不公的具体措施；在这里，他们从民族主义谈到国有化，偶尔也会涉及现代绘画、弗洛伊德精神分析理论以及 D. H. 劳伦斯的小说。

托尼在梅克伦堡广场度过的数十年前后换过四处居所，在他和鲍尔结识期间，他恰好住在 H. D. 和多萝西·L. 塞耶斯曾经的居所——梅克伦堡广场 44 号。与鲍尔高雅的装饰品味不同，托尼的居所则是另一番景象：书桌埋没在堆得高高的书山里，到处是掉落的烟灰和没吃完的奶酪三明治，托尼通常会伏在案前，或是躺在他那张放在窗边、披着"一战"遗留下来的老旧军服的椅子上。这间乱糟糟的书房曾被《观察家报》的采访记者描述为"堆肥堆"，前来拜访的访客有学院学生、矿工、内阁大臣、棉花工人等。无论来者是谁，一概会在入口处受到珍妮特养的一队跛脚狗以及托尼养的一群猫的"热情"接待。在这时，政治领导人、记者、理论家和作家之间保持紧密联系，这群人在厨房或会客厅的聚会和下议院的争辩一样有希望能卓有成效地改变社会。鲍尔和托尼两人一致决定，梅克伦堡广场应当是一个可以让学生自由参加讨论的地方，大家可以在这里谈论迫切的经济问题，将研究应用于实践。

他们的聚会有一位热络的参与者：一位和鲍尔同时期进入学院的特殊学生。米哈伊尔·莫伊谢·波斯坦（朋友一般称他穆尼亚）于 1899 年出生于俄国，先后在敖德萨大学、基辅大学和圣彼得堡大学学习。波斯坦是一位完全以马克思著作为思想基础的社会主义积极行动者，同时也是一位坚定的反共主义者，在俄国革命后离开了祖国，像米尔斯基和列米佐夫那样环游中欧，希望找一处能够接纳他所信奉的政治主张的家园。1921 年秋天，波斯坦作为本科生入学伦敦政治经济学院，成为鲍尔第一批学生中的一员。波斯坦后来离开伦敦政治经济学院，前往伦敦大学学院攻读经济史研究生学位。由于同情波斯坦的身世背景，加上注意到了他身上蕴含的潜力，鲍尔为他争取了一份资金。波斯坦因此于

1924 年 7 月以鲍尔私人研究助理的身份回到伦敦政治经济学院（"他的确非常优秀……我们的项目十分需要波斯坦的助力"）。波斯坦一开始帮鲍尔检查档案和书籍里的参考资料，一段时间后加入了鲍尔主持的关于羊毛商人的项目；之后鲍尔推荐波斯坦担任学院的讲师职位，并邀请他共同组织她负责的著名中世纪经济史研讨会。波斯坦对于鲍尔而言，一开始是学生，她发现了他的才能并加以培养；后来成为协作者，她既是他的老师也从他身上学习。（鲍尔曾内疚地告诉波斯坦："你始终对我的工作给予建议和帮助，而得到赞誉的却只有我。"）之后，年深日久，两人的感情逐渐深化，最后转变成了不同的性质；在这一阶段，波斯坦和托尼是鲍尔在伦敦政治经济学院最亲近的好友、坚固的同盟，携手研究历史项目和当代项目。

　　波斯坦住在离梅克伦堡广场不远的特维顿街。聚集在布卢姆斯伯里周围的是一帮年轻人，他们来自世界各地，身份各异，有历史学家、经济学家、人类学家和艺术家，他们常常去 1917 酒吧、汉博尼酒馆（一间汉姆区的小酒馆，位于苏活区，以威士忌酒和萨克斯管闻名）、苏活区的印度餐馆以及欣赏俄国芭蕾舞表演，波斯坦就是这帮富有活力的年轻人中的一员。在波斯坦的介绍下，鲍尔结识了休·多尔顿、埃文·德宾和休·盖茨克尔（他们都是来自伦敦大学的经济学家，也是未来的工党明星）。这几位朋友后来都是梅克伦堡广场各式晚宴上的常客，鲍尔也把他们介绍给了托尼。同样对民主社会主义充满热情、对被剥夺权利者充满同情的这几个人组成了一个小团体，几人探讨当下经济问题所带来的历史和社会影响，探讨工党政府的观念和政策。通过这些贯穿了整个二十世纪三十年代的非正式聚会，这个团体发展出一个翔实的经济项目，为社会政策绘制出清晰的蓝图，规划内容涉及工业、就业、银行业和社会公平。在这一时期，被邀请到梅克伦堡广场做客足以令人振奋不已，在这里生活更是如此。当薇拉·布里顿和温妮弗雷德·霍尔特比（多萝西·L. 塞耶斯在萨默维尔学院的同级同学）搬离道堤街上合租的顶层公寓时，一位朋友难以置信地问道："你们居然为了一个叫梅达韦尔的地方，放弃和托尼、艾琳·鲍尔做邻居？"

❷⓪

鲍尔的关切不局限于国内政策改革。1920 年鲍尔踏上远东之旅时，欧洲自身陷入困境，她在旅行中敞开了视野。所谓"终止一切战争的战争"的第一次世界大战在鲍尔从多佛港出发的两年前就已结束，但凡尔赛宫的巴黎和会却让国界陷入混乱，和平主义者为施加给德国的惩罚举措而忧虑不安。大多数左派认为凡尔赛和约将严重削弱德国国力，以至于世界将无法避免第二次世界大战（在新研发的破坏性武器的助力下）的到来；现在只能将希望寄托于着手建立一个全新的、透明的世界政府体系，这个体系将弥合因制裁而加深的分歧，推动共同法律体系，在不诉诸武器的情况下解决未来的争端。

鲍尔在戈顿学院时曾自愿担任民主指挥联盟（简·哈里森也是这个和平组织的支持者）剑桥大学分盟财务主管，还和好友马格丽——国家节育协会的创始成员，著有先锋社会学著作《工人阶级妻子：她们的健康和生活环境》——一起加入了国际联盟协会（League of Nations Society）。国际联盟协会创立于 1915 年，创立机缘源自一份悉尼·韦伯为费边社而委托伦纳德·伍尔夫执笔的报告，这份报告认为，通往未来和平的第一步就是建立一个基于协作、道德压力和共同价值观的"能够阻止战争的国际权威机构"。鲍尔在剑桥大学组织过多场非正式会议来探讨这一协会的相关工作，并做了大量笔记来分析这样一个联盟在实际中可能会遇到的困难。她在这一平台分析过 1814 年至 1815 年召开的维也纳会议——一场欧洲各国大使参与的会议，旨在就法国大革命和拿破仑战争之后的欧洲和平计划进行商谈——和在这之后政府方面对欧洲邦联的一次失败尝试。"这一历史情境与当下有许多令人惊叹的相似之处，"她写道，"如果我们不从历史的经验中获取教训、规避错误，那么这场战争结束时，在代表大会之后，国际联盟协会或许会因为同样的原因走向覆灭。因此，让国际社会了解过去的教训至关重要。"

1919 年巴黎和会促进了国际联盟（League of Nations）的建立，这是首个以维护世界和平为主旨的国际组织。前一年 10 月，国际联盟协会和自由国家联盟协会（League of Free Nations Association）（该联盟的主席是简·哈里森的朋友吉尔伯特·默里）合并为国际联盟联合会（League of Nations Union, LNU），这是一个旨在促进公众对联盟工作理解的运动组织。国际联盟联合会在两次世界大战期间成为英国最具影响力的机构，全国各地的分支机构写呼吁信、举办会议和聚会、组织交流圈。印着赞扬联盟为"基督教世界成立以来世界上最伟大的理想"的传单被分发到全英国的家家户户，将联盟擢升为饱受战争摧残的文明的救世主、新现代民主时代的先驱。"世界的希望在于国际联盟，"赫伯特·乔治·威尔斯在 1917 年写道："让我们坚信这一点。不仅仅是德国帝国主义，还包括英国托利党、每一个阶级和派别、每一个陈旧的机构、每一句忠诚的空话、每一种根深蒂固的偏见，所有这一切都必须为世界和平和人类统一这一伟大理念而奉献和牺牲。"

鲍尔是威尔斯的好友，也是威尔斯在埃塞克斯的家伊斯顿田园的常客。威尔斯原先兴趣在于费边社会主义，"一战"后，转将精力投注于推广"世界愿景"。他被所谓"通过历史得到救赎"的观念所吸引，也就是，我们如何理解过去会直接影响我们如何想象未来。他坚信"如果没有达成一致的历史观念，就不会有共同的和平和繁荣"，这一观点促使他写下《世界史纲》。在这部作品中，威尔斯围绕着人类共同的奋斗来安排叙述顺序，而不是根据个人霸业的成就或是国家之间的战争。鲍尔非常欣赏这部作品，这本书不仅具有巨大的市场潜力，而且利用历史来干预政治。她尤其欣赏书中强调的一个观点：人类具有跨越时间和地域的共通之处，这也是鲍尔自获得卡恩奖学金以来一直秉持的观点。担忧第二场世界大战到来的社评家隐晦地提醒政客以史为鉴，从历史中吸取教训，与此同时，鲍尔知道这些教训的内容和效用取决于历史学家如何书写。她写道："要想治愈纯粹由民族历史（以及更小范围的纯粹阶级抱团）所产生的罪恶，唯一的办法是宣扬人类共同体的强烈团结意识；而宣扬这一点，最好就是从教授所有种族和阶级共同的历史开始。"

将过去视为阐释和应对当下政治动荡的手段，威尔斯并不是这时期唯一一位持此观点的作家。"一战"停战协定签署之后的几年内，一系列揭露战争本质的书籍相继出版：战士们认为他们为之奋战的英雄理想已遭背叛。小说如理查德·阿尔丁顿的《英雄之死》，回忆录如薇拉·布里顿的《青春誓约》和罗伯特·格雷夫斯的《向一切告别》，以及广受大众关注的 R.C. 谢里夫战壕戏剧《旅途尽头》，这些作品指出以国界线划分来滋长敌意的荒谬，以及出于爱国激情而牺牲生命的虚无。维多利亚时代以来，西方坚信自身文明正向不可战胜的鼎盛时期发展，但现在看来，这一观念或许是严重的误判。和平运动展望未来，历史学家却回望过去，寻找过去的根源、信息和警告。奥斯瓦尔德·斯宾格勒在1918 年出版的历史著作《西方的没落》中指出，没有一种文化能够脱离既定的宿命，西方当下处于其文明的鼎盛期，但无法逃脱必然衰落的命运。阿诺德·汤因比则在《历史研究》中提出历史命运取决于每一个个体的道德选择，并进一步提出，建立在共同安全基础上的全新国际秩序可以阻止斯宾格勒预言的没落。汤因比也是鲍尔的好友，她特别关注汤因比的作品。鲍尔同样希望为历史提供全新的叙述方式，这种叙述能在彼此割裂的国家之间建立联系，提供慰藉，促进友谊。在《中世纪人》之后，鲍尔的思想观念明显吸纳了和平主义的色彩，从立足于个性的社会历史观转变成比较国际历史观，这种历史观念体现了促进国际联盟建立的价值观。要想防止另一场战争爆发，世界最佳的希望便在于国际联盟。

⑳

"如果想让国际联盟成为现实，"鲍尔写道，"孩子们在离开校园的时候，脑海里必须存有他们所属群体的概念，那就是人类。"教育是国际联盟联合会的一项重要工作；联合会理事会认可这样一种理念：向不同国家的儿童教授一致、连贯的知识体系，强调不同文化之间的相似性和"和谐的相互依存"，有助于避免国家之间相互怀疑和猜忌——当初"一战"爆发的导火索。国际联盟联合会最成功的成果之一就是对学校课程进行了改进：联合会成员向教育部进言建议沿国际主义路线重修课本；在进行裁军运动的同时提议禁止在校内举行军事操练；派遣儿童前往联盟在日内瓦的总部参加夏令营。鲍尔也认为"唤醒成年人和孩童心中的国际团结感是具有同等迫切性的职责"。她强烈主张除了一年一度的帝国日——自1904年开始在英国校园中进行庆祝，有阅兵式，着盛装——之外，还应举办"人类日"。根据她的设想，在这个节日应向孩童们传授关于科学和文化方面所取得的成就，而不是关于战争的知识。她和 H. G. 威尔斯一同抗议，反对"向学生们教授保存、延续过去那些矫饰战争的邪恶传统的爱国主义历史事件"，并提出教师不应该将教授重点放在那些将国家之间的关系呈现为敌人或同盟的关于国王、战争和政治冲突的故事，而应该放在许许多多的将国家联系在一起的事件，如贸易、旅行、文学、农业和宗教。在她的职业生涯中，她在文章和演讲中无数次强调她的目标是以"拓宽同理心而非使其更加狭隘的方式"来教授历史，让学生获得超越阶级和民族的核心群体感。这一时期，鲍尔的好几位男性友人，如盖茨克尔、多尔顿、托尼，都正担任公职，希望将政治影响作为一种改变大众观念的策略。鲍尔采取了另外一种不同的、更为谦避的方式，也更不容易成就个人的声名、带来正向的际遇，但她怀有同样的雄心壮志，所立足的原则同样坚定。她坚持历史"是凝聚社会群体最强大的黏合剂之一……如果我们可以扩大群体团结的概念，通过历史向孩童展示：作为总体概念的人类具有普遍的故事，每一个人都是两个国度——他自己的国家以及全世界——的子民，这样一来，我们就能教他懂得什么是世界公民"。

鲍尔希望将自己的理念传播到更广泛的范围，这一希望通过现代技术得以实现。1924 年，英国广播公司建立一系列教育性质的广播电台，将专家的声音和全新的观点直接传达到全国市民的卧室、各个学校的教室。到 1927 年，每日栏目的受众中已有三千所学校。同年，电台主管瑞斯勋爵聘请鲍尔的好友希尔达·马西森作为英国广播公司第一位主讲人。马西森曾经担任英国下议院第一位女议员南希·阿斯托的政治秘书，曾表达希望通过她的平台"弘扬国际精神"；她请来弗吉尼亚·伍尔夫、E. M. 福斯特、约翰·梅纳德·凯恩斯、瑞贝卡·韦斯特和维塔·萨克维尔－韦斯特（马西森和维塔交往过很长时间，伍尔夫十分嫉妒）等，就相关话题发言，而这些话题常常令右翼媒体怒不可遏。1929 年，马西森告诉鲍尔，希望能请到 H. G. 威尔斯，威尔斯之前因英国广播公司对政治敏感话题内容会进行初审而拒绝邀约。鲍尔乐意地接受了这一挑战。这年 6 月，马西森、威尔斯和伯特兰·罗素一起作为宾客在梅克伦堡广场 20 号举办的特别茶会上现身。这场茶会上还发生了一件意外插曲：威尔斯误将马西森的钱包带走了，马西森不得不向罗素借回家的公交费。在接下来的来往中，马西森说服了威尔斯（"一开口，一千二百万的英国岛民和几千万的欧洲市民都能听见你的观点，这不是很有趣吗？我敢向你保证"）。7 月 10 日这天，在萨沃伊烧烤店参加完庆祝晚宴之后（鲍尔和伍尔夫夫妇也在晚宴宾客之列），威尔斯发表了一场激情洋溢的演讲，对民族主义大加鞭挞，呼吁世界和平，促请停止在校园中传播爱国情绪，这场演讲引来好几封指责信。"你把 H. G. 诱捕入网了，我真为你开心！"鲍尔以胜利的口吻对马西森写道。

　　不过，要论起鲍尔和英国广播公司之间的渊源，少不了提到鲍尔的妹妹。艾琳·鲍尔的两位妹妹中，贝丽尔是一位体面的劳工部公职人员，罗达则是一位对儿童教育怀有激情的无畏的旅行者。艾琳如此投入工作，无论是在戈顿学院还是在伦敦政治经济学院执教期间，都主动承担超出要求的教学和研究工作，在某种程度上也是因为她觉得有责任为妹妹们提供经济支持。鲍尔三姐妹彼此亲密无间，每一个人都具有强大的力量，妹妹罗达的人生经历之跌宕起伏绝不亚于艾琳。从圣安德鲁斯大学毕业后，罗达作为家庭女教师旅行至俄国，在那里见证了十月革命，为了躲避士兵，她藏在牛棚里整整七周；接着，她在巴勒斯坦生活了两年，在那里担任一份印成阿拉伯语、希伯来语和英语三种语言的报纸的编辑。回到英国后，罗达来到姐姐艾琳身边，和她一起住在梅克伦堡广场 20 号。姐妹俩在这里合作撰写一系列儿童历史书籍，第一本是《历史上的男孩和女孩》（1926 年），相当于《中世纪人》的儿童版。与此同时，两人开始编写世界史课本，希望能被学校采用。1927 年，罗达受邀以"过去的男孩和女孩"为广播主题，为英国广播公司做一个广播节目系列。在艾琳的帮助下（她负责帮罗达检查广播稿件中历史细节的准确性），罗达独树一帜地将广播呈现为全新风格，在广播内容中穿插古典音乐、夸张的对话和不同的音效，大大增强了广播的趣味性。这种全新风格的广播形式生动、引人入胜，重点关注话题中的人物兴趣，很快就受到了男女老少的一致欢迎，获得了巨大成功。罗达开始进行全国巡回演讲，向各地教师传授教学方法，英国广播公司原先向她提供的广播专题主讲的短期职位也变成了正式雇员职位。她当时在全国具有极高知名度，她的形象甚至（未经授权）被印在香烟卡片上，令她的姐姐们乐不可支。位于纽约洛克菲勒广场的美国国家广播公司的主理人曾写信向罗达祝贺，称赞她创作了"最有效的教育方法之一，影响力令我瞩目"。

艾琳·鲍尔在1928年推出第一个广播节目，主题是"历史岁月中的欧洲"。整个二十世纪三十年代，艾琳定期向学校中十三岁以上的孩童播放广播内容。（她不愿面向更低龄的孩童制作广播内容，因为她希望能保证"听众真正从广播内容中吸收些许有益内容"。）艾琳和罗达一起推出世界历史系列，为了精心策划一份广播内容，她们会先花上数天时间往返于大英博物馆阅览室和梅克伦堡广场家中，然后在餐桌上工作到深夜。艾琳负责准备课件，罗达则负责那些戏剧性的穿插内容；两人再合力编写手册，手册内容包括为教师设立的练习和使用建议、黑板笔记、参考书目以及为《广播节目报》和《听众》提供的相关文章。鲍尔个人的课程涵盖国际历史，从古代的巴比伦、埃及、罗马一直讲到当今时代，包括第一次世界大战和俄国革命，以国际联盟的建立和工作作为最后的内容。广播就是鲍尔表达自身和平激进主义的一种形式，她通过广播弘扬的政治理念并未因为广播受众是年幼的孩童而有所淡化，她也从不在政治信念方面妥协。她曾写信给学校广播部的玛丽·萨默维尔，愤怒地指责对方在世界历史宣传册中插入一张标题为"玻利瓦尔和他的将军们讨论安第斯山脉战役"的图片："如你所知，在世界历史课件上强调战争，完全违背我的个人原则。"鲍尔拒绝将英国历史单独作为广播内容："在我看来，向孩童们指出他身边生活环境之相对狭窄并介绍更广阔的世界是学校教授历史的核心目的。孩童们长大后不仅仅是英国公民，更是世界公民。"这番话令人回想起简·哈里森在 1914 年所写下的内容：她和周围志趣相投的人"期盼成为世界的公民"，任何其他思维都只能导致分裂和战争。拒绝以英国历史单独作为广播主题的鲍尔反而提出开一门中国历史课程，强调"所有民族对世界文明的共同贡献，以及东西方从一开始就存在并且日益增加的交流互动"。

这些鲜明立场都是鲍尔致力构建全新历史叙事的例证。在伦敦政治经济学院期间，鲍尔沿类似方向开展学术工作。她开始研究十五世纪末主权国家的兴起，在当代欧洲侵略行为日益密集的时代背景下审视民族主义的发展。1929 年，华尔街大崩盘，经济危机席卷全球，整个欧洲陷入恐慌：在英国，奥斯瓦尔德·莫斯利领导的黑衫军在反饥饿游行人群和领取救济粮的队伍附近游荡徘徊；在整个欧洲大陆，煽动嗜血、残酷战争冲动的派系逐渐占据重要影响力，发动另一场战争的呼声与日高涨。1933 年 1 月，阿道夫·希特勒上台，担任德国国家元首，宣布德国退出国际联盟。接下来的几个月，酒吧、俱乐部、聚会场所全被封闭，柏林国家歌剧院门前焚烧书籍，纳粹宣传部长约瑟夫·戈培尔对纯粹民族文学的呼声通过扩音器回荡在国度上空。这年 4 月，威廉·贝弗里奇和莱昂内尔·罗宾斯正在维也纳，他们从晚报上得知纳粹将开除德国大学中的犹太学者——这仅仅是在更大范围将犹太学者驱逐出德国的一个开端。回到伦敦政治经济学院后，贝弗里奇召集校内全体教师一同商讨应对"这场对学术和科学思想自由原则的严重打击"。鲍尔从中看到将同情心转化为实际行动的机会，提出在大学内发起倡议，"为那些因为种族、宗教或政治观点而失去教职的大学教师提供经济支持，以便他们能继续开展科学工作"。不到两周，学术自由委员会邀请到多位失去教职的学者来到伦敦政治经济学院作为客座讲师任教，由全体教师捐献部分薪水出资。这年 10 月，阿尔伯特大厅举办了一场筹款晚会，通过英国广播公司进行实时广播。晚会上，贝弗里奇和从德国逃亡出来的阿尔伯特·爱因斯坦发表讲话。爱因斯坦在讲话中慷慨陈词，呼吁思想家们跨越国界、联合起来，共同发声反对法西斯主义："如果想要抵御那些压制思想自由和个体自由的强权，我们必须清醒地意识到，此刻面临生死存亡关头的是什么；先辈经过艰苦卓绝的斗争才为我们赢来思想自由和个体自由，为了守护这些自由，我们又必须付出怎样的代价……只有自由的人才能创造出那些发明和思想创作，正是这些使得现代生活值得一过。"

⓴

但民族主义侵略行为逐渐增多，对国际联盟对于世界联合的愿景的威胁也随之加大，而这些都不仅仅存在于欧洲强权政治之中。1931 年 9 月，日本军队侵略中国东北地区。截至 1932 年 3 月，日本通过傀儡政府实际掌控东北地区和上海，将傀儡政权命名为"满洲国"。对此，艾琳·鲍尔和哈罗德·拉斯基、R. H. 托尼、伦纳德·伍尔夫联名在《旁观者》杂志上刊登呼吁书，敦促英国维护国际秩序，确保成员国遵守《国际联盟盟约》："如果国际盟约体系无法在两个大国爆发严重冲突时起到有效作用，世界和平必然会受到威胁，集体条约的有效性也会受到损害。"但日本方面拒绝归还领土，1933 年 3 月 27 日，日方正式宣布退出国际联盟。

自从 1921 年春天在中国度过两个月以后，艾琳·鲍尔对中国的喜爱、对中国文化的痴迷始终不曾褪色。她常常穿着旅行途中买到的中式刺绣长袍，学术研究也有一大部分在关注中国和欧洲之间的古代贸易路线（她在卡恩旅行奖结束之后就预估到了这一点），寻找能够证明古代东西方合作、宗教相互包容、学术思想共同点的例证。鲍尔投入研究的部分原因也在于她一直厌恶所谓大英帝国以及更广泛意义上的西方帝国主义思想，这种感情在环游全球之后更是日益强烈。她愤怒于《凡尔赛和约》将伊斯兰国家交托给占据主导力量的欧洲国家，她预感到，这种压制东方的意图将引起深深的仇恨并在未来引发战争冲突。她看到这种态度反映在传统历史叙事中，投入大量精力来揭露缺乏视角意识和语境的写作所具有的危险性。亨德里克·威廉·房龙出版于 1921 年的《人类的故事》一书中将印度莫卧儿王朝略过不提，只介绍英国的都铎王朝，书中还有一幅图表显示"文明中心"逐渐西移。针对此书，鲍尔写了一篇标题为《一半人类的故事》的评论对其大加鞭挞，并列出支撑她个人世界史观背后的原则。历史学课本曾有过"准确叙述中东地区古老帝国的趋势，但这一趋势在短暂抬头之后立马消退，中东地区古老帝国的历史仍旧被归入西方文明历史"，鲍尔重新提出准确叙述中东地区古老帝国的重要性，指出将现代东方"仅仅呈现为一个西方时常需要进行反击的荒蛮之地不仅不忠实于历史，也很危险。在房龙下一代年轻读者所生活的世界，其迫切问题之一就包括东西方之间的关系……只有互相理解，那些生于印度、中国以及地中海盆地的伟大文明的子孙后代才能在当今时代共同生活，因为只有源自了解和理解的相互尊重才能避免发生毁灭一切的浩劫"。

自十九世纪鸦片战争爆发以来，"黄种人威胁"的论调在英国甚嚣尘上，市民相信中国以及中国人民对于西方霸权构成威胁。鲍尔长久以来对中国的热爱与这种时代论调截然相反。在大众认知中，中国充满异国风情而发展落后，富有魅力而充满危险；吉卜林的名言"东西方泾渭分明，永远不会汇合"是用来刻画社会根本鸿沟的现成之句。伦敦有为数不少的华人群体，他们尤其聚集在莱姆豪斯拥挤的寄宿屋中。华人群体常常需要面对鄙夷甚至暴力：二十世纪二十年代，英国内政部曾两次派移民检查员在全英国范围内检查所有华人家庭，明显是为了将华人驱逐出境；报纸时常指责中国人的商店、洗衣店和餐馆参与贩毒。到了二十世纪二十年代末期，政府大肆煽动对跨种族关系的反感情绪——如小报头条上赫然印着"被黄种男人催眠的白人女孩"——评论者将来自中国的移民群体与性威胁和帝国秩序的崩塌联系在一起，导致他们极易受到攻击。

艺术圈对中国式风格（虽然常常仅仅是一种异国风情）的欣赏在大范围兴盛起来。向现代艺术家呼吁"使之焕然一新"的埃兹拉·庞德当时正在以富有创造力的方式将中国古典诗歌翻译成英文；1912 年，大英博物馆成立了第一所东方印刷和绘画馆，负责人是 H. D. 和阿尔丁顿的好友劳伦斯·比尼恩。二十世纪三十年代，日军对中国发起军事侵略，英国重新关注中国文化。1934 年 11 月，鲍尔将自己的中式刺绣长袍借给小剧院（十年前，多萝西·L. 塞耶斯曾在这里观赏大基诺剧院风格的戏剧），被用在熊式一[1]（和乔治·伯纳德·萧是好友）创作的戏剧《王宝川》中。这出戏剧连演三年近千场而不衰，传播至伦敦西区和百老汇，慕名而来的观众有皇室、名人以及好几位首相大臣。1935

1　熊式一（1902—1991），江西南昌人，近代著名双语剧作家，代表作《天桥》《王宝钏》，曾任新加坡南洋大学文学院院长、香港清华学院校长。

年，皇家学院举办有史以来规模最大的中国元素展览，参观人员超过四十万。（弗吉尼亚·伍尔夫去参观过两次。）近千件展览物品包括青铜器、玉器、雕漆、瓷器和绘画，其中许多藏品自战争爆发以来就未曾展览面世。全部藏品借自中国的博物馆和收藏馆，由英国皇家海军专门运到英国。中方希望借展览来呼吁英国关注中国面临的困境，让英国市民了解、欣赏中国的历史与文化。鲍尔明白公众的支持对于纾解中国当下的困境至关重要，因此十分支持这类文化合作方面的举措。

除了政治关切，鲍尔对中国的兴趣还源于私人交游。当初作为卡恩旅行奖获得者初次拜访中国在影响她历史学研究方向的同时，也带来她个人生活的一项重要转变。1921 年，在北京西山徒步旅行时，鲍尔在庄士敦（Reginald Johnston）家中度过了一个周末。庄士敦是一位不同寻常的苏格兰人，崇尚孔子和哲学家。1898 年，时年二十四岁的庄士敦在圣诞节这天作为政府公职人员来到中国，先被派往香港，接着去了威海卫租借地 [1]。1919 年，庄士敦担任时年十三岁的末代皇帝溥仪的老师。1912 年，清朝覆灭，年仅六岁的溥仪被迫退位，自此以后，溥仪在宫墙外没有任何实际权力。但在宫墙内，他的宫廷生活传统虚饰一如往昔，每晚餐桌上的食物极尽奢靡，无论走到哪里，身边总是前呼后拥、宫监成群。英国外交部委任庄士敦担任溥仪的老师，让他教溥仪英语和君主立宪制度发展史，希望如果溥仪有朝一日复辟，庄士敦对他的影响能起到作用，对国家采取现代化的治理方式。但庄士敦个人并不愿意将西方价值观灌输给溥仪，而是更愿意塑造出一位尊重传统的君主来领导国家，否则，这些优秀的传统或许会湮没于激荡的变革之中。他们

---

[1] 1898 年，英国向清政府租借山东威海，实行殖民统治。1921 年，中国作为"一战"战胜国出席华盛顿会议要求各国归还在华租借地。1930 年，威海卫回归。

一起研究世界史、哲学、电影，也研究中国民俗、历史和宗教。庄士敦还鼓励溥仪写诗，教他骑自行车，并劝他裁减故宫里不必要的开支。

当时中国大多数英国侨民都是商人和传教士，通常不会融入中国人；庄士敦虽然秉持保守的政治观念，却认真钻研中国文字，沉浸于中国艺术和文学，走遍了中国各省的名山大川和名刹古迹。1920 年，庄士敦接受了许世昌赠予他的一处位于妙峰山樱桃沟的私人院落——位于崎岖山路的尽头，周边遍植果树，形成一片绿意盎然的乐土。这处院落视野开阔，山下的峡谷一览无余。庄士敦在蜿蜒曲折的小径上立着供奉神明和诗人的神龛，建了供夏日卧凉的凉亭。鲍尔来到这里，着迷于这里孤寂幽静、精神灵修式的氛围，庄士敦的生活方式也让她钦慕不已：她喜欢在黄昏时分，安坐在阳台上，用没有把手的杯子品香茶、饮玫瑰酒；和争相前来观看庄士敦工作的孩子们挥手打招呼；会见僧侣、学者——他们常常来到这里，和院落主人畅聊诗歌与哲学。直到两年后，她的脑海里还清晰地装着庄士敦的身影。"回想起庄士敦，我的心中总是充满了喜悦，"鲍尔对库尔顿写道，"他如此醉心于中国文化，如此幽默风趣，还借给我马。"

还在卡恩旅行奖全球环游期间，鲍尔就曾充满眷恋地对马格丽表达过，自己日后想要回到中国，在那里以"新闻工作和一些零工"为生；她称自己只有回到中国才能"真正快乐"。1929 年 10 月，鲍尔终于如愿以偿。此时，她已是一位享有国际声誉、建树丰硕的公共知识分子，受邀参加由太平洋关系研究所举办的一场会议。会议在京都举行，主题是探讨日本的经济地位、正处于转变过程中的农村生活以及工业化带来的优势等相关问题。会议结束后，鲍尔与一同出席会议的阿诺德·汤因比一起来到了中国，走遍东北地区。两人一起爬长城，参观北京、上海和南京。汤因比当时正在创作《历史研究》，鲍尔则在研究元朝时期到中国旅行的欧洲人。圣诞节时，鲍尔在庄士敦（年长鲍尔十五岁）的樱桃沟的院落待了两周。两人之间的关系可谓迷雾重重，几乎没有任何现实证据能证明两人的关系。信件、日记都没能提供蛛丝马迹向我们揭示这两周的细节。就在这两周之后，鲍尔和庄士敦宣布订婚。

没有证据表明这年四十岁的鲍尔曾表达过任何对婚姻和生育的兴趣。订婚双方是经过深思熟虑的慎重决定还是一种尝试？订婚如此仓促，是激情使然还是出于双方便捷考量？对于这些疑问，我们只能进行推测。无论如何，亲密故交都远在千里之外，鲍尔只将这个消息告诉给了汤因比。第二天一早，失魂落魄的汤因比向鲍尔坦白对她的爱恋，尽管汤因比此时已有妻子——吉尔伯特·默里的女儿罗莎琳德，并且此前从未表现出任何征兆。鲍尔自然是震惊无比，当即以几乎粗暴的态度拒绝了汤因比，之后又写了一封语气仍然十分恼怒的道歉信："你带给我的冲击猛烈而没有征兆，我没有任何准备。而真正令我生气的，是我感到一种疯狂的、没有缘由的念头，想要阻止那些我实在不想听到的话从你口中说出。"

鲍尔没有因为个人事务从学术工作中分心，和庄士敦的订婚生活也没有持续太久。1930 年 1 月，鲍尔独自从上海乘船前往美国旧金山，旅途中为作消遣，为一群中国孩子剪纸人，和一位风趣的英国金融从业者一起玩填字游戏。之后她离开旧金山，前往纽约，担任私立女子本科学院巴纳德学院的客座讲师。汤因比来信，为"我脑海中缺乏理性、最具摧毁力量的一连串念头"而道歉。对此，鲍尔回信称自己"正在纽约、马萨诸塞州甚至弗吉尼亚州之间来回奔忙，与女子学院进行商谈"，并且已经与罗切斯特大学的大学妇女联盟、剑桥大学的中世纪学院、马萨诸塞大学取得联系，在这些地方，她遇到了"研读过的学术研究的所有作者"，这令她兴奋不已。（她满怀喜悦地告诉学院院长弗吉尼亚·吉尔德斯利夫，一个月来，她没有一顿晚饭是在家吃的。）与此同时，庄士敦参加威海卫回归中国的仪式，威海卫也成为第一个回归中国的英国殖民地。伴随着英国国旗缓缓下降，庄士敦宣读中英版本的相关条约。

1930 年，11 月末，在中国生活了漫长的三十二年之后，庄士敦最终回到英国，在伦敦大学东方研究学院担任教授一职——他在伦敦郊外的里奇蒙德镇买了间房子，梅克伦堡广场因此仍旧是鲍尔的私人领域。同月，鲍尔写信给吉尔德斯利夫，感谢她邀请自己前往纽约担任终身教授职位。鲍尔满怀遗憾地拒绝了这一邀约（"令我为难的是，我同样热爱自己在伦敦政治经济学院的工作，而且我在伦敦交游广阔，许多朋友都在这里"）。不过她也没有"把事情说得过于绝对"，这的确是一个非常宝贵且富有威信的邀约，鲍尔问对方是否可以容她日后再考虑这一机会，"比如再过几年，"她写道，"新工作总是能令我兴致盎然。也许相比现在，几年之后我能更容易做出这一转变。你提出的教职和慷慨的条件确实非常令我心动。"鲍尔不愿意彻底回绝这一邀约，或许表明了她对和庄士敦两人未来的矛盾心理——庄士敦一直与中国朋友保持联系，或许他不会一直待在伦敦。

这年 12 月，两人向外界公布订婚消息。但到第二年夏天，订婚似乎已经取消。（庄士敦一直在伦敦待到 1937 年；1937 年退休后，他回到苏格兰自己买下的小岛，在那里平静度日。）这一决定背后的原因我们并不清楚。1931 年 7 月，鲍尔接受伦敦政治经济学院经济史讲席教授这一无数人梦寐以求的职务，授予原因包括"她通过研究工作推动社会经济史发展所做出的贡献，她作为教师的著名影响力，以及她作为社会经济史学家所享有的崇高地位"。她的年薪也终于提升到了令人满意的一千英镑。继莉莲·诺尔斯之后，鲍尔是第二位担任这一职位的女性，她认真地承担起为下一代学者树立榜样的责任。原本就已经高强度的时间安排此后更趋紧张。这年 12 月，鲍尔受邀加入由国际知识协作机构（总部位于巴黎，旨在促进学者之间的交流）组织的学校课本专家委员会。次年，鲍尔在大学妇女国际联盟——这一联盟与国际联盟关系紧密，承担着全世界女性学者旅行社的作用——的年度会议上发表讲话，她在讲话中感谢与这一群体之间的联结，并表示，她"想象不出有什么能比人与人之间的联系和相互理解更能将国家紧密结合在一起的了。人与人之间这些微小的、看不见的联系与理解，最终将凝聚成无尽的庞大力量，强有力地将国家联合在一起"。1933 年，曼彻斯特大学为鲍尔授予荣誉学位。也许，取消订婚的原因再简单不过：鲍尔没有时间，也没有意愿承担家庭责任，这一身份或许会妨碍她千辛万苦最终获得的身份：一位享有盛誉的公共学者。

1937 年冬天，日军侵占南京的消息传到英国。日军在南京进行大范围的掠夺、奸淫，在平民区投下炸弹，种种暴行，举世哗然。英国政府向日方做出显然徒劳无益的让步，以并不积极的态度试图说服日本方面撤离军队。与此同时，反战委员会、和平主义团体组织大型抗议集会，要求为维护《国际联盟盟约》付诸行动，并大力谴责英国对日本帝国主义野心显而易见的容忍态度。一众学者在电报上联合签名，声援南京教育部，表达他们对南京当地中小学和大学遭到摧毁的震惊与愤慨。鲍尔是其中之一。这年，鲍尔参与创建英国援华会。援华会总部设立在布卢姆斯伯里的高尔街，会长由后来成为工党成员的利斯托维尔勋爵担任，主席是为多萝西·L.塞耶斯负责出版事宜的出版商维克托·格兰兹，副主席包括鲍尔、托尼和拉斯基。援华会政策宣言谴责日本在中国发起的战争"威胁世界和平和全球安全体系"，并敦促英国政府"坚定地与中国人民站在一起，相信中国人民当下的斗争是为真正的民主而战"。鲍尔协助医疗物资通过飞机、轮船运往中国，四处游说，呼吁抵制日本货物。1938 年圣诞节，援华会在牛津街上的塞尔弗里奇百货公司组织抗议行动，抵制日本主要出口物丝绸。同年，鲍尔为图书《中国：表象与灵魂》贡献了一篇关于樱桃沟的奇思妙想的随笔。这本书由吉尔伯特·默里作序，文章主题包括书法、宗教、致幻剂与象征主义，其中有一篇以中国艺术与建筑为主题的文章出自罗杰·弗莱之手；还有一篇以中国与民主为主题的文章出自哈罗德·拉斯基之手。书籍还涉及帮助中国脱离困境。默里写道："这是一个巨大的悲剧，如果我们仍然希望人类面庞上残存一丝人性，就必须坚定拒绝对这一悲剧习以为常。"

鲍尔深刻认识到中国的问题同样是世界的问题。日本在中国土地上建立伪满洲国并不是发生在遥远未开化土地上的两个国家间的纷争，而是帝国主义发动的一场侵略，是军事主义企图扼杀一个刚刚起步的民主政权。这些行为公然违背国际联盟原则，与其合作愿景的设想背道而驰。鲍尔早于许多人意识到支持中国民主政权是反抗法西斯主义的重要一环。1937 年，鲍尔见证了周围社会对西班牙共和党人的声援热情：全欧洲的社会主义者联合反对佛朗哥，为自由而战，这场危机被许多人认为是第二次世界大战的前奏；学生们在街上游行抗议，诗人投笔从戎，与国际纵队并肩作战，人群聚集在毕加索画作《格尔尼卡》[1] 的周围（1938 年，这幅画作在伦敦白教堂美术馆进行展览）。周围社会对中

1　格尔尼卡：西班牙北部小镇，西班牙内战期间惨遭佛朗哥飞机轰炸。毕加索以此事件为题材画下《格尔尼卡》，表达对战争的控诉和对无辜者的哀悼。

国的关切远远少于这一事件，这一点在鲍尔看来，意味着她几十年来努力宣扬的广阔愿景并未取得预期的效果，而全世界都将为此蒙难。时任首相尼维尔·张伯伦在下议院慷慨陈词，严厉谴责德国截断国外物资，伤害平民，妄图以野蛮的方式让欧洲屈服。宋美龄女士给援华会写信称她在过去几年一直大声疾呼，用完全相同的语言控诉日本在中国的暴行，却遭到忽视。她谴责奉行双重标准的世界观，这种保守的世界观只看得见欧洲自身的苦难，却不明白应对远隔重洋的苦难给予及时强劲的反击——这不仅仅是因为同样的惨剧或许会发生在自己的国家，更是因为这些苦难和暴行本身。这种狭隘保守态度和观念会对现实世界造成伤害，中国的困境正是此中例证。鲍尔早就发现了这一点，一直以来，她希望通过自身的写作和为学校做的工作来转变这些态度和观念。然而现在似乎已经太迟。

20

二十世纪三十年代发生的一系列国际事件确切无误地表明：国际联盟为维护全球安全制定的政策无力阻挡侵略者。1934 年，国联举行著名和平表决，通过在英国进行投票来评估市民对国联的支持。万众瞩目下，表决结果在公众集会宣布：英国市民全力支持英国继续保持联盟成员国身份。但这场投票表决更像是一场空洞的公关噱头。国际联盟联合会在 1931 年达到鼎盛，参与人数超过 40 万人，但在这之后，随着英国市民对以全球安全理念对抗蓄意破坏全球安全一方的愿景愈加悲观，参与者数量大幅下降。"看起来战争已是无可避免。"弗吉尼亚·伍尔夫 1935 年在日记中写道。这年十月，意大利侵入埃塞俄比亚，通过军事力量将其占领。1937 年，意大利退出国联。意大利独裁首相墨索里尼在《法西斯主义纲领》中明确表达对国联的不屑,他那"国土之外,一无所有"的著名言论充斥着对国际合作梦想的嘲弄。德国方面,希特勒强制施行兵役,在 1936 年悍然违背《凡尔赛和约》再次占领莱茵兰——此举明确表明,希特勒一心只想凭武力统治,绝无谈判可能。H. G. 威尔斯这年告诉一位朋友,"忘了国际联盟吧……这条路行不通,白白浪费那么多的美好希望和意图",还说,"国际联盟设想成真的可能性,好比嗜血狼群组成素食联盟"。

1936 年春天,爱德华八世和离过两次婚的美国女人沃利斯·辛普森之间的爱情传奇为紧张的英国增加了一些轻松的谈资;另一边,和平主义者关于国联施行策略的有效性的争论却是如火如荼。英国圣公会牧师狄克·薛帕(曾在第一次世界大战期间担任英国陆军的随军牧师)为反对军事主义而创建和平誓约同盟,同盟成立第一年吸纳了十二万反对战争的成员。但也有许多人逐渐转变态度,认同战争是抵制法西斯主义、赢得长期和平的唯一途径。时任财政大臣尼维尔·张伯伦推行军事扩张计划加速英国的军备重整,这一计划将在接下来四年中将国家相关开支增加至原来的三倍。1937 年 5 月,张伯伦正式成为首相,但他仍然不愿投入战争,而是在关键时刻生平第一次乘坐飞机,飞往欧洲大陆与希特勒、墨索里尼会晤,希望通过外交策略扭转局面。1938 年 3 月 12 日,德国军队入侵奥地利。9 月,张伯伦签下《慕尼黑协定》,同意纳粹德国肢解捷克斯洛伐克。这一年,英国每一座大型城市都开始进行空袭演习,国家开始为这场如今看起来无可避免的战争征集志愿者。

张伯伦对希特勒一再让步,对德国向犹太人实施的暴力行为毫无作为,令鲍尔惊恸不已。她加入反绥靖运动,在《曼彻斯特卫报》上刊登的《前沿教育学者宣言》上签名,呼吁各国放弃武力,建立"能够为持久和平奠定基础的"解决方案。1938 年夏天,鲍尔迫切地阅读关于罗马帝国衰落的书籍，并在其中发现令人不安的、与当下相似的对照。她放下手头所有教学任务专心撰写一篇名为《黑暗时代的前夜：致当今时代》的演讲文稿，11 月在剑桥历史俱乐部上发表了这一演讲。手写稿标题上用铅笔写着"慕尼黑"。鲍尔在演讲稿中提出，在公元五世纪和六世纪，"整片欧洲大地上的光芒正在熄灭"，将这一时期的罗马呈现为不同文化的大熔炉，而这一点与纳粹的宣扬——借用罗马的形象宣扬自己为"世界新帝国"——完全相悖。鲍尔将着眼点别具特色地放在这一时期人们所遭受的苦难。"他们为什么看不见灭顶之灾正在头顶积聚？"她问道，她想象罗马人洋洋自得于优越的生活方式，在网球、午睡、沐浴之间对入侵的危险懵然不觉。鲍尔认为，对于那些无法相信其所属文明竟会消亡的市民，我们今人借助对帝国覆灭相关史实的了解，或许轻易就会持批评的态度。她以高卢为例，单独列出了两条值得警醒的教训，每条都与当代关切遥相呼应：第一条，"绥靖政策"任由哥特人在欧洲范围扩大势力；第二条，教育体系的不足。鲍尔提出："他们在学校学到的知识与外部世界正在发生的事毫无关联，学校还教给他们一个毁灭性的错误认知，即明天将和昨天一样，一切都会和过去无异，但事实上他们将迎来天翻地覆的变化。"听众很清楚鲍尔这场演讲是在借古喻今。

鲍尔眼看着国际联合的希望逐渐破灭，取而代之的是具有跨越时间和地域的破坏力的民族主义与军事主义狂热情绪。但她仍知其不可为而为之，坚持研究工作，即便她所属的时代将无法吸取她研究总结的历史教训，仍希望能将历史的教训传授给后世。哪怕连威尔斯都已经放弃了国际联盟，鲍尔依然相信并且参加了国联 1939 年在日内瓦举办的大会。大会上除了各国代表，还潜伏着防止抗议者生事的侦探。这年 1 月，鲍尔成为第一位在大名鼎鼎的福特讲座发表演讲的女性——福特讲座在牛津大学举行，每年由知名学者向广大公众进行讲授。鲍尔讲座的主题是英国中世纪史上的羊毛贸易，这次讲座代表着鲍尔在国际经济史方面几十年研究的高峰。她首先否定中世纪时期的西欧是一个自给自足的小型社群的观点，将中世纪定义为一个"大规模国际贸易进行"的时期。鲍尔讲述的不是关于英国统治羊毛交易这类老生常谈的爱国故事，而是以其独特的深入浅出的方式讲述了一段糅合移民、合作和贸易路线的历史，同时强调个性和情感。对于艾琳·鲍尔而言，战争最令人恐惧之处在于否定人与人之间的联结：战争侵犯个人自由边界，蔑视同情、包容等人类美德。作为历史学者，她希望鼓舞世人反对法西斯主义和民族主义，通过作品歌颂超越国界、拒绝狭隘主义的文化传统。在此战争一触即发之际，鲍尔在福特讲座上的演讲代表的是她对未来的号召。

这次讲座对鲍尔还有着另一层重要意义。在梅克伦堡广场度过的岁月中，鲍尔与穆尼亚·波斯坦始终保持联系，她的思想观念在与波斯坦将近二十年的协作中也发生了一定的转变。自从波斯坦回到伦敦政治经济学院担任鲍尔的研究助理后，两人开始在同一个研究室写作，一起研读同一份手稿、交流观念并从对方的兴趣中获得灵感。很快，波斯坦对鲍尔而言不仅仅是一位学术至交，更是生活上的知己密友。在某一阶段，或许是1933年，两人相恋。若干年后，两人因战争无法相聚，鲍尔感慨万千地写下恋情早期的激情经历："在你那间位于汉普斯特德的小公寓，我们长夜无眠，无尽缱绻，漫谈中世纪历史；清晨在狭窄的床上喝咖啡，跑出门买冰块，在小得只能容纳两个人的餐桌边吃午饭。"庄士敦比鲍尔年长许多，性情沉稳严肃，而波斯坦年轻、有魅力、思想开放。鲍尔或许也曾犹豫是否要将两人原来亲密、充满创造力的合作关系更进一步，但当意识到将两人聚集在一起的智识火花转化成了一种深刻、令她获得情感满足的联结之后，也就坦然接受了这一点。

据波斯坦好友雷蒙德·弗思回忆，两人向学院"严格隐瞒"这段感情。鲍尔不愿"在学校里造成轰动"，她知道这样的事——一位小有地位的教授和小她十岁的讲师没有结婚却保持亲密关系——一定会使她成为众人的谈资，损害她在校内校外的声誉。她在梅克伦堡广场以公众形象工作、接待朋友，这里仍旧是学术殿堂。和波斯坦见面则主要在波斯坦的公寓，位于汉普斯特德区杨柳路6C（邻街就是基督教堂街，H. D. 和阿尔丁顿刚结婚那几年住的地方），以及波斯坦口中的"逃离之地"，位于科茨沃尔德，两人专门租下便于周末来这里秘密度假。1937年年底，两人决定不再保密。12月11日，四十八岁的鲍尔和三十九岁的波斯坦在圣潘克拉斯登记处低调地举行了婚礼，出席宾客只有两位朋友以及鲍尔的妹妹们。正式结婚后，两人搬到梅克伦堡广场。"他和我已经共事十五年，对彼此的爱慕与日俱增，将这段关系进行下去看起来会是个不错的主意。"鲍尔写信给汤因比解释道，几乎带有几分歉意。婚礼的事她只在事后在给朋友们的信中随意提了一提，新身份绝不会影响她对工作的投入——她唯一关注的是消除朋友们对这一点的担忧。（婚后，银行账户名自动改成了夫姓，鲍尔向律师核实婚后继续使用原姓合法之后，立刻请银行将账户名改回原名。）"我不会放弃工作（婚姻倒恐怕是半独立性质的）。"鲍尔告诉莱昂内尔·罗宾斯。这封信的结尾也完全与婚姻生活无关，而是关于她的学术成就："你知道吗？明年的福特讲座邀请了我！我几乎没有精力再去想结婚的事！"

鲍尔一向对制度意义上的婚姻抱有怀疑的态度，和简·哈里森一样，担忧婚姻赋予女性的家庭枷锁无法包容女性在公共世界探索的野心。在二十多岁的年纪，眼看着身边的老朋友一个接一个地宣布婚讯，鲍尔变得"愤怒而痛苦"；每当写下祝福卡片，不情不愿地寄出带有刺绣图案的婴儿连衣裙时，她脑海里浮现出令她深恶痛绝的、大众对于妻子身份的假想："完美妻子应当设法将自己打造成智能化的集合体，集奶牛、围巾、影子、镜子为一体。一块橡皮泥，一张地垫[1]，一台吸尘器，代数上呈负数。"鲍尔曾半开玩笑地对好友马格丽说，如果马格丽也和几位同学一样，一结婚就"丢掉曾经的兴趣爱好，丧失昔日的个性，把老朋友统统扔到脑后"，她就再也不会和她说话："在各种抽象主张中，我最关注的当属妇女权益主张。在我看来，女性要想取得任何成就或成为某种了不起的人，必须在婚后保持自己的个性，认识到爱情并不是世界上的唯一，即便再美好的爱情也只有一项用处：情感满足。"1936年，马格丽和丈夫多米尼克·斯普林·赖斯离异，一时之间流言纷纷，鲍尔不以为意，她给马格丽写信表示关切，并敦促她继续进行政治工作，如有需要可以来梅克伦堡广场待一段时间。她在信中甚至颇有几分欢喜，也许是因为这件事证明，长远来看，坚决反对婚姻是更为安全的一条道路。

与本书中其他几位女性一样，鲍尔身边聚集着志同道合的女性朋友，从她们身上获得激励和友情，在她们面前可以简简单单地做自己。"我真正相信直接、平等、自由和富有同理心的友谊是世上最美好的事"，鲍尔在给马格丽的信中写道，信中描述了和好友玛丽·格拉迪斯·琼斯一起度过的漫长的一天，两人"从下午到晚上，谈论历史、谈论自我"。正是因为有这些女性好友的存在，鲍尔从不认为具有满足感的情感生活只能从男性身上获取。在男性占据主导地位的学术世界，鲍尔竭尽全力为自己争得一席之地，她一直以最大限度的努力维持女性与专业学者这两个身份之间微妙的平衡，婚姻无疑极有可能打破这一平衡。曾向鲍尔袒露爱慕之情的男性不是比她年长（如庄士敦）就是比

---

1 英文中的"地垫"也有"逆来顺受的可怜虫；甘受屈辱的受气包"之意。

她在学术领域上更有建树（如汤因比），但鲍尔和弗吉尼亚·伍尔夫（在和伦纳德订婚之前，弗吉尼亚曾写信给伦纳德称自己不愿意"将婚姻视为一种职业"）一样，不希望自身独立受到影响，也很清楚（像塞耶斯、哈里森一样）她绝无法在一段对方利益优先于自身利益的关系中感受到真正的幸福。

但穆尼亚改变了一切。经过十几年的亲密合作，两人的学术兴趣早已紧密地交织在一起，密不可分。一开始，鲍尔作为合作关系中更有经验的指导者，从波斯坦身上汲取灵感，通过他加深自身的认识，而波斯坦并不会对鲍尔产生压制。"我所享有的最大的快乐之一就是与你共事。"鲍尔后来写信给波斯坦称两人一起度过的岁月是"不可磨灭的幸福回忆"。"过去十年里，我的全部学术成就都归功于你。"两人也逐渐爱上对方的兴趣爱好。鲍尔将自己对中国艺术的热爱分享给波斯坦（波斯坦收集了数量可观的中国陶瓷器，大大增加了鲍尔的藏品数量），也开始勇敢地拥抱波斯坦对登山的热情（虽然她总说自己缺乏身体上的勇气，"甚至严重到害怕任何牛属生物的程度"）。两人一起从奥地利的鲁道尔夫斯特、斯诺登尼亚的雪墩国家公园，还有勃朗峰山脚的沙木尼进行攀登。这段婚姻不仅没有将鲍尔困囿于家务琐事，反而引领她内心安定地挑战身体极限、勇攀高峰，因为她知道穆尼亚就在身边。她写道："我们拥有两个个体间能够拥有的所有共同之处，我唯一遗憾的是没有彼此的那些岁月。"在鲍尔朋友眼中，这场婚姻世间罕见：一段彼此促进的伙伴关系，双方既志同道合又心心相印。当她把这一消息告诉共同好友兼同事 J. H. 克拉帕姆时，他的女儿当即说出了一句最恰当不过的祝福语：致"哈丽雅特·文和彼得·温西爵爷"！

20

战争如箭在弦，一触即发。整个英国守在无线电收音机前，等待正式宣战的消息。与此同时，鲍尔专注于一项凝聚着国际心血的收尾部分：《剑桥欧洲经济史》的最新一辑。这部著作最初由鲍尔和克拉帕姆共同设想，整个二十世纪三十年代，鲍尔一直致力于这项工作。这是一部百科全书式的著作，为世界史树立现代的、比较的典范。参与编撰的历史学家来自世界各地，包括以色列的耶路撒冷希伯来大学、法国的亨利四世中学、巴黎索邦学院、比利时的根特大学、芬兰的赫尔辛基大学、奥地利的维也纳大学、瑞典的隆德大学、瑞士的苏黎世大学。《经济史》第一卷卷首介绍中，克拉帕姆坦言协调整个项目的难度非常大。例如，有位芬兰学者曾"在 1939 年 11 月在'芬兰的某个角落'写信称他非常希望能回归经济史研究，但是这件事和他的'祖国的国家独立相比，几乎不值一提'。此后我们再也没有收到他的消息。西班牙的历史学家无奈放弃他负责的部分，只因他成了桑坦德的一位难民，而笔记则全部遗落在了塞维利亚[1]。此后我们也再没收到他的消息……关于鲁特科夫斯基教授，我们唯一能确定的是他不在波兰的波兹南大学；我们相信冈绍夫教授，一位储备军官，仍在比利时幸存；马克·布洛赫教授在服军役之后，也在美国安全活着"。

弗吉尼亚·伍尔夫在其 1938 年的随笔《三个旧金币》中提出疑问，女性应如何应对战争。她提出，有史以来，女性在其所属国家所享受的权益一直少得可怜（如果能算有的话），她们被剥夺受教育的权利、工

1　西班牙内战期间，具有重要战略意义的塞维利亚被佛朗哥叛军控制，桑坦德则由共和政府军掌控。

作的权利，在政治上也没有任何影响力，那么，激励着男性作战的爱国主义对女性而言也就没有意义。在鲍尔、哈里森以及伍尔夫眼里，和平主义和女性主义没有国界的划分，目的都在于为被剥夺权利者发声、推翻压迫者，无论压迫者是哪一种身份——专制独裁的父亲、社会结构、法西斯主义领导者。她写道："身为女性，我没有祖国。身为女性，我不想要祖国。身为女性，我的祖国就是整个世界。"

伍尔夫批判民族主义叙事为社会不平等的表征，艾琳·鲍尔以毕生学术心血反抗民族主义叙事，进一步深化了伍尔夫的论述。面对一个并非为她们打造的世界结构，伍尔夫提出建立一个"局外人的社会"进行反抗。而鲍尔选择通过行动来直面军事主义父权制社会结构，以坚定无畏、持之以恒的努力改写支撑着不平等体系的叙事。在卡恩旅行奖全球环游期间，鲍尔目睹顽固不化的陈腐观念、未经检验的文化优越感如何导致扭曲、无知、暴力的政治。鲍尔笔下历史忠于的并非其所属国家，而是她希望迎来的那个世界：在这里，女性和社会地位低下的阶层都能拥有发声的自由，东西方彼此平等、互相尊重，军事威胁销声匿迹，只有为维护世界和平而存在的国际合作。在她一生从未停止记录的关于国际联盟的笔记中，鲍尔写道，希望通过自己的工作帮助培养人们的"国际爱国主义"。驱使人民为国家而战的爱国情绪中混杂有理性与激情，国际爱国主义同样包含有理性与激情，区别在于后者将这些理性与激情引导向认同世界公民身份，即这样一种信念："即便民族之间存在对立，存在不同利益，人类整体仍然有望如国际联盟所设想的那样，成为一个具有共同目标和相同历史的社会群体。"这是一个充满勇气和希望的理想。但在 1939 年秋天，也就是弗吉尼亚·伍尔夫刚搬进梅克伦堡广场的时候，鲍尔的理想无可挽回地走向了覆灭。

第六章

弗吉尼亚·伍尔夫
（1882—1941）

梅克伦堡广场
37 号
1939 年 8 月—1940 年 10 月

"循环，往复。"
——弗吉尼亚·伍尔夫，日记，记于 1940 年 6 月 13 日

1939 年 8 月 17 日，弗吉尼亚和伦纳德·伍尔夫抵达梅克伦堡广场，发现新居入口处的通道被沙袋阻隔，堆放沙袋的爱尔兰劳工正在广场花园挖防空洞。六天后，消息传来，苏德签订互不侵犯条约；希特勒随后入侵波兰，英国政府曾承诺将进入战争状态来回应这一侵略行为。第二天，英国议会紧急召开，伍尔夫夫妇离开修士之屋——他们在苏塞克斯的家，将塔维斯托克广场 52 号旧居的个人物品搬到梅克伦堡广场 37 号。这趟行程气氛压抑，安静得过于反常：火车上乘客寥寥，从火车站出来之后，他们发现伦敦异常冷寂，大英博物馆没有开门，"街道上没有一丝生气"。帮忙搬家的师傅也是刚收到征召通知，告诉伍尔夫夫妇他明天就不在这儿了。伍尔夫在这晚的日记中记录道："这位领班感叹，这就是命，人可逃不过呐。37 号更是一片混乱。"

在紧张与不安的氛围中——这一氛围将贯穿他们在这儿的整个租期——伍尔夫夫妇搬进了梅克伦堡广场。这一期间爆发的政治危机正与这场令伍尔夫措手不及的搬家内外相呼应。两人原本住在塔维斯托克广场的皇室宾馆，但从宾馆附近开始施工以后，噪音扰民，很难再住下去。因此在 5 月，两人"颇为草率地"签下了梅克伦堡广场 37 号这处房子。这年夏天，弗吉尼亚整日躺在床上昏昏沉沉，头脑就像个"缠得紧紧的线球"，伦纳德则和律师一起向贝德福德庄园申请撤销现有租约，但最终徒劳无功。"我盼着住进梅克伦堡广场 37 号，"伍尔夫写道，

"这儿宽敞、安静，到处都能睡觉。"当初，塞耶斯和鲍尔刚来到这里时，满怀激动，预备开启新生活。但弗吉尼亚不同，她告别过往，来到这里重新拼凑出生活，这个过程更多地让她想到自身生命的短暂，迫使她面对一个日益徒劳的未来。

这一年对伍尔夫夫妇而言是无比艰难的一年，这种艰难境遇在搬家中走向巅峰。个人遭际的悲剧更是加重了日渐深化的政治危机所带来的不安感。6月23日，两人的好友马克·格特勒绝望自杀，就在两周前，他还曾和他们一起吃晚餐，说起害怕希特勒对待犹太人的方式。仅仅一周后，伦纳德那年迈体弱、长期饱受慢性病折磨的母亲因滑倒摔断了两根肋骨，很快就离开了人世。从前每当拜访伦纳德母亲的时候，伍尔夫总会从中认识到"家庭生活的恐怖之处"。可等到真正与伦纳德母亲永别时，两人都有种难名的漂泊之感。对搬进新居的期盼也逐渐演变成焦虑：他们在塔维斯托克广场度过了快乐的十五年，离开这里会不会是一个错误的决定。6月份，两人走进梅克伦堡广场这处房子，装电灯、为安置家具做安排，"我突然被一个阴森的念头击中：我会在其中哪间房子死去？"

1939年9月3日，首相张伯伦向等待已久的市民宣告，英国正式与德国交战。伍尔夫花了数小时缝制遮光帘布，一边警惕地聆听是否有警报声响起，这时她发现自己"精神上已经过于疲惫，甚至没办法读完一页文字"。梅克伦堡广场37号让人感到不适和恐惧："厨房过于狭小，除此以外一切又都太大。楼梯状况糟糕。没有地毯。"外界的不确定性让伍尔夫丧失了将屋内布置得更为舒适的热情：搬进来足足一周，走廊上还堆着没拆的箱子，甚至一直到11月，伍尔夫告诉朋友，"起居室里有个坐桶，餐厅里放了张床"。渐渐地，两人在不安中把行李整理好，安定了下来。佣人梅布尔·哈斯金斯给家里铺上地毯，又把箱笼中的物品取出，逐一归置。还是和原来一样，霍加斯出版社占据地下室，律师多尔曼和普里查德（从 1924 年开始，伍尔夫夫妇还在塔维斯托克广场的时候，他们就一起合租）住一、二两层，伍尔夫夫妇"栖息"在上面两层。"我在顶楼有两间很不错的房间，"弗吉尼亚在给维塔·萨克维尔－韦斯特的信中写道，"我很喜欢，到时候你就住在这里。一间房子对着山上的烟囱，估计是伊斯林顿区；另一间对着绿色的草坪，育婴堂的孩子们会在那里玩耍。"

"如何在战争中存活下去？这是一个问题。"搬进广场十天后，弗吉尼亚写道。这一矛盾观念贯穿着她在梅克伦堡广场生活的整个时期，渗透进写作和日常生活的方方面面。第一次世界大战期间，伍尔夫周围的朋友大多出于道义原因拒绝参加罪恶的战争，但现在，圈子里大多数朋友都转变了想法，如今国际联盟设想的共同安全已然成空，他们开始坚信哪怕必要时不得不采取军事行动，也必须抵制法西斯主义。曾以果农身份度过"一战"的戴维·加尼特加入英国皇家空军；E. M. 福斯特在广播中发表鼓动战争的演讲；伦纳德出版《为和平而战》（ *The War for Peace* ），在书中提出英国必须以军事力量守卫民主，这场战争已经避无可避。处在这样的周围环境下，依旧秉持不抵抗主义的弗吉尼亚像个另类，孤立而无助。"她主张和平，而他主张战争。"罗斯·麦考利（Rose Macaulay）在伦敦图书馆碰到弗吉尼亚之后写道。1915 年以来，弗吉尼亚和简·哈里森、艾琳·鲍尔一样，认为爱国主义是一种"拙劣的情感"，它不加辨析地全盘接纳一切传统，怀有傲慢的优越感：她在 1938 年的随笔《三个旧金币》中呼吁读者"拒绝参加爱国主义游行，

反对任何形式民族层面上的自我褒扬"。伍尔夫这时的处境一如 1916
年的 H.D.，在昂扬的民族情绪中显得格格不入。

　　战争中"荒谬的男性人物"是伍尔夫创作中重复出现的形象，从
《雅各布的房间》（1922 年）中雅各布·弗兰德斯毫无意义的死亡，到
《达洛卫夫人》（*Mrs Dalloway*）（1925 年）中"被欧洲战争的爪牙在暗
中紧紧攫住"的塞普蒂默斯·史密斯，他患上炮弹休克症，最终自杀。
伍尔夫在小说中往往将第一次世界大战呈现为一段空缺，一段空白；在
《到灯塔去》（1927 年）中，这段时间被一小段标题为"时间飞逝"的
内容简短带过，在《岁月》（*The Years*）（1937 年）中，这段时间更是成
了一段"彻底的空白"，书中人物全部忘记了自己之前说过的内容。对
于伍尔夫自己而言，她在战争期间经历了一段黑暗的精神疾病时期，终
日只能躺在床上，后来甚至不得不离开布卢姆斯伯里，前往郊外的里奇
蒙德镇寻求些许安宁。现在，伍尔夫感觉自己陷入了另一段空白。第二
次战争除了给世界带来难以预料的政治后果，也将摧毁伍尔夫人生最
后数十年的写作生涯，破坏她平静的晚年生活。她写道，战败将意味
着"欧洲文明的彻底毁灭，以及我们人生最后一程的提前告终"。她担
忧挚爱的外甥昆廷·贝尔（Quentin Bell）会被征入伍——姐姐文妮莎
已经在西班牙内战中失去了儿子朱利安，绝对无法再承受失去另一个儿
子的痛苦——也担忧自己再也不能提笔。有一回，在布卢姆斯伯里咖啡
店，有位女性兴高采烈、语气笃定地告诉她英国一定能赢得这场战争，
伍尔夫答道："但赢了又有什么意义呢？"

　　伍尔夫称英国宣战是"我生命中的至暗经历"。伍尔夫夫妇知道秘
密警察已经列好一份长达 350 页的名单，"伦纳德·伍尔夫，作家"和
"弗吉尼亚·伍尔夫，作家"赫然在列。两人在"理智、基于事实的"
探讨之后，决定如果真到了战败的那一天，与其等着被捕，不如吸毒气

自尽。弗吉尼亚不愿去思考这样的命运。"不，我不愿在车库中终结自己的生命。多希望还能再活十年，把脑海里的东西都写成书。"在梅克伦堡广场这一年多的时间里，伍尔夫集中精力，以令人称奇的效率完成了多个文学项目：她完成了好友罗杰·弗莱的传记，如释重负；写了一部小说《幕间》（*Between the Acts*）；给自己的回忆录写好了梗概；还为英国文学新研究写了一些笔记。她的日记、信件内容糅合了持续不断的"关于战争的消息"和以下内容的叙述：晚宴、聚会、短篇故事和新闻稿件的约稿，还有苏塞克斯花园中的变化。阅读这些内容，让人宛如从伍尔夫的视角亲历一段激荡与转变的岁月，在这段岁月中，无论是欧洲政治还是伍尔夫的个人生活都正经历着天翻地覆的变化。伍尔夫常以其独特、一针见血的风格在日记中简短地记录某些片段，刻画出个人及公众对战争的恐惧："战争之剑无疑悬于每个人的头顶。某种可以察觉但无法言表的冲突。德军与波兰海军在但泽自由市交战。波兰人此刻的遭遇在我的房中回荡。一切都处于未知。然而我们必须习惯这一切。工作，工作，我告诉自己。"伍尔夫通过这年开展的工作对一直以来探索的观念做出回应：自我的本质，了解他人的不可能性，文化对市民的影响，父权体制的暴力，艺术（以及艺术家）与社会之间的关系，基于共同历史感而非爱国主义的团体观念。

　　伍尔夫夫妇很快建立起一种"来去之间"的固定模式，每两周有四天待在梅克伦堡广场，其他时间就在罗德麦尔村（"我们这集合了乡村的所有典型特点"）的修士之屋清净地写作。他们在1919年一场拍卖会上买下这间建造于十六世纪的小木屋。这样的安排是为了帮助弗吉尼亚协调"寂静独处与喧闹社交的永恒撕扯",她好不容易在个人生活与社交生活之间取得的平衡眼见着在战争的威胁下举步维艰。但这样来来回回地乘坐汽车或火车很快被证实无益于维持这种平衡状态。"我们正过着一种割裂的生活,一周在伦敦,一周在这里,"她在给好友作曲家埃塞尔·史密斯的信中写道,"你或许能想象,每当我住在一处,想要的东西总会落在另一处。反之亦然。"

伍尔夫在罗德麦尔村享受"将大脑彻底清空、填满书籍,就像海绵吸满水",而伦敦——"这座遭遇浩劫、饱受蹂躏却有着令人无法拒绝的魅力的城市"——则成了伍尔夫夫妇参加社交的地方。他们在广场的每一天都塞满了形形色色的行程:伦纳德赶往下议院履行工党顾问委员会秘书的职责,然后返回家中,与金斯利·马丁商议《新政治家周刊》是否应宣布支持和平("所有知悉内幕者都说我们会战败")。俄国翻译家 S. S. 科捷利尼斯基曾前来拜访,大加抒发对法西斯主义的愤恨之情,其猛烈程度令弗吉尼亚惊惧("为了七点听英国广播电台,他每天六点起床,喜欢在金合欢路上独自沉思")。在梅克伦堡广场的晚宴上,饭桌上的话题永远热络,从周围发生的流言绯闻(比如弗洛伊德的离世,弗吉尼亚在 1939 年与之结识,他还送过她一支水仙花;比如外甥女安吉莉卡·贝尔与戴维·加尼特之间的桃色绯闻,而戴维·加尼特曾经是安吉莉卡亲生父亲邓肯·格兰特——女王最近买下了一幅由他创作的画——的情人),谈到历史上约瑟夫·康拉德的仆人、萨克雷的妓女和狄更斯的情人,"他们谈论的方式让人觉得他们仿佛是熟识已久的故交老友"。有一晚,T. S. 艾略特、克莱夫·贝尔和萨克森·悉尼－特纳前来拜访,探讨"这场战争是否意味着野蛮将逐渐掠夺文明的领地",不知不觉持续到天光微亮。到了这时,大家一起出门四处游荡,门也半开着。弗吉尼亚和伊丽莎白·鲍恩从梅克伦堡广场,穿过圣殿区，沿着河流一直走到伦敦塔，然后坐上巴士返程。两人坐在顶层，沿途谈搬家、谈写作、谈不列颠与爱尔兰之间日趋紧张的局势。这晚，神采飞扬的伍尔夫在日记中记录："一个好想法；在穿梭变幻的背景下谈天说地，会改变话题，转换情绪。"然而，这样一如伦敦故日的欢乐仅仅是珍贵的吉光片羽，战争的威胁侵迫愈近，无处躲避。

这座城市沉默地忍受着苦难，人们"全力以赴地完成每日的工作"，甚至显现出一派熙熙攘攘的景象，伍尔夫欣赏这样的韧性，但对于"围困之感变为常态"逐渐取代最初的惊慌这件事却感觉到不安。广场花园里，摇晃不定的悬铃木上方飘浮着用于防空的拦截气球；街道上，戴着头盔、身着卡其色制服的士兵倦怠地巡逻检视。店铺早早歇业，快步奔忙于目的地之间的人们时刻警惕着若有紧急事件发生发出的信号，但这种信号一直没有出现。评论员们心怀不满，将这段一直延续到 1940 年春天的时期称为"乌有之战"。刚宣战时，许多伦敦市民自发要求为战事出一份力，但由于预期中的战争久久没有真正发生，人们都开始感到厌倦。有一晚，处在极度焦虑状态下的弗吉尼亚误将困在果酱瓶中的两只马蜂发出的嗡嗡声听成飞机在头顶的轰鸣声，吵醒了整幢屋子里的人。

在前往伦敦的途中，弗吉尼亚从那些写着"希特勒宣告：战火已经点燃"的宣传海报边经过，悲哀地感觉到他们正"眼睁睁地看着自己驶向深渊"。传来的消息极少。伍尔夫夫妇的信息渠道只有一家邻居的闲谈——他们有个侄子在陆军部工作，以及无线电收音机晚上播报的"为数不多的消息"。由于希特勒毫无动作，《新政治家周刊》上展开了一轮激烈的辩论，探讨英国是否应该直接忽略这场战争，任由俄国和德国两国内部达成协议。约翰·梅纳德·凯恩斯指出，左派曾经言之凿凿，主张不惜一切代价抵抗纳粹侵略，现在却又如失败者一般不再支持战争；对此，乔治·伯纳德·萧反驳道，尚不知道为什么而战就贸然进入战争是不明智的。这年圣诞，广播传达出一丝隐约的希望：来年或许能迎来和平。政府宣战后不久，伍尔夫写道："当下的世界空洞、虚无，一切都丧失了意义——一场草率的屠杀，像是一手拿着玻璃瓶，一手拿着锤子。为什么一定要摧毁这一切？没有人知道答案。"

"我想，"伍尔夫在日记中沉思，"军队是身体；我是头脑。思考就是我的战斗。"这一宣言或许因为没有考虑到军队中也有头脑而显得有些不合情理，但在这场乌有之战中，对伍尔夫而言，工作提供慰藉，在这个充满不确定性的世界保留一些连贯性。在修士之屋，早上，伍尔夫会坐在客厅低矮的扶手椅上写作，膝上放一块固定着墨水瓶、铺着空白笔记本的夹板，身边桌子上和地板上散落着墨水瓶、旧钢笔尖、用过的火柴，还有皱巴巴的信封。下午，她会把早上写下的文字打出来，同时进行一些修改；然后一个人沿着青草葱茏的河畔散步，陷入漫长而专注的沉思。她以前所未有的专注力投入工作，战争初期的钝感已经消散，一系列关于短篇、文章和书籍的灵感喷涌而出，迫使她小心翼翼地平衡时间，高效地安排好各项工作。据苏塞克斯的管家路易·埃弗里斯特回忆，弗吉尼亚常常在早上沐浴的时候大声背诵前一天写下的句子；当她把早餐端上楼时，常看见伍尔夫床边散落着铅笔和废纸，有些纸张上反复写着同一句话，显然是前一晚写作遗留的痕迹。

搬进梅克伦堡广场不久，伍尔夫就给《新政治家周刊》的文学编辑雷蒙德·莫蒂默写信推荐了几本值得写评论的书："最好能做些工作，我不认为自己能在这种时候安逸度日，袖手旁观。"伍尔夫开始投身于"新闻行业这口大煎锅"，尽管公共生活会不可避免地带来一些对负面评论的担忧，并且，她曾幻想"老来生活能独立，不受干扰"，如今却不得不担负起"周三前写出一千五百词"的苦差，但通过这种方式，伍尔夫得以参与外部世界。而且夫妇两人都将新闻工作视为一大经济来源。两人有可观的投资收入，各自也都有工作薪酬，但塔维斯托克广场的房子没能租出去，梅克伦堡广场房子的租金又不断上涨。此外，战争期间物价不断上涨，两人开始对糖、纸张、黄油的消耗数量规定额度，还清点了从一棵倒下的榆树上收集到的圆木（"这些木材足够我们撑过两个冬天。据说战争会持续三年"）。1939 年 10 月 1 日，弗吉尼亚告诉外甥女安吉莉卡，他们实在没有办法，只能给她少寄一点钱了："伦纳德说，缴纳的税额越来越高，52 号房子没能租出去，出版社也没能如期支付版税，加上其他各种原因，我们接下来在金钱方面会比原来紧张许多。这可恶的战争。"

一直以来，霍加斯出版社是伍尔夫夫妇一项非常重要的收入来源。但随着出版社的压力与日俱增，夫妇二人面临的经济困境雪上加霜。一开始，出版社于 1917 年在里奇蒙德镇开始运作，他们搬到那里是为了安抚弗吉尼亚。伍尔夫在 1895 年、1904 年、1913 年和 1915 年都经历过严重的精神崩溃，每一次精神崩溃，绝望的伍尔夫都会试图自裁。精神崩溃的症状表现为头痛、思绪混乱、出现幻觉、拒绝进食和晕倒，任何压力都有可能带来危险，一旦病情加重，至少需要几周的时间调养。有一种治疗方法是做一些简单的手工活。弗吉尼亚发现做一些重复性的工作，如打字、打理庭院，有助于康复。因此，两人花费三十八英镑买了打字机和打印机，放在餐桌上，又自学如何使用。"你想象不到这有多么令人欢欣鼓舞，它能抚平内心的焦躁，给人成就感。"弗吉尼亚高兴地写道。他们尝试着印了一本以两人各自所写的一则故事为内容的小册子，接着又成功打印了几本手工装订的册子，迅速变得专业，开始将打印好的、已在家中完成编辑和设计工作的书寄给商业印刷厂。到了 1923 年，他们每年要出版十余本书，包括弗吉尼亚自己的创作，其中第一本由霍加斯出版社出版的作品就是弗吉尼亚的第三部小说《雅各布的房间》。此后，弗吉尼亚再也不需要为迎合编辑口味而修改文章，称自己是"全英国唯一一位能够依照自己的想法自由创作的女性"。夫妇两人共同负责出版社相关事宜，包括编辑、委托制作、排版再到打包书籍寄给评论家和客户。伦纳德兢兢业业地记录收益，年底两人分红，这笔钱各自可以自由安排。

霍加斯出版社的成功是弗吉尼亚与伦纳德之间感情坚固的佐证。和鲍尔与波斯坦、温西爵爷与哈丽雅特一样，弗吉尼亚与伦纳德之间的感情建立在对自由和工作的共同追求上。她真心喜爱外甥、外甥女们，但从没有因此动摇远离家庭生活的决心，对她而言，家庭生活或许会破坏写作所必需的绝对安静。二十五岁那年，她宣称将心满意足地以"姨母、未婚女性、女性作家"的身份度过这一生。后来，弗吉尼亚在哥哥托比的介绍下认识了伦纳德。1912 年 4 月，伦纳德第一次向弗吉尼亚求婚时，她的内心充满了矛盾。她在信中写道："我那天已经残忍地告诉你，我感受不到你对我有任何肉体吸引力。我时常感到自己反应僵硬如一块岩石——前几天你吻我的时候就是如此。可我又这样沉醉于你的爱意。这种体验是那样真实，那样奇特。"弗吉尼亚坚持自己只考虑接受一种新的婚姻形式（这种婚姻形式同样也是 H. D.、塞耶斯和鲍尔所渴求的，年长一辈的哈里森则从来不曾想象过能有这种选择）："我最盼望的莫过于你能一如往昔，予我最大的自由去摸索自己的路，这样你我将携手踏上未知而风险不定的旅途。当然，你已经赠予我许多欢乐。你我所期盼的婚姻，应当是热烈而生机勃勃的，它会永远鲜活、永远炽热，绝不会像这世上多数婚姻那样僵滞淤塞，从不需费心经营。对于生命，我们真是贪心的攫取者，不是吗？但假若我们能够如愿以偿，那将多么美好！"伍尔夫深知要想在婚姻中脱离传统束缚将面临多少挑战，但她仍然坚定地渴望着自由：她知道自己无法违拗本心活下去，所幸，伦纳德愿意陪她一起冒险。

这段婚姻也经历过艰难的时刻。在早期某次精神崩溃发作时，弗吉尼亚接连几个月拒绝与伦纳德见面。两人住在里奇蒙德镇时，弗吉尼亚感到自己像是困在牢笼，遭到审判——对于弗吉尼亚与维塔·萨克维尔-韦斯特之间的关系，伦纳德一直秉持宽容默许的态度，这段关系激起了弗吉尼亚在婚姻中不曾感受到过的情欲——伦纳德坚持弗吉尼亚应当休息，引起了她的反感。但伍尔夫从来没想过要离开伦纳德，他就像一片港湾，在周遭一切都经历着疾风暴雨的时候，给她安稳，为她守护日常秩序。在和维塔的交往中，伍尔夫曾写下这场婚姻中令人感到心安的"日常秩序"，共同生活中微小的幸福，完全相互信任的满足。霍加斯出版社见证了两人婚姻中勃发的生命力。创办出版社以来，两人的家就成了一处平等的工作场所，弗吉尼亚在这里写书，周围就是将她笔下文字带向大众的印刷用品，还有他们请来的事务助理、主管经理。当周围人回忆起两人间的感情时，总会说起伦纳德对弗吉尼亚持之以恒的付出，坚定地保护着她不受任何可能打破她脆弱的、适宜写作的平衡状态的事物干扰。到了 1939 年，两人的关系已在岁月的催化下变得愈加成熟：两人彼此深爱、相互依赖，双方都从这段关系中获取慰藉。正如约翰·莱曼——伍尔夫夫妇在梅克伦堡广场的邻居，也是霍加斯出版社的合伙人——所说，"他们之间的联结确实紧密，任何亲眼看过两人在一起的情状的人都会证实这一点"。

1931 年，时年二十四岁的莱曼以经理人的身份加入出版社，他是弗吉尼亚的外甥朱利安·贝尔的大学同窗。在莱曼牵引下，霍加斯出版社接触到了新一代诗人，如斯蒂芬·斯彭德、路易斯·麦克尼斯、塞西尔·戴·刘易斯和 W. H. 奥登，这代诗人痛斥战争无谓的破坏、社会习俗的假仁假义以及岌岌可危的和平对经济发展所造成的危害。1932年，由于不满伦纳德在业务上全盘掌控的态度，莱曼暂时退出了出版社（对此，弗吉尼亚愤愤地评价"真是个任性的年轻人，他嫉妒心强，妄自尊大，还野心勃勃"），1938年1月，又回来以三千英镑买下出版社一半股份，和伦纳德一起担任总编辑，同时弗吉尼亚退居顾问身份，以便能有更多时间写作。相比伍尔夫夫妇，莱曼更富商业精神，并且希望通过出版项目更有意义地参与当代政治，发出更广泛的国际声音（建立在与苏联关联的基础上），将梅克伦堡广场建立为当下这个处于困境的世界的文化根据地。莱曼当时住在45号二楼的一间里屋，房间里挂着奥匈帝国的地图，他在这里做一些杂志工作——他在1936年创办《新写作》杂志，旨在"建立一个可供未来作家创新的实验室"，在已然声名鹊起的国际名人如鲍利斯·帕斯捷尔纳克、贝尔托·布莱希特之外，让像他这样成长于"一战"后的一代人得以以自己的方式进行写作。

战争刚开始时，伦敦所有书店门口的通道都被沙袋堵住，书籍销量相应下降。几周后，伦纳德派莱曼走遍英国，查访书商对书籍市场的态度。莱曼总结出书商大多对圣诞节左右的书籍销售十分乐观，毕竟处在灯火管制期，预计缺乏其他娱乐活动的市民将重燃对阅读的热情。1940年，英国政府施行纸张控制计划，规定出版社消耗的纸张数量必须控制在前一年消耗量的百分之六十以内。经过紧急商讨，霍加斯出版社决定将分配额度用来印刷一些销量稳定的书籍，包括弗吉尼亚的小说、里尔克的诗集、弗洛伊德全集（霍加斯出版社是第一家将弗洛伊德全集译为英文的出版社），同时留存足够的纸张数量，以备某部意料之外的畅销书以及已签约作家的新作所需，避免已签约作家因投向更大型的出版社而流失。搬到梅克伦堡广场后，霍加斯出版社出版的第一本小说是亨利·格林（Henry Green）的《赴宴》（Party Going）。这部小说刻画的是这样一个故事：受浓雾影响，一切交通方式被迫中断，一群光鲜亮丽的年轻人因此滞留在维多利亚车站，形同监禁，焦虑不安。他们的处境让人想起等待战争爆发的那段焦虑、悬而未决的状态。弗吉尼亚·伍尔夫从出版社的经营事宜中抽身而退，这些出版工作成为她伦敦生活的底色图景：当伦纳德和莱曼在楼下为欧洲文学和欧洲政治的未来激烈争论之时，楼上的弗吉尼亚正在回望过去。

伍尔夫的小说中常有这类人物：他们无法确认对自我的感知，内心世界与呈现给外界的人格相矛盾。她塑造的许多角色都与周围世界隔绝，既无法表露自己的想法，也无法看透他人行为表面下隐藏的内涵：《夜与日》（*Night and Day*）中的凯瑟琳·希尔贝利看着未婚夫，周身被"生而为人永恒的孤独感"侵袭；《海浪》（*The Waves*）中的罗达"在充满敌意的世界感到无比孤独"；《到灯塔去》中的莉丽·布里斯科发问"人们总是隐藏起自己的一切，他人如何能够得知？"，并决定只以"大致轮廓而非具体细节"来理解他人。伍尔夫热爱观察、分析周围所有的人，包括朋友和陌生人。（"永远观察"，伍尔夫在生命中最后几篇日记中引用亨利·詹姆斯的话语敦促道。）不过她完全清楚，有时观察也未必可靠。

伍尔夫终身都在探索书写自传的可能性和带来的问题。和 H. D. 一样，她将人生中的部分经历改写成小说，日记、信件中记载的某些情节在几本小说中以不同的形式反复出现。从十四岁那年，伍尔夫开始断断续续地写日记，一直保持这个习惯到离世。她在日记中以尖锐辛辣的笔触描绘周围朋友和熟人的形象（常常客人一离开就立马动笔），但对个人生活如精神疾病却讳莫如深。等年纪渐长，伍尔夫意识到日后传记作家极有可能会为了挖掘更多关于她个人或是身边杰出好友的生活细节而将目光投向她的日记（她在 1940 年 1 月的日记中写道："后世会对我们中的哪一位最感兴趣？梅纳德？"），为此花了许多时间阅读其他著名传主——如弗朗西斯·基尔弗特、安德烈·纪德和奥古斯都·哈尔——写的日记，思索以怎样的顺序记录回忆。她曾以两位虚构角色为主人公出版过两本传记[1]：一是伊丽莎白·芭蕾特·布朗宁夫人的宠物狗弗勒希；一是生命长度跨越四百年、性格和性别都随着时间变化的奥兰多——作者探究主人公跨越世纪的人生历程，却始终无法明确阐释主人公的性格品质和性别特征。

在姐姐文妮莎和克莱夫·贝尔成婚前，弗吉尼亚曾在回忆录中以深情的笔触描写过童年，后来也给回忆俱乐部——由一帮亲近的布卢姆斯伯里好友组成，俱乐部规定创作内容必须是坦率的自我剖析，不得以他人创作为忤——写过更富批判性的文章。文妮莎给伍尔夫画过几幅画像，在她的画笔下，伍尔夫的眼睛不是闭上就是被以巧妙的方式回避，这些画像仿佛在宣告：这双眼睛所隐藏的一切不可能被捕捉到。1932年，伍尔夫自己也成了传记主人公。小说家温妮弗雷德·霍尔特比前来接洽，声称希望为她写一本评论性回忆录，将作品嵌入其生平经历中。伍尔夫对此感情复杂，称在读这本书时会"忍不住放声大笑"。她对一位朋友提到，"我真想象不出，要是她熟知真正的弗吉尼亚，会写出一个怎样的故事"。但所谓"真正的"弗吉尼亚又是怎样的呢？"我们是分裂碎片拼贴、镶嵌的产物，而非人们过去所认为的那样完整无瑕、始

1　这两本传记分别是《弗勒希》（*Flush: A Biography*）（1933 年）和《奥兰多》（*Orlando: A Biography*）（1928 年）。

终如一、具有连贯性"，弗吉尼亚在 1924 年回想人生中各种纷繁而零碎的公众和私人经历，那些构成她生命质地的种种事件，如此写道。她认为自己是一个杂乱的、非连续性的、由片段组成的个体，不同的人看到的她仅仅是不同角度下处于持续不断变化中的部分的她。

在这段与霍尔特比相关的传记经历之后，过了几年，伍尔夫自己也着手写起传记。她在犹豫之后接受委托，为艺术家、策展人罗杰·弗莱记叙生平。罗杰·弗莱是姐姐文妮莎的恋人，和伍尔夫也是相交数十年的老友。1934 年 9 月 9 日罗杰离世，伍尔夫深感悲痛，"没有人，没有一位朋友，像他这样对我的人生有着如此深远的影响"。伍尔夫从 1938 年 4 月开启这一写作项目，与一位早在 1910 年就认识的老友进入"跨越生死的灵魂相交"。战争开始前几个月，伍尔夫全心全意地投入这一写作项目。莱曼回想起 1939 年 9 月某次和弗吉尼亚一起在广场用餐的情景："当时我们一起在我的公寓吃三明治，气氛压抑，弗吉尼亚说起唯一能驱散脑海中令她感到压迫和焦虑的景象的方法就是逼迫自己投入案头的罗杰·弗莱传记写作，并在日记中塑造出一个全新的自我。"就在张伯伦和希特勒协商的时候，伍尔夫坐在距离他们千万里的伦敦阅览室，读着人们对罗杰举办的展览的评论，这时候，她会"想着罗杰而不是希特勒"，能感受到一丝安慰。"仿佛连这场灾难都变得虚幻，"伍尔夫写道，"不如我刚刚写完的 1910 年在戈登广场的罗杰那样真实……我对罗杰充满了感恩，在眼下纷繁的虚幻世界，尽管他已不在人世，可他的存在本身让我有所寄托，有事可想，多希望我能把这一点告诉他。"

在那篇写给回忆俱乐部的《布卢姆斯伯里往昔》的文章中，弗吉尼亚回顾初见罗杰·弗莱的场景。那是在一场晚宴上，罗杰穿着一件宽大的粗呢大衣，鼓鼓囊囊的口袋里随身装着书和颜料盒。他的"知识储备之深厚、阅历之丰富"令弗吉尼亚惊叹不已。弗莱深刻影响着布卢姆斯伯里的艺术家乃至整个英国文化，尤其是 1910 年 11 月他在格拉夫顿美术馆策划举办的《马奈和后印象主义者》展览，更是将马蒂斯、凡·高、高更、塞尚第一次介绍到了伦敦。伍尔夫回忆道，那场展览如同一颗投入平静湖面的石子，在原本平和的参观者、评论员之间激起了极大的波澜，"愤起唾骂者有之，振臂高呼者有之"。《每日邮报》的评论员反感这些画作，将展览目录册扔在地上；威尔弗里德·布伦特痛批"这些全部是出自懒散、无能、缺乏才华的画家之手，这就是一场色情展"。但伍尔夫和文妮莎·贝尔两姐妹却为这些作品所蕴含的无限可能而惊叹不已：这些抽象、色彩丰富、极富现代性的作品完全不同于维多利亚时期传统的写实主义风格，而是通过形式上的精心安排唤起观赏者的想象力和感官知觉。对文妮莎而言，这场展览让她发现光线、形式和色彩运用的新方向；对弗吉尼亚而言，这场展览为她开启了呈现主体的全新方式，这将极大地影响她创作小说和撰写传记的方式。

伍尔夫前两部小说《远航》和《夜与日》的两位女主人公有一个共同点：外界施加的期望使得她们无法表达内心最深处的渴望，她们为此而沮丧。弗莱在《视觉与设计》中提议，艺术与文学应当探索"表达想象生活，而不是一味重现现实生活"。读完这本书之后，伍尔夫开始确信主体的本质未必仅限于事实上的相似；小说所描述的未必只有故事情节，它也可以呈现每个人头脑中每天所接收到的"无数的印象观念"。伍尔夫从第三部小说《雅各布的房间》开始感觉到自己总算"在四十岁的时候发现了如何用自己的语言进行表达"。伍尔夫逐渐形成独特的碎片化叙述风格，从多个角度展开叙述，强调画面感而非事件，她将自己这一写作风格的转变归功于弗莱的影响。这些写作技巧在《海浪》（1931）中臻于顶峰。这部小说中没有关于对话或外在现实的描写，只记叙了书中人物的种种印象和思想观念，极具创新性。她对罗杰说：

"我认为，在写作这条道路上，是你让我一直沿着正确的方向前进，你的影响远超任何人。"

1934 年，罗杰的妹妹马格丽委托伍尔夫为罗杰记叙生平，伍尔夫一开始十分犹豫。她回想起 E. M. 福斯特为两人共同好友戈兹沃西·洛斯·迪金森（Goldsworthy Lowes Dickinson）写的传记，里面没有提及传主是一位同性恋者，"迂腐可厌"；1935 年，她和詹姆斯·斯特雷奇达成一致，决定"以全面、坦率的方式"记录下后者的哥哥利顿·斯特雷奇的人生，但这本传记一直到二十世纪六十年代才得以出版。伍尔夫对传记的观念随着对小说中虚构人物的观念而改变；她推崇新世纪更加开放的社会浪潮所催生的"新式传记"，即摒弃僵化板滞、歌功颂德的文章，转向篇幅上更为简短、内容上更注重剖析性格而非叙述人生经历且更富个体觉知意识的传记文学类型。伍尔夫接受马格丽委托之后，开始意识到这种文学形式会不可避免地牵涉到她一直以来坚信作家应当被允许赦免的那些社会责任。她感到自己无法去探知罗杰对家人、对那些风流韵事的矛盾态度，沮丧地写道："人们怎么用委婉的方式谈论二十位情妇？"弗莱曾在回忆俱乐部和大家谈论过童年，坦率地说起自己有一次在寄宿学校跟人打架之后勃起。当伍尔夫向约翰·梅纳德·凯恩斯和莉迪娅·洛博科娃（Lydia Lopokova）征求意见，是否要将这件逸事写进传记时，两人都态度坚决地表示现在还远不是能够公开谈论这种话题的时候。对此，伍尔夫不能不说是失望的。

有了罗杰诸位亲友殷切的嘱托，以及时不时登门拜访——每每带着许多盒子，里面塞满了"数不胜数的情书、裁缝店的账单、图案老旧的明信片"——伍尔夫逐渐感觉到有种"无趣、毫无进展"的职责让她一头扎进了文字资料的汪洋，难得喘息。她一度想以倒叙的方式或第一人称视角来完成这部作品，似乎这样就可以欺骗自己这是一部虚构作品。罗杰刚离世时，伍尔夫就以弗莱为原型，"完全基于个人观念"描绘过一幅弗莱的文字画像，她"几乎是抱着小说家创作虚构角色的心态"来呈现弗莱的形象。最终画像真实与虚构相糅杂，创作自由，风格有趣、写意。但这份委托却不同，她在日记、书信中多次提及这份责任"完全是一份繁重而沉闷的苦差事"，令她"头晕脑胀、心情烦闷"。如她在 1939 年 5 月写道："一个糟糕的早晨。我对着罗杰的传记只感到思路滞涩。不过我下定决心要埋头苦干，把它当成一份工作，而不是艺术创作去完成。这是唯一的办法。"最终成果清晰地反映出伍尔夫付出的艰辛努力：她满怀敬意地追溯了罗杰公谊会家族八代人所经历的历史变迁，翻遍了罗杰从学校寄给家里的数不胜数的信件，这些信件上多沾有植物汁液——由于父母爱好植物志，罗杰往往会随信附上一些植物幼芽，如今幼芽早已干枯，只余下些汁液痕迹。虽与罗杰是多年故交，且亲历了笔下的许多场景，但伍尔夫在传记中总体保持客观的态度，没有掺入太多的个人色彩。她曾向埃塞尔·史密斯表示，"这是一次抑制自我表达的尝试"，她自己在其中仅仅是"隐身的弗吉尼亚，匿迹的弗吉尼亚"。但她对罗杰的了解塑造出了罗杰身上最生动、最鲜活的部分：她记得罗杰的声音听上去"像是爵士乐中管乐器发出的声音，低沉、悦耳"，他笑起来的样子是那样地"自然、全身心投入"，他那"严肃、沉静的神情"使他看起来就像是"早期绘画大师笔下的圣人"。

在呈现他人人生方面受挫后，伍尔夫开始思索投入新的写作主题。1939 年 4 月，文妮莎曾半开玩笑地警告时年五十七岁的伍尔夫，再不写回忆录就会"太老了些"。现在，在梅克伦堡广场，伍尔夫开始认真考虑写作回忆录。回忆录酝酿之初，所立足的就是战争阴影下的现实生活。承载着过往历史的那些物品或许随时都会在战争中毁灭，她担心回忆也会随之消退：在梅克伦堡广场那些难眠的长夜，她为漂泊不定的搬家而懊悔，为不知何时会到来的死亡而忧心，这时的她仿佛在人生第一个家——海德公园门 22 号的——"每一个房间来回穿梭"。她惊喜地发现，本以为早就湮没在记忆深处的往事片段竟突然变得"无比真实，甚至比事件当下更加真实"。她终于可以退守到一个只存在于她脑海中的世界，"在战争之上编织出薄纱似的幻梦"。

伍尔夫开始创作一篇名为《探照灯》的故事，故事内容关于一位女人，受头顶飞机探照灯照射所触动，回想起维多利亚时期的童年。与此同时，在 1939 年至 1940 年期间，她还将过去的点点滴滴收入《往事札记》(*A Sketch of the Past*) 的开篇部分，以此"从罗杰传记的书写工作中暂得小憩"。她写道："眼下我实在没有更多的精力了，一部逻辑清晰、表达明确的艺术作品必须要做到环环相扣、依次汇集，完成这样一部作品需要付出的劳动量是无比繁重的。"假如札记的最终成果时断时续，有无数的回旋、中断、重启，那是书籍创作环境的真实反映：真正的死亡时时刻刻都有可能降临。从某种角度来说，写回忆录是应对战争的一种迅即、务实的方式：通过珍藏过去的回忆来抵御一切都被爆炸摧毁的可能。伍尔夫"甚至无法肯定还有没有机会把过去的点滴都写下来——更何况把它们写成书"，同时承认，万一战败，"连能否写书都要存疑。我还是希望能把这些记录推进，而不是被困在阴暗的沼泽"。随着这场乌有之战的继续，伍尔夫在时光之中来回穿梭，她发现自己总是按照居住的房子来回忆人生：从梅克伦堡广场 37 号，到布卢姆斯伯里区的第一处居所戈登广场 46 号，再到更为久远的童年家园：圣埃夫斯的托兰德小屋，海德公园门 22 号。她想，为自己写书不必像写《罗杰·弗莱传》那样担负为他人写书的责任，创作体验更接近创作虚构作品：碎片化风格叙述，没有特定的形式或情节，写作核心不在于一连串的外界事件，而是像小说那样关注内心生活。

伍尔夫不但自己一直对传记文学持有特殊的兴趣，也一直大力鼓励朋友撰写自传。（正是在她的鼓舞下，简·哈里森才通过霍加斯出版社出版了《忆学生生涯》。）对故事和人物的兴趣仅仅是其中部分原因，更重要的是，伍尔夫将自传写作当作争取女性自由的有力武器。她在《一间属于自己的房间》中就指出"文学中的女性形象都由男性所创造，这种情况直到最近才稍有改善"，并举"简·哈里森关于希腊考古学的著作"为例，说明"有史以来第一次，女性开始以女性的身份来书写女性"。和 H. D. 一样，伍尔夫将自传写作视为一种反抗的手段，反抗外界强行施加给女性生命的叙事。她在给埃塞尔·史密斯的信中写道："前几天晚上我突然想到，从来没有由女性书写的自传。没有什么作品能与卢梭[1]的著作相较。我想忠贞观念和谦逊品质是这背后的原因。现在，你已经是第一位写下歌剧的女性，不妨再成为第一位写下女性自身真相的女性。"埃塞尔接受建议，1940 年 7 月开始动笔写回忆录。伍尔夫知道后去信祝贺："天，我多么羡慕你。和我眼下受束缚的、在故纸堆里翻找可写材料的《罗杰·弗莱传》相比，你的自传简直是完整、自由、深刻的启示。"伍尔夫从来没有写完《往事札记》——写传记进入佳境时，她会把记录片段的小纸片扔掉；等碰到瓶颈、想要拖延的心思又占上风的时候，她又会窘迫地将它们从垃圾桶中捡回。她每次写这些回忆片段的时候，都是把弗莱传放到一边，然后花上十分钟迅速写下来，内疚地想着，"比起读上几页书，比如托尼的书，这就像是在写一些废话"。不过这些写作也促使伍尔夫以全新、富有成效的方式思考言论、自由，以及用语言表达人生的困难；《往事札记》细致入微地探索

1　18 世纪法国启蒙运动兴起，卢梭提出"天赋人权""人人生而平等"等思想，推动了此后妇女运动的发展，被称为"近代妇女运动的播火者"。

战争和童年，以及探索最重要的——任何一种压迫下的人生。

　　一思及过往，回忆瞬时如潮涌将伍尔夫吞没。弗莱传中采用的线性叙事无疑不再适用。她不能以绝对客观权威的姿态来呈现自我，仿佛过往"已经彻底定格在相机底片上"。她知道脑海中的童年回忆并不全面，那些她自认为重要的事件有可能只是一厢情愿的错误投射——比如她在照镜子时所感受到的强烈的羞耻感。（她将这一羞耻感归因于同母异父的哥哥对她的性侵犯，但无法完全肯定，坦承"我不认为自己已经得知全部真相"。）1939 年，她如饥似渴地阅读大量弗洛伊德的作品（弗洛伊德 1938 年从维也纳被驱逐，来到伦敦汉普斯特德区，H. D. 和伍尔夫都曾前往拜访。弗洛伊德最后就在这里告别人世）。弗洛伊德的一个观点尤其吸引她：精神创伤可能会造成自我的割裂，这样一来，传记作家需要追踪的或许就是多重的人生。伴随着楼下广场遥遥飘浮上来的草莓小贩的叫卖声、手摇风琴手演奏的乐声，伍尔夫想出了一种能够兼容印象派、权威性和自我意识的形式：将过去的片段与当下的日记记录交织穿插。和 H. D. 一样，伍尔夫相信回忆录不仅仅留存过往经历，也影响着过往经历。在废弃草稿上，她称自己写作是为了"从这场不真实的杂乱之中抢救下一些真实的时刻"。面临法西斯统治的威胁，伍尔夫对童年有了新的认识：她的童年接受的是典型的维多利亚时期教育，大家长父亲又"专横如暴君"，她终生都在试图与这一时期和解。

　　因此，伍尔夫在 1939 年至 1940 年再次将目光投向以下主题也就并不意外：社会期望是如何塑造、限制女性人生的。"二战"爆发以来，二十年前宣传海报上极力鼓吹的英雄式男性气概再次充斥公众视野，仿佛"一战"以来女性地位提升所取得的成就都化为泡沫。凯瑟琳·布德肯（Katharine Burdekin）1937 年出版的反乌托邦小说《万字符之夜》（Swastika Night）描述了一个由发源于希特勒纳粹政权的政府所统治的未来社会：这个社会将女性视作低等种族，她们存在的唯一作用就是繁育后代，并且只能被圈养在畜栏里。1940 年，这本书由维克托·格兰兹创办的知名度极高的左翼图书俱乐部进行再版，读者买书时会得到如下提醒：书中描绘的男性统领的可怕图景仅仅存在于象征意义上，而不是一种预言。一直以来，伍尔夫对纳粹统治对于女性自主权的巨大威胁洞若观火。整个二十世纪三十年代，在创作《三个旧金币》和《岁月》的同时，伍尔夫还收集了一整本剪贴本，上面贴满了她从报纸上剪下来的新闻：希特勒对女性的那种应当受到谴责的恶劣态度，以及希特勒对犹太人的敌视——他对婚姻的极度理想化，对出生率下降的焦虑，对女性受教育、参加工作的惩罚性立法措施。在写于战争爆发边缘的《三个旧金币》中，伍尔夫对法西斯企图将社会倒退回维多利亚时期的公众和家庭领域的模式表示抗议，并促请女性以写作为武器来反抗法西斯的这一企图。她表示自己现在"坚信我们有责任反抗希特勒那令人窒息的家庭观念，哪怕只剩下半支墨水笔，也要不遗余力地讨伐他"。

"一些人对另一些人的统治、领导和意愿的强制施加，无论采取哪一种形式，都让我的反感情绪与日俱增。""一战"结束后，伍尔夫就曾在日记中提到过这一观点。1935 年 5 月，眼见另一场大战正在积聚酝酿，弗吉尼亚和伦纳德驱车前往德国（弗吉尼亚携带着劳伦斯的《亚伦魔杖》在从荷兰进入德国的途中翻读），目睹狂热的人群挥舞着标语，盼着能远远地看一眼他们的元首。当时她就已经意识到简·哈里森在 1914 年所警示的群体意识的危险性，即群体如果不加辨析就盲目地跟随领导者极有可能造成破坏。现在，处在战争旋涡之中，她愈加笃信真正的敌人并不是德国而是意义更为广泛的军国主义——一种同时束缚男性和女性的极权意识形态。1940 年 8 月，伍尔夫在梅克伦堡广场为美国女性主义主题研讨会写了一篇标题为《空袭中有关和平的思考》

的论文。她在文中将"希特勒主义"定义为显化的社会痼疾："侵略的欲望；统治、奴役的欲望"，正是这种欲望将男女分立到对立面。她写道，打败德国并不意味着胜利，只有摧毁所有"侵略性、独裁统治以及对于权力的变态渴望"——所有这些威胁女性在家中和政治上地位的特质——才能真正取得这场战争的胜利。身处梅克伦堡广场，伍尔夫回望海德公园门的故园，反思家庭层次上的父权权威如何深刻地影响着她的人生。《往事札记》和《三个旧金币》一样，既是个人史，也是对社会结构的批判，对"公共秩序的独裁与家庭内部的独裁"是如何密不可分地联系在一起的深度挖掘。同时，伍尔夫所采用的形式使得这种联系尤为明显。通过交织穿插对当下战争的记录和对个人过往经历的回忆，伍尔夫将个人生活与政治并列，形成了强烈的对比。

回顾童年时，最先浮现在脑海中的是那些感知到浓墨重彩的情绪的时刻，紧接着，是关于某种色彩、声音和光线的深刻印象。她称这些为"存在的瞬间"，绝大多数过往都已经变得模糊，只有这些"存在的瞬间"点缀着大多数的"虚无"。这些影影绰绰的画面常常以自然景象为背景，没有时间的踪迹。构成这些模糊画面的时期并不久，她认定处于这一短暂时期的自己尚未受到社会力量的影响和塑造。在这之后，伍尔夫的回忆就变得清晰。1895年，母亲朱莉亚患上风湿热，永远地离开了十三岁的弗吉尼亚。这之后，同母异父的姐姐斯特拉承担起家庭责任，在弗吉尼亚和文妮莎眼中几乎等同于母亲角色，仅仅两年后，悲剧重演，斯特拉也离开了人世。事实上，对于弗吉尼亚和她的兄弟姊妹而言，母亲的身影早已模糊不清。但为了迎合外界的设想，她不得不兢兢业业地扮演好一个悲痛欲绝的女儿的角色，"表现出并不真实的情绪，磕磕巴巴地说着不知其意的话"，这是弗吉尼亚第一次感受到内在和外在自我之间的割裂。在父亲严密的照管下，"维多利亚时期的社会压迫"

沉重地压在了弗吉尼亚的肩上：一整套严苛的规范明确规定她应当穿什么衣服、如何支配一天的时间、在哪个房间度过某段时间、制订怎样的目标。在这样严格的规范下，弗吉尼亚很快就成了一个只能被动接受世界信息的人：她正在被培养成一个安于所处位置的女人。

伍尔夫一直沉湎于对母亲的回忆，直到最终写下《到灯塔去》。她后来明白，"我想，我为自己做了精神分析医生对病人所做的事。表达出一些长久以来深深困扰着我的情绪。表达出来以后，我就能解释它，然后让它归于沉寂"。但写下这本书多年以后，她发现自己偶尔会在脑海中与1904年就已经去世的父亲相争执。1939年读到弗洛伊德之后，她马上明白"这种爱恨交加、冲突强烈的情绪是普遍存在的，叫作矛盾心理"。这一发现令她情绪难平。正如弗洛伊德为当年易受男性力量影响的 H. D. 带来全新的视角，如今他的作品也推动伍尔夫坚信自己应该通过写作来直面父亲，来冲破父亲时至今日仍然笼罩在她周遭的影响力。在此之前，伍尔夫写过一篇关于父亲生平的文章，是为姻亲弗雷德里克·梅特兰（Frederic Maitland）1906年出版的《莱斯利·斯蒂芬的生平和书信》一书所写，这本书是典型的维多利亚时期那种文体正式的颂词。在这篇文章中，伍尔夫从一个尽职尽责的女儿的身份出发，对父亲的形象、成就极尽称颂：他编纂了《英国人名传记词典》，研究一元论哲学思想的历史源流——斯蒂芬从没想过女儿或许会有自己的人生规划，曾经提议在他死后，弗吉尼亚可以接替他把这项工作继续做下去。那时，斯特拉的丈夫杰克·希尔斯提醒弗吉尼亚，不要出版"过于私密的内容"。就像挂在海德公园门的那幅乔治·弗雷德里克·沃茨为父亲画下的神情严肃的肖像一样——正是后印象派反对的旧派艺术风格——这篇关于父亲生平的文章只呈现了一个单一的斯蒂芬形象：一位杰出的、尽善尽美的维多利亚时代的绅士。但现在的伍尔夫早已不再是维多利亚时代颂词的拥趸。

在《往事札记》中，伍尔夫构建了一种具有现代性的描述，将着眼点放在父亲在家庭内部的生活以及他那"狂暴的脾气"对女儿们的影响。对于莱斯利的狂暴行为，梅特兰只用一句委婉的"强烈的情感时不时喷薄而出"潦草带过，伍尔夫则更加坦诚地描写了父亲在妻子死后在家中"残暴专制"、自私自利的表现，这样的父亲让弗吉尼亚感觉到"自己像是和一头野兽被关在同一个笼子里"。她写道，如果父亲得享天年，"他的生命会彻底吞噬我的生命。会发生什么？我不能写作，不能阅读书籍——这样的生活我简直不敢想象"。早先伍尔夫在给回忆俱乐部写的一些往事回忆中也曾提到，母亲去世后她度过了"如同希腊奴隶的几年"，那时，同母异父的兄长们（他们野心勃勃，"对传统的观念、名望深信不疑"，一心想要取得更高的社会地位）想为她和文妮莎找到地位显赫的丈夫，总是带着她们参加无穷无尽的聚会，在这些聚会上，弗吉尼亚总是一个人坐在角落里，拒绝和别人寒暄。后来，她们想办法搬到布卢姆斯伯里，再也不需要扮演"年轻淑女"，而是按照自己的意愿重新塑造自我。这是一场至关重要的叛逃。新生活、新住所给了她写作的自信：几十年后，她发现，直面与父亲的回忆以后，她终于能够摆脱成长过程中灌输给她的"对外貌举止的不堪重负的规训"。

在伍尔夫所有小说、政治性文章中，有一个贯穿全部创作的重大议题，那就是打破传统观念，为自我表达提供新的方式。她在小说中饶有兴味地探索人物自身欲望（如希望画画、工作、结婚）与社会期望相矛盾之时所受到的影响；对伍尔夫个体而言，她的人生就是不断摆脱维多利亚时代的社会规则，偏离被这些社会规则所预先设定好的轨迹。她决定在回忆录中探究那些"隐身的存在"——性别、公众观念、社会地位、其他人和其他人"会怎么想、怎么评价"——是如何从外界对人施以潜移默化的影响，造成他们人格上的撕扯并在他们呈现给外界的形象（伍尔夫称"呈现在世人面前的弗吉尼亚·伍尔夫只是一张编织出来的面具"）和真实的自我之间形成割裂。她在《往事札记》中写道："人的一生不仅仅是他的身体、他说过的话和做过的事；他的人生还与家族、所处时代的思想观念息息相关。"伍尔夫通过回忆录呼吁这样一个世界的到来：在这个世界里，女性可以自由主宰自己的人生，而不需要被迫扮演预先安排好的角色，遵循已成定规的剧本。伍尔夫最终没能写完这本回忆录，如今我们也无从得知她是否有意将其出版。（留存的手稿约八十页，在她死后于 1976 年出版面世。）但在梅克伦堡广场度过的艰难岁月中，记录这些过往为她提供了极大的乐趣和慰藉。外界局势紧张，伍尔夫在书中搭建了一方"可任神思驰骋的所在"，同时也因此欣慰地感到自己终于像《一间属于自己的房间》中所呼吁的那样，"扼杀房间里的那个天使主妇"，公开坦率地说出"那些被认为不适宜由女性说出口的激情"。这本后印象派的自传本身是一种抵抗，一种书写自我的方式，这种书写方式侧重于内在的、不为人所知的世界，只有这里才是女性长久以来生活的世界。

1939 年到 1940 年的冬天，天气是难能一见的酷寒。修士之屋断电，伍尔夫夫妇只能在屋外起火做饭，在床上铺围巾御寒，水管也冻上了，没法洗澡。弗吉尼亚去信告诉埃塞尔·史密斯："我正利用这段严寒间隙来专心攻克弗莱传最后一大块。写完这部分就结束了，但不知道那会是什么时候。得弗莱家人同意。我预见他们必定会有许多反对意见。"1940 年 2 月 9 日，她写道："我自己重读的时候都会感到战栗，何况文妮莎和马格丽。我忍不住想，我如此勤勉地编织捕蝶网，着实捕捉到了不少关于弗莱的斑斓五彩的片段。"两天后，她感觉到"预示着书籍即将完成的一束光线照射在我身上"，就在这周，她在梅克伦堡广场完成了《罗杰·弗莱传》。据约翰·莱曼回忆，伍尔夫在这以后有了明显的转变：满脸喜色，容光焕发，洋溢着自信与欢乐的气息。她兴致盎然地和人说说笑笑，对朋友们正在做什么有了浓厚的兴趣，还发现伦敦这座城市拥有无与伦比的美丽——晴朗的夜空下，整座城市因为灯火管控而一片漆黑，广场、小巷显得尤为动人。

　　弗吉尼亚患上了流行感冒，卧床静养，伦纳德在这期间读完了手稿。等她痊愈的时候，伦纳德带她来到一片草坪，"非常严肃地进行了一番说教"，指出这本书读起来枯燥无味。他一向知道弗吉尼亚会因为别人对她作品的负面评价而诚惶诚恐，但还是决定把自己的担忧放到一边，严肃地对待作为出版商的责任，诚实地反馈自己的负面评价，只希望妻子能在作品上精益求精。弗吉尼亚倒没有因此沮丧，而是被丈夫的热情所感染："他是那样确信，那样设身处地地思考，我没有理由不相信他的意见：这本书是一次失败的尝试；哪怕存在那么一丝丝的希望，是他的思路错了，并且因为某些深层次的原因依旧坚持这一思路——是因为对罗杰没有惺惺相惜的共鸣？因为对他的个性缺乏兴趣？"但文妮莎的评价却大相径庭，她甚至等不及来喝茶的时候，就来信激动地说道"深恨无法表达谢意之万一"，之后请妹妹改动一处用词。马格丽·弗莱也对书赞不绝口，写道"这就是他……实在铭感五内"，同时也在信中注出"大约一百处需要改动的地方，所有地方都请务必改正，有几处还请你斟酌用词"。弗吉尼亚多少有些恼火："在他们眼里，似乎所有细节都是手到擒来（"在这里加上关于琼的细节等"），对我这个作者而言可都是苦差事。"1940 年 6 月 10 日，她把修正完毕的稿件寄出，为终于能摆脱这本书而开心，也为"把罗杰还给文妮莎"而感到满足。她在日记中称"很骄傲能完成这样一部细节翔实的作品"。与此同时，她更盼着能写一些"完完全全是为了取悦自己"的文章。

这本传记出版后，维塔的儿子本尼迪克特·尼科尔森（Benedict Nicolson）给伍尔夫寄来一封信，在信中表达了他读到这本传记时的震惊和不满，指出弗莱和他的朋友仿佛生活在"愚者的天堂"，还批评弗莱"对世间不平事视而不见，默许纳粹主义精神滋长而不采取任何措施"。这些犀利的言辞激发了伍尔夫对故友的忠诚，她用强硬的语气对尼科尔森的这些观点进行一一反驳。她提醒他，一直以来，弗莱致力于鼓励所有人——无论地位高低，无论财富多寡——都能享受艺术，让他们能拥抱更开阔的思维而非专业知识。伍尔夫一直欣赏弗莱的艺术观念，即艺术之重要性并不在于本身价值或是其历史背景，而是在观赏者心中激起的同理心；她进一步争辩道，"防范纳粹主义最好的方式"难道不是教会别人去观看、去思考、去感受吗？伍尔夫在传记中就强调，弗莱在"一战"期间秉持宽容态度，他下定决心将奥米加工作室打造成"文明社会赖以栖身的中心"，他聘请出于道义原因拒绝参加罪恶战争的人，创作和平主义思想的戏剧，为救助比利时难民举办演唱会。伍尔夫写道，弗莱的工作室就是他打造的"一座军火库，这里收集的是唯一能击败敌人的武器"：自由之思想，公开之言论。她问道，假设这些能在战争之后延续下来，尼科尔森是否还会放弃艺术评论家的工作，转向从事政治？"至于我自己，我已经太老了，什么也做不了，只会写作。"伍尔夫补充道。

尼科尔森和约翰·莱曼、朱利安·贝尔以及霍加斯出版社新一代诗人属于同一代人，他们这一代有意识地与上一代割席，迫切投身于周遭混乱的局势，立意不再仅仅用笔头书写坚守的原则，而是以实际行动作则。伍尔夫密切关注他们的作品，对他们的新观念大体上持赞同态度，当然，也免不了对他们有些愤懑——他们的存在似乎正在宣告：自己和朋友这一代人已经退守后方，与当下时代脱节，令人难堪。尼科尔森回信坚持己见，称他的争论点不在于艺术，而在于布卢姆斯伯里文人团体的精英主义，这个团体与现实世界的关切相隔阂，暮气沉沉。对于这些指责，伍尔夫明确否认。她先是指出尼科尔森自身也是先后在伊顿公学和牛津大学接受学术教育，然后历数自己做过的各项工作：在市民选举权联合会担任职务，在莫利学院向工人阶级学生教授文学，在支持和平主义的团结妇女协会里奇蒙德分会担任主席，创建霍加斯出版社出版书籍，尽一己绵力"让书籍影响力跨出少部分受过教育者的圈子，扩大至更多更广的人群"。胸腔中的不平之气促使她写下酣畅淋漓的辩词："伦纳德是布卢姆斯伯里成员，他为了抵御纳粹主义蔓延，费半生心血写下《国际政府》、《门口的野蛮人》和《帝国与贸易》；梅纳德·凯恩斯是布卢姆斯伯里成员，写出了《和约的经济后果》；利顿·斯特雷奇是布卢姆斯伯里成员，他的书籍十分畅销，拥趸者众，受他影响的读者数目又怎是小团体可比；至于邓肯，他还是个孩子的时候，就已经依靠画画自食其力。这些都是关于布卢姆斯伯里的事实。至少在我看来，这个团体在竭尽所能地推动人类群体欣赏所知所见。"

受到欠缺阶级意识的指责深深刺痛着伍尔夫，这份刺痛或许远比伍尔夫生平研究者所预想的更为深刻。在此之前，伍尔夫也曾受到过未能完善思考系统性不公的谴责。西里尔·康诺利（Cyril Connolly）在一篇刊载于《地平线》1940 年 2 月刊的社评中攻击伍尔夫、乔伊斯和普鲁斯特是"住在象牙塔中的人"，称最近马克思主义观点对他们作品的批评就像是"一把火烧到了朽木上"。这一年，伍尔夫一直与一位名叫阿格尼丝·史密斯（Agnes Smith）的工厂工人保持通信。这位史密斯来自哈德斯菲尔德市，她在读完《三个旧金币》后，写信抱怨说伍尔夫似乎"将工作女性和受过良好教育的男子的女儿视为单独的一类人"。我们今天已无缘见到伍尔夫的回信，但可以肯定的是，她非常认真地写了回信。两人有段时间一直保持友好的信件往来。史密斯自称假如她能有机会阅读、享有经济自由，与朋友进行触发思绪的对话，说不定自己也能写下像《三个旧金币》这样的作品。伍尔夫鼓励她写自传，可以通过霍加斯出版。史密斯还提议与弗吉尼亚互换住所一周，这样她就能在修士之屋或是梅克伦堡广场享受一周的舒适生活，而伍尔夫女士则会在她那逼仄的厨房中瑟瑟发抖。伍尔夫一向知晓艺术的内核脱离不了政治，但只有在这时才被迫明白这个令她不安的真相：她无法否认，她的生活方式是家族赋予她的特权，而这些特权未必能与她所相信的阶级团结兼容。

1940 年 4 月 27 日，伍尔夫面向布莱顿大学工人教育协会做了一场名为"倾斜之塔"的讲座，将上述主题收入这场讲座，讲座内容之后发表在《新写作》杂志上。她在讲座中赞扬新一代作家"在变革与战争的威胁下"笔耕不辍，致力于创造更广阔的视野。她坚信"一部不存在高塔和阶级观的小说胜过旧小说"，最后呼吁"更强大、多样化的文学"，歌颂公共图书馆，号召免费国民教育体系早日施行，以确保有一天文学能面向大众，而不仅仅是"属于少部分经济优渥却生活经验寥寥者的特权"。她宣告，"让我们一起跨越那道界线"，俨然将自己也归入了被排除的部分（尽管这并不属实）。"文学不是私属领地，而是公共领域。这里没有国别之分，也就不应当存在战争。让我们自由、无畏地跨越界线，找到属于我们自己的路。只有如你我一样的局外人、普通读者将这片国土当作自己的国土，学习阅读和写作，学会留存和创造，英语文学才能挺过这场战争，穿越海湾。"这是一场振奋人心的演讲。但伍尔夫离开布莱顿时忧心忡忡，她担心听众并不喜欢这场讲演，"面对一群十四岁就被迫离开学校的听众，告诉他们应当阅读莎士比亚，真是令人感到绝望"。无论如何，伍尔夫和曾经的弗莱一样，坚信社会各个阶层的市民都能参与艺术对于社会延续至关重要。这一代人必须为战后欧洲建立全新的、更为公正的秩序打造下基业——当伍尔夫规划接下来的工作时，这一信念正是她所关注的核心。

㊲

苏塞克斯的生活和从前并没有分别。弗吉尼亚会漫步到田野，"躺在麦秆旁，目光越过空荡荡的土地，望向湛蓝如洗的夏日天空，日暮时分的云是粉色的。静谧如斯。路上有两位工人在讨论战争，一位支持，一位反对。我们就在这样的环境中玩滚球"。伦纳德搭起一座石头花园，在苹果树底下种下紫罗兰，还想救活那只不小心掉进睡莲池的刺猬；弗吉尼亚往手工面包（这是她最拿手的厨艺作品）上抹维塔从西辛赫斯特城堡花园寄来的黄油，努力在没有煮锅的情况下做饭（伦纳德把家里所有的煮锅都捐献出去造飞机了）。外面到处兵荒马乱，但这几个月中的伍尔夫私心里却颇为满足与平和，这令人内疚，甚至令人有负罪感。她告诉维塔："在我们这座小小的岛屿上，天气炎热而晴朗。伦纳德做晚饭、打理花园、在草地上玩滚球。外界却是一番荒废景象。"她还提到，姐夫克莱夫·贝尔最近说起自己很难支撑到战争结束的时候了："我们私下只感到心满意足。每天都很快乐……感受不到任何的爱国情绪。"

事无圆满，这份满足与平和只存在于在苏塞克斯度过的时光。如她在 1940 年 2 月所写："这份日记可以分成伦敦日记和乡间日记。我想两者之间存在分界线。"她在梅克伦堡广场度过的周末因处理不完的工作事务和社交事宜而显得漫长而忙乱，压力倍增：她发现，自己要想写出一些严肃的内容离不开修士之屋这座"保护壳"，而且"没完没了地去伦敦"让她的思绪停留在"混乱的状态"。她发现自己几乎想不起来和平时期的伦敦是什么样子了，在日记中写下"你从来没能真正逃离伦敦的战争"。在《战争中的伦敦》一文中，伍尔夫曾记录下在沦陷城市生活的怪异感和失衡感："每个人的感受都是一样的，因此没有人的感受是特别的。个体融入群体之中。"而在罗德麦尔村，伍尔夫享受这处村庄日复一日、令人心安的固定生活，在这里，"每个人都在固定的时间做相同的事"。在回忆录中，她充满怀念地追忆初搬到布卢姆斯伯里时激动的心情，那些在戈登广场、布伦斯威克广场和塔维斯托克广场度过的欢乐时光。那时，家门随时大敞，屋子里总是高朋满座，电话时不时响起，每个人的脑子里都充满新奇的观念，每个人的未来似乎都拥有无限可能。而现在，走在街上时刻面临着危险，维护屋子成了一项耗费心力的义务，整座城市弥漫着沉默与猜疑。她写道："伦敦现在只是一重又一重的建筑物堆，屋子里住着尚需工作的人们。没有社群，没有华彩，没有光辉，没有人信步闲游，也没有人喜迁新居。一切只剩下严肃紧张，一切像是被浓缩了。歌声似乎已经停止——那种必不可少、势不可挡的旋律。如果这就是城市生活的终结，那实在是怪异无比。"

在梅克伦堡广场，伍尔夫没有一日能真正开怀，忧虑如同往昔欢乐回忆河流之下的暗流，沉默地涌动：那些对肉身被摧毁的恐惧，与故交离散、与过往疏离的悲痛。"没有朋友写信或打电话来"，她写道；这年夏天在查理斯顿的文妮莎家中举办的回忆俱乐部"骨干"成员聚会，现身者却是寥寥；有一次伊丽莎白·鲍恩没能第一时间回复信件，伍尔夫就杞人忧天地做好心理准备告别这段友谊。她在这幢新房子里感到焦虑不安，无论是作为这种情绪的外在表现还是引起的后果，她始终没办法在这里专心投入写作。她在笔记中自我揶揄，只有在"当下如同深河波澜不惊的水面那样平静时"，才能"透过水面看到幽暗的河底"。从塔维斯托克广场搬到梅克伦堡广场，最主要的家园从伦敦变成罗德麦尔村，她担心自己再也不能长时间专注回忆，再也写不完回忆录。"就是因为这样，才破坏了生活的完整性，任何断裂，比如搬家，令我感到极度焦虑。它带来断裂，带来浅薄，将深沉转作坚硬、单薄的碎片。我和伦纳德说：'真实在哪里？我们还有可能过上真实的生活吗？'伦纳德的回答是'在修士之屋'。"

　　而在苏塞克斯，任凭外界天翻地覆，这里一草一木一如往昔，固执地抵御着变迁。在阳台吸烟，能听到树丛中猫头鹰的啁啾嘶鸣；日出时分，穿着睡袍漫步在凝着寒霜的草地上，四野无人，丛林掩映，只有玻璃窗偶尔反射的光线显示出人家的迹象。一切都是那样"静谧，恍若世外"。没有鸟群，没有马车，没有枪声。这里是远离战争的模范地界。伊丽莎白·鲍恩曾于1940年6月来修士之屋拜访伍尔夫，后来写信道："无情而完美的美丽景象。景色宜人，伴侣合意，我想象不出更幸福的生活了。"在罗德麦尔村，伍尔夫自由、平和、放松，几乎能忘记战争的存在。在某种程度上，这种平静的生活状态也因为这里不会有意外访客的到来。（文妮莎曾建议罗杰·弗莱的前合作伙伴海伦·安列普来罗德麦尔村找处房子住下，伍尔夫认为这是对她的私密领域的侵犯，为此与姐姐争吵，并写信给埃塞尔说："为什么这竟比战争更让我恼火？"）此外，修士之屋没有请仆人帮忙打理家务，伍尔夫的生活也就得以远离另一个令她因感到隐私被侵犯而困扰的因素。

　　和其他成长于维多利亚时期中产阶级家庭的孩子一样，伍尔夫的家中从未缺少过仆人的身影。他们大多沉默低调、小心翼翼，很少出现在雇主的视线中，被安置在房子的最边缘，晚上就睡在"地下室"或"阁楼"。伍尔夫在写《往事札记》时回忆海德公园门22号的家，无比内疚地想着，如果那时，这处房子对她而言是一座牢笼，那家中的女仆们又是怀着怎样的想法在那里度日。那时她甚至很少会注意到她们。房子里的空间与权力直接相关：仆人们挤在"昏暗、卫生状况极差的"地下室，莱斯利·斯蒂芬的图书室位于屋子顶楼，轩敞、通透，楼下育婴室甚至能听见图书室里书本落在地上的回音。后来，弗吉尼亚和姐妹们搬到戈登广场，陪同她们的还有两位仆人。那时，斯蒂芬家族对于姐妹几个搬到戈登广场多有责怪，正是两位仆人的存在，族人才不至于认为她们的举动太过不得体。再后来，伍尔夫搬到布伦斯威克广场38号，和三位未婚男性住在同一屋檐下，打破了一切陈规旧习。这次搬家前不久，她写信给奥托利尼·莫雷尔，语气轻松地说道"我们即将尝试各种各样全新的生活方式"；紧接着又说道，"当然，房子里可少不了仆人"，这时她仍没有注意到其中的前后矛盾之处。当伍尔夫和朋友们自诩在家庭生活方式的选择上不拘旧习之时，当这一派社会党在客厅里就性解放议题高谈阔论之时，为他们做饭、做清洁的索菲·法雷尔仍旧生活在地下室，莫德·察住在屋顶的小阁楼。

随着时间的流逝，伍尔夫意识到就在自己为女性的经济自由和情感自由奋力发声之时，她的创作自由却建立在社会地位不如她的女性所付出的劳动上，其中的荒诞之处让她日益不安。一直以来，为了获得与兄弟们平等的地位，为了摆脱传统家庭生活的桎梏，为了在公众生活发声，她不懈地努力，但家中女性仆从（有些昏怯，有些刻薄）的身影没有一日不在提醒着她：她自己正是助长她所批判的权力体系的帮凶。她们的身影出现在她的家中（伍尔夫夫妇的家中、工作室中），令她强烈地意识到她所享有的自由存在局限性：她因对她们负有责任而焦虑，因依赖她们付出的劳动而感到自己如同婴儿般无能。内疚、气愤、沮丧、羞愧，种种情绪交杂翻涌。

伍尔夫在其发表于 1924 年的著名随笔《小说中的人物》中提出，新时代的降临从女主人与仆人之间的关系变化中可见端倪。在维多利亚家庭，仆人只会安静地待在他们特定的角落；但在现代家庭，仆人与主人之间的界线不再那样明确而不可逾越，仆人有时会神态自然地走进客厅，向主人家借阅一份报纸，或是寻求帽子的搭配建议。伍尔夫认可阶级之间的鸿沟正在消弭，但她个人不喜欢被人观察的感觉。她时常幻想过一种"游牧生活"，没有外在物质的束缚，不需要维持家中装饰。二十世纪三十年代期间，伍尔夫和伦纳德在罗德麦尔村为实现这一愿景迈出了坚实的步伐。伍尔夫利用书籍版税精心打造她可以安心投入写作的生活环境。《一间属于自己的房间》出版后，六个月内卖出了两万两千册。伍尔夫立马用稿费在修士之屋边上盖了间新屋子，这间屋子独立于主建筑，只能从花园进入。然后用剩下的稿费重修了卫生间，装了自来水总管，买了电暖炉和煤油炉，其中煤油炉可以节省人力，被伍尔夫视为将人从家务琐事中解放出来的伟大发明。她欢欣鼓舞地写道："此时此刻，我最希望能在玻璃容器中做出一顿完美的晚餐，没有难闻的气味，没有不必要的浪费，没有一团乱糟糟的景象：拧开旋钮，有一个温度计。我认为自己更加自由、更加独立，人生不就是为自由而努力吗？我带上印章，可以在这里完全依靠自己生活。"

完全不需要仆人帮忙的设想从来没能成真——伍尔夫享受烹饪，但并不热衷清洁工作。不过，1934 年以后，伍尔夫夫妇在修士之屋就没再聘请住家仆人。这一年，他们在村子里买下一间小村舍，就位于他们早先为园艺匠买的小屋子旁，并贴出招工广告招聘一位厨师兼管家，应聘者除了薪资之外还能享有免除租金的住所。这个解决方案代价昂贵，而且也没能解决帮佣体系中存在的不平等现象，但对伍尔夫意义重大。最后定下来的管家路易·埃弗里斯特会在房子里工作到午饭时间（会提前准备好晚饭），之后一天中剩下的时间，伍尔夫都会在安静的氛围中度过："自由自在，舒适愉快，只有我和伦纳德两个人。"两人在罗德麦尔村度过的时间越来越多，伍尔夫也就更加恐惧回到梅克伦堡广场，在这里工作的时候，一旁住家仆人梅布尔的存在会让她觉得"恐惧、局促"，楼下霍加斯出版社的雇员来回奔忙，也时常有访客来打扰。经历压力繁重的伦敦之旅之后，回到修士之屋便格外令人心情愉悦，"和伦纳德两个人静静地待着，卸下重负，重享安静的独处"。

伍尔夫常感叹乡村生活不如在伦敦那样多姿多彩，自嘲待在乡村的人生像是被"压缩"了："罗德麦尔的空气中没有回音，只有荒芜。"没有了社交生活带来的刺激，伍尔夫终于能安然退守到想象的世界中："在阳台上转一转，扔掉香烟，在思维的各个国度漫无目的地悠然漫步。"在这里待得越久，她就越发现，或许乡村才能最终为她提供灵感和写作主题。"罗德麦尔村的一大魅力就在于人们的生活。"伍尔夫在1920年曾写道。大体而言，她总是处在村子的边缘地带，是这个群体的旁观者而非参与者。后来，在战事影响下，伍尔夫待在这里的时间越来越多，也就开始参与村子里的活动，尽管有些不适应。从某种程度上来说，战争夷平了阶级之间的鸿沟：伍尔夫去当地商店领取配给份额的时候，会碰见邻居；她知道如果炸弹袭来，没有人能幸免于难，因此积极参加急救知识课堂；她加入搭建防空避难所的委员会，去村子礼堂上课，学习如何逃出着火的建筑物。

来到这座小村落已经二十年，伍尔夫一直没有加入当地极度活跃的妇女协会分会。妇女协会成立于1915年，原本是农业组织协会的分支，成立目的在于推动农村妇女参与社会，为战争做出贡献。到了1918年，妇女协会成为独立机构，全国各地都有集体会议，发展势头欣欣向荣。以"为了家庭，为了祖国"作为口号的妇女协会明显注重传统家庭模式，鼓励爱国激情。由这一口号可见，妇女协会与伍尔夫在《三个旧金币》中所设想的"局外人协会"大相径庭。1940 年夏天，协会分会长查维斯女士——一位意志坚定、热衷社交的女士——决定动员当地所有人才，让女性不再成天只想着战争，并委任伍尔夫的邻居黛安娜·加德纳来劝说伍尔夫加入协会。面对这一任务，加德纳颇为不安：作为《三个旧金币》的读者和忠实粉丝，她清楚地知道弗吉尼亚·伍尔夫"从不相信属于任何一个团体或协会"，也担心这位大作家不会对"去一间漏风的乡村礼堂，和一群单纯、没怎么受过教育的女性为伍"感兴趣。当她敲开伍尔夫家的大门时，伍尔夫一开始是拒绝的，因为她了解到罗德麦尔村的妇女协会分会大多数成员是农民的妻子，却由中产阶级担任领导。加德纳再三向伍尔夫保证，这是一个"完全民主"的协会，让她喜出望外的是，伍尔夫最终同意加入协会。

　　"我无法告诉你关于罗德麦尔村的所有趣事，那可得费上许多笔墨，"伍尔夫在 1940 年 5 月写给侄女朱迪斯·斯蒂芬的信中写道，"我们在这里演出乡村戏剧，这些戏剧出自园艺匠的妻子、司机的妻子之手，由村民饰演。"她没有贡献出自己的剧本，只参与过由另两位协会成员创作的戏剧制作，其中包括一部以空袭为主题的喜剧，名为《错误警报》，这部剧在 8 月上演，风格大胆。伍尔夫并不欣赏这些戏剧，在她看来，这些戏剧都是拾人牙慧，中规中矩地模仿中产阶级的行为举止。她希望作者能用自己的语言去写作。此外，她沮丧地发现，这些工人阶级女性似乎并没有因社会不公而愤愤不平。她们非但没有像阿格尼丝·史密斯那样为她享有阶级优势而气愤，反而敬她、畏她，感激她能出现在她们之间。这让伍尔夫感到压抑。

伍尔夫与妇女协会的关系一直是矛盾的，她在"倾斜之塔"演讲中表现出理论层面上的阶级团结天性，这种天性却常与她真实的内心感受相悖。她在日记中的记述甚至称得上刻薄："我对战争唯一的贡献就是献祭出了我的欢乐。我感到极度厌倦，以及对无知的震惊：这些戏剧都不过是人云亦云，浅陋又乏味，可哪怕如此，缺了我们的帮忙，她们也演不出来。"这些私下爆发的情绪是伍尔夫日记中最为尖锐冷酷的部分，也是最难读的部分：她言辞刻薄地讥讽"和我们相比，她们的头脑是如此简单，像是一篇拙劣的小说"；嘲笑家中的仆人如此郑重其事地对待"一桩乏味、惹人心烦又无足轻重的差事"；后悔在伦敦待的时间太短，"以简单交换睿智"。但在这些从未公开表达过的自以为是的优越感之中，还混杂着一些羞于承认的对于被人接纳的快乐：她在1940 年 11 月写道，这座村子"现在让她觉得既熟悉又友善"。这个月，她被任命为妇女协会的财务主管，当选消息还登上了《东苏塞克斯郡新闻》报。面对伦敦的朋友，她常喜欢强调自己的乡村身份，告诉大家乡村生活有"激烈的争吵"，也有"没完没了的诡计"，还说她和伦纳德"因为家里餐厅有工党成员来开会而被看成充满激情的革命者"。伍尔夫已经意识到自己无法做到完全的知行合一，但这并不足以成为借口。这段伍尔夫与妇女协会之间充满矛盾与挣扎的关系表明她对自身社会地位怀有由来已久的焦虑，而同一时期在两个截然不同的地方维持生活无疑令人精神更加紧绷。

在城市生活之外，如今，乡村生活也不得不应对必要的社交活动。（"明天有妇女协会会议。再次强烈地体会到从前对乡村的反感。羡慕那些孤零零坐落在荒郊野岭中的房子。"）无论如何，伍尔夫或是出于热情，或是出于自责，她尽全力发动朋友们来会议上做演讲，还专门乘车前往刘易斯镇寻找合适的幻灯机，亲自安排好电子幻灯片放映的相关事宜。伦纳德在某个周三的晚上以"战争的目标与相关问题"为主题做过一次讲座，维塔以"二十位身着黑纱的老太太"为主题谈论波斯文明，伍尔夫的外甥女安吉莉卡（当时正在伦敦电台剧院学表演）也被发动过来讲解现代戏剧。弗吉尼亚自己也在 1940 年 7 月做过一次会议讲话，她在演讲中以欢快的口吻回忆了 1910 年参观"大无畏者"号战舰的往事。当年，她假扮成阿比西尼亚王子，几位朋友扮作王子随从，一行人来到威茅斯，在英国海军的带领下游览"大无畏者"号战舰。这一事件反映出英国海军在安全防护上存在漏洞，该消息走漏后被《每日镜报》刊登为头条，下议院为之哗然，伍尔夫的亲友也为之震惊。在当时的社会背景下，伍尔夫选择的这个话题具有颠覆性：当时社会齐心歌颂"耶路撒冷"，耶路撒冷教义规定不准谈论任何"有可能制造矛盾、引起严重分裂的事宜"，而这个话题却以帝国权威为取笑的对象。不过，伍尔夫的讲话主要强调了这次战舰之旅的有趣之处：成行前，在加里克街戏剧服饰老板的藏品里仔细翻找合适的服装，整天往脑子里灌输斯瓦希里语，等到了战舰上，又要担心嘴上粘的胡子被风吹跑，又要时刻紧张脸上的化妆被饮料弄花。在场的听众个个"捧腹大笑"。伍尔夫在庆祝茶会前就偷偷溜走了，心里却很高兴。她在给埃塞尔·史密斯的信中写道："我昨天在妇女协会会议上分享了从前的'大无畏者'号战舰之旅。听众听得乐不可支。你不觉得，这件事毋庸置疑地证明，我是有心的吗？"

37

或许伍尔夫的确不是因为妇女协会具有创意、能与人建立联结而加入，但她的加入说明这时的她已越来越希望成为一个更为广阔的团体的成员，跨越阶级界线，按照她在"倾斜之塔"中制定的规则生活。她始终在追寻独立，但独立并不一定意味着与世隔绝，如她在《三个旧金币》结尾所写：完全的个体主义"本身并没有任何意蕴或意义。只有在成为群体中的一分子时，个体主义才显现出真正的意义"。思考"战争带来的表面上的割裂"之后，伍尔夫在日记中写道自己现在在"群体共同感受"中找到了安慰："整个英国在同一时刻都想着同一件事——对于战争的恐惧。从未如此强烈地感受到这一点。"在世上一切都陷入悬而未决的时候，罗德麦尔村以其年年相似的风景与四时不移的人事让人感受到安心的永恒；伍尔夫在这里慢慢体味到，群体这一概念或许是周遭一切都陷入混乱时候的救赎。两年前，伍尔夫在日记中隐晦地提到："把'我'排除掉：代之以'我们'。"她在《海浪》中已经尝试通过群体意识来探索写作，但现在，在工党聚会上，身处厨师、园艺匠之中，她开始思考能否让这种混杂的组合更多地呈现出政治方面的急迫性。关于一部新小说的想法开始酝酿：背景是战争威胁下的英国乡村，飞机如幽灵般在上空盘旋，书中人物既是齐心协力的整体，又沉浸在各自的幻想世界中，并不专业的戏剧表演象征着历史悠久的英国人做派。

"是不是写《岁月》时那些勤勤恳恳的付出扼杀了它？"伍尔夫在1939年9月自问道，立誓要从《罗杰·弗莱传》中没完没了的句子修改工作中抽身，好好休息一番。"我的大脑已经精疲力竭，必须抑制住撕毁一切、删掉一切的强烈欲望，必须让自己脑海中想着光、空气和散步，用浓雾将它覆盖。"为新写作项目构思期间，伍尔夫热切地希望担负起"重任"，再写一部像《岁月》那样情节交织复杂的小说；与此同时，这部小说在形式上应当"散漫而无法预料，突破既定的规则"，吸纳如诗歌、戏剧等各种文学形式，以此抵抗为《罗杰·弗莱传》构思架构的繁重工作。1939年起，伍尔夫就断断续续地开始了这部小说的创作，从 1940 年 5 月开始为其投入所有的精力。她很高兴能"只为取悦自己"而写作，"在完成传记之后终于能摆脱一切矛盾……不再有任何批评，不需要具备任何权威，我感到如此自由"。最终成果《幕间》讲述的是一座坐落于"英格兰中心一个遥远的小村落"的家族宅邸发生于 1939 年 6 月的某一天的故事。几百年来，任凭岁月递嬗，这座宅邸始终维持着不变的景象，四季风物年年如常，如时更替，守护陪伴着这座宅邸的居住者：制作果酱的果子从上一代种下的杏树上摘下，人们的谈话中穿插着古老的民间传说和朴素的迷信观念，每年归巢的燕子都是前一年的那窝，"伴着深植于他们内心深处、从未为外人所闻的狂野韵律"跳舞。但在平静的生活表面之下，紧张的氛围正在积聚涌动。小说意象充斥着不祥的预兆，和平似乎时时刻刻都有可能崩塌，比如，被听者误解的几段对话，一页随风飘扬的宣言。报纸带来有关欧洲"已装备数量充足的枪支，飞机蓄势待发"的消息，小说中的人物感觉到"突然死去的阴影悬在每个人的头上"。宅邸里还保存着一件世代相传之物：一块手表。手表的表盘在滑铁卢战役中摔碎了，指针永远停留在了那一刻。书中警示，历史向前，但人们不能无视过往的教训。

小说中贯穿着伍尔夫在这艰难的一年中所思索的关切：人能在多大程度上理解他人，历史知识什么时候能够帮助我们应对未来，一个社会在面临外部侵略威胁时怎样才能保持完整，艺术能否疗愈分裂的社会、弥合人与人之间巨大的分歧。故事发生的这一天，村子里的人一起欣赏一场由村民表演、由拉特鲁布小姐导演的露天历史剧表演。拉特鲁布小姐有着神秘的身世背景和充满异族特色的名字，还很有可能是一位同性恋者，这种种都在村子里引起了漫天的流言。她是一位急切的领导者，而戏剧表演并不成功：她站在树下，每当台上的演员动作停滞或是台词念得不流利时，她就会感到无比尴尬；当有观众在中场离席时，她感到烦躁不安；当演到第二幕暴雨忽至、表演不得不中断时，她近乎绝望。虽然拉特鲁布小姐导演的戏剧并不十全十美，但她的目标与战争带来无所不在的威胁之间的关联不言自明：她迫切地希望观众明白每一个人都有责任为和平的未来做出自己的贡献。她所期盼的社会，是一个具备自我审视能力、由社会责任感联结在一起的社会。

这座村落因一场团体表演而团结在一起（哪怕只是一时），伍尔夫这一刻画显露出简·哈里森对她重大而持续性的影响。1923年圣诞，哈里森送给伍尔夫一本签名版《古代艺术与仪式》。哈里森在这本书中提出希腊戏剧起源于古代群体仪式，崇拜者向公认用以表达崇敬的象征物表达"群体共同的崇敬之情"，这些仪式的力量正是源于此。她认为，在希腊戏剧中居于核心地位的演员合唱最早的形式应当是像这样的：古代一群农夫暂时停止播种与耕作，围着某样神圣的物体——比如五月柱、女神画像或是丰收的谷堆——跳舞，祈求下一个季节获得丰收，他们戴着面具，涂抹着妆容，伴着单一的节奏起舞，"大家一起沉浸在激情之中，在情感上融为一体，他们不再是个体的集合，而是真正的、彼此交融的集体"。哈里森认为这种群体仪式经过几个世纪的演变，变成了更具自我意识的戏剧——仍然在宗教节日、祭司在场的情况下进行表演，但戏剧中的动作不再代表其他含义，脱离了最初的意义。《古代艺术与仪式》创作于"一战"刚刚结束的满目疮痍之中（H. D. 在这一时期也正集中精力进行翻译创作，主题是合唱和女性群体，借此抵抗个人英雄主义），哈里森将以下两者进行对比，取得了尤为令人扼腕的效果：在古代崇拜舞蹈仪式中，"个体微不足道，合唱队伍、团体才是一切"；在那些领导者执掌一切的悲剧、史诗中，战士为同一场战斗奋战，希望能报私仇或是出人头地。论述至此，哈里森在结尾恳请公众回归古代的群体艺术和生活方式；只有重新认识到群体价值观，才能避免日后爆发更多的战争。

在历史某一时期，艺术在群体凝聚力方面扮演着切切实实的社会角色，哈里森这一论点是最直白的政治观点，启发着伍尔夫。自古以来，创作本能就与生存息息相关——伍尔夫对这一观点有切身感受：作为一位作家，处在面临暴力威胁的世界，她一直在追寻自我的位置。她敏锐地感知到人们正在远离书籍与文化，她无法确定，在战后的世界（她甚至无法想象战后世界会是怎样的），她的作品会引起怎样的反响；她越来越关注公众、观众在将来政策形成过程中以及艺术作品创作过程中所扮演的角色。就在反复思索群体这一概念时，她萌发了另一个想法，并在接下来几个月进一步规划。1932 年，她盘算着自己是否还能有二十年的写作时间，初步制订了一个计划："介绍英国文学通史，像绳子穿过奶酪，或者说像一只勤勉的小虫子，从一本书爬到另一本，从乔叟一直啃到劳伦斯。"1940 年，敌军侵略在即，伍尔夫一边创作《幕间》，一边构思新的写作项目：一篇关于女性和和平的文章，仆人梅布尔的自传（"书写她在伦敦的地下生活……这一定生机勃勃、丰富多彩"）。1940 年 9 月某一天，伍尔夫外出采摘黑莓的时候，关于写一本"通史"的想法再次浮现。她在一本全新的笔记本上写下，这次写作的目标在于探索"国家对于作家的影响"。她将从英国最早的历史时期开始入手，一直写到"线球的尾端，将它们一一理清。一本书带动另一本。按照时间顺序来写。从评价转向自传。人们的生活。永远跟随真实的气味——当下的想法。没有'时期划分'：没有选读课本。广泛阅读。根据脑海中的记忆来写"。

在生命最后几个月，伍尔夫为这一富有创造性的历史写作项目付出大量精力做相关研究，全神贯注的她甚至注意不到空袭警报发出的巨大声响。她希望探索创作激情从文学萌芽一直到当下时期的发展：她遵循哈里森关于艺术曾经属于群体活动的观点，将"创作本能的举世普遍性"放在文学史中心地位。她将这部作品暂名为《随手翻开的阅读》或《翻开书页》，计划将其写成一部以民族口耳相传的共同历史为根源的大众文化史。她将向读者展示文学的历史是如何从某位不知名的歌者开始，"从他人口中学到了一支歌或一则故事，然后邀请观众一齐加入大合唱"。伍尔夫回望这样一个古老的时期，那时歌者与观众没有明确的分工，文化由群体共享而没有高雅低俗之分，文学不属于"任何人的私人领域"，而是人人可以踏足。根据哈里森的理论，伍尔夫更进一步，将过去的图景作为"倾斜之塔"中构想的"没有阶级之分"的未来社会的蓝图。

"我当然'热爱祖国'，"伍尔夫在 1938 年告诉史密斯道，"那些英国独有的，语言、农场、狗、人。只是我们必须拓展想象的边界，停下来好好思索这一情绪。"这本书所讲述的英国并不是战争期间宣扬的那个自负尚武的国度。在伍尔夫创作《幕间》期间，伦敦正在加紧防空袭建设，城市景象每天都发生着变化：窗户被覆上厚重的帘布；邮筒顶部被一种特殊液体涂成黄色，有燃气泄漏时，顶部就会变色；为了保护易受攻击的地标建筑，它们或是被用木板围起来，或是被转移到安全的地方。触动情肠的伍尔夫在日记中记录下这座城市在灯火管制下的怪诞情状："伦敦仿佛倒退回了中世纪，如此空荡荡，如此静悄悄，在这片黑房子林立的森林里。自然掌控着这座城市。我猜，再这样下去，獾、狐狸、夜莺、猫头鹰很快都会回来的……有手电筒闪烁。有位年老的先生出现，又消失了。那盏红色的光或许是辆出租车，或许是路灯。人们摸索着回到各自的洞穴。"《幕间》最后的画面是一片茂密、鸟类成群的森林，与 G. M. 特里维廉在其 1926 年出版的《英格兰史》（*History of England*）开篇描绘的那个人类诞生以前的远古时期景象十分相似。小说中有一位斯威森夫人"已届衰弱残败的高龄，却不改雄伟气魄"，她正在读的书是特里维廉的文章和 H. G. 威尔斯的《世界史纲》（*Outline of History*）的合集。其他人都在仔细搜寻报纸上的只言片语，讨论即将到来的敌军侵略，斯威森夫人却沉浸在"重建过去的想象之中"：她整天都想着"皮卡迪利大街上成片的杜鹃花林"；想象所有大陆在被海峡分开之前是一个整体。伍尔夫在写这本书的时候，乌斯河流域涨潮，水域从伍尔夫家门口的花园一直向北延伸到刘易斯镇，向南延伸到纽黑文。一眼望去，这一带仿佛回到了河堤还没有建造的时候。这幅景象使人想起欧洲共同的历史，在伍尔夫眼中构成了一幅强烈的意象：没有裂痕、平和静好，这幅图景象征着拉特鲁布小姐想要在戏剧中寻找的"完整整体"，象征着对未来和平的期望。

现在，伍尔夫以特里维廉书中的一个段落作为新书的开篇，将早期的英国描述为一片充满野性的森林，这里的猎人会充满敬畏地聆听鸟类的鸣叫，劳作时会放声歌唱。这部作品从开篇就铺垫出了一部不同的英格兰史。这部英格兰史关注的不是"伟人"、战争和政治，而是文化、女人和群体——与艾琳·鲍尔、简·哈里森的作品精神不谋而合。这部作品与拉特鲁布小姐的露天历史剧表演具有同样的文学意义，通过英国历史上的片段来介绍上至乔叟下至当代的文学源流，还穿插了两篇以和平时期最重要的事件——绯闻、婚礼和野餐为主题的浪漫轻喜剧。有位叫科洛内尔·梅休的宾客对像这样不符合传统的场景选择大为恼火，"为什么漏掉英国军队？没了军队还能叫历史吗？"他极为不满地哼哼道。但拉特鲁布小姐呈现的历史与艾琳·鲍尔一样，有意强调和平与群体而非掌权者与权势。这年秋天，伍尔夫反复阅读的书里（她在笔记本里列出了阅读清单）就有鲍尔写的《中世纪英国的修女院》；12月，她用六便士买了本《中世纪人》，一边暗自懊悔没有一起买个新烟嘴。伍尔夫立足于当下市民最为渴望的和平与合作的价值观，为读者建构了另一种历史；与此同时，同前几位女性一样，伍尔夫重设了历史边界——这一梅克伦堡广场女性的传统。

伍尔夫因此再次面临那个同样曾困扰哈里森和鲍尔的难题：历史如何构建，在构建的过程中排除了哪些声音。在《一间属于自己的房间》中，她描述自己在特里维廉书页目录中寻找"女性的位置"的场景，结果只在参考目录中找到一点零星的痕迹，大多关于被安排好的婚姻的习俗、对妻子施行肢体暴力行为以及莎士比亚书中虚构的女主角；她以讽刺的口吻问道，读者是否会推测历史上女性从来便处于附属地位，还是她们一直被视为至高无上的形象供奉在神殿上。书中各个章节的目录都围绕着战争、君主，对此，伍尔夫讥讽地发问，为什么很少有笔墨描述女性在那些"历史学家眼中的历史事件"之中的身影。伍尔夫和昔日的鲍尔、哈里森一样，清楚地明白必须有新的历史学家来提供不同的视角。她写道："我更青睐局外人。局内人笔下的英国毫无色彩……他们完成的工作就像罗马铺设的大道一样。但是他们避开了森林，忽略了那些虚幻而不可捉摸的存在。"现在，正如艾琳·鲍尔在《中世纪人》中记录下中世纪女性的生活一样，伍尔夫决定填补这些空白，追寻那些被男性历史学家所忽略的"未曾有人踏足的路径"，书写那些"从未出现在书本上"的生活。"持续报道聚光灯以外的存在。"她在笔记本上写道。伍尔夫规划出一条令人信服的路径，她将沿这一路径"跟随无名者从古代到现代，从树篱边到泰晤士河畔"，探寻未知的答案：诚然，印刷术发明后，诗人与读者再也不像过去那样没有距离，人们自此可以在家中独自欣赏艺术。但早在印刷术发明以前，随着阶级结构逐渐确立，人们就已经不再你一句我一句地共同歌唱。她希望探索这种最早的艺术创作形式之一遭到摒弃的根源。现在，诗人不再是无名者，他们清楚地知道自身在文学史上的位置，他们的作品受到市场压力、赞助人喜好的影响，同时，作为社会框架之内的个体，同样受到经济、政治、社会这些因素的影响。伍尔夫已以强有力的论证指出，这些"外部影响"往往干扰着女性的工作，抹消她们的声音。她在《一间属于自己的房间》中大胆想象莎士比亚原本有一位妹妹，她本有着不输哥哥的才气，两人的人生境遇却截然不同：哥哥在成长为作家的途中，得到了一切可能的帮助和鼓励；而妹妹却招来了亲戚的耻笑，一场不合时宜的怀孕更是阻挡她实现艺术抱负。回想自己笔下的这位朱迪丝·莎士比亚，伍尔夫决定，她书写的历史不仅将审视"创作的萌芽"，还将挖掘"那些扼杀创作的一切：社会、干扰、条件"。

伍尔夫认为，女性承担工作必须在满足一系列"与艺术毫无瓜葛的条件下"才能实现，这些条件包含种种现实因素，如金钱、个人空间、愿意提供支持的丈夫、考虑是否养育孩子，以及帮忙做家务、照顾孩子的佣人。女性史断续不全，英格兰历史更是"完全以男性而非女性为主线"，面对这些事实，伍尔夫坚持主张必须先衡量女性获得条件的障碍，才能解释清楚女性是不是一位成功的作家。这些现实因素就是她在《往事札记》中提到过与自己切身相关的"隐身的存在"；现在她将这些因素命名为"宁"、"克罗特"和"普利"[1]，称这些因素"对作家创作有着持续的影响，撕扯她，隐匿她，曲解她"。伍尔夫沉浸于阅读关于巫师、修女、诗人、女表演者、仆人、家庭女教师等人的故事，希望能在社会的另一种描绘方式中将这些"身影模糊的人的生活"放在一起，从而能像她的回忆录那样，将"环境和建议对思维方式的巨大影响"纳入考量，允许女性能够光明正大、不需要承担任何指摘地站

1　伍尔夫用这几个名字象征给作家带来影响的经济、政治、文化和个人因素。

在历史舞台正中央。

"跳过当下时刻。关于未来的一章。"她在笔记中写道。伍尔夫告诉埃塞尔·史密斯,她感觉自己就像"一只贪吃小虫掉进了一块巨大的斯蒂尔顿奶酪,尽情地享用着美味,快活得醺醺然",这个描述让人在脑海中勾勒出这样一幅画面:她在研究英国文学时,地面上散落着"散发着陈腐气味的剧作家的作品"。"等我写到莎士比亚的时候,轰炸大概已经开始了。所以,我已经给自己安排好了一个美好的结局:我会读着莎士比亚,忘掉自己戴着防毒面具,我的思绪会飘到很远很远,彻底忘记。"这部本将深奥、思想激进、充满艺术感的作品最终没能完成,只残存两个章节的原稿和大量笔记。在构思这本书之初,伍尔夫预备回应拉特鲁布小姐通过那场历史表演剧对世人发出的请求,那就是"通过我们的母亲回望过去",通过她仰慕的女性作家、女性历史学家的作品,回望那个艺术可以把群体团结在一起的时期,为当下的危机提供一些安慰和启迪。"该到了设计新情节的时候了。"《幕间》中的一位观众建议道。对于伍尔夫而言,对于哈里森和鲍尔而言,这个"新情节"应当是一个重启的全新世界,新世界将通过艺术联结在一起,以合作为基础,积极拥抱变化,愿意追随女性的脚步,更会从历史中吸取教训。

一直到1940年春天,这场乌有之战仍未终结。预想中的侵略战争迟迟没有真正发生,伍尔夫觉得自己就像"站在牙医诊所的等待室"。在这场"令人厌烦又无休无止的"等待中,就连像商店分发多余的茶这样平日里最微小的喜悦也有了重大的意义。罗德麦尔村里有传言称德军正在通过伞降的方式侵入英国,有的会伪装成修道士和修女。2月,爱尔兰共和军抗议者在邮差包、垃圾箱、公共电话亭这些地方放置炸弹，整座城市陷入恐慌。希特勒依旧没有行动。"这场战争就像一场绝症，"伍尔夫写道，"第一天会全心全意地烦恼、犯愁；接着，所有的感官知觉都会停止运转；再然后，灵魂就会脱离躯体，悬浮在空中。"就在这个春天，希特勒开始进攻西欧，4 月侵入挪威和丹麦，5 月侵入法国、比利时和荷兰，焦虑不安的等待转变为迫在眉睫的危险。洞若观火的伍尔夫感到惊惧，"周边国家相继沦陷，已呈合围之势，英国如同被戴上花环，被架上祭坛不过是时间早晚"。

　　5 月 25 日，伍尔夫在日记中记录他们正经历着"战争以来最糟糕的一周"。就在这周，英国广播电台宣布德军占领了法国北部亚眠和阿拉斯两座城市。"感觉总是棋差一着。他们骁勇、敏捷、花招不断。法国人没能把桥炸毁。德国士兵看起来年轻、有活力、有创意。我方落在后面苦苦支撑。"无论如何，她和伦纳德两人依然和往常一样，在修士之屋花园的草地上玩滚球游戏。仿佛为了表示抗议，草地上冒出了毛茛和酢浆草，带来"夏日初盛的气息"。5 月 26 日，面临逼近法国海岸的德国军队，英国远征军从敦刻尔克撤退。火车往伦敦运来大批从前线混乱之中撤下来的负伤士兵。回到罗德麦尔的年轻男子讲述撤退时发生的情景，他们在海峡中拼命地游泳，望眼欲穿地等待救生船的到来，然后又沿着英国海岸线走了几个小时，绝望地认定战争已经以失败告终。村民们把木桩打进田地，防止德军飞机在这里降落。村子道路上停满了装着沙袋和水泥的卡车。对此，伍尔夫写道："所以，德国人已经侵占了我傍晚的散步。"

　　1940 年 6 月 10 日，墨索里尼对英国和法国宣战，苏活区的意大利人社区随后爆发暴乱。四天前，伦纳德和弗吉尼亚在梅克伦堡广场家中招待好友。这是一场气氛沉郁的晚宴，金斯利·马丁预言五周内英国一定会遭到入侵。第二天，弗吉尼亚在日记本中写道："一直到今早一点半，金斯利身上仍散发着柔和但阴郁的气息。我们四个人——还有一位是 R.麦考利——坐在越来越暗的房间里，严肃地探讨自杀这个问题。房间最后一丝光亮也消失了。一个隐喻。"6 月 14 日，巴黎沦陷，英国彻底孤立无援。7 月 22 日，英国外交部部长爱德华·伍德拒绝德国提出的和平协议，战争已绝无避免的可能，首相温斯顿·丘吉尔（5 月份接替张伯伦担任首相职位）向英国市民宣告决战到底的决心："坚决守卫伦敦每一寸土地，哪怕决战到最后一条街道、最后一片郊区。"8 月 22 日，伦敦第一次遭遇炸弹袭击，丘吉尔立刻下令回攻柏林。从此以后，伦敦成为德国空军部队首要的攻击目标。恐惧不安的维塔打来电话，说肯特郡的西辛赫斯特城堡花园到处都在落炸弹。这晚，伍尔夫在日记中写道："疲惫的我已经没办法描绘出这种感受——和一个不知道什么时候就会死去的人谈话。"战争也潜移默化地影响着伍尔夫的潜意识，她开始以集体而非个人的思维角度来思考现象："现在我们考虑天气的时候，会想着天气会影响到侵略，影响到空袭，而不是我们是否喜欢这种天气。"

1940 年 9 月 7 日，伦敦大轰炸正式拉开序幕。伦敦各个码头、伍尔维奇、西汉姆、伯蒙德西、白教堂区、莱姆豪斯区域的轰炸从天黑一直持续到天亮。这晚，远远就能看见圣保罗大教堂的穹顶笼罩着熊熊火光。五天后，一颗延时炸弹钻进了教堂地底二十七英尺[1]深的地方，人们整整花了三天时间才将这颗炸弹完整挖出。市医院超负荷艰难运转，道路坑坑洼洼全是弹坑，救护车几乎无法通行。地下的地铁站成了许多人躲避空袭的场所，消防队员整夜整夜地战斗，救援队——几乎都是

1　1 英尺合 0.3048 米。

没接受过多少训练的志愿者——给从坍塌的建筑中挖出来的伤者提供急救，紧急抢修恢复供电电缆、煤气总管道、下水管道。整整一年里，伦敦只有三个晚上没有发生空袭，平均每晚遭受二百枚炸弹的轰炸。大轰炸开始第一个月，五千七百三十人丧生，到了年底，死亡人数已超过一万三千人。每当夜幕降临，就会响起高射炮震耳欲聋的怒吼，远处战争留下的痕迹化作可怖的白烟升到空中，将天空切割成一条一条。飞机的轰鸣声，火药爆炸后的气味，甚至飞行员背着降落伞从空中降落的景象，伦敦市民都逐渐习以为常。餐馆会为无处可去的客人提供临时住所；约翰·莱曼和朋友在灯火管制的城市里一家接一家地逛酒吧，惴惴不安地在漆黑的街道摸索前行。一位垃圾清理工一周内在布卢姆斯伯里地区发现了十二只猫的尸体，其中有三只发现于梅克伦堡广场。附近居民推断这些猫有可能是晚上被轧死的，也有可能是小偷为了皮毛把它们杀死的。有一晚，空袭比往常发生得更早一些，伍尔夫夫妇当时已在梅克伦堡广场家中入睡，被警报惊醒后，两人并没有跑到广场花园躲避空袭。伦纳德后来回忆他们当时的感受："如果死亡是我们的宿命，或许在床上死去会是更好的结局。"

　　位于英国南海岸的苏塞克斯是德军飞入英国的切入点。轰炸机就从修士之屋花园上空低低掠过，伍尔夫夫妇如果正好坐在外面吃午饭，能清楚地看见飞机尾翼的纳粹万字符。到了夜晚，伍尔夫总会被从海面飞来的飞机发出的巨大轰鸣声惊醒，一直到这些飞机在伦敦扔完所有炸弹返程之后，她才能再度入睡。有一架飞机常常逡巡不前，绕着乌斯河流域来回盘旋，毫无章法地把炸弹丢在丘陵地带和牧场上，直到飞往伦敦的机队返程。刘易斯镇的一位石匠告诉伦纳德，他和他周围的观察者都相信这位飞行员肯定是一位不敢飞到伦敦的懦夫；后来有一天，这些反常轰炸停止了，他们猜测这个懦夫一定是被德军发现并开除了。有一回伍尔夫正在家中写信，炸弹就落在附近，连她手中的笔都被震落，刚写下的一段文字被墨水洇染，字迹难辨。仿佛一个不祥的征兆。每次出门都有可能面临危险，弗吉尼亚和伦纳德总会紧紧依偎着彼此，"早就做好了二鸟不劳多石的打算"。"我应该考虑死亡吗？"落日将近，草垛被染得火红，伍尔夫望着这样的景象，暗自想道。她试着想象被炸弹击中死去的感受："那种感受十分清晰——眼前一片模糊，只感到难以呼吸，接着便不存在了……我和伦纳德说，我还不想死。"有一晚，弗吉尼亚正在给埃塞尔·史密斯写信，突然听见炮火声，冲出去看见一架德国飞机被击落，落在了刘易斯镇的跑马场："一场混战，一个紧急转向；飞机骤降，一阵乌黑的浓烟升起。"

1940 年 9 月 10 日，伍尔夫站在道堤街和梅克伦堡广场之间拉起的警戒线前，看着邻居们踩着还在冒烟的砖块来回奔忙，试图扑灭火苗，她不明白这些房屋被毁坏的邻居将面临怎样的命运："那些我过去从窗户中看到的年轻男人和女人；那些曾经坐在阳台上休憩、往花瓶里插花的公寓房客。"当霍加斯出版社的文秘建议她和伦纳德这晚不要住在梅克伦堡广场时，伍尔夫"如释重负"，同时为事务律师普里查德先生的态度感到有些震惊——他坚持待在工作室，随身留了件皮大衣和一顶帽子御寒、防雨以及防尘（"他看着炸弹从屋顶落下，还能继续睡得像猪一样"）。几天后，两人搭车想回来看看家里的情况，在温布尔登郊区附近遭遇空袭之后撤往最近的防空洞。他们在这里遇到从房子被炸毁以来就一直住在防空洞里的一家人，睡觉时就躺在刨花上。波纹钢板上有许多被子弹击穿留下的小孔，风就从这些小孔中穿过，呼呼作响。等两人最终抵达伦敦，他们在拉塞尔旅馆见到了莱曼，从他那里听说了前一晚的场景：炸弹爆炸，拜伦公寓被夷为平地，只剩下一棵树还立着；"那一团庞然灰霾"，邻居们穿着睡衣在阶梯上相互依偎的景象。这之后又过了几周，他们才得以返回居所，但哪怕这个时候这里也显然不能再住人了。她曾经怀揣着对未来的期许来到布卢姆斯伯里，如今却以灾难、忧虑与负担告终。她很惊讶自己居然还保持着镇定，甚至感觉到一种没有缘由的"失去所有物的兴奋——除了有时想要回自己的书、椅子、毯子、床和图画。我用薪水一件一件地把它们买回来。而现在，失去梅克伦堡广场让我感觉到解脱。这里几乎不可能逃脱被炸毁的命运。当初定下这处有阳光照射的公寓的合约本来就是仓促中的决定，现在总算结束了……我很希望能在平和之中，赤条条地开始新的生活，自由、无牵无挂地去任何一个地方"。

伦敦在伍尔夫眼中一直是自由的象征，生平第一次她在这里没有了家。她早年住在里奇蒙德镇的时候，感觉自己就像被流放一样。她试着习惯郊区生活，但每次一回到市区，总会迷恋上伦敦的"躁动、繁忙和多姿多彩"，然后就开始徒劳地看房子。她喜欢看着宏伟的轮船缓慢地靠近码头，卸下来自世界各地的货品；她喜欢牛津街上琳琅满目的商店，喜欢在布卢姆斯伯里广场观察来来往往的行人，也喜欢坐在店里和朋友开怀畅谈，看着"窗外有一些奇特的人，他们面色阴险，显露出异样，从窗边鬼鬼祟祟地溜过去"。在伦敦漫步，伍尔夫总能迸发出无穷无尽的灵感——她常常一边在布卢姆斯伯里地区和查令十字街一带漫步，一边构思段落和场景——她将那些漫步途中脑海里自然而然冒出的富有创造力的灵感称作"街头狂想"。在因为生病或辛苦工作在家中闷了几天之后，走上街头看看这座城市就像"重燃生命之火"："伦敦永远吸引着我，赋予我灵感。我不用费心，只需劳动双腿走向街头，就能得到一首诗、一出好戏、一个故事……独自漫步伦敦是最好的休憩。"在大轰炸开始之后,她在写给埃塞尔·史密斯的信中称伦敦是"我生命中的激情",在梅克伦堡广场度过的这段日子即便晦暗,也丝毫没有动摇她对这座城市的热爱,她依然坚信这座城市具有治愈人心的力量。她曾在战争初期写道:"真是奇怪,我常常想着,关于这座城市,我热爱的究竟是什么呢?一路漫步到伦敦塔,沿途小巷子里有黄铜框架的塔楼幕墙,空气里夹杂着河水的气味,岸边有低头读书的老太太,这些才是我的英格兰。如果轰炸破坏了这些,我的感受会同任何一位爱国人士的感受一样。"

1940年3月,罗德麦尔村,星光如水泻入房间,伍尔夫担心飞机轰炸,挂念着马格丽·弗莱,躺在床上辗转难眠。她强迫自己转移注意力,想一些"能让她感到清醒、放松的事情",最后选了"河流。比如伦敦桥下的泰晤士河。买上一本新笔记本,沿着斯特兰德大道漫步,迎面而来的每一张脸都诉说着无尽的故事"。这些描述与她在1927年写下的文章《梦萦难忘的街头漫步》("Street Haunting")遥相呼应:喝完下午茶,晚饭尚早,寻找一支铅笔——写作工具——促成了漫步于大半个伦敦的机缘。这篇文章歌颂伦敦赋予人无限的想象力。在街头漫步之时,"在路灯和黑暗的掩护下",伍尔夫觉得自己如此自由,自由得几乎飘飘然,仿佛"一只巨大的眼睛"。她喜欢在伦敦的这种既处于群体之中又享有无限自由的感受,"在这里告别朋友眼中的那个自我,成为广阔人群无名漫步者中的一员。在房间度过独处时光之后,这份陪伴是如此令人熨帖"。从被星火点亮的窗户望出去,她想起那些与她一同呼吸着的浩瀚生命,那些隐藏在每扇门背后的个性迥异的人物、独特起伏的故事和舞台背后的历史。她写下文字呼吁小说、历史和传记的不同可能,同样也呼吁从阅读中获得多样的乐趣。

透过这些生命，我们可以前进一小步。这一步尽管微小，却足以令我们有一种不再受缚于单一思维方式的幻觉，我们可以幻想成为他人的身体，从他们的思维视角看待世界，哪怕只是短短的几分钟。你可以成为洗衣妇、酒店老板或是街头驻唱的歌者。从单一的性格故事线中挣脱出来，闯进野兽盘踞的森林深处。我的同胞们，还有比这更令人心生愉悦、充满好奇的事吗？

第七章

广场之后

"到处都有事件发生，
铁轨（因为枪支）消失，
从你（和我）的旧日城市广场。"
——H. D. ,《不倒之墙》(1941 年)

梅克伦堡广场遭遇轰炸后，伍尔夫夫妇仿佛陷入荒岛，被"困"在了乡下，家中"家具大多遭到毁坏，破损不堪，景象凄惨"。汽油配额有限，难以支撑太多的出行，弗吉尼亚安之若素，利用这段流放的时光"多多地阅读"，希望仅凭自己的想象重现伦敦昔日的繁忙。令她感到安慰的是，她很习惯于这份被迫的孤独：她喜欢摘苹果、将蜂蜜装进瓶子里，每天周而复始的简单日常："早餐、写作、散步、喝茶、滚球、阅读、甜食、睡觉。"轰炸发生六天后，伍尔夫夫妇解雇了伦敦屋子请的住家仆人梅布尔·哈斯金斯，梅布尔之后去了荷洛威和姐妹同住。弗吉尼亚乐观地相信"以后再也不需要请住家仆人了"。"给私生活遮上帘幕是很有必要的。"她告诉埃塞尔·史密斯。这样说或许有些矛盾，但住在一个与外界纷扰相隔绝的地方让她觉得自己比以往任何时候都更自由。"拉上帘幕，我发现自己可以活在当下这一时刻，这很好，为什么要浪费一刻钟去懊悔、嫉妒或忧虑呢？"

　　梅克伦堡广场37号的问题依然持续。1940年11月，第二场爆炸就发生在房子后边，在这之前，约翰·莱曼已经做好安排，将霍加斯出版社的一应物事全部搬到了赫特福德郡莱奇沃斯市的花园城出版社。（这一出版社承担了《经济史评论》的出版工作，艾琳·鲍尔依然负责该期刊的编辑工作，确保每一期如期发行，坚持不懈地给未付费订阅用户发送提醒。）与此同时，伍尔夫夫妇将他们在伦敦的物品都带到了修士之屋。修士之屋"一片狼藉，杂乱不堪，全是乱糟糟的景象"：瓷器就放在手稿上，莱斯利·斯蒂芬那些成套的经典著作散乱地堆放在客厅。如弗吉尼亚在 1940 年 12 月写给埃塞尔的信中写道："我把梅克伦堡广场 37 号里面的物品全部都搬到这座村间小舍了"，"我简直没法向您描述那些萧条景象的细节——我们回到伦敦，发现地毯上长出了蘑菇，椅子立在水池里，到处都是玻璃碎片，天花板也塌陷了"。伦纳德写信给贝德福德庄园，申请免除塔维斯托克广场 52 号的部分租金（"如果被拒绝的话，我们将不得不和公爵交涉，并且在报纸上公开这件事"）。回信称这件事已经解决，因为前一天晚上房子已经彻底毁坏了。文妮莎·贝尔的画室燃烧殆尽，百余件画作在大火中化为灰烬，"一台电冰箱和一尊雕像是仅有的幸存者"。这一消息愈加令弗吉尼亚感觉到她们的过往正在被掩埋。但弗吉尼亚眼下正处于"有史以来最佳的写作状态"。她写道："我想以大体上积极的视角来回顾战争年代，仿佛因为将个人的创作高峰摆在集体苦难之前而有些不安。"

11 月，伍尔夫对《幕间》充满信心，甚至称得上"志得意满"。"我采用了新方法，这是一次有趣的尝试……内涵更丰富，风格也比阴郁的《岁月》更轻快。"等到 1941 年 2 月完成这本书的时候，她的观念发生了变化，态度坚决地告诉伦纳德这本书绝对不能出版。伦纳德读完手稿后，非常喜爱这部作品。两人决定听听约翰·莱曼的意见。几天之内，莱曼发来电报，告诉弗吉尼亚他认为这本书是一部无与伦比的成功之作。如莱曼后来所称，这部作品"具有非凡的想象力……它就是一部诗歌，比她以往任何作品都更激荡人心，有时能抵达沟通的极限"。3 月 27 日，弗吉尼亚回复说她还是觉得这本书"愚蠢、琐碎"，她是在"写弗莱传的间隙、脑子昏昏沉沉的时候写下了这本书"，至少在秋天之前绝不能出版。伦纳德同时附上便条提醒莱曼，弗吉尼亚正在情绪崩溃的边缘。没等莱曼收到信，弗吉尼亚·伍尔夫已经去世了。

"我从来不喜欢也不尊重那些倾慕我的人，他们往往也是诋毁我的人。"伍尔夫离世前两个月在日记中写道。用伦纳德的话说，弗吉尼亚"对批评有着近于病态的过度敏感"，这意味着每当她写完一本书，作品即将出版的时候，她总会陷入"极其糟糕的状态，精神高度紧张"。在此之前，她已经经历过两次最黑暗的时期，就是在《远航》和《岁月》两部作品分别即将出版的时候。当她写完《幕间》的时候，她又陷入了此前在她生命中反复出现过的抑郁状态。临近1月底的时候，她突然陷入"绝望的低谷"，这种状态持续了近两周。有了前几次的经验，弗吉尼亚和伦纳德总结出如果能在症状刚开始显现的时候就躺在床上好好休息，精神崩溃是可以避免的。但这次没有丝毫征兆。伦纳德看出这次弗吉尼亚状况比以往更加严重，开车带着弗吉尼亚去布莱顿拜访奥克塔韦亚·威尔伯福斯医生。医生建议弗吉尼亚放下一切，彻底地休息。就在他们商议诊疗方案的时候，一架德国轰炸机从屋顶呼啸而过，将机上的炸弹投入海洋。第二天，也就是1941年3月28日，早上，弗吉尼亚和路易·埃弗里斯特一起给家里除尘，下午，她踏入乌斯河，给文妮莎和伦纳德留下两封真挚简短的信。在给丈夫的信中，她最后写道："我想，没有两个人在一起会比我们更幸福了。"

弗吉尼亚·伍尔夫逝世的消息令举国震惊。《观察家报》刊登的一则讣告称伍尔夫的离世"是英语文学的一大损失"。随这则讣告一起刊登的还有维塔·萨克维尔－韦斯特写的一篇纪念文，维塔在文中追忆伍尔夫是一位"充满矛盾、充满爱的人"。伊丽莎白·鲍恩写信给伦纳德说"这个世界因为伍尔夫的离去而丧失了许多意义"。一位法医在媒体采访中提到，他认为伍尔夫"天性极其敏感"，因此，"面对这个世界正在发生的这许许多多的残暴与污秽，她所感受到的情绪比大多数人都更为深刻"。伦纳德对这样的观点感到愤怒,他写信给《星期日泰晤士报》加以反驳,指出他和弗吉尼亚都因战争面临着恐慌与不安,但是弗吉尼亚自杀并不是因为"糟糕的时代"这样的政治因素,而是因为她个人害怕自己再次精神崩溃,害怕或许再也无法写作。

关于伍尔夫的文章往往从伍尔夫最终自杀这一视角出发来看待她的一生,以她生命中最后悲凄的时光为出发点,寻找她生命中那些招致阴暗的迹象。但是,将伍尔夫刻画为一位脆弱、饱受摧残的天才并不能如实呈现出伍尔夫的形象,事实上,她强大、幽默,充满韧性和想象力。朋友在为她撰写回忆文章时总会强调伍尔夫并不是一个"阴郁、个性孤僻"的人,他们总会记得她的智慧,她那富有感染性的爽朗笑声,她喜欢笑话和八卦,总和孩子很亲近,她迷恋人与人之间的联结。在梅克伦堡广场度过的这一年尽管以死亡为终结,但其间她积极参与各种各样的活动,结交新朋友,和老朋友会面,她进行手头的写作项目,制订对未来的计划。1940 年 9 月,她还想着"假如希特勒没有摧毁我,希望还能有十年的生命":几年前,她曾在日记写下"在五十岁到六十岁,如果还活着,我想我可以写出无可比拟的佳作"。哪怕在离世前两个月,她仍在酝酿"种种活跃的想法"。在广场度过的这些岁月,伍尔夫的工作向着积极的方向推进,在忙于应对永无止境的事务的同时,向着更广阔的、她终生都在为之思索的主题进行探索。

伍尔夫并没有远去。二十世纪五十年代和六十年代期间,伦纳德整理伍尔夫的文章和日记,定期出版选集;伍尔夫的外甥昆廷的妻子安妮·奥利弗·贝尔为伍尔夫的日记担任编辑,日记完整版于 1977 年至 1984 年陆续出版面世;维塔的儿子奈杰尔·尼科尔森为伍尔夫的信件担任编辑;昆廷则在伦纳德授权下写了第一本关于伍尔夫的传记,于 1972 年出版。昆廷弱化了伍尔夫的政治观点,将她刻画为一位文学怪才，这一点受到读者反对；之后学者将伍尔夫解读为一位与世界有着深刻联结的作家，认为她对自我和社会的探寻为二十世纪六十年代和七十年代女性解放运动吹响了前奏，也奠定了运动中所秉持的"个人的即是政治的"理念。直到今天，世人仍以各种形式缅怀弗吉尼亚·伍尔夫，包括学术研究、展览、传记、小说、电视剧、电影巨制以及芭蕾舞剧。国家基金会出资令修士之屋保持原样，游客来到这里追寻伍尔夫留下的印迹，他们可以看见起居室的墙壁被粉刷成亮眼的薄荷绿色，壁炉砖被文妮莎·贝尔精心画成灯塔的模样，门外草坪上放着球，仿佛弗吉尼亚和伦纳德不久前刚刚结束一场激烈的滚球比赛。她是一代代女性持续"回望"的偶像。

*

"啊！这场万恶的战争也该结束了。战争使人厌倦，极其厌倦。我的脑海就像熄灭的蜡烛，毫无火花迸发。和所有人一样，我只有满腔的苦闷。"艾琳·鲍尔在 1939 年写道。鲍尔申请 1939 年至 1940 年休假，伦敦政治经济学院原本已在 1 月份批准，但在 9 月份又因战争取消了鲍尔的休假。新学年伊始，伦敦政治经济学院将教学活动移到剑桥的彼得豪斯学院，鲍尔离开了梅克伦堡广场。鲍尔和穆尼亚·波斯坦迫切希望有一个能够包容他们这段现代婚姻的家，就在剑桥的西尔维斯特路 2 号专门设计了一处新居所。鲍尔在这里生活，给她自己和波斯坦的学生授课，波斯坦则留在伦敦为已入驻伦敦政治经济学院建筑的经济战务部工作。

1940 年 5 月中旬，波斯坦被派往莫斯科。鲍尔从晚报上获知了这一消息。对于波斯坦因外交事务被派往别国这件事，鲍尔一直有心理准备，但时值敦刻尔克大撤退，消息一传回国，国内普遍认为德军很快就会入侵，这意味着鲍尔处于极度孤立无援的境况。"多希望你能在我身边，多希望这一切都只是场噩梦。"她写信给波斯坦。但这封信没能抵达波斯坦手中。6月9日，波斯坦被禁止进入苏联，得令返程；次日，意大利参战。波斯坦无法取道欧洲，只能绕道，先后经过土耳其、希腊和南非才得以返回英国。鲍尔在煎熬中等了整整两个月，她不知道丈夫是否还活着，如果他还活着，她也不知道自己能不能活到他回来的那一天。经历着难以想象的巨大压力，她写信恳请波斯坦，如果英国被入侵，他一定不能回到英国，并承诺"如果我能从这场噩梦中活下来，不管什么时候，无论你在哪里，我都会找到你"。鲍尔坚决地告诉波斯坦，如果他回来发现她已经不在人世了，他一定要结婚、有孩子——"这个糟糕的世界需要你的头脑，需要你的品格"——并且给某个女儿取名叫作"艾琳·鲍尔·波斯坦"。"谢谢你，我的爱人，你让我体验到了世界上最大的幸福，如果我无法再见到你，记住没有人比我更爱你。"

波斯坦终于回来了。他从开普敦坐船，在7月末回到家。但是这场等待已久的重逢却短暂得近乎残酷。1940年8月8日，鲍尔出门到牛津街的伯恩＆霍林斯沃斯百货大楼购物，因心脏病发作晕倒，在送往医院的救护车上告别了这个世界。鲍尔在遗嘱中将一些珠宝和中式刺绣长袍赠给两位妹妹，为一位朋友的女儿提供一份教育基金。除了这些，波斯坦还发现鲍尔在1940年5月30日写给他的一封信。"等你收到这封信的时候，我已经离开了这个世界。可我多希望你永远也收不到这封信，我想活下去，与你共度余生。"鲍尔对波斯坦提出两个请求：第一，完成那本写了一半的书；第二，帮忙出版她为福特讲座写的稿件，之前为了以防万一，她把这些稿件存在了银行。这封信的结尾与弗吉尼亚·伍尔夫写给丈夫的最后一句话非常相似："你让我成为世界上最幸福的女人。"

女性在其所处时代取得功业已属不易，要想做出的成就能在死后被后世铭记更是困难重重。在本书几名女性当中，只有伍尔夫的生平留下了清晰、有条理的记载。为了书写其他女性，我必须面对信件散佚、文章被烧毁所带来的挑战，这些会在记录中留下逻辑不连贯的缺失，或是赋予某个阶段、某段友情太多的意义，等到日后回溯的时候才能发觉。鲍尔在世时已经是著名的公共知识分子，她的课堂、她为英国广播电台做的广播节目极受大众欢迎，她在伦敦政治经济学院享有崇高的地位，她的教学有着重要的国际意义。历史学家 G. M. 特里维廉在 1940 年 8 月给波斯坦的信中写道："鲍尔的离世，对于她的朋友，对于教学、文学乃至全世界而言都是极大的损失。就我所知，她是一位举世无双的优秀女性。"但在死后，她的光芒迅速被那些曾经与她共事的男性所掩盖。或许，鲍尔早在 1938 年的一次选择无意中注定了她日后的命运。当时，J. H. 克拉帕姆退休之后，剑桥大学空出一个经济史学教授的职位，但鲍尔并没有申请接任。她渴望接任克拉帕姆所带来的荣耀，也明白由她来出任教授职位将对提升女性地位带来正面影响，但她不愿意放弃伦敦政治经济学院已经承诺给她的假期，也不愿意离开伦敦这座给人无限激情的城市。此外，她自 1932 年来一直认定波斯坦有足够的能力，有朝一日必定会坐上这个位置。如鲍尔所愿，波斯坦后来成功当选剑桥大学的经济史学教授。鲍尔写道："我真是开心，从没想到委员会原来还算有些眼光。我选择了伦敦，我感到很荣耀。鲍尔－波斯坦之家如今可有两位教授坐镇啦！"

鲍尔和波斯坦在经济史领域开创性地提出一种既具有严格的科学性又不失人文关怀的方法论，将经济学概念运用到历史当中，在跨越时间和地理位置的意义上进行对比。"二战"结束十几年后，这种方法论得到发掘，被公认为是一种突破性的研究方法，波斯坦的声誉由此大大提升。他被授予剑桥大学历史学高级教授职位，一直持续到 1965 年；他有着漫长、辉煌的职业生涯，并在 1980 年被授予爵士头衔。他们在梅克伦堡广场生活时结交的朋友，包括休·多尔顿、埃文·德宾和休·盖茨克尔，战后都在工党内取得了非常高的地位，波斯坦（这时已经再婚，有了两个儿子）成为英国知识分子中的核心人物。1975 年，他将鲍尔的论文编纂成集，以《中世纪妇女》为名出版。这本著作的出版将鲍尔的工作成就短暂带回公众视线，但人们称颂更多的是鲍尔作为研究女性的历史学者这一身份，以及她度过的具有先锋意义的人生。她在工作上取得的巨大成就，她对国际问题以及社会结构性不平等问题的关切，却依旧鲜有人问津。历史学家包括玛克辛·伯格和纳塔莉·泽蒙·戴维斯都曾以翔实的论据论证过鲍尔在经济史学科中的重要地位，其中玛克辛·伯格写下了关于鲍尔的第一本传记。2016 年出版的一本副标题为《重访托尼和波斯坦》的论文集略提到过鲍尔，但却把她简单刻画为托尼和波斯坦共同爱慕的对象，而完全没有提及她是他们的合作者、老师。从 1980 年以来，刻着 R. H. 托尼名字的蓝色纪念门牌就悬在梅克伦堡广场 21 号的门口，与他平等合作、分享彼此观点的艾琳·鲍尔就在隔壁的屋子住了十几年，却没有任何纪念痕迹。

*

"二战"期间，霍普·莫里斯在萨里一座名叫夏姆利格林的小村庄与母亲、姨母和其他几位避难者一起度过。T. S. 艾略特是莫里斯家族中的一位好友，他周末的时候也会来这里避难，《四个四重奏》有一部分就是在这里写下。莫里斯的写作在这时已经完全停滞。简·哈里森去世后，身边的朋友纷纷写信安慰她，赞扬她对哈里森的忠诚和宽容。快人快语的艾丽斯·皮尔索尔写信给霍普道："对我来说，哈里森的离去是非常非常大的损失，可对你来说实在是压倒性的打击，我无法想象你要如何承受这一切。"霍普主持葬礼事宜和纽纳姆学院的纪念仪式（霍普拒绝在纪念仪式上发表讲话："我只是真的无法公开谈论她"）。杰茜·斯图尔特从前也是简的学生，她给《剑桥杂志》写了一篇讣文。霍普写信给杰茜，说她刚读完一篇写得"非常糟糕、非常不合适、自以为高人一等"的讣文，远不如杰茜写的细致入微：

> 你引用了她说过的一句话："你永远不知道人们内心真正的想法！"这与我的观点一致。我一直在想，真是奇怪，有时候人们越亲密，他们之间就越仅限于身体和生活表面的那些微不足道小事的问题。人只会和相对陌生的人才会谈论那些关于灵魂的问题，仿佛这是一次脑力训练，或许还带有一丝微妙的炫耀。我觉得在某个观念成熟的时候，我们就应该和彼此交流。但我对她脑海中的思考方式一无所知。关于她是否有"永恒的征兆"，我没有办法确定，我倾向于没有。

简·哈里森在纽纳姆学院留下的档案无声证明着霍普一次失败的尝试：哈里森去世后，霍普投入余生大量精力，想为哈里森写一本传记，但最终没能成功。在这三十年里，霍普一直断断续续和杰茜·斯图尔特保持通信。她一开始想和斯图尔特合作完成这本传记，她负责写哈里森的个人生活经历部分，斯图尔特负责写学术经历部分。但霍普始终不愿意把自己的成果展示给任何人。1943 年，她来到另一位纽纳姆学院的毕业生维多利亚·德·本森家中，向对方坦承自己什么也没有写，并且宣布她准备"彻底退出"这个写作项目，让对方震惊不已。1959 年，斯图尔特独自肩负起这个任务，以哈里森写给吉尔伯特·默里的信件为主要依据，出版了《简·艾伦·哈里森：从信件中勾勒出的一幅画像》。（令人遗憾的是，伦纳德·伍尔夫拒绝霍加斯出版社承担这本书的出版工作，认为这种文章形式"杂乱无章"。）杰茜书中提到哈里森在弗朗西斯·康福德结婚后的失望情绪，暗示哈里森爱恋康福德却求之不得。霍普对这一观点感到惊诧，她反驳道："这本书的出版让我极其难过。简一定会非常厌恶这本书。"至于为什么她自己不去完成这项工作，她坚称这是因为她觉得"要想全面公正地展现她的一生，难免会提到一些非常隐秘的事情，但简只希望这些事能被彻底忘记"。至于这些隐秘的事情指的是哈里森对男人的感情，还是她们两人之间的关系，我们已不得而知。

1928 年 2 月，简逝世前两个月，霍普取消了下一部小说的合约。她拥有家族给予的充裕的经济条件，完全不需要依靠继续写作谋生。到了二十世纪四十年代，安东尼·鲍威尔（Anthony Powell）这样描述霍普："未婚，人生早期结识了许多布卢姆斯伯里好友，但现在过着舒适又无聊的中上阶层生活，已经完全适应不再付出艰苦费力的智识劳作的生活状态。"宗教信仰的改变也是霍普变得沉默的一个根源。1929 年，弗吉尼亚·伍尔夫告诉别人霍普"变得非常肥胖"，"秘密地成为罗马天主教徒"："她过去是那样优雅而独特，目睹美像风中之烛一样消逝真是一件奇怪的事。"第二年，霍普离开布卢姆斯伯里去往肯辛顿，此后文学圈再也没有她的身影。1946 年，她拒绝了伦纳德·伍尔夫通过霍加斯出版社再版《巴黎》的提议（后来她在 1973 年同意在《弗吉尼亚·伍尔夫季刊》中重新出版，但必须删去有关圣餐礼和圣母玛利亚的内容，因为她现在认为这些是亵渎神明的）。她和米尔斯基、列米佐夫都失去了联络——米尔斯基于 1939 年在苏联的一个劳动营逝世，列米佐夫曾公开表达希望战后返回苏联，但其他流亡作家对这种态度非常失望，认为这是一种背叛。1948 年母亲去世后，霍普前往南非，在好望角生活了十五年，之后于 1963 年回到英国。她在牛津生活，养了许多狮子狗，最后于 1978 年 8 月 1 日离世，享年九十一岁。这些年来，对外界而言，霍普完完全全已经消失。霍加斯出版社 1963 年想要重印《阿瓦库姆》，却找不到霍普；在 1978 年 2 月播出《迷雾中的卢德》的英国广播公司制片人也找不到她，当霍普和制片方联系的时候，对方窘迫地坦承认为霍普已经不在人世了，或者只是一个虚构人物——制片方在创作者一栏写着"一位笔名为霍普·莫里斯的无名作者"。

事实上，在二十世纪六十年代和七十年代期间，霍普·莫里斯完成了两部诗作——这两部诗作别具一格，风格正式、考究，与《巴黎》截然不同——并在 T. S. 艾略特的支持下参与撰写十七世纪国会议员、考古学家罗伯特·布鲁斯·科顿爵士的人物传记，传记按计划分为两部分，霍普负责第一卷。但和哈里森的传记一样，这部作品最终也没有完成；同样未能完成的还有由学者苏珊·赫尼格（Suzanne Henig）提出的一项关于莫里斯本身的研究。这位学者在莫里斯晚年的时候拜访她，承诺将带头把莫里斯的文学作品重新带回大众视野。莫里斯一开始似乎愿意积极配合，但两人最终失去了联络。莫里斯的死讯没有刊登讣告。最近，由于尼尔·盖曼高度认可《迷雾中的卢德》，再加上霍普诗歌选集新近出版，且有桑德普·帕马为其撰写作者详细生平，文学界又出现了一股霍普复兴潮。或许赫尼格昔日的预言——"本世纪文学史尚未写就，实际上，《巴黎》和《迷雾中的卢德》两部作品已经为你奠定下崇高的地位"——终将成真。

与此同时，简·哈里森在当代的拥趸却是寥寥无几。吉尔伯特·默里在 1953 年就以敏锐的眼光断言哈里森是一位"激励他人超越她的成就"的先锋者。她的创作风格很快就被时代革新，她的发现很快被受她启迪的后来者以更加"精确"的研究所取代。但她的思维方式改变了历史，她的想象力和决断力开启了全新大胆的研究方式，当代学者立在她的肩膀上继续攀登。剑桥大学的教师玛丽·比尔德就是其中一位，她同样毕业于纽纳姆学院，2000 年出版过一本关于哈里森的传记，书中有一幅哈里森的画像，她看上去就像"和蔼的祖母"。诚如比尔德所写，哈里森仍是一位"激进、富有创新性的思想家，是学术史上永远无法跳过的存在。她对我们如何理解希腊文化和宗教有着至关重要的影响，在死后却没有受到应有的重视……二十世纪四五十年代期间，哈里森的成就遭到贬低，任何对哈里森的兴趣都被嘲讽为感人但方向错误的忠诚。现在，这些都已被验证是极为荒谬的"。

*

1939 年 7 月，多萝西·L. 塞耶斯加入新闻部下设的作家规划委员会，就作家如何更好地为战争做出贡献提供相关建议。内部记录显示她"非常健谈、非常难应对"，这份工作没有持续太久。和当时很多作家一样，塞耶斯转而去做一些更有现实意义的战时工作，她志愿担任空袭管理员，为船员织袜子，还在伦敦动物园募集资金的时候认领了两头豪猪。这时距离上一本关于彼得·温西爵爷的书出版已经过去了两年，无数粉丝写信来恳求塞耶斯写些侦探故事，这样他们能暂时不去想战争这件事。但塞耶斯执意不肯迎合，态度坚定地对一位书迷回信道："我意识到人们已经过于沉迷于侦探小说式的人生态度——总认为世间所有问题都能有干脆利落的解决方式。我现在正在花时间告诉大家，真正的困难，比如罪恶、死亡和夜间的炸弹，是没办法像字谜一样'被解出来的'。"所幸，她对书迷尚有足够的怜悯，在《旁观者》杂志上每周发表一些关于温西家庭成员的信件和日记节选，内容主要关于彼得、哈丽雅特以及其他几位书迷熟悉的配角在战时的生活。刚开始都是一些简单、轻松的战时宣传性内容，以"保持冷静，继续坚持"为精神，书中的角色提供一些有用的小建议，比如如何在灯火管制的夜晚行车、在消防演习中的最佳逃生方式、空袭疏散的教育意义。但是杂志编辑在1940 年 1 月叫停了这一系列，因为杂志发现塞耶斯不仅对战事前景预测悲观，而且毫无根据地干涉杂志编辑路线。她痛批张伯伦的绥靖政策，预警"持久的和平和一劳永逸的解决方式"这种说辞空洞且浮泛（"实在很像'止战之战'"，哈丽雅特咕哝道），谴责媒体宣传战争的方式不讲道德、腐败且过分依赖广告商。

　　《校友聚会惊魂夜》之后，塞耶斯只出版过一本侦探小说，那就是 1937 年出版的《巴士司机的蜜月》（*Busman's Honeymoon*）。这部作品一开始计划写成戏剧，她写剧本，她在萨默维尔学院的好友缪里尔·圣·克莱尔·伯恩负责制作。这部小说出版后在商业上取得了巨大的成功，塞耶斯因此受到委托，负责排演一出第二年在坎特伯雷大教堂节日演出的戏剧。塞耶斯认为这份工作非常有意义，为得到这个机会而雀跃不已，因此把所有的精力都投入了《君之家族的热忱》（*The Zeal of Thy House*），这出戏剧主要讲述十二世纪一座教堂在大火之后重建的故事。她在戏剧方面的天赋以及以写实的风格对待宗教题材的能力吸引了英国广播公司的注意，他们非常愿意为塞耶斯的才能提供一个有着众多观众的舞台。塞耶斯以耶稣从出生到复活的生平经历为蓝本，创作了分为十二集的广播剧《那生下来作王的》（*The Man Born to Be King*），在

1941 年至 1942 年每周日晚通过广播播出。戏剧语言偏口语，还用真人演员饰演基督，在基督徒中引起激烈争议。塞耶斯不惧被指控为异端：她希望做一位自由想象、自由批判的艺术家，既不为传播福音，也不为官方辩护。她坚持认为如果只怀着崇敬的心理去阅读福音书，那么书中那些充满人文主义的戏剧和复杂的情感就会成为失落的遗珍；她希望人们能通过她的作品认识到"宗教绝不仅是某种与普通生活毫无关联、乏味又牵强附会的情感，事实上，宗教立足实际，紧张刺激又富有趣味性"。

从这以后，塞耶斯取得宗教内容评论者头衔，以其观点不同于主流而闻名。坎特伯雷大主教提出授予她神学博士学位，塞耶斯拒绝了，她不希望自己关于俗世内容的写作受教堂牵制。"啧有烦言的公众"依然盼望读到更多的温西爵爷侦探小说，塞耶斯对此感到烦躁，对一位书迷说："写彼得·温西爵爷的时候，我很年轻，没有什么钱。现在我挣了一些钱，不想再写小说，只想写点我一直以来想写的东西。"每当需要的时候，她就会请温西爵爷出场，比如塞耶斯想给大詹姆斯街的房子装修的时候，温西就出现在一种奎宁水广告里；又比如塞耶斯想给《君之家族的热忱》1938 年巡演募资的时候，温西就出现在好立克牛奶饮品广告中。他时不时也只因为有趣出场：塞耶斯会写信给报纸或记者纠正人们对温西爵爷下巴轮廓的猜想，解释家族格言的起源，揭秘藏在莎士比亚戏剧中的温西的姓名首字母，或是讲述一则温西祖上在查理二世年间"勇敢为两位诺福克女巫辩护并最终确保她们无罪开释"的故事来鼓舞读者。"二战"期间，塞耶斯发现了全新的热爱所在，这将占据她余下的全部写作生涯。有一次，空袭警报响起，她在去防空洞的路上随手抓起一本但丁的《神曲》。在地下幽暗的光线中，塞耶斯为但丁笔下的故事心潮澎湃，这些故事里有冷峻的幽默和深沉的情感。她坚信但丁的魅力被拙劣的英文译本和大众误解所掩盖，在她看来，但丁的作品和"基督信仰本身一样影响广泛、传播深远"，但一直以来被误解为与二十世纪的生活无关。1944 年开始，塞耶斯为企鹅经典翻译但丁的作品并添加注释。第一卷《神曲·地狱篇》于 1949 年出版，几周内售出五万册。塞耶斯认为这是她最大的成就。

塞耶斯一直不希望被呈现为一个"这样的侦探小说家：人到中年，性情大变，'为了消遣而接触'神学、翻译但丁"。她希望人们将她看作具有专业素养的学者，而不是"不请自来的局外人"，因此会积极强调她接受过的学术训练、早期创作诗歌中的神学因素和大学期间打下的中世纪文学和罗曼语族传统文学基础。"在历史进程中，事物的发展往往是相反的。我以诗人和学者的身份出发，为谋生写了些侦探小说，现在又像泉水一样回到原点，回归最初的学术志趣。"假如说言语中有几分自命不凡，那也是因为她曾经遭遇歧视：她一向非常认真地对待自己的工作，但也知道女性为了证明自己的价值，必须付出双倍于男性的努力。

她不喜欢公众打探她的个性，认为这"难以忍受"，也十分警惕地不让作品被人用作研究"个性、心理方面"的材料：她希望在她死后至少五十年不会有任何关于她的传记出版，并且交代儿子销毁她旧日的信件和少年时代创作的作品，以免记者、传记作者会"让她的作品淹没在低俗的绯闻八卦之中"。1957 年，塞耶斯在威瑟姆家中突然离世。仅仅十八年后，第一本关于塞耶斯生平的传记就出版面世，约翰·安东尼的存在——这个就连塞耶斯身边最亲密的好友都蒙在鼓里的秘密——也随之大白于天下。1991 年，比尔·怀特的女儿瓦莱丽——多萝西死后几个月，她的母亲比阿特丽斯就告诉她她有一位同父异母的弟弟——读到詹姆斯·布拉巴宗写的塞耶斯传记后，觉得安东尼或许会想知道更多关于父亲的事，就给安东尼写了封信（"我俩的母亲都认为他是个'有魅力的混蛋'！"）。但安东尼没能收到这封信，他在1984年就已经离世，享年六十岁。

塞耶斯也曾经回到彼得和哈丽雅特的世界。她写过几篇关于温西家族年轻一代的短篇小说，之后，许多读者写信向彼得和哈丽雅特提供关于养育小孩的真诚建议。她意识到这样深受读者喜爱的人物不应该被彻底遗弃。她在《校友聚会惊魂夜》中引入探讨的话题——女性能否避免在智识生活和情感生活两者之间进行抉择——仍然是她非常关切的话题。在《巴士司机的蜜月》中，塞耶斯安排新婚夫妇彼得和哈丽雅特进行了一番关于婚姻双方力量的探讨，他们认为婚姻关系应当充满活力，以细致的方式确保双方的独立人格都不会因为感情而受到影响。随后，她开始计划围绕力量以及力量对关系的危害这一主题再写一篇侦探小说。她没有写完《权位与主宰》，这部作品最后只留下残缺不全的几篇文稿，和记录故事线的详细图表一起保存在伊利诺伊州惠顿学院的档案馆，其中图表用绿色代表温西夫妇的故事线，红色代表凶手故事线，紫色代表受害者故事线。（1998年，小说家吉尔·佩顿·沃尔什将这个故事补充完整，忠实于塞耶斯的最初作品。）按照塞耶斯的设想，这部小说会将温西夫妇的婚姻与另一对夫妇的婚姻进行对比。罗莎蒙德因父亲诈骗而生活贫困，劳伦斯是一位富有优秀的男子，他拯救了陷入困境的罗莎蒙德，但也让妻子处在了一个不堪忍受的境遇，"任何充满爱意的举止都会成为顺从的举止"。两人的关系极度不平等，正是哈丽雅特和彼得当初努力避免的不平等关系。故事还没进行到揭露凶手身份时原稿就中断了，但是走向很明显：罗莎蒙德对劳伦斯残存的感激给她的自尊、他们的婚姻都宣判了死刑。在现存文稿的多个场景中，哈丽雅特艰难地尝试适应温西夫人的新身份。人们默认她会改姓、放弃写作，这让她感到不快；有一位访客震惊于他们新家竟有一整个房间作为她的书房，这让她愤愤不平。塞耶斯告别了侦探小说，但她一生始终坚持女性主义观念，坚守对智识自由的信念。

*

　　第二次世界大战宣布爆发时，H. D. 正在瑞士，之后和布莱尔一起回到伦敦，住在贝尔戈维亚的朗兹广场。她被法西斯的残暴震惊，也厌恶战争再一次爆发，但这时的她体验到一种在"一战"时不曾感受到的距离感。过去二十多年来，她漫游欧洲，体验精神分析疗法、电影制作和玄学，体验各种复杂的群体生活。现在，她在一个地方彻底安定下来，"比以往更有活力，身体也更强健"。走在伦敦的断壁颓垣之中，身边被彻底炸毁的建筑物甚至正冒着烟，H. D. 在"毁灭的盛宴"中看到了令人心醉的新生的潜力。外面炸弹不断落下，H. D. 坐在房间里高效地创作。

　　和弗吉尼亚·伍尔夫一样，当外界一切都在轰然倒塌之时，H. D. 回望着她的童年。"伦敦这场轰炸把过往完全嵌进我的意识"，她写道，感觉自己被"外界的危险和不断被提醒着死亡的存在驱使着转向内在世界"：她在费城的家，有关父母和姐妹的记忆，家中与莫拉维亚弟兄会相关的仪式。写于 1941 年至 1943 年的回忆录《天赋》歌颂幸存与创造力，以及从外祖母（她相信外祖母拥有超常的预见力）那儿遗传的艺术禀赋。同时，她将外祖母塑造为《三部曲》中一位谜一样的先知（与简·哈里森描述的母亲－女神形象多有相似）。《三部曲》是一部梦幻般的现代史诗，也是她在"二战"期间所致力的"重建新世界"这一事业的诗性宣言。在这部诗歌中，H. D. 赋予语言疗愈力量，语言内核蕴含着幸存和重生的可能，诗歌中一位女性诗人承担着文明拯救者的使命。这些令人回想起伍尔夫在《三个旧金币》中的观点，以及哈里森和鲍尔作品中的核心观点：我们需要不同的价值观，不同的声音，不同的知识体系，以及最终不同的故事，女性必须将这些故事写给和平的未来。

1919 年春天，H. D. 和理查德·阿尔丁顿在苏活区海岸酒店见过一面，阿尔丁顿拒绝在珀迪塔的出生证明上填上他的名字，语气冷漠地提醒她如果将他登记为孩子的父亲，那她有可能会因为作伪证而面临五年的牢狱惩罚。在这之后近十年，H. D. 和阿尔丁顿没有任何联系。1929 年 2 月，H. D. 听闻阿尔丁顿和阿拉贝拉在爆发"狂风骤雨般的最后一次争吵"之后分开了，阿尔丁顿卖掉了所有的书，和两人的老朋友布里吉特·帕特莫尔走到了一起。这个消息对于 H. D. 而言像是一声惊雷，唤醒了 H. D. 关于两人分手时的痛苦回忆。但她也听说阿尔丁顿正在四处打听她的消息。受一种奇怪的同情驱动，她想着与他见上一面。"这对你来说也许很难理解，"她写信给库诺斯，两人偶尔会联系，"可我真的很想帮帮他们中的某一个……我知道阿拉贝拉过去做下的事，也知道理查德做下的事，可他们都是你我'青春'的一部分，即使这青春对别人来说或许一文不值，我希望能做些力所能及的事……这听起来简直像基督救世军的腔调，可只有经历过真正的困苦的人才能感觉到这种奇异的柔情"。这年 7 月，她和阿尔丁顿在巴黎见面。相见那一刻起，H. D. 就感觉到旧日的情谊回来了；他们之间的婚姻关系早已彻底结束，但在梅克伦堡广场岁月之后，他们终于再一次在"灵魂上和智识上"贴近彼此。对于 H. D. 而言，和阿尔丁顿再次取得联系意味着昔日的回忆和忠诚"奇异地变得永垂不朽"，正如她在给插画师好友乔治·普朗克的信中所写，这份友谊"对我的'潜意识'作用巨大，让我在其他方面更加自由，以自己的方式变得更幸福、更坚韧"。

　　过去许多年来，H. D. 一直想申请与阿尔丁顿正式离婚，但她一方面担心这件事的公开会伤害到珀迪塔，另一方面也害怕与有可能会情绪失控的阿拉贝拉打交道。1937 年 1 月，她收到一封"毫无征兆的意外来信"，阿尔丁顿在信中宣称他"疯狂地爱上了"妮塔，也就是布里吉特·帕特莫尔的儿子迈克尔的妻子，他希望能从上一段婚姻关系中彻底解放，从而和妮塔进入婚姻。H. D. 对这段感情有怀疑，对布里吉特有同情，对这整件事情感到恼怒：这件事显得理查德像是"当世的拜伦"，而她却像位"高尚的女人"。无论如何，她同意离婚，为了准备证词开始回忆梅克伦堡广场最后那段日子。"对我来说，这是一种被诅咒的、痛苦的分析形式，"她在给朋友的信中写道，"我才刚从过去的痛苦中渐渐恢复，就要以这样折磨人的方式去理清内心想法，被另一束探照灯打在身上，这真是难以理解的宿命……我想这就是战争对我们做的事，它拿走我们的青春，又给我们不朽的青春"。

　　这场离婚案给了 H. D. 记录另一种叙事的机会，或者说，在她看来，一个"疏通自我壅塞"的时机。H. D. 坚持不愿意在法庭诉讼上"被盘问细节、被伤害欺侮"，而是向法官提供一份文字版证词。她交上的事实记录落笔日期是 1937 年 6 月 21 日，这份事实记录的附录几乎和她的小说一样，充满了前后矛盾、精心谋划和文字策略。为了避免被认为是共谋，H. D. 将自己呈现为阿尔丁顿残暴性情的受害者，她一个人孤苦无依，稀里糊涂地和几个对她只有性没有爱的男人生活。听证会在 1938 年 5 月 13 日进行，法庭上另外还有九位"陪审员"，让 H. D. 回想起旧日的教室，教室里有巨大的钟表，桌上装着墨水池。听证会结束后，H. D. 反而神采奕奕，说这是一个"很有意思的场合"。她告诉朋友，当大律师问"以下内容是否属实：某次空袭的时候，你发现你的丈夫和多萝西·约克小姐，也就是阿拉贝拉小姐，一起躺在床上"的时候，她必须"集中精力，然后面无表情地回答'是'"。"仅仅这个场景就超过了坦陈的代价！……这简直就是热映电影的字幕开始天马行空……可这一切居然都是真的。"6 月 22 日，周三，离婚得到批准——"和许多的过往彻底告别，不仅限于 1913 至 1919！"。理查德和妮塔几天后结婚，不到一个月，妮塔生下阿尔丁顿唯一的孩子凯瑟琳。

往后余生，两人的联系不算频繁，但互相关怀，嘘寒问暖。布莱尔尽管一向不满阿尔丁顿对待 H. D. 的方式，但仍慷慨地赞助凯瑟琳，帮助她接受教育。阿尔丁顿会阅读 H. D. 还在创作进程中的作品，显然已经不再忌讳他自己在书中的形象。比如他在 1953 年读完《让我活下去》后写信给 H. D. 道："写得真的很棒，杜利，刻画客观、凝练。劳伦斯在《亚伦魔杖》里对相关内容的描写远远及不上你写的，他可真是情绪激昂，把我们都嘲弄了一番……我觉得你和弗吉尼亚·伍尔夫一样好，而且更有趣、更'人性化'，也更具有诗性。"1960 年，《让我活下去》的出版让 H. D. 收获了如潮的好评，就连她早期的作品也一时间热卖脱销，最新创作也比二十世纪二十年代受到更多关注。但这出人生戏剧中的扮演者并非个个都如阿尔丁顿这样有雅量。《让我活下去》出版的时候，约翰·库诺斯已经七十九岁，妻子海伦在前一年自杀，留下他独自一人住在纽约。他的事业已经黯淡，身体也不再健康，甚至已经需要依靠倒卖那些有名气的好友写的信件来谋生。他认为这部作品对他做出了极不公正的评判，气急败坏地写信给住在宾夕法尼亚的阿拉贝拉。据库诺斯的继子阿尔弗雷德·萨特思韦特回忆，库诺斯和阿拉贝拉两人"坚信他们才是掌握真正真相的人，认为 H. D. 曲解过去，把一切变得面目全非，他们的怒火汹涌犹如雷霆"。阿拉贝拉不满 H. D. 把她刻画成一个"胸无点墨、头脑简单的娼妇"，库诺斯（他在书上注满了讽刺性的注释）则认为整本书是彻头彻尾的"恶毒中伤"。对已处在被遗忘的边缘的库诺斯和阿拉贝拉而言，这本书造成了威胁，有可能抹消他们对辉煌往昔的回忆。对往事的回忆让人感慨万千，愤怒渐渐平息，两人之间的信件不再写满愤怒，取而代之的是对往事甜蜜而伤感的追忆。

*

"当我请求你去赚钱，去拥有一间独属于自己的房间的时候，"伍尔夫写道，"我是在请求你生活在现实当中，过一种蓬勃旺盛的生活。"渴望蓬勃旺盛的而不是幸福或成功的人生，既需要勇气，也需要想象力。如 H. D. 在《让我活下去》中所写的"向着传统观念迎面痛击"真正好比踩着"岌岌可危的细长钢丝"。书中这几位女性的人生都经历过充满矛盾甚至是深刻痛苦的阶段，可当她们的人生画卷徐徐铺展在我的面前，使我感动的是她们锻造全新生活模式的决心。这些生活也许各有不同，它们复杂、多样，有时甚至具有危险性，但都立足于对人格独立性的追求和对知识深沉的热爱。正如简·哈里森在 1913 年所写，"许多人的脑海里至今仍残存着偏见，他们认为女性适宜学习的知识仅限于某些特定的方面……女性的领域是去感受，因此最好不要学习知识"。本书中的女性如饥似渴地学习各种形式的知识，如关于历史和文学的知识，关于广阔世界的知识，以及并不更简单的对于自我的觉知。她们通过接受教育、旅行、友谊、工作以及装饰家园，不约而同地开拓"女性领域"。她们不懈地追寻充实的人生路径，在二十世纪引发着深刻的回响。直到今天，"两者兼得"的难题仍然挂在我们嘴边，个人成就和情感满足两者兼得的理想状态依然可望而不可即。女性仍然焦虑地谈论着如何才能平衡个人生活和职业发展，谈论着拒绝遵循永无止歇的人生规训所需付出的代价，这些忧虑与一个世纪以前并没有分别。

从某种意义上来说，这些内容都讲述了同一个故事，那就是《一间属于自己的房间》的故事，也是伍尔夫在回忆录中呈现的故事：一场希望被尊重对待的斗争、搬到新地方的行动、对传统叙事之外的生活方式的追寻。在很多方面，我在本书中讲述的故事属于一个大团体，这个团体不仅限于布卢姆斯伯里女性，还包括历史上和当今时代的女性，包括地理范围上更广阔的世界的女性。本书五位女性绝不是主流价值观意义上的完美楷模，但当我追寻她们生命的足迹，她们让我明白过去的经验如何让我们更好地应对当下：情感和经验跨越时间和地点散播回响，我们从而确认彼此同属于一个团体。在对比这些不同的人生时，我为那些微小的时刻而动容，她们都曾从其他女性——其中包括本书中的其他女性——身上默默地汲取力量。例如，1920 年当阿诺德·本尼特和德斯蒙德·麦卡锡提出女性在智力上逊于男性时，愤愤不平的伍尔夫写信给《新政治家周刊》，用简·哈里森的名字作为反驳依据。在这些女性之间守望相助的联结时刻，最令我喜悦的莫过于我在研究中机缘巧合下发现的一场短暂的相遇。我在剑桥大学图书馆看见艾琳·鲍尔在地址簿上写下多萝西·L.塞耶斯的名字，但我想象不出两人的轨迹如何发生了交叠。大西洋彼岸，伊利诺伊州，在惠顿学院档案馆保存的塞耶斯相关文件中，我发现了她们的来往信件。两人应该结识于 1938 年 5 月牛津大学的一场聚会。塞耶斯当时正在为一出关于基督降生的现实主义戏剧《注定降生的他》查找资料，两人谈论起罗马统治下巴勒斯坦文学作品的贫瘠。两天后，鲍尔给塞耶斯寄去一个包裹，提醒她关注一本"在我看来正是你想要的"书即将出版，同时推荐了其他几本历史书，还借给塞耶斯一本自己的珍藏：弗拉基米尔·G. 西姆柯维奇（Vladimir G.

Simkhovitch）的《走近基督》（*Toward the Understanding of Jesus*）。信的最后一句证明两位志趣相投的女性学者已辨认出彼此："认识你很高兴。"

*

1938 年 7 月 10 日，梅克伦堡广场举办舞会，中央花园成了"巴洛克畅想"的仙境。广场东侧宏伟庄严，被泛光灯照得通明，花园里张满五彩斑斓的灯笼；由著名舞台设计师奥利弗·梅塞尔设计的风格典雅的遮檐迎来了两千位身着黑色晚礼服的宾客。珠光宝气的"国王"和"王后"在一座历史悠久的凉亭给宾客分发啤酒、三明治，宾客们热情地参与扔飞镖、打椰子游戏，排队等待占卜师给他们算命，还可以欣赏杂耍演员的表演，也可以乘着双轮马车在广场欣赏街景。这场舞会由新成立的乔治集团为募捐资金举办，用《素描》杂志的话说，舞会的目的在于"拯救伦敦最完美的广场免受'现代商业荼毒'"。两次世界大战期间，伦敦的绿地因为"破坏的狂热"而越来越稀少，贝德福德公爵对于奢华静谧的住宅区的设想很快就被富有的投机商推翻，在他们看来是时候用豪华公寓和商业场所取代这些开阔的广场和乔治时代风格的住宅了。1926 年，就曾有提案提议将考文特花园市场移到育婴堂（这年刚搬到伯克姆斯特德乡村）名下的空地，并且把梅克伦堡广场和布伦斯威克广场合并成繁华的商业中心。居民和请愿者好不容易才得以否决这项提案。这次争议事件之后，政府设立伦敦广场皇室委员会来"保障这些花园和广场将永远为居民服务，他们可以在这里享受阳光，呼吸新鲜空气"。但梅克伦堡广场依然岌岌可危。

1930 年，广场南侧的三幢房屋被改造成伦敦之屋，为从英联邦国家来到伦敦各所大学学习的暂住者提供住宿。当时，塞西尔·罗兹奖学金推动了一股帝国理想主义的浪潮，在这股浪潮的推动下，伦敦之屋由巴克莱银行主席 F. C. 古迪纳夫建立，设想在伦敦中心建立起一座类似于牛津大学的学院。它旨在培养帝国未来的领导人，然后将他们作为英国文化的传教士送回各殖民地。受其款待者必须满足两项条件：一、具有"欧洲血统"（这项限制条件直到 1945 年才被废除）；二、男性。因此，尽管布卢姆斯伯里一向有着包容的传统，这一时期的伦敦之屋却像《一间独属于自己的房间》中描述的那所上锁的学院一样，不接受女性和有色人种作为学生，不得不说尤为讽刺。

二十世纪三十年代，伦敦之屋的建筑物占满广场的整片南侧区域，为图书馆、大厅、宽敞的方庭和上百间学生房间提供空间。梅克伦堡广场的居民——其中包括艾琳·鲍尔——抗议这所新机构侵占居民空间，控诉伦敦之屋现代化的建筑破坏塞缪尔·佩皮斯·科克雷尔设计的整体性。（伦敦之屋的建筑师赫伯特·贝克脾气颇为暴躁，反驳说红砖和燧石瓦"很快就会和周围房子现状一样又黑又脏"。）1940 年，遭遇轰炸后，广场除了伦敦之屋尚属完整，其余都变得破烂不堪，反对派开始屈服于伦敦之屋的扩张。1950 年 3 月，市长的国民感恩基金正式启动，以此铭记英国对英联邦国家帮助的感谢——战争期间，英联邦国家为英国提供了总价值超过八千万英镑的食物和自发性援助。为了表达感激之情，政府为完成伦敦之屋各建筑物的建造积极募集捐款，并在梅克伦堡广场北侧为女性和已婚学生建立起一栋新的大楼。国民感恩基金为募集资金通过广播和广告牌做广告，举办音乐会和展览，在邦德街和摄政街举行高尔夫锦标赛和特场销售。最终，基金在市政厅宴会上进行揭幕，演讲者包括伊丽莎白公主[1]、温斯顿·丘吉尔和坎特伯雷大主教。

1　伊丽莎白二世，今英国女王。

大小企业、个人、皇室成员、伦敦金融城、罗兹信托基金、纳菲尔德基金会以及一些其他捐助者纷纷捐款，令当地居民震惊不已。伦敦郡议会向梅克伦堡广场北面下发强制购买令，1950 年 6 月，鲍尔的好友休·多尔顿（时任城乡规划部长）签署规划许可，同意拆除广场 35 号到 42 号的房子，街区剩余部分改造成学生宿舍。规划引起了媒体极大关注，《新政治家周刊》以"广场之死"为标题募集到大量捐款，在相关文章中，梅克伦堡广场被描述为"一处令人心情愉悦的城市住宅区，一百四十多年来这里既住着声名显赫的名人，也住着无足轻重的小人物"，是"与之同时期欧洲现存最好的建筑范例"，这里的房屋以其"安静庄严和学者品格"而闻名。排队名单上有约一万个家庭，等着住进圣潘克拉斯区，但也有许多长期居民如 R. H. 托尼遭到驱逐，以便伦敦之屋扩建。伦敦之屋后来更名为古迪纳夫学院。这片区域从价格低廉的居民区改造成校园，新建的建筑无不"风格浮夸、装饰大于实用，完全脱离被迫住在里面的居民的生活方式"。雪花纷纷扬扬，落在破败的屋檐，落在废弃已久的客厅，大批大批的建筑工人抵达梅克伦堡广场，这里开启了全新的历史篇章。

*

12 月某个寒冷的下午，我离开大英博物馆，穿过布卢姆斯伯里向梅克伦堡广场走去。我一直在博物馆地下室翻寻入场记录的相关档案，如愿找到一份写着我想要的所有人物名字的档案。她们填写的阅览室入场申请表夹在塑封里，就放在我面前的桌子上，这些申请表可以说是她们学者身份的第一份宣言。艾琳·鲍尔坚定地划掉"普通研究"，在阅读目的一栏填上"历史研究"；希尔达·杜利特尔在 1911 年填写的申请表边上附着"好友埃兹拉·庞德的推荐信"。还有弗吉尼亚·伍尔夫，在抵达布卢姆斯伯里的第二年写于戈登广场，多萝西·L.塞耶斯提到她希望在新家"能有时间为文学博士学位开始写论文，研究'流行英雄小说中的永恒元素：以现代犯罪学罗曼史为例'"。只有简·哈里森的申请没能保存下来，不过我找到一张与她有关的笔记，纸上印着梅克伦堡街11号的地址，是霍普·莫里斯写于1927年的申请表（"我的阅读目的是研究俄国和早期浪漫主义运动"）。哈里森在霍普签名下写着一个语气坚定的句子：我认为海伦·霍普·莫里斯小姐具备所需资格，适合进入大英博物馆阅览室阅读。另一扇门打开了；另一位女性走进旧图书馆，抬头看着高高的天花板，希望年轻女性很快就能相信这是她们应得的。

我沿着大罗素街走着，博物馆金色的穹顶在阳光下熠熠闪烁，我依次走过古董书店、韩国汽车检修店和费伯＆费伯出版社。在布卢姆斯伯里，在你经过的时候，街道会向你讲述它们亲历过的传奇：牌匾、纪念碑和褪色的标志无声地倾诉这里有着厚重的历史，就像老房子外墙上有着重重叠叠的污垢。我穿过南安普顿大街，绕过被煤烟熏得漆黑的教堂，沿小路穿过皇后广场来到大奥蒙德街，这里是彼得·温西爵爷的警察好友查尔斯·帕克的家。抵达兰姆康杜街，我可以看见明星的照片和电影《再见美人》里那架摇摇晃晃的钢琴，透过橱窗，能看到巨大的装饰着金箔的圣诞蛋糕，再过去是兰姆酒吧的迎宾灯光，泰德·休斯和西尔维娅·普拉斯过去就是在这里相遇。这座撒玛利亚妇人雕像周围仍然还在修建，我走近细看，巨幅广告牌上画着建筑完工后的效果图，一派流光溢彩的景象。这个空荡荡的街角，将有闪闪发光的未来愿景。

对于所有这些作家而言，伦敦既是过去，也是未来。他们在这里与历史相遇，观察各样的人物，在某个奇怪的转角回想起昔日的自我，建立起全新的友谊。走过议会、圣保罗大教堂、英格兰银行和中央刑事法院，这些"我们的父辈和兄弟曾为其燃烧生命的地方"，伍尔夫得出结论，这座城市的公共形象代表的不是女性留下的遗产，而是女性所遭到的排斥："展现在面前的尽管是同一个世界，但我们却是透过不同的视角。"所幸，伦敦已经开启了另一段历史。2018 年，议会广场竖立起英国女性平权参政运动的重要人物米莉森特·福西特（Millicent Fawcett）的雕像，如今，在塔维斯托克广场的花园，我们也可以看见伍尔夫的半身像。这些女性生命中绽放的光芒不仅仅存在于这些静态的雕像上，更存在于后人自由谈话、自由行走、自由写作，过一种蓬勃旺盛的人生的权利之中。伦敦并不总是热情接纳那些边缘化的群体——这里缺乏可以负担的住房，日益高昂的生活成本将劳作者分派到城市的边缘，也扫除了历史和社群——但这座城市仍有一些角落，即便痕迹已经被掩盖，能叫我们想起激进的历史。梅克伦堡广场就是其中之一。

今天，梅克伦堡广场聚集着来自世界各地的国际学生。花园里回荡着网球比赛的欢呼声，朋友相聚烧烤的吵闹声，还有孩童们滑滑梯、玩沙子的嬉笑声。花坛里鲜花娇艳地盛放，尽管在草坪的某些角落，由于过去挖过防空洞，灌木明显稀疏许多。所幸，古迪纳夫学院留存下一个充满希望的细节，提醒着广场过去的历史。研究者尽可能准确地定位出弗吉尼亚·伍尔夫在梅克伦堡广场 37 号房子书房的位置。每年，这个房间都会专门留给一位女学生。她来到伦敦，开启学习生涯的一段全新旅程，想象着将在这里经历的一切，她或许紧张不安，或许兴奋不已。穿过梅克伦堡广场，走上楼梯，旋开新居的钥匙，她会发现桌上端放着一本书，等待着她翻开第一页，这本书就是——《一间属于自己的房间》。

注　释

文中提及的档案缩写

AC —— Papers of Arthur Clegg of the China Campaign Committee. Marx Memorial Library.

Amherst —— Aleksei and Seraphima Remizova-Dovgello Papers, Correspondence 1921–48. The Amherst Center for Russian Culture, Amherst College.

Arkansas —— John Gould Fletcher Collection. University of Arkansas. MS f63.

Barnard —— Dean's Correspondence Folder, BC 05.01. Barnard Archives and Special Collections, Barnard College, Columbia University.

BBC —— Eileen Power contributor file. BBC Written Archives. A8573 910. RCONTI Power Eileen Talks 3 1936–40.

Beinecke —— H. D. Papers. Yale Collection of American Literature, Beinecke Rare Book and Manuscript Library, Yale University. YCAL MSS 24.

Beinecke GP —— George Plank Papers, Yale Collection of American Literature, Beinecke Rare Book and Manuscript Library, Yale University. YCAL MSS 28.

Beinecke JGF —— John Gould Fletcher Collection. Yale Collection of American Literature, Beinecke Rare Book and Manuscript Library, Yale University. YCAL MSS 467.

Bodleian —— Papers of A. J. Toynbee, Bodleian Library, University of Oxford.

Bryn Mawr —— H. D. and Bryher papers. Special Collections Department, Bryn Mawr College Library. M51.

CUL —— Papers of Eileen Power and Michael Postan, Cambridge University Library. MS Add 8961.

Girton — Personal Papers of Eileen Power, Girton College, University of Cambridge. GCPP Power E.

Glasgow — Dugald Sutherland MacColl Papers. University of Glasgow. MS MacColl H178.

Houghton AL— Amy Lowell correspondence, 1883-1927. Houghton Library, Harvard University. MS Lowell 19.

Houghton JC— John Cournos letters from various correspondents. Houghton Library, Harvard University. MS Eng 998.

HRC Flint — Frank Stuart Flint Collection. Harry Ransom Center, University of Austin, Texas. MS-1423.

HRC Sayers — Dorothy L. Sayers Collection. Harry Ransom Center, University of Austin, Texas. MS-3715.

Jacques Doucet — Charles du Bos Papers. Jacques Doucet Literary Library, the Sorbonne, Paris. MS 38225.

Kent State — Charles Clinch Bubb and the Clerk's Press. Special Collections Publications, Kent State University Libraries.

LSE — Eileen Power Staff File. London School of Economics.

LSE Robbins — Lionel Robbins Staff File. London School of Economics.

LSE Tawney — Tawney Vyvyan Collection. London School of Economics.

Maryland — Papers of Hope Mirrlees. Archives and Manuscripts Department, University of Maryland Libraries. 74-26.

Morris — Richard Aldington Collection. Morris Library, Southern Illinois University. 1/1/ MSS 068.

Newnham — Jane Harrison Papers, Newnham College, University of Cambridge.

Newnham HM — Hope Mirrlees Papers, Newnham College, University of Cambridge.

Sussex — Monks House Papers. University of Sussex Special Collections.

Wheaton — Dorothy L. Sayers Papers, The Marion E. Wade Center, Wheaton College, Illinois.

前 言

"三声巨响": 约翰·莱曼《我是自己的兄弟》(*I Am My Brother*), 第80—81页。接下来的场景在这本书中有详细的描述, 这里所有相关内容均引用于这本书。

A warden – Report by Incident Officer Richard Hudson. Holborn Record Office, A/01209/2.

'a great pile' – Anne Olivier Bell (ed.), *The Diary of Virginia Woolf*, 10 September 1940.

'rubble where' – VW, diary 20 October 1940.

'a great mass' – VW, diary 22 October 1940.

第一章 在广场生活

'one of the few' – VW, 'London Revisited', *Times Literary Supplement*, 9 November 1916.

'London is' – T. S. Eliot to his mother, 20 May 1917. Haughton and Eliot (eds), *The Letters of T. S. Eliot*.

'dark, bristling heart' – D. H. Lawrence, *Aaron's Rod*, p. 69.

'how to go on' – VW, diary 28 August 1939.

蓝色牌匾: 牌匾记录了她在广场的生活时间, 但不准确, 写成了1917—1918年。

"那一长串曾在这里居住的著名人士的名单": 梅克伦堡广场历史上住过数不胜数的风流人物, 随意选取其中几位就能写出许多本书。维多利亚时期记者乔治·奥古斯都·萨拉是狄更斯和萨克雷的好友, 他那座位于广场46号的屋子拥有为人称道的大厅天花板, 画着丘比特和普赛克的壁画镶着金色的边框——视梅克伦堡广场为一处理想的居所: "前面有最古老、最绿意盎然、面积开阔的广场, 花上一先令车费就能抵达办公室和俱乐部。"21号立着蓝色牌匾纪念伊斯兰教改革家赛义德·艾哈迈德汗; 26号曾经住着出版商约翰·麦斯威尔和他的孩子们、孩子们的继母, 即写下《奥德利夫人的秘密》的小说家玛丽·伊丽莎白·布拉登。艺术家本·尼科尔森在广场出生, 桂冠诗人约翰·曼斯菲尔德在二十世纪三十年代住在广场, 格雷厄姆·格林在1938年也住在广场, 他在这里写下《密使》《权力与荣耀》，和房东太太的女儿多萝西·格洛弗恋爱，两人趁执行消防巡逻任务的时候在布卢姆斯伯里的天台约会。1940 年 8 月，娜塔莎·利特温与斯蒂芬·斯彭德在莱斯顿区的一场宴会上相遇，两人在梅克伦堡广场花园漫步，然后来到一家意大利餐厅谈论"政治和音乐"一直到深夜。

我本有意在本书中介绍另外四位女性的故事，但因为缺少足够的信息，加上想将重点放在作家这个群体而不得不最终割舍。希尔达·马丁代尔在梅克伦堡广场生活多年，与艾琳·鲍尔在广场生活的岁月有重叠：她毕业于皇家霍洛威学院，1901 年成为英国第一批英国内政部工厂监察员之一。1918 年，由于在关爱儿童、促进女性工作者获得同工同酬方面为国家做出突出贡献，马丁代尔被授予大英帝国勋章。海伦娜·诺曼顿是英国第一位有资格出席高等法庭进行辩护的女性律师，在 1920 年至 1928 年住在梅克伦堡广场 22 号。1918 年，诺曼顿申请加入中殿律师学院被拒；1919 年 12 月，英国通过《排除性别无资格法》，法案通过几小时内，诺曼顿就从广场出发前往学院，再次申请加入中殿律师学院，要求获得合理地位。她积极投身离婚法律改革运动，写侦探小说，也是第一位以婚前姓名获得护照的已婚女性。她所有的个人文件都已被销毁，所幸由朱迪丝·伯恩执笔的诺曼顿生平传记新近出版。

洛娜·威沙特是加曼家八姐妹中最小的妹妹，十六岁那年就和欧内斯特·威沙特结了婚，后来成为诗人劳里·李的情人。1937 年西班牙内战爆发，李前往西班牙参加战争，这段恋情受到阻碍。她给他寄英镑，在纸币上洒上香奈儿 5 号香水；在他于 1938 年 2 月回国的时候，在维多利亚车站等他。他们在梅克伦堡广场 35 号一起度过了这一年余下的时光——洛娜的孩子们和保姆一起住在圣约翰伍德——但这段时光非常艰难，李后来常常称"梅克伦堡"就是"悲惨"的代名词。洛娜 11 月回到了丈夫身边，后来又为了卢西恩·弗洛伊德离开了丈夫。

对于二十世纪三十年代期间住在梅克伦堡广场 44 号的南希·莫里斯，我们几乎一无所知，为数不多的历史记录显示她有着精彩的一生。她是画家塞德里克·莫里斯的妹妹，二十世纪二十年代期间，她活跃于巴黎和伦敦艺术圈。记述布卢姆斯伯里文人群体的弗朗西斯·帕特里奇曾回忆南希举办的那些著名宴会，其中有一场在维塔·萨克维尔 – 韦斯特位于康奈的乡下庄园举行，以双性同体为主题，宴会上的女性穿着燕尾服，男性则戴着沉重的珍珠项链；还有一场宴会，有可能在广场举行，"上百号人挤在不通风的地下室，挨着对方大声喊叫甚至吼叫，要想伸出手搂住对方，有可能会攀上两个人的脖子……一群气势汹汹的女同性恋站在火炉旁，有时会相互比较二头肌，或是在房间里互相拥抱"。约翰·莫蒂默在二十世纪四十年代遇到南希，回忆南希总是戴副墨镜，喝着香槟酒，有一头卷曲的秀发，穿着西装套装，和苏活区餐厅老板马塞尔·布莱斯坦赠予的衣物。1930 年以来，她和利顿堂弟詹姆斯的妻子阿利克斯·斯特雷奇恋爱（詹姆斯是英国第一位为病人进行精神分析的心理学家，也是西格蒙德·弗洛伊德第一位英语译者）。阿利克斯在给艾迪·萨克维尔－韦斯特的信中写道，"我希望等你俩见面的时候你会喜欢她，因为我真的非常喜爱她。不过她当然是粗陋蒙昧的，而且我认为她会继续如此……她很喜欢狗。我有时甚至觉得她分不清人和狗——除了她更喜欢狗"。

'Why Are Women Redundant' – W. R. Greg, *The National Review*, April 1862.

'Good God' – EP to Margery Garrett, 26 December 1911. Girton.

'sacred place' – John Ruskin, 'Of Queens' Gardens', in *Sesame and Lilies*, p. 86.

'deeply depressing' – JEH, 'Scientiae Sacra Fames', *Alpha and Omega*, p. 125.

'new beginning' – Vanessa Bell, *Sketches in Pen and Ink*, p. 98.

'everything was' – VW, 'Old Bloomsbury', *Moments of Being*, p. 47.

'Now we are' – VW to Violet Dickinson, 29 June 1906. Nicolson and Trautmann (eds), *The Letters of Virginia Woolf*.

'respectable mummified humbug' – VW, diary 23 October 1918.

'think one's own' – VW, 'Leslie Stephen', *Selected Essays*, p. 114.

'passed like' – VW, 'Reminiscences', *Moments of Being*, p. 4.

'to be 29' – VW to Vanessa Bell, 8 June 1911.

'The room is' – VW, 'Professions for Women', *Selected Essays*, pp. 144–5.

'that Godless Institution' – Quotation attributed to Thomas Arnold.

'a thought' – VW, *A Room of One's Own*, p. 28.

'having for its' – *The Times*, 24 August 1894.

'lived in squares' – A remark attributed to Dorothy Parker.

'aesthetically speaking' – C. L. R. James, *Letters from London*, pp. 20, 52.

"来自澳大利亚的学生"：其中记录伦敦生活的有南希·费伦（《时光匆匆的
足迹：澳大利亚人在英国》）、尼娜·默多克（《第七天堂》）和路易斯·马
克（《澳大利亚女孩在伦敦》）："布卢姆斯伯里的寄宿屋！许多人一听就
又惊又怕，可对我们来说这里意味着自由、生活、新奇和令人着迷的事
物，这些令日子值得一过的一切。"

'learned people' – Paul Cohen-Portheim, *The Spirit of London*, p. 29.

'Bloomsbury appears' – Mulk Raj Anand, *Conversations in Bloomsbury*, p. 5.

the Duke of Bedford – For Bloomsbury's history see Rosemary Ashton, *Victorian
Bloomsbury*, and Matthew Ingleby, *Novel Grounds*.

"偏僻、半开化之地"：讽刺作家西奥多·胡克在《外来的邦斯》（1842）中
这样描述梅克伦堡广场："这当属广场之中顶荒凉、顶不宜居住的，一
年四季长着杂草，路上几乎看不见马车和行人……一座凄凉、被遗弃的
广场，我们可以设想，这里的居民一辈子都不曾说玩笑逗乐。"在萨克雷
1897 年的小说《贝德福德的阴谋》中，这个地址象征着一处穷乡僻壤：
一位上流阶层女性和一位来自梅克伦堡广场的年轻人订婚，她家里人听
说订婚的消息后，威胁要与她断绝关系，盛怒之下误把广场叫作"谬克
勒布瑞广场"（Mucklebury Square，mucklebury 有"大批埋葬"之意）。

梅克伦堡广场：以梅克伦堡 – 施特雷利茨的夏洛特王后的名字命名，夏洛特
王后是乔治三世国王之妻，1761 年成为大不列颠王后和爱尔兰王后（《1800
联合法令》生效后为联合国女王），直到 1818 年离世；她是一位有影响
力的艺术赞助人，与玛丽·安托瓦内特是笔友，范妮·伯尼是她的侍女
之一。

Samuel Pepys Cockerell – For the building of Mecklenburgh Square – and various
intrigues involving renegade builders – see Donald J. Olsen, *Town Planning in
London*.

"受到骚扰"：一直到二十世纪，这一地点仍然让潜在的住客感到不快。1915
年 1 月 7 日，弗吉尼亚·伍尔夫以以下理由拒绝了梅克伦堡广场的一间
房子："地方很大，有宽敞的大堂，弧形的楼梯，我们可以在顶楼有间公
寓——唯一不足的是房子后面就是格雷律师学院路。"她还看了广场另外

一间房子，但在看到房东太太收集的世界各国皇室家族照片集之后放弃了；后来住到里奇蒙德镇。

'indecent and improper' – Donald J. Olsen, *Town Planning in London*, p. 118.

'so very airy!' – See also Jean Rhys's 1939 novel *Good Morning, Midnight*, in which Sasha takes a 'little health-stroll' around Mecklenburgh Square.

数位争取妇女选举权团体的杰出成员：其中有主张妇女选举权的斗士安妮·肯尼和蕾切尔·巴雷特，她们一起住在梅克伦堡广场 19 号，居所多次被警察突击搜查。凯瑟琳·派因是一位护士，支持妇女选举权，她在广场生活，抚养了埃米琳·潘克赫斯特收养的四个"战争女婴"。

"受过教育的热心女性"：弗吉尼亚·伍尔夫写给瓦奥莱特·迪金森的信，1910 年 2 月 27 日。1 月 1 日她写信给希腊语导师珍妮特·凯斯："如果我每周花一两个下午去为主张成年妇女拥有选举权的组织书写信封地址，会不会有所帮助？……前几天晚上，你提到现状的不平等现象实在令我印象深刻，我迫切需要做些什么……光谈话是不够的，真是可悲！"她后来在《夜与日》中记录下这一经历，玛丽·达切特在一座位于布卢姆斯伯里、由许多救济事业组织共享的建筑物中担任志愿者，为"传播各自信奉的观点，如保护原住民，或将谷物作为粮食的价值"而奔忙。

"变革大楼"：这幢楼里有妇女工会联盟、国家反血汗联盟、劳动女性法律咨询处、国家女性劳动者联合会（为被其他联盟排除的女性们组织罢工和游行）、工业法委员会（为保护那些因向政府监察员提供证据而被开除的女性设立基金）和人民普选联合会。通常用于举行讲座和募捐音乐会的顶层公寓属于工党议员威尔·安德森和他的妻子玛丽·里德·麦克阿瑟。玛丽积极支持工会和工人权益，这幢楼里大多数活动都有她的身影。她和格特鲁德·塔克韦尔联合创立了国家女性劳动者联合会，后者和工党积极成员、工厂监察员康斯坦丝·史密斯在梅克伦堡广场合租一间公寓。

'colony of workers' – Gertrude Tuckwell, *Constance Smith: A Short Memoir*, p. 29. Anderson's obituary in *The Times* described their house in Mecklenburgh Square as 'a homely centre for all reformers – not, let me explain, a salon but a home'.

'genteel, commodious' – *The Times*, 16 January 1822.

'high-class service flatlets' – *The Times*, 16 October 1939; 26 November 1925.

'nests of ' – Thomas Burke, *Living in Bloomsbury*, p. 12.

'sunk in public' – 'The Bohemian in Bloomsbury', *Saturday Review*, 17 September
　　1904.

'the beloved' – Emily Hobhouse, 'Women Workers: How They Live, How They
　　Wish to Live', *Nineteenth Century: a monthly review* (March 1900).

黑暗的地下世界：梅克伦堡广场多次出现在维多利亚报纸上的犯罪报道页，
　　尽管报道通常会在广场那些体面的住户和阴险的外来者之间建立明确的
　　分界线。阴险的外来者如趁主人去国外就把主人家中财产全部变卖的仆
　　人和伪装成凤尾鱼小贩的小偷，趁女仆去询问主人意见而让他们在廊前
　　等待的时候就会顺走两件大衣。

'people are always' – DLS, 'The Vindictive Story of the Footsteps that Ran', in
　　Lord Peter Views the Body.

'in Paddington' – Jean Rhys, *After Leaving Mr Mackenzie*.

"布卢姆斯伯里象征着可能性"：这一时期许多作家在小说和故事中都表达过
　　这种自由的感觉。伍尔夫第一篇短篇小说《菲莉丝与罗莎蒙德》的主人
　　公是来自南肯辛顿富裕家庭的一对姐妹，她们从小接受的全部教育都是
　　为了日后嫁作人妇做准备，感觉像"生下来就属于客厅"。有一次，菲
　　莉丝前往"偏僻、穷乡僻壤"的布卢姆斯伯里拜访好友。这趟旅程唤
　　醒了她心中对于在一处新的地方、新的房子里重塑自己的渴望："菲莉
　　丝总认为贝尔格莱维亚和南肯辛顿区那些墙体粉饰着灰泥的建筑物和无
　　可挑剔的排屋是她应该生活的地方；总以为她只可能过一种按照丑陋模
　　式训练和成长的人生，这种模式只为了让人过上和周围所有人一样呆板
　　而丑陋的人生。但她开始在脑海中幻想，如果在布卢姆斯伯里生活，当
　　车子从广阔而宁静的广场驶过，从浅绿的树荫底下驶过，她可以挥舞着
　　手，或许能长成自己喜欢的模样。"伊莎贝拉·福特的《在门口》(*On
　　the Threshold*)（1895）中有两位学生好友一起搬到廉价的布卢姆斯伯里寄
　　宿屋，他们放弃舒适的父母的房子，选择来到阴暗的住所，在他们眼里，
　　这里就像"天堂的屋子"。"乔治·帕斯顿"（艾米莉·莫尔斯·西蒙兹）
　　《书的作家》(*A Writer of Books*)（1898）中的科西马·查德利是一位壮志

满怀的作家，为了离大英博物馆近一些特意搬到布卢姆斯伯里；瓦奥莱特·亨特《一位工作日的女人》（*A Workaday Woman*）（1906）中叙述者卡洛琳去布卢姆斯伯里拜访吉安娜·布鲁斯，吉安娜"独身住在公寓，通过新闻工作获得固定报酬来支付租金、自给自足，偶尔也通过写小说获得报酬"，看着她，卡洛琳感受到"一种陌生的自由"。C. F. 基尔里1905年的小说《布卢姆斯伯里》中梅和乔伊斯在梅克伦堡广场合租，称这里是"超越自我的大后方"，他们在这里听讲座，参加艺术课堂和革命集会。拉德克利夫·霍尔1924年的小说《熄灭的灯》（*Unlit Lamp*）中，两位女性梦想着在布卢姆斯伯里的劳动女性公寓一起组建一个家（"我们会有一间共同的小公寓，自由、快乐……我们或许会有目的，劳累而幸福，因为我们有了意义"）。与之相似，温妮弗雷德·霍尔特比1924年的小说《拥挤街道》（*The Crowded Street*）中，女主人公离开小镇这个"唯一一件大事就是婚姻"的地方，来到布卢姆斯伯里和朋友迪莉娅一起生活，迪莉娅在"英国最具煽动性、最激进的社团组织"工作，坚定反对所谓"婚姻本身是生活的一种结局，是女性精神发展的最终目的"的论调。

'at the centre' – VW, 'Old Bloomsbury', *Moments of Being*, p. 46.

'the Baedeker' – Bryher, *The Heart to Artemis: A Writer's Memoirs*, p. 174.

'long armistice' – Richard Aldington, *Life for Life's Sake*, p. 5.

'the war will' – H. D., *Bid Me to Live*, p. 12.

第二章　H. D.

'Hitler gives bread' – H. D., *Tribute to Freud*, p. 58.

'carefully avoided' – ibid., p. 134.

'violent purple-patch' – H. D. to Bryher, 11 May 1933. Beinecke.

'seems to believe' – H. D. to Bryher, 18 May 1933. Beinecke.

'Evidently' – H. D. to Bryher, 13 May 1933. Beinecke.

'are of course' – H. D., 'H. D. by Delia Alton', p. 181.

"森林女神"：H. D.《痛苦终结》（*End to Torment*），第18页。阿尔丁顿认为这一场景的发生地点是在肯辛顿区的弗勒茶铺，并且他也在场——参见阿尔丁顿写给 H. D. 的信，1958 年 11 月 21 日。百内基珍本与手稿图书馆。

'It's just that' – Interview with Hilda Doolittle by Lionel Durand, *Newsweek*, 2 May 1960.

蒙上了层层叠叠的小说迷雾：小说将几个月内发生的事件压缩进缩短的时间范围。阿尔丁顿那封写着"我爱的是你，但我的欲望却面向另一个人"的信在劳伦斯离开梅克伦堡广场之后（他在这里只待了六周）才寄出，但 H. D. 把她和劳伦斯的信件往来写成自 1916 年开始。

'not intended' – H. D. to John Cournos, 9 July (c. 1921). Houghton JC.

付之一炬：H. D.《富有同情心的友谊》(*Compassionate Friendship*)，第 115 页。H. D. 写她把劳伦斯寄给她的"一大捆"信件留在了梅克伦堡广场 44 号的地下室，此外，还有阿尔丁顿写给她的信件，以及阿尔丁顿在前线时她每天写给他的信，当时阿尔丁顿为了妥善保存这些信件，会定期把 H. D. 写给他的信寄回来。1929 年，阿尔丁顿承认他在 1920 年就已经把这些信件全部烧毁。据西尔伯格记录，阿尔丁顿当时女佣的女儿回忆，阿尔丁顿请她的母亲烧掉了"大量的纸张"（卡洛琳·西尔伯格《理查德·阿尔丁顿和 H. D.：信件中的两人生活》，第 1 页）。

'Why was it' – H. D., *The Gift*, p. 4.

'How could I' – ibid., p. 21.

'morbid' – H. D., *Tribute to Freud*, p. 164.

'imaginative faculties' – ibid., p. 121.

'to give her' – William Carlos Williams, *The Autobiography of William Carlos William*s, p. 69.

'I don't suppose' – H. D. to Norman Holmes Pearson, 12 March 1950. Quoted in H. D., *Tribute to Freud*, p. xi.

'You have no' – Barbara Guest, *Herself Defined*, p. 4.

'Ezra would have' – H. D., *End to Torment*, p. 35.

'initiators' – The others (named in Compassionate Friendship) are Richard Aldington, John Cournos, Cecil Gray, Kenneth Macpherson, Walter Schmideberg and Erich Heydt.

'a sort of alter ego' – H. D., Autobiographical Notes. Beinecke.

'like a blue flame' – H. D., End to Torment, p. 8.

'a dreadful little place' – H. D., Autobiographical Notes. Beinecke.

蒙娜丽莎：艾琳·鲍尔这时刚从巴黎回来，她在 1911 年 9 月 8 日写信给马格丽·斯普林·赖斯说道："蒙娜丽莎的美真是夺人心魄，不是吗？我真是沮丧，真想花上所有时间定在她面前。我们还能再见到她吗？我确信一定有人会爱上她，爱到必须偷走她。"

'Arrive Sunday.' – H. D. to Ezra Pound, 28 September 1911.

'Our reception' – H. D. to Isabel Pound, 4 December 1911.

a short story – H. D., 'The Suffragette'. Beinecke.

'freedom of mind' – H. D. to Bryher, 31 December 1918. Beinecke.

'I had to' – H. D. to Bryher, 24 June 1931. Beinecke.

'extreme vulnerability' – Brigit Patmore, *My Friends When Young*, p. 65.

'that infernal Bloomsbury' – H. D., *Asphodel*, p. 62.

'R. & H.' – Ezra Pound to Dorothy Shakespear, 3 May 1913. D. D. Paige (ed.), *The Selected Letters of Ezra Pound*.

'Kensingtonian squabbles' – Richard Aldington to Amy Lowell, 1 February 1915. Houghton AL.

'nothing that' – Ezra Pound to Harriet Monroe, undated (January 1915). D. D. Paige (ed.), *The Selected Letters of Ezra Pound*.

'Am sending you' – Ezra Pound to Harriet Monroe, October 1912. Ibid.

'simply advertising bull-dust' – Quoted in A. E. Barlow, 'Imagism and after: a study of the poetry'.

'where friendly people' – Richard Aldington, *Life for Life's Sake*, p. 140.

'We want war!' – H. D. to Richard Aldington, 30 October 1959. Beinecke.

出于良心拒服兵役者：这片区域有着不爱国的颠覆性名声：《星期日泰晤士报》半开玩笑地号召梅克伦堡广场效仿皇室和福特·马多克斯·许弗（现以福特·马多克斯·福特之名闻名），去除名字中的德语词源。戴维·琼斯在其 1937 年的诗歌《括弧》(*In Parenthesis*) 中将广场作为精英置身之外的典型："这种关于出于信仰拒服兵役的宣传对军队而言并无益处——希望杰瑞挂一块到梅克伦堡广场，而不是挂到爱国氛围浓厚的克罗伊登区。"

'black hollow' – H. D., *Bid Me to Live*, p. 12.

'cold, nun-like' – H. D., *Tribute to Freud*, p. 116.

'the affinity between' – Quoted in Francis West, *Gilbert Murray: A Life*, p. 104.

'the child Amor' – H. D., *Magic Mirror*, p. 55.

'psycho-physical' – H. D., Notes on Euripides, Beinecke.

'Don't tell me' – Richard Aldington to F. S. Flint, 26 May 1916. HRC.

'the blundering world' – H. D. to John Gould Fletcher, undated (1917). Beinecke JGF.

'a mad fanatic' – H. D. to John Cournos, 5 September 1916. Houghton JC.

'spiritual loneliness' – H. D. to John Cournos, July 1916. Houghton JC.

'My one struggle' – H. D. to Amy Lowell, 31 October 1916. Houghton AL.

'I am ready' – H. D. to John Cournos, 5 September 1916. Houghton JC.

'Hang Flo' – Quoted in H. D. to John Cournos, 8 September 1916. Houghton JC.

'H. D. has been' – Richard Aldington to Amy Lowell, August 1916. Houghton AL.

'I have all faith' – H. D. to John Cournos, 13 September 1916. Houghton JC.

'Korshoon!' – John Cournos, *Autobiography*, p. 289.

'the very core' – H. D. to John Cournos, 3 October 1916. Houghton JC.

'If love' – H. D. to John Cournos, 8 September 1916. Houghton JC.

'If it seems best' – H. D. to John Cournos, 5 September 1916. Houghton JC.

'If I die' – Richard Aldington to John Cournos, 2 November 1916. Houghton JC.

apricot-coloured walls – Brigit Patmore, *My Friends When Young*, p. 79.

阿莉达·克莱曼塔斯基：参考 D. 希伯德《哈罗德·门罗：新时代诗人》。她在给门罗的信中提到，库诺斯总是敲她的门看她是否在家，这让她感到恼火，还抱怨说她不得不把门锁上，只为防止 H. D. 不提前说一声就走过来试图与她谈论诗歌。

'I am waiting' – H. D. to Amy Lowell, 21 December 1916. Houghton AL.

'All I want' – H. D. to F. S. Flint, 7 August 1916. Beinecke.

《自我主义者》：H. D. 在担任助理编辑期间给杂志写了几篇长篇论文，主题关于玛丽安娜·穆尔、夏洛特·缪、约翰·古尔德·弗莱彻和威廉·卡洛斯·威廉姆斯。她同时也是一位刻苦的诗歌编辑，1916 年 8 月 14 日她在给威廉姆斯的信中写道："我想把你诗歌中所有略显轻浮的地方都删去，我相信你不会为此讨厌我的……我不知道你的想法，但我认为写作是一件非常神圣的事。"

'some most poignant lyrics' – Richard Aldington to Amy Lowell, 2 January 1918. Houghton AL.

'broken spiritually' – H. D. to John Gould Fletcher, 1917. Beinecke JGF.

'imminent possibility' – H. D., 'H. D. by Delia Alton', p. 204.

'any stone' – H. D., *Bid Me to Live,* p. 16.

'We came home' – H. D. to Norman Holmes Pearson, 1937, published in Diana Collecott (ed.), *Agenda*, p. 72.

'write her cheerful lies' – Richard Aldington to Amy Lowell, 8 December 1916. Houghton AL.

'For the Lord's sake' – Richard Aldington to F. S. Flint, 22 January 1917. HRC Flint.

'You really can not' – H. D. to Charles Bubb, June 1917. Kent State.

'Everyone said' – Richard Aldington to Charles Bubb, 29 June 1917. Dean H. Keller (ed.), *Bubb Booklets.*

'delightfully lazy' – Richard Aldington to Amy Lowell, 20 November 1917. Houghton AL.

'A beautiful lady' – H. D. to F. S. Flint, 30 August 1917. Beinecke.

'as he was' – H. D., Divorce Statement. Beinecke.

'stage-set' – H. D., *Asphodel*, p. 126.

'four walls' – H. D., *Bid Me to Live*, p. 111.

'The truth is' – Richard Aldington to H. D., 20 May 1918. Beinecke.

'like a person' – Quoted in Witter Bynner, *Journey with Genius*, p. 145.

'worth anything' – D. H. Lawrence to Arthur McLeod, 21 December 1916.

'Don't you think' – D. H. Lawrence to Edward Marsh, 29 January 1917.

'a blasphemy' – D. H. Lawrence, *Kangaroo*, p. 246.

'I myself' – H. D. to John Gould Fletcher, 1917. Beinecke JGF.

'very quietly' – D. H. Lawrence to John Middleton Murry and Katherine Mansfield, 5 March 1916.

塞西尔·格瑞：这一描述来自格瑞自传《音乐椅》，他给菲利普·赫塞尔廷写的传记《彼得·瓦洛克》和他的笔记（由他女儿保利娜编辑）。格瑞的形象出现在多部虚构作品中：如劳伦斯《亚伦魔杖》中的西里尔·斯科特（"苍白、单调的年轻人，金发，穿着黑衣，如同一位王子"），奥尔德斯·赫胥黎《滑稽的环舞》（*Antic Hay*）中的梅尔卡普坦先生（"一位时髦得体、容易相处的年轻人，有着一副粗野、傲慢的外表"），以及安东尼·鲍威尔《卡萨诺亚的中餐厅》（*Casanova's Chinese Restaurant*）中的麦克林托克先生，"属于那种天生具有音乐气质的人"，有一种"脾气暴躁的医生"身上的气质。

'greatest literary genius' – Barry Smith, *Peter Warlock*, p. 76.

出版公司：这仅仅是赫塞尔廷和格瑞构想的多个方案之一。其他方案还有：在威格摩音乐厅举办演奏会向伯纳德·范·迪伦致敬，在他们眼中，伯纳德的不协和弦音乐作品是现代性的顶峰，但这场演奏受到媒体大肆嘲讽；原计划在西区上演为期四周的音乐季，但从未真正实行。

'a paradisal existence' – Cecil Gray, *Musical Chairs*, p. 115.

博西格兰城堡：这座小屋叫作伯爵之屋，直至今日依然矗立在这里；现在是旅馆，专门招待前来登山的游客。

'Remember the revolution' – D. H. Lawrence to Cecil Gray, 14 June 1917.

'hostile and unsympathetic' – Cecil Gray, *Musical Chairs*, p. 126.

'vindictive' – ibid., p. 128.

'thinks and breathes' – D. H. Lawrence to Cecil Gray, 17 October 1917.

'Beyond the tall' – D. H. Lawrence, *Aaron's Rod*, p. 70.

撤销驱逐令：劳伦斯没有回到康沃尔郡。伦纳德和弗吉尼亚·伍尔夫通过共同好友塞缪尔·科捷利尼斯基向劳伦斯表达对高特雷格登的屋子感兴趣。1918 年 1 月，劳伦斯提出可以将高特雷格登房子租给他们。弗吉尼亚在 1 月 23 日的日记上写道："我们正在和 D. H. 劳伦斯就那间泽诺的屋子达成协议。那片海域和礁石每天都会反复浮现在我的脑海中，但现在看起来遥不可及，不太可能成真。"这份协议最终没有达成。虽然伍尔夫夫妇经常和好友威尔和卡·阿诺德－福斯特待在鹰巢，就在劳伦斯那间村舍上方不远的礁石上，对这片区域很是熟悉。

"一间雅致房间"：辛西娅·阿斯奎思的日记，1917 年 10 月 28 日。阿斯奎思
　　对劳伦斯遭到驱逐抱有同情："他的健康状况不允许他住在伦敦，他在世
　　界上拥有的全部财产只是诗歌出版后能拿到的十八英镑，那些他给我读
　　的诗歌，内容全是关于腹部和乳房。"她提出帮助他，但很怀疑当局会被
　　说服："毕竟那个女人是德国人，这些也不全是毫无根由。"

伯爵府：这并不是劳伦斯与梅克伦堡广场 44 号最后的渊源。1928 年 7 月 20
　　日，劳伦斯写信给刚搬进 44 号的好友伊妮德·希尔顿："我有没有告诉
　　你，这正是我们曾经住过的屋子，1917 年的时候，阿尔丁顿夫妇住在前
　　面二楼，阿拉贝拉住在顶楼阁楼——我们在那里度过了欢乐的时光，我
　　很喜欢这里。愿你在那儿拥有平静的生活。"这一年，书店开始拒绝给《查
　　泰莱夫人的情人》储备库存，劳伦斯向希尔顿求助，希尔顿非常积极地
　　储备库存，从梅克伦堡广场直接把书寄给订购者。

'seem pretty happy' – D. H. Lawrence to Amy Lowell, 13 December 1917.

'it would be' – H. D., Divorce Statement. Beinecke.

'someone not in khaki' – H. D., *Asphodel*, p. 139.

'did not talk' – H. D., *Bid Me to Live*, p. 116.

'How I must' – Cecil Gray to H. D., 13 March 1918. Beinecke.

'Poor Dryad' – Ezra Pound to H. D., March 1918. Quoted in Barbara Guest, *Herself
　　Defined*, p.93.

'I am not' – Richard Aldington to John Cournos, 6 April 1918. Houghton JC.

'O, it was' – H. D. to John Cournos, April 1918. Houghton JC.

'We will go mad' – H. D. to John Cournos, 3 April 1918. Houghton JC.

'a most unseemly book' – H. D. to Ezra Pound, 1 July 1938. Beinecke.

'one of the most' – *Spectator*, 17 July 1926.

'here were two poets' – Cournos, *Autobiography*, p. 269.

'cold healing mist' – H. D., *Bid Me to Live*, p. 145.

'Twice last week' – Richard Aldington to H. D., 20 May 1918. Beinecke.

'We are "parted"' – Richard Aldington to F. S. Flint, 2 June 1918. HRC Flint.

'I am so proud' – Richard Aldington to H. D., 1 June 1918. Beinecke.

'going about London' – Richard Aldington to H. D., 7 July 1918. Beinecke.

'To you I have' – Richard Aldington to H. D., 25 August 1918. Beinecke.

'Out of this' – Richard Aldington to H. D., 2 June 1918. Beinecke.

'cheer up' – Richard Aldington to H. D., 3 August 1918. Beinecke.

'Damn it, Dooley' – Richard Aldington to H. D., 4 August 1918. Beinecke.

"现在格瑞才是你的丈夫"：理查德·阿尔丁顿写给 H. D. 的信，1918 年 8 月 4 日。百内基珍本与手稿图书馆。在这封信中，他还说正是因为这个原因才一直没与阿拉贝拉要孩子。阿尔丁顿自此对塞西尔·格瑞一直怀恨在心；据伦纳德·伍尔夫回忆，1926 年，满脸"阴郁愤恨之色"的阿尔丁顿来找他，说伍尔夫为《国家》杂志委托的一位评论员曾经"与（阿尔丁顿的）妻子私奔"，伍尔夫不应该继续雇佣他。伍尔夫回答说这不合情理，阿尔丁顿此后再也没有和他说话。格瑞曾审阅斯特拉文斯基的芭蕾舞音乐《婚礼》，认为这是"相当糟糕的作品"。

'so elusive' – Cecil Gray to H. D., undated (March 1918). Beinecke.

"无比厌倦"：塞西尔·格瑞《音乐椅》，第 145 页。格瑞很多年没有见到这个女儿，也从来没有公开承认过她的存在。1922 年，在 H. D. 的请求下，布里吉特·帕特莫尔试图劝说格瑞向 H. D. 为珀迪塔提供经济支持，却发现他整日醉酒，身无分文，和阿莱斯特·克劳利一起吸大麻，把身上所有的钱都用来买一尊由雕塑家雅各布·爱泼斯坦雕刻的伯纳德·范·迪伦半身像。帕特莫尔告诉 H. D.："他看起来很分裂，有着对自己的厌恶，随之而来想要克制这种厌恶之情的微弱决心，以及同样微弱的、想要让一切回归正轨的决心。"1936 年 12 月，H. D. 写信给格瑞表示希望能见一面："并不仅仅是为了追寻过去那些不愉快的回忆，只是，一起谈谈洛伦佐老伙计——愿上帝令他的灵魂得到安息——以及其他人，想来会很有意思……康沃尔郡的日子一直以来都像是梦境，我为此深深感激着你！"他从未回信。格瑞一生结了三次婚，又有了两个女儿——保利娜和法比亚。

在 1984 年维拉戈出版社版本的《让我活下去》中，珀迪塔在后记中讲述了自己的故事。还是个孩子的时候，她以为父亲是 H. D. 和布莱尔口中偶尔提及的"阿尔丁顿先生"；布莱尔只告诉她，她的父亲是一个"彻头彻尾的坏蛋"，"抛下了你"，勉强给她一本格瑞的书《西贝柳斯》（Sebelius），嘱咐她再也不要问任何问题。等她再长大一些，母亲告诉

358

她和她的父亲之间是"一段短暂的感情，是为了报复理查德·阿尔丁顿的不忠。除了带来珀迪塔，没有其他长久的影响"。1947年，珀迪塔唯一一次见到了格瑞。当时，珀迪塔和布莱尔的丈夫肯尼思·麦克弗森（在1927年合法收养了珀迪塔）一起在卡普里岛上诺曼·道格拉斯的房子过暑假。后来，格瑞和他的第三任妻子玛乔丽（和道格拉斯是好友）也来到这里。麦克弗森向格瑞介绍道："塞西尔，这是我的女儿，珀迪塔。"珀迪塔感觉自己"就像在看一面镜子"。两个人没有任何交流，她之后再也没有见过他。但格瑞在日记中留下了一些印记："我最好的作品或许是我的女儿们，有些没有作品编号——没有正式名义，但丝毫没有负面影响"。

'fini, fini, fini' – Richard Aldington to H. D., 27 September 1918. Beinecke.

把房子剩下的租期转租出去：H. D. 把广场44号租给了一位名叫玛格丽特·波斯特盖特的年轻女性，她这样描述这处公寓："公寓原主人是诗人 H. D.，这是梅克伦堡广场一间可爱的屋子，位于二楼，有三面高高的窗户，阳台俯瞰着广场的悬铃木，屋子里暖气总是不足，还有成群的老鼠。"波斯特盖特后来与经济学家 G. D. H. 科尔结婚，夫妻俩共同创作了一系列侦探小说；多萝西·L. 塞耶斯大学毕业后想要成立侦探小说创作联盟，科尔夫妇原本可以成为联盟成员。夫妇俩通过全国大罢工中做的工作也结识了艾琳·鲍尔和 R. H. 托尼。

'begun really seriously' – H. D. to John Cournos, 17 July 1918. Houghton JC.

'a Greek' – Bryher to Amy Lowell, 28 November 1918. Houghton AL.

'The worst thing' – H. D. to John Cournos, November 1919. Bryn Mawr.

'I feel it' – H. D. to Clement Shorter, January 1919. Beinecke.

'My only real' – H. D., *End to Torment*, p. 8.

'without her' – H. D., *Tribute to Freud*, p. 49.

'I hope' – Bryher to H. D., 21 April 1919. Beinecke.

'take, at times' – H. D. to Bryher, 18 December 1918. Beinecke.

Thinking back – Perdita Schaffner, 'Running', p. 7.

'Every year' – Barbara Guest, *Herself Defined*, p. 110.

'repetitive thoughts' – H. D., *Tribute to Freud*, p. 13.

'women did not' – ibid., p. 149.

'found him some' – ibid., p. 141.

'a prophet' – VW, 'Notes on D. H. Lawrence' (1931) in *The Moment and Other Essays*, p. 79.

'a fiery, golden' – H. D., *Compassionate Friendship*, p. 54.

'But there is' – H. D. to John Cournos, 31 October 1916. Houghton JC.

'I think' – H. D. to Richard Aldington, 23 February 1949. Morris.

'Feeling sorry' – D. H. Lawrence to Selina Yorke, 16 December 1918.

'a cat' – D. H. Lawrence to Emily King, 14 June 1926.

'unrecognisable' – Quoted in Susan Stanford Friedman, *Penelope's Web*, p. 153.

'which no one' – Cecil Gray, *Peter Warlock*, p. 120.

'weary and sceptical' – Cecil Gray, *Musical Chairs*, p. 133.

'a Jesus Christ' – idem.

'the threshold' – D. H. Lawrence to Cecil Gray, 7 November 1917.

'Lawrence does not' – H. D., *Compassionate Friendship*, p. 114.

'Frieda was there' – idem.

'perfect bisexual' – H. D. to Bryher, 24 November 1934. Beinecke.

'I have tried' – H. D. to Bryher, 27 November 1934. Beinecke.

'the room grew colder' – H. D., *Thorn Thicket*, p. 182.

'realised that' – H. D., 'H. D. by Delia Alton', p. 180.

'You must not' – H. D. to Richard Aldington, 14 January 1953. Morris.

'kick over' – H. D., *Bid Me to Live*, p. 61.

'This is my' – H. D., *Thorn Thicket*, p. 23.

第三章　多萝西·L. 塞耶斯

'As the south doors' – The scene is described in Vera Brittain, *The Women at Oxford*, p. 156.

'but really' – DLS to her mother, 18 August 1920. Barbara Reynolds (ed.), *The Letters of Dorothy L. Sayers*.

'I gnash my teeth' – JEH to Gilbert Murray, October 1920. Newnham.

"第一次世界大战前几年毕业的萨默维尔学院学生之中"：薇拉·布里顿《牛津大学女性》（*The Women at Oxford*），第122—123页。布里顿在《青春誓约》中这样描述塞耶斯："一位活泼开朗、激情洋溢的年轻女孩，似乎总是在为茶话会做准备，无论白天还是晚上任何时候，人们总能看见她在新梅特兰大厦顶楼跑来跑去，手上拿着茶壶，衣服外面套着印着方格图案的围裙。"

'hedged about' – DLS to Barbara Reynolds, 27 January 1949.

'Dear me!' – DLS, *The Comediad*. Wheaton.

'brought up without' – DLS to Maurice Reckitt, 19 November 1941.

'a woman of' – DLS, 'My Edwardian Childhood'. Wheaton. Published in Barbara Reynolds (ed.), *Dorothy L. Sayers: Child and Woman of Her Time*, p. 8.

'oblique and distorted' – Walter M. Gallichan, 'The Great Unmarried' (1916). Quoted in Virginia Nicholson, *Singled Out*, p. 37.

'sentimental' – DLS to Ivy Shrimpton, 15 April 1930.

'Gentlemen – and others' – Rosamund Essex, *Woman in a Man's World*, p. 11.

'extravagant indoor headgear' – Vera Brittain, *The Women at Oxford*, p. 123.

'If the trousers' – DLS, 'Are Women Human?', *Unpopular Opinions*, pp. 108–9.

'the best medium' – DLS to Anthony Berkeley, 24 January 1949. Wheaton.

'I write prose' – DLS to Catherine Godfrey, 29 July 1913.

'quite a ghost craze' – DLS to her parents, 26 January 1913.

'immensely exciting' – DLS to her parents, 2 August 1914.

a military hospital – See also Siegfried Sassoon, *Memoirs of an Infantry Officer*, and Robert Graves, *Goodbye to All That* for soldiers' memories of Somerville.

'Do you know' – DLS to her parents, 26 May 1913.

'something real' – DLS to parents, 16 May 1915.

'wouldn't do any harm' – DLS to Catherine Godfrey, 23 November 1915.

'growing rusty' – DLS to Muriel Jaeger, 6 February 1916.

her debut collection – Her second book of poems, *Catholic Tales and Christian Songs*, was published by Blackwell in September 1918.

'There is no future' – DLS to her father, 25 January 1917.

'a thorough change' – DLS to her parents, 6 June 1919.

he later claimed – Whelpton quotes are taken from an interview in the *Sunday Times*,
　　30 March 1975.

'The whole thing' – DLS to her mother, 27 February 1920.

'I really want' – DLS to her parents, 12 September 1920. Wheaton.

'Certainly no more teaching' – Paper dated 17 August 1920. Wheaton.

'Our generation is' – VW, diary 29 June 1920.

'a great generation' – J. B. Priestley, *Margin Released*, p. 136.

这些事件影响着她后来的小说：特别是塞耶斯 1928 年的小说《贝罗那俱乐部
　　的不快事件》，故事中，一位有过从军经历的人物受心魔驱使，认下了一
　　桩并不是他犯下的罪行。

'a frightfully paying business' – DLS to her parents, 23 July 1920. Her proposal is
　　now in a private collection.

'There seem to be' – DLS to her parents, 3 October 1920.

'I think we could' – DLS to her parents, 3 September 1920. Wheaton.

'fixed up to take' – DLS to her parents, 26 October 1920.

'her rents are too high' – DLS to her parents, 7 December 1920.

'rather beautiful room' – DLS to her parents, 3 December 1920.

"勇敢的激进分子、妇女参政权支持者"：H. D.《让我活下去》，第 9 页。"早期
　　的费边主义者，1914 年已经成为具有时代特征的女性，1917 年战争爆发之
　　前就已经是勇敢的激进分子、妇女参政权支持者，拥有一件棕色天鹅绒夹
　　克。她个子娇小。有时穿小乔治桑夹克和裤子。头发是自然卷，凌乱但并
　　不显得邋遢，金棕色，鬓角有了灰白的迹象。细纹爬上了蓝色的眼睛。她
　　说起话来总是很准确，带有贵族那种难以言喻的、不可捉摸的风度[1]，'我不
　　喜欢丑陋的女人'，她说道，一边将烟尾的灰弹掉。"

《维纳斯的诞生》：库诺斯在《米兰达·马斯特斯》里面提到房东太太迷恋波提
　　切利，屋子里的每个房间都挂着一幅波提切利的画作。

'full from attic to basement' – DLS to her parents, 14 December 1920.

1　原文 je ne sais quoi，意为"我不知道什么"。

'delightful underclothing' – DLS to her parents, 27 July 1921.

'I have discovered' – DLS to her parents, 14 December 1920.

'Don't ever think' – DLS to her parents, 9 December 1920. London restaurants recur in her books, from a memorable lunch at Simpson's in the Strand in *Murder Must Advertise* – 'the finest roast saddle of mutton in London' – to moules at Gatti's and turtle soup at the Savoy in *The Unpleasantness at the Bellona Club.*

'felt that' – DLS to Hilary F. Page, 10 August 1944.

'It's immoral' – DLS to Muriel Jaeger, 8 March 1917.

'looking rather ungainly' – Quoted in Barbara Reynolds, *Dorothy L. Sayers: Her Life and Soul* (Hodder & Stoughton, 1993), p. 100.

'a little gold-mine' – DLS to her parents, 31 October 1920.

'of a sort' – DLS to her parents, November 1920. Wheaton.

'She really seems' – DLS to her parents, 14 December 1920.

'as a master' – DLS, 'Tristan', *Modern Languages* 1.5 (June 1920) and 1.6 (August 1920).

'a particularly swell' – DLS to her parents, 14 December 1920.

'She really isn't' – DLS to her parents, 15 March 1921.

'I don't seem' – DLS to her parents, 19 December 1920. Wheaton.

'a meeting' – DLS to her parents, 20 November 1920. Wheaton.

Virginia Woolf – Woolf records in her diary on 25 January 1921 that she had attended a show the previous night.

Bonds of Egypt and 'The Priest's Chamber' – Unpublished manuscripts in a private collection.

'the works of ' – Eric Whelpton interview in the *Sunday Times*, 30 March 1975.

'more a part' – DLS to Mrs G. K. Chesterton, 15 June 1936.

'the Holmes tradition' – DLS (ed.), *Great Short Stories of Detection, Mystery, Horror*, p. 16.

'the nearest modern' – idem.

品味高雅：侦探小说在眼光甚高的现代作家之中拥趸不少，如埃兹拉·庞德、T.

S. 艾略特和格特鲁德·斯泰因，斯泰因还专门写了篇标题为《我为何钟爱侦探故事》的文章。弗拉基米尔·纳博科夫喜欢读《杀人广告》，把这本书推荐给不热衷于这类作品的好友埃德蒙·威尔逊："当然，阿加莎没什么可读性——但你没提到的塞耶斯写得很好。"

'is no longer' – DLS, 'The Present Status of the Mystery Story', *London Mercury*, November 1930.

unpublished essay – DLS, 'Why is the Detective a Popular Figure?' – in a private collection.

福尔摩斯探案故事：塞耶斯是夏洛克·福尔摩斯伦敦社团的创始成员，之后还写了一篇广播稿，篇中年轻的彼得·温西向这位伟大的侦探请教关于一只失踪的小猫的问题。

'all the Sexton Blakes' – DLS to Muriel Jaeger, 8 March 1920. Wheaton.

《皮卡迪利公寓冒险》：故事手稿于 2002 年在苏富比拍卖行被拍卖，我无法得知手稿现在在何处。不过故事细节从惠顿档案馆的吉尔·佩顿·沃尔什报告以及芭芭拉·雷诺兹的传记中可以重建。非常感谢安东尼·卡迪尤允许我阅读他手上的故事梗概手稿。

单身公寓：温西的公寓被设置为在皮卡迪利街 110A 号，是对夏洛克·福尔摩斯那间位于贝克街 221B 的著名房子的戏仿。这间公寓在塞耶斯笔下成了"伦敦最舒适的单身公寓之一"，墙纸是黑色和淡黄色的，屋子里有一架小型三角钢琴，书架摆满书籍珍本，壁炉架上摆着塞夫勒花瓶，还有一间可以俯瞰皮卡迪利大街的图书室。

a masculine adjective – An ingenious twist which Sayers would later recycle in her story 'The Entertaining Episode of the Article in Question'.

故事片段：包括一篇故事《介绍彼得爵爷》，一出戏剧《老鼠洞》。在《介绍彼得爵爷》这篇没有完成的故事中，一位著名小说家遭到谋杀，记者为了写出独家报道，请来彼得爵爷帮忙，他"在许多方面都颇有建树，但并不自傲。他收集旧书和老酒，破解侦探迷案"。在《老鼠洞：三间公寓里的侦探幻想曲》中，塞耶斯没有把故事中的尸体——也就是一位著名理财专家和一位神秘女人的尸体——安排在温西的公寓里，而是在他公寓上方的房间，房间开着煤气，锁孔被堵上。彼得·温西登场时（《爱好：与己无

关》）：“风度翩翩，彬彬有礼，戴着单片眼镜，穿着灰色的套装，外面没
穿大衣，套了件雅致的睡袍”。温西立马认出了女性尸体，让警长萨格颇
为不满。他趁在场警察背过身去的时候，从地上捡起了一样小物件。故事
进行到这里停笔。惠顿档案馆。

'a shy Irishman' – Eric Whelpton interview in the *Sunday Times*, 30 March 1975.

急匆匆地赶往巴特西：塞耶斯对彼得·温西走的这段路很熟悉：她的表兄雷蒙
德和妻子住在巴特西，她多次从梅克伦堡广场过去拜访他们。“前几天我
见到了雷和露西——我穿着我最好的衣服去巴特西饱餐了一顿，天气恶劣，
好在还有直达的巴士。”

这部小说：《谁的尸体？》小说中的转折或许在几年前就已经在塞耶斯脑海中
构思出来。薇拉·布里顿在《牛津大学女性》中提到“牛津大学有一种猜
谜游戏，每位参与者构思一个情节，组合成一个故事。多萝西·塞耶斯增
加的情节是：浴缸里出现一具无名尸体，浑身裸露，这个场景给她之后的
破案小说提供了情节”。

'conventional to the last degree' – DLS, 'Gaudy Night', in Denys Kilham Roberts
(ed.), *Titles to Fame*, p. 75.

is often seen – Martin Edwards's *The Golden Age of Murder* is an excellent history
of Golden Age detective fiction, as are the essays in *The Cambridge Companion to
Crime Fiction*.

'It may be' – DLS (ed.), *Great Short Stories of Detection, Mystery, Horror*, p. 9.

'Things have been' – DLS to her parents, 1 July 1921.

'One reason why' – DLS to her parents, 19 December 1921.

'Lord Peter's large income' – DLS, 'How I Came to Invent the Character of Lord
Peter Wimsey', *Harcourt, Brace News*, 15 July 1936.

'I simply must' – DLS to her parents, 29 May 1921. Wheaton.

电话簿：数十年后一位弗雷克先生来信询问塞耶斯是如何给凶手命名的。她回
信：“刚看见信封上的署名时，我真是吓了一跳，差点以为你准备起诉我
诽谤。”她告诉他，她在现实生活中从来没有遇到过任何一位弗雷克，命名
大概只是“笔尖凑巧指到了伦敦电话簿上的这个位置”。

'I'm just going on' – DLS to her parents, 15 March 1921.

'lots of parties' – DLS to her parents, 1 July 1921.

'I can't get' – DLS to her parents, 16 July 1921.

'I'm inviting a friend' – DLS to her parents, 27 July 1921.

'Just now' – John Cournos to John Gould Fletcher, 26 December 1921. Arkansas.

'Perhaps I could' – DLS to her parents, 30 October 1921. Wheaton.

'has consoled me' – John Cournos to John Gould Fletcher, 11 February 1921.
Arkansas.

'prisoners of life' – idem.

'these cliques and gangs' – John Gould Fletcher to John Cournos, 29 April 1920.
Houghton JC.

'Few friendships' – DLS to Leonard Green, 29 August 1919. HRC Sayers.

"不愿与这个男人有任何牵扯"：多萝西·塞耶斯写给父母的信，1920 年 1 月 2 日。
在这场失败的求婚三年之后他来信告诉塞耶斯他订婚的消息。惠顿档案馆。

'To have somebody' – DLS to her mother, 11 July 1917.

'sort of abject hero-worship' – DLS to John Cournos, 25 January 1925.

'a rotten companion' – DLS to John Cournos, 4 December 1924.

'How stupid' – DLS to John Cournos, 13 August 1925.

'having tramped' – idem.

'You can't be both' – John Cournos to John Gould Fletcher, 27 May 1921.
Arkansas.

'Personally, I think' – DLS to her parents, 7 October 1921.

"我想他是不会喜欢彼得·温西爵爷的"：多萝西·塞耶斯写给父母的信，1921
年 11 月 8 日。塞耶斯 1930 年小说《涉案文件》（ The Documents in the Case ）
中有一位这样的角色："不算什么坏人，但是一门心思钻研艺术过了头，
令人厌烦。"

'It makes me' – idem.

'full of mouldy sandwiches' – DLS to her parents, 14 February 1922.

'I've been promised' – DLS to her parents, 8 November 1921.

'I think of' – DLS to her parents, 14 February 1922.

'I spend all' – DLS to her parents, 8 November 1921.

'I shall either' – DLS to her parents, undated (November 1921).

'I'm afraid he' – idem.

'Nobody can feel' – DLS to her parents, 19 December 1921.

大詹姆斯街：之前梅克伦堡广场的屋子每年租金是六十五英镑，新住所需要七十英镑，有起居室、卧室和厨房，还可以使用新的浴室和图书室，是一个"令人愉悦的住所"。这个地址如今装有蓝色牌匾作为标记。

'actually settled' – DLS to her parents, 15 June 1922.

'showed signs of' – DLS to her parents, 14 August 1922. Wheaton.

'I want to' – idem.

'he has' – DLS to her parents, 24 July 1922. Wheaton.

'very confident' – DLS to her parents, 4 April 1922. Wheaton.

'a lively discussion' – DLS to her parents, 27 July 1922.

'passionately wanting' – DLS to John Cournos, 13 August 1925.

'talk about being' – DLS to John Cournos, 4 December 1924.

'stripped love down' – DLS to John Cournos, undated (January 1925).

'turned up' – DLS to her mother, 18 January 1922.

"今天晚饭有五道主菜"：多萝西·塞耶斯写给母亲的信，1922 年 7 月 24 日。两人喝了红酒（塞耶斯称之为"西班牙勃艮第"）和两种苦艾酒，外加五道菜：葡萄柚加冰和打发奶油，粉丝，牛排配土豆和沙拉，水果果冻加奶油，烤蘑菇，还搭配了咖啡和利口酒。

'John hasn't' – DLS to her parents, 28 November 1922.

'grave physical' – June Rose, *Marie Stopes and the Sexual Revolution*, p. 179.

'every dirty trick' – DLS to John Cournos, 4 December 1924.

'excluded frankness' – DLS to John Cournos, undated (January 1925).

'Everywhere, in the hotels' – John Cournos to John Gould Fletcher, 29 November 1922. Arkansas.

'I'm getting more' – DLS to her mother, 8 January 1923.

'I've been lonely' – idem.

'Intellect isn't' – DLS to her mother, 18 December 1922.

'a revolting slum' – DLS to her mother, 8 January 1923.

Beatrice White – The source of this episode, revealed after Barbara Reynolds's 1993 biography was published, is provided in an appendix to Reynolds (ed.), *Letters*, vol. 2.

'I'm awfully rushed' – DLS to her mother, 2 November 1923.

失望的塞耶斯：1924 年 12 月，塞耶斯坐在餐厅里，发现旁边竟然坐着比尔和另外一个女人。塞耶斯努力想忽略他们的存在，但这位女人恰好打翻茶杯，茶水洒在了塞耶斯腿上，为此向塞耶斯道歉。

'I never meant' – DLS to John Cournos, 22 February 1925.

'of all motives' – DLS, 'Motives for Crime', *Sunday Times*, 5 August 1934. In Martin Edwards (ed.), *Taking Detective Stories Seriously: The Collected Crime Reviews of Dorothy L. Sayers*, p. 178.

'it would grieve' – DLS to Ivy Shrimpton, 27 January 1924.

'an infant' – DLS to Ivy Shrimpton, 1 January 1924.

'Everything I told you' – DLS to Ivy Shrimpton, 27 January 1924.

'affection rather' – DLS to Ivy Shrimpton, 1 January 1924.

'I hope he' – DLS to Ivy Shrimpton, 2 May 1924.

只将约翰·安东尼的存在告诉过一个人：库诺斯对自己这一特权心知肚明，似乎也乐在其中。库诺斯留存在哈佛大学霍顿图书馆的文件中有一些是塞耶斯的新闻访谈。其中有两篇文章被人用笔圈出：第一篇是《无论大主教还是老太太，塞耶斯小姐一视同仁，绝不让人侵犯她的信仰或隐私》；第二篇关于塞耶斯抱怨评论员"对我翻译的但丁不感兴趣，只想知道我一定隐藏着什么惊天秘密——关于我为什么选择翻译但丁而不是写更多侦探小说的秘密"。库诺斯在"只想知道我一定隐藏着什么惊天秘密"一句下方划了两条下划线。

　　1953 年 1 月，库诺斯写信给耶鲁大学图书馆的詹姆斯·芭布（他之前曾将小说家 L.A.G. 斯特朗写给他的一部分信件卖给芭布）："我有一些很有意思的书信，特别之处在于这些书信保存完整、前后连贯……这些信出自多萝西·L. 塞耶斯之手，写于她事业刚刚起步那几年，展现了她私下的性格，将来的传记作家对这段故事一定会很感兴趣。"他在信中还特别强调这些书信只有等到他和塞耶斯都已经离开人世才能向研究者公开——"我对处理这些书信还有些犹豫，因为里面确实涉及一些非常私密的话题"——
之后又改变了主意："再三思索，我自己并不介意，因为私密话题只关于
她。"这十一封信最终保存在哈佛大学霍顿图书馆，并且立下条件，只有在
库诺斯死后五十年才能公开。尽管如此，二十世纪七十年代学者卡洛琳·埃
尔布兰还是看到了书信副本；1981 年，这些书信正式提供给詹姆斯·布拉
巴宗用于书写传记，也收录在芭芭拉·雷诺兹版的塞耶斯书信集中。

'Dear John' – DLS to John Cournos, 22 August 1924.

'The one thing' – DLS to John Cournos, 27 October 1924.

'Last time' – idem.

'I have become' – DLS to John Cournos, undated (January 1925).

'interests are' – idem.

'everlasting breeziness' – DLS to Eustace Barton, 7 May 1928.

'with the infanticidal' – DLS, 'Gaudy Night', in Denys Kilham Roberts (ed.),
Titles to Fame, p. 79.

'a drama' – G. K. Chesterton, *Illustrated London News*, 19 August 1922.

'persuade us' – DLS, 'Puppets or People in Stories of Crime', *Sunday Times*, 26
May 1935. In *Taking Detective Stories Seriously*, p. 279.

'a passion' – VW, diary 4 January 1925.

'to write a' – E. C. Bentley, *Those Days* (Constable, 1940), p.249.

'breathing and moving' – DLS, *Trent's Last Case* draft broadcast talk. Wheaton.

'in every respect' – DLS, 'Gaudy Night', in Denys Kilham Roberts (ed.), *Titles to
Fame*, p. 79.

"布卢姆斯伯里文学女性"：塞耶斯在《贝罗那俱乐部的不快事件》中创造出
了哈丽雅特这一角色的最初形象，安·多兰，她是一位艺术家，书架上摆
着弗吉尼亚·伍尔夫和 D. H. 劳伦斯，在一场失败的恋爱后被指控谋杀。
温西恳请她渴望另一种不同恋爱："你一直都希望被人主宰，不是吗？……
但是你最终会发现你才是两人之中更富有智慧的那一个。他会为此而骄傲，
你也会发现他可靠、善良，迎来一个好的结果。"

'Notwithstanding the usual' – DLS, 'Apology for Peter', *The Book Society Annual*
(Christmas 1935).

'a major operation' – DLS, 'Gaudy Night', in Denys Kilham Roberts (ed.), Titles to Fame, p. 79.

'good work' – DLS, *Why Work?*.

'What on earth' – DLS, 'Are Women Human?', *Unpopular Opinions*, p. 114.

'who are cursed with' – DLS, *Gaudy Night*, p. 77.

'a passport to' – DLS, 'What's Right with Oxford?', *Oxford Magazine* (Summer 1935).

'by choosing' – DLS, 'Gaudy Night', in Denys Kilham Roberts (ed.), *Titles to Fame*, p. 82.

'an Oxford woman graduate' – ibid., p. 81.

Cat O'Mary – Wheaton. Published in Barbara Reynolds (ed.), *Dorothy L. Sayers: Child and Woman of Her Time*, p. 155. She'd intended to publish *Cat O'Mary* – the 'straight novel' – under a pseudonym, Johanna Leigh.

只作为个体：这部没能完成的小说中许多方面在塞耶斯 1937 年创作的喜剧《热爱一切》中再次出现。在这部喜剧中，丈夫对妻子不忠，他惊讶地发现妻子居然在他和情人在一起的时候写了一出戏剧，在伦敦过着成功、耀眼的生活，还拥有一间自己的公寓，跻身于西区上流阶层，电话总是响个不停。

难称美满无虑：塞耶斯的儿子曾宣布预备结两次婚，对此，塞耶斯告诉他："我不知道浪漫爱情是否一定能奠定良好基础——关键是相互尊重、礼貌相待，以及看透事物本质的决心。对于这个话题，我给不出太多的建议，毕竟我自己做得也很糟糕。但我毕竟坚持了四分之一个世纪，也因此多少有些轻视那些没有坚持下来的人。"

'learning to cope' – DLS to John Cournos, 25 January 1925.

'quite satisfied' – DLS to Ivy Shrimpton, 15 March 1926.

'too old' – DLS to Ivy Shrimpton, 27 January 1924.

Mrs H. Attwood – cf. a letter written by Cournos's step-granddaughter, Marcia Satterthwaite Wertime, to the *New York Times*, 14 November 1993.

当下争取女性受教育权的斗争：1927 年 6 月 16 日，大学理事会经投票表决，决定将女大学生的人数限定在六百二十人，这意味着牛津大学中男女比将达到四比一。塞耶斯在《非常死亡》（ *Unnatural Death* ）中提到过"牛津大学断定女性是危险的", 在《校友聚会惊魂夜》前言中, 塞耶斯特意为虚构了 "一个拥有一百五十名女学生的学院, 超过了法律规定的数目" 而向官方道歉。一直到 1993 年, 萨默维尔学院学生一旦结婚, 都必须放弃奖学金。

'Whether you advertise' – DLS to Victor Gollancz, 26 September 1935.

'not really a detective story' – DLS to Muriel St Clare Byrne, 8 September 1935.

'a discussion' – 'Crime in College', *TLS*, 9 November 1935.

'For no bribe' – DLS, 'Would You Like to be 21 Again? I Wouldn't', *Daily Express*, 9 February 1937.

'One thing' – DLS to Hilary F. Page, 10 August 1944.

第四章　简·艾伦·哈里森

'John is encamped' – Quoted in Michael Holroyd, *Augustus John*, p. 364.

'I felt' – JEH to D. S. MacColl, 15 August 1909. Glasgow.

which she attributed – Jessie G. Stewart, *Jane Ellen Harrison: A Portrait from Letters*, p. 104.

'seems to me' – JEH to Ruth Darwin, undated (July 1909). Newnham.

'a very charming person' – Augustus John to Ottoline Morrell, 22 July 1909. Quoted in Michael Holroyd, *Augustus John*, p. 363.

'odd & disappointing' – Gilbert Murray to Jessie Stewart, 1 May 1928. Newnham.

对葬礼安排的困惑: 葬礼的具体安排我们无从得知, 但是霍普建议在纽纳姆学院的追悼会上诵读《旧约·箴言》的第三章, 除去第 5、6、9、10、11 和 12 节, 以第 24 节结束: "我想不出比这更合适的了。"

'Who is "God"' – VW, diary 21 April 1928.

'The problem' – HM to Jessie Stewart, 29 March 1943. Newnham.

'I thought' – Gilbert Murray to Jessie Stewart, 26 March 1950. Newnham.

'I never understood' – Gilbert Murray to Jessie Stewart, 23 April 1952. Newnham.

'I send you' – JEH to Gilbert Murray, 31 October 1925. Newnham.

trimmed with fringe – Reminiscences of Marian Harrison. Newnham.

'ignorant but willing' – JEH, *Reminiscences*, p. 27.

staying at home – Reminiscences of Marian Harrison. Newnham.

'the cleverest woman' – Reminiscences of Mary Marshall. Newnham.

'where all the' – Quoted in Gill Sutherland, 'History of Newnham', www.newn. cam.ac.uk.

'the newest thing' – JEH, *Reminiscences*, p. 45.

'perambulating lectures' – Interview with Jane Harrison, *Pall Mall Gazette*, 4 November 1891.

'the lady' – idem.

'A woman was' – Interview with Jane Harrison, *Women's Penny Paper*, 24 August 1889.

'undesirable that' – Quoted in Mary Beard, *The Invention of Jane Harrison*, p. 62.

'had not enjoyed' – Jean Mills, *Virginia Woolf, Jane Ellen Harrison, and the Spirit of Modernist Classicism*, p. 19.

荣誉学位：1895 年 4 月，阿伯丁大学授予哈里森荣誉法学博士学位，她是第一位获得这一学位的女性。两年后，杜伦大学授予哈里森荣誉文学博士学位。

'one woman' – Interview with Jane Harrison, *Time and Tide*, 27 January 1928.

'the fat and comely one' – JEH to Gilbert Murray, May 1904. Newnham.

'Zeus is nowhere' – JEH to Gilbert Murray, 21 April 1901. Newnham.

'the products of art' – JEH, *Themis*, p. xi.

'a veritable little manual' – JEH to Gilbert Murray, 21 April 1901. Newnham.

'religious representation' – JEH, *Themis*, p. 500.

'We are so' – JEH, *Prolegomena to the Study of Greek Religion*, p. 397.

'Few books are' – T. S. Eliot, 'Euripides and Professor Murray', in *Selected Essays*, p. 62.

'a keen emotion' – JEH, *Ancient Art and Ritual*, p. 57.

'it just fascinates' – D. H. Lawrence to Arthur McLeod, 26 October 1913.

'trying to make' – JEH, *Reminiscences*, p. 26.

'there were *mother*-cults' – H. D. to Bryher, 15 April 1932. Beinecke.

'and all the' – VW to Violet Dickinson, 22 October 1904.

'a really Apostolic' – VW, *Roger Fry*, p. 92.

'excess of sympathy' – *Saturday Review*, 4 May 1912.

狂乐乱舞的古希腊人文主义：哈里森知道伊莎朵拉·邓肯，有时候会在邓肯的
　　演出中读希腊诗歌。

'such an audacious' – Jessie G. Stewart, *Jane Ellen Harrison*, p. 88.

To the orthodox' – JEH, *Themis*, p. lviii.

'knowing Greek' – For more on this subject see Yopie Prins's fascinating book *Ladies' Greek*.

'freedom to know' – JEH, 'Homo Sum: Being a Letter to an Anti-Suffragist from an Anthropologist', *Alpha and Omega*, p. 112.

'she was a little girl' – JEH, 'Scientiae Sacra Fames', *Alpha and Omega*, p. 117.

'confine man' – JEH, 'Homo Sum', *Alpha and Omega*, p. 84.

'we must free' – JEH, 'Scientiae Sacra Fames', *Alpha and Omega*, p. 139.

'made their god' – ibid., p. 142.

'to be set' – ibid., p. 120.

'With every fibre' – JEH, 'Epilogue on the War', *Alpha and Omega*, p. 223.
　　'freedom for ourselves' – ibid., p. 252.

'a notorious centre' – Quoted in Shelley Arlen, '"For Love of an Idea": Jane Ellen Harrison, heretic and humanist', p. 178.

即是异端：哈里森是剑桥大学异端社团的创始成员，这个社团旨在讨论艺术、
　　哲学和宗教。《异端与人性》这一演讲在 1909 年一次会议上被宣读。

将所有纸质文件付之一炬：安娜贝尔·鲁滨孙写道，哈里森"受到霍普·莫里
　　斯灾难性的操控，将多年来留存下来的书信和文件全部付之一炬。不仅仅
　　是吉尔伯特·默里写给她的信，还包括伯恩－琼斯等声名显赫的伦敦好友
　　写的信。或许莫里斯只是想没有负担、没有挂碍，但这一事件背后隐藏着
　　一个令人担忧的可能性，这一可能性从莫里斯之后对待哈里森的行为中也
　　可以得到印证，即，希望哈里森彻底斩断与过往生活的联结，迎来一个只
　　以她，霍普·莫里斯，为中心的未来"。霍普当时似乎并不清楚在火堆中
　　烧掉的物品明细，她在 1933 年写给杰西·斯图尔特的信中提到"我对默里
　　教授提到存在这样一种可能性（我前几周刚想到），他写给简的回信有可
　　能都在简当时烧的那座火堆里……但我坦诚告诉他，我当时根本没想到这
　　些信真的在火堆里。如果简把这些信件保存下来了，应该会和我提起。因

为当时她几乎在毁灭所有东西，如果她认为有什么会让我感到有趣，一定
会向我展示——而且我的确有一种她彻底摧毁了一切的印象"。

'to live in' – The Cornford Letters. Newnham.

如同母亲一般的导师：她在文章《晦暗岁月与青春》中隐晦提到过这一事件，
并没有指明姓名。文章收入简·艾伦·哈里森《始与终》，第 21 页。

'as if he' – Jessie G. Stewart, Jane Ellen Harrison, p. 112.

'sort of unmarried-married life' – The Cornford Letters. Newnham.

身体状况不佳之时：1903 年，哈里森呼吸不畅、犯晕，被叮嘱以后应戒烟，她
说道："如果说戒酒所遭受的痛苦好比离开你一直鄙视的情人，那么戒烟
就像是离开一位永远安慰你、不会折磨你的好友。"

'just now faced' – JEH to Frances Darwin, 1908–09. Quoted in Robert Ackerman, 'Some
Letters of the Cambridge Ritualists', pp. 121–4.

'a typical' – VW to Lady Cecil, 1 September 1925.

'Thank you' – JEH to HM, 3 July 1910. Newnham.

'that is only' – JEH to Lina Mirrlees, undated (c. 1910). Newnham.

传记作家：鲁滨孙提出莫里斯"几乎不具有哈里森的智慧天分"，并且写道"我
无法抑制地怀疑莫里斯保持与哈里森的关系是因为想通过她获得声名，否
则，没有别的理由能解释她们之间的亲密关系"。相比之下，格特鲁德·斯
泰因则在《爱丽丝·B. 托卡勒斯的自传》中称哈里森是"霍普·莫里斯的
挚爱"。

长诗《巴黎》：诗歌充斥着景象和声音，读来仿佛在城市街道上进行一天的意
识流漫游；诗歌在叙述者的个人内心独白中混杂入丰富的拼接，包括充满
暗喻性的片段、这座城市过去和现在的象征。莫里斯混合品牌名称和乐谱、
广告牌和对话片段、拉雪兹神父公墓和栖息在雕像上的鸽子，呈现出一个
纷杂、超现实的现代性景象。整体有力地刻画出这样一个城市形象：一方
面仍在为战争中逝去的一切哀悼，另一方面随着凡尔赛和平会议召开、外
交官抵达，即将迎来新的未来。总体而言，《巴黎》歌颂了繁忙的大都市
和其生生不息的生命力。

'has a passion' – VW to Lady Cecil, 1 September 1925.

'It's all Sapphism' – VW to Clive Bell, 24 September 1919.

‘spoilt prodigy’ – VW, diary 23 November 1920.

‘knows Greek’ – VW to Margaret Llewelyn Davies, 17 August 1919.

‘influence was hardly’ – Hope Mirrlees: biography research. Newnham.

最早接触俄语：霍普和简的俄语老师是娜丁·亚伦特佐夫（Nadine Jarintzov），她于十九世纪九十年代从圣彼得堡来到英国。她是性教育推广的支持者，是一位作家、艺术评论家，哈里森为她的《俄国诗人和诗歌》一书写了序言："娜丁·亚伦特佐夫之前的书籍令每一位俄语学习者包括我自己获益匪浅。她为我们娓娓道来，以身作则地实践俄国人身上独有的俄国精神。现在她更进一步，通过翻译来重塑俄国精神。"这本书于 1917 年由出版商布莱克韦尔出版，这时候多萝西·L. 塞耶斯正在他的公司工作。有一晚，巴兹尔·布莱克韦尔在家中设宴，伦纳德·霍奇森向塞耶斯求婚，"亚伦特佐夫夫人"也出席了这场晚宴。

‘cares more’ – JEH to Gilbert Murray, October 1914. Newnham.

为我们的新联盟：简·艾伦·哈里森写给霍普·莫里斯的信，1914 年 8 月 28 日。纽纳姆。在 1914 年 12 月 23 日的《曼彻斯特卫报》上，哈里森加入亨利·詹姆斯、H. G. 威尔斯和康斯坦丝·加尼特等人，一起在一篇名为《致俄国文人》的信件下签名，表达"当下时刻，俄国市民与英国市民为了拯救欧洲携手直面死亡"的团结一致。

‘It is too fascinating’ – JEH to Gilbert Murray, May 1915. Newnham.

在剑桥大学的一堂课上：简·哈里森几乎一开始学习俄语就同时开始教授，并且主张将俄语纳入剑桥大学的教学大纲。"准确掌握俄语和希腊语这两门语言并且熟知这两种文化有助于广泛、彻底的人文学科教育。"她只去过一次俄国——1886 年 9 月和堂姊妹玛丽安·哈里森（Marian Harrison）一道，但这时简尚未对俄语文化产生兴趣——为当时将所有时间都用于观赏艾尔米塔什博物馆中的希腊花瓶而懊悔不已："无知的我就那样离开了俄国，真是愚不可及！我本可以去瞻仰托尔斯泰，甚至亲眼见到陀思妥耶夫斯基……如今我再也无缘得见莫斯科和基辅——我那梦中的城市了。"不过简曾带领屠格涅夫游览纽纳姆学院。"不知我有没有勇气请他说一两句俄语呢？他看上去像是一头性格和顺的雪白雄狮。啊！他说流利的英语；多么令人痛心。"

'growing richer' – JEH, 'Aspects, Aorists and the Classical Tripos', p. 5.

'If Esperanto' – JEH, 'Epilogue on the War', *Alpha and Omega*, pp. 246–7.

'far famed' – JEH, 'Aspects, Aorists and the Classical Tripos', p. 7.

'which melt into' – Henri Bergson, *Time and Free Will*, p. 104.

'Each of us' – JEH, 'Unanimism and Conversion', *Alpha and Omega*, p. 48.

'all the recent' – HM, 'An Earthly Paradise', *Time and Tide*, 25 February 1927.

'was where the' – Gertrude Stein, *Paris France*, p. 11.

左岸：1924 年 4 月 26 日，约翰·库诺斯从巴黎写信告诉约翰·古德·弗莱彻，俄国人在蒙帕纳斯大道上的罗通德咖啡馆喝咖啡，美国人和英国人都坐在对面的圆顶咖啡馆。"这里的俄国人看上去生气勃勃，昂扬而热烈，对当今时代的生活充满创造性的兴趣，就像现在一样；美国人则沉闷、厌世，总是醉醺醺的。"

'Cubism is now' – HM to Lina Mirrlees, 17 November 1922. Newnham HM.

'owing to Pellerin's churlishness' – HM to Lina Mirrlees, 17 November 1922. Newnham HM.

'to wear with' – HM to Lina Mirrlees, 2 November 1922. Newnham HM.

"萨波公寓"：弗吉尼亚·伍尔夫写给莫莉·麦卡锡的信，1923 年 4 月 22 日。莫里斯在世时，伍尔夫书信集版本中删去了提及"萨波公寓"的部分。

'I feel that' – D. H. Lawrence to S. S. Koteliansky, 1 May 1917.

'All along' – JEH to Mary Murray, 25 December 1922. Newnham.

'uses too many' – JEH to Gilbert Murray, 22 January 1916. Newnham.

During his stint – Alexei Remizov to John Cournos, 11 June 1924. Amherst.

8 月：查尔斯·杜·波斯写给霍普·莫里斯的信，1930 年 1 月 3 日："我很高兴是由米尔斯基公爵来介绍简·哈里森——你们三人在蓬蒂尼一同翻译阿瓦库姆的场景历历在目。"雅克·杜塞文学图书室。

1917 俱乐部：多萝西·L. 塞耶斯的《证言疑云》中，彼得·温西爵爷的妹妹玛丽是爵禄街苏联俱乐部的成员，俱乐部总部"有着橙黄色的门，两侧窗户装着紫红色的窗帘"。俱乐部的成立宗旨"不是为了高雅的生活方式，而是为了容纳自由思想"，温西的母亲抱怨孩子们"到处拜访那些全是俄国人的低等场所，和那些自视过高的社会主义者打成一片……他们喝咖啡，写些不知所云的诗歌，无论咖啡还是诗歌通常都损害着他们的神经"。

'the greatest writer' – VW to Lytton Strachey, 1 September 1912.

'savage-joyful' – *The Times*, 24 June 1911.

鲍里斯·安列普：他设计的马赛克作品以朋友（其中就包括弗吉尼亚·伍尔夫）的形象作为希腊缪斯女神，装饰着国家美术馆的入口大堂。

"那剪得短短的头发"：戴维·加尼特《黄金时代的回响》（*The Golden Echo*），第 6 页。加尼特认为哈里森和阿瑟·韦利是"我认识的最伟大的学者"。

'together with Freud' – D. S. Mirsky, *Jane Ellen Harrison and Russia*, p. 9.

'immensely impressed' – JEH to D. S. Mirsky, September 1924. Newnham.

'Oh dear!' – JEH to D. S. Mirsky, November 1924. Newnham.

'draw your inspiration' – JEH, 'Epilogue on the War', *Alpha and Omega*, p. 238. The following quotes are also from this essay.

'our delightful Club' – JEH to D. S. Mirsky, 9 May 1925. Newnham.

'the size of ' – JEH to D. S. Mirsky, undated (January 1926). Newnham.

小小的、风格别致的房子：语音学家亨利·斯威特于 1845 年出生于梅克伦堡街 11 号，是乔治·伯纳德·萧《皮格马利翁》中亨利·希金斯的原型。

'We have taken' – JEH to Gilbert Murray, undated (September 1926). Newnham.

'a servant is' – HM to Lina Mirrlees, 15 October 1922. Newnham HM.

有几位成员原本就是哈里森的旧识：1909 年，简在巴登岛参加一场研讨会，在那里遇到了利顿·斯特雷奇。当时两人为了缓解身体不适，都来接受瑞典式按摩。简充满笑意地回忆两人见面的场景："当时他说，'听我的建议，他们一碰到你，你就要喊，一直喊到按摩结束'。这是一条饱含怜悯的中肯建议。那是我第一次知道斯特雷奇是如何温柔、敏锐地抚摸人的弱点。" 1905 年，简和罗杰·弗莱一起在诺曼底骑车度假。弗莱记得"当时女性穿灯笼裤骑自行车是一种风尚。但简她自己设计了一种由紧身马裤[1]和主教穿在外面的围裙组成的衣服。她很满意自己这一身搭配，但法国的市民认为实在太离谱了。第二年，当她穿着这一身出现在巴黎北站的时候引起了好一阵骚动"。

---

1 裤脚束紧，长及膝部，便于骑马的裤子。

'When I knew' – Leonard Woolf, *An Autobiography*, vol. 2, p. 204.

'Knowing my' – JEH to D. S. Mirsky, 21 November 1924. Newnham.

'there are few' – JEH, *Themis*, p. 450.

'full of them' – Frances Partridge, *Love in Bloomsbury*, p. 60.

'the emotional' – D. S. Mirsky, *Jane Ellen Harrison and Russia*, p. 10.

'the OO' – Notebook of Bear Facts. Newnham HM.

in subtle dedication – Harrison's *Epilegomena* (1921) has an Arabic dedication to Hope; Hope's novel *Madeleine* uses a quote from *Ancient Art and Ritual* as the epigraph for its final chapter.

'fantastic dramas' – JEH and HM, *The Book of the Bear*, p. xii.

'We chose' – JEH to Gilbert Murray, undated (September 1926). Newnham.

'The Bear never' – JEH to Jessie Stewart, 30 December 1926. Newnham.

'a long essay' – 'Some Aspects of the Art of Alexey Mikhailovich Remizov', reprinted in Parmar (ed.), HM, *Collected Poems*.

'I have lost' – JEH to Gilbert Murray, August 1924 (misdated 1923 by Stewart). Newnham.

'Slav soul' – D. S. Mirsky, *Jane Ellen Harrison and Russia*, pp. 9–11.

穷苦流亡：简在去世前不久写给塞拉菲玛的最后一封信中表示自己因病致贫，无法如她所请给她寄钱，对此万分哀痛。一直到 1933 年，莫里斯还给他们寄去一笔数额不大的版税，用于支付将列米佐夫关于熊的故事收入学校读本的费用。

'I had a book' – JEH to Gilbert Murray, 16 May 1927. Newnham.

'deeply interesting' – JEH to D. S. Mirsky, 29 January 1926. Newnham.

陷入内讧：曾在 1925 年自称"反共分子"的米尔斯基很快转变为亲苏联。到 1931 年，他开始撰写列宁传记并加入共产党。米尔斯基于 1932 年在马克西姆·高尔基的赞助下返回苏联，但在 1936 年高尔基去世后被捕并被放逐到劳改营，据称于 1939 年在劳改营去世。他在离开英国前写的最后几篇文章中猛烈抨击多位布卢姆斯伯里作家身上的资产阶级道德，其中就包括弗吉尼亚·伍尔夫。伍尔夫对此非常失落。（"我遭到侧目，遭到鄙视，遭到嘲笑。"）

'The way walked' – D. S. Mirsky, *Jane Ellen Harrison and Russia*, p. 4.

'the richest civilisation' – JEH to HM, January 1921. Newnham.

但丁的作品：哈里森在《希腊宗教研究导论》中写到过一片金箔，她于 1902 年那不勒斯的一座墓中发现了这片昭示着对俄耳甫斯神广泛崇拜的金箔。按金箔上的文字指示，人死之后到了地下要避开一口叫作勒忒的井（勒忒女神会带走人生前所有罪行的回忆，勒忒井因此得名），去喝流自谟涅摩绪涅的流水（希腊记忆女神谟涅摩绪涅会恢复人生前关于善行的记忆，永葆记忆不灭）。这时弗朗西斯·康福德提醒她但丁《炼狱》中有一个很相似的故事：人死后在去往天堂的途中会被冲洗到两条河流中，分别叫勒忒（Lethe）和尤诺娅（Eunoe）。哈里森思索第二个名字的起源（当时通常被认为是但丁创造的新词），猜测这个词或许是她曾在另一片俄耳甫斯金箔上看到的"Ennoia"留存下来的形式。这一研究停滞了很久，直到她开始学习波斯语，偶然翻开一本叫作《伊斯兰与〈神曲〉》的书，这本书由西班牙学者米格尔·阿辛·帕拉西奥斯写于 1926 年。读完这本书，哈里森坚信但丁作品中有许多元素取自伊朗语的早期传统，并且突然想到俄耳甫斯教崇拜仪式（"奇特的非希腊末世论"）或许能追踪到相同的起源。这一可能性让她着迷："过去仅仅是提出俄耳甫斯教拥有东方元素这一可能性。而现在我相信，有了 Eunoe – Ennoia 这个实例，我们可以明确地下定论。"有趣且无从解释的是，哈里森这封写给默里的信的复印件留存在多萝西·L. 塞耶斯在惠顿档案馆的文件中。

'upset the whole' – JEH to Gilbert Murray, 22 August 1926. Newnham.

'Bother my vile body' – JEH to Gilbert Murray, 1 September 1926. Newnham.

'to re-write the mysteries' – idem.

'Nothing Doing' – JEH to Jessie Stewart, 30 December 1926. Newnham.

'a stream of ' – Hope Mirrlees: biography research. Newnham.

'went right down' – JEH to Gilbert Murray, 8 January 1928. Newnham.

托马斯·哈代的葬礼：弗吉尼亚·伍尔夫早在 1919 年就为《泰晤士报文学副刊》写好了哈代的悼词，也参加了这场葬礼。在葬礼上，伍尔夫的思绪开始飘忽，为讲座做准备，讲座的内容后来结集成《一间属于自己的房间》。

'ungracious' – Victoria de Bunsen to Jessie Stewart, quoted in Annabel Robinson, *The Life and Work of Jane Ellen Harrison*, p. 304.

'which as a rule' – HM to Seraphima Remizov, 28 April 1928. Amherst.

'Dear N. V.' – Seraphima Remizov to HM, undated. Amherst.

'crossing the graveyard' – VW, diary 17 April 1928.

"上面只有一句话"：霍普·莫里斯写给瓦莱里·艾略特的信，1965 年 1 月 5 日。
　　伍尔夫的信实际上是："无论如何，你之存在对于她的意义对你而言一定
　　是极大的安慰。"弗吉尼亚·伍尔夫写给霍普·莫里斯的信，1928 年 4 月
　　17 日。马里兰。

'delightful old ladies' – Interview with Jane Harrison, *Time and Tide,* 27 January 1928.

'You cannot be' – JEH, 'Crabbed Age and Youth', *Alpha and Omega*, p. 17.

以《一间独属于自己的房间》来纪念她的一生：伍尔夫于 1928 年 10 月 20 日
　　在纽纳姆学院做了题为《一间独属于自己的房间》的讲座；一周后，1928
　　年 10 月 27 日，周六，朋友们聚集在学院，聆听吉尔伯特·默里为简·哈
　　里森所做的首次纪念讲座。

'I had not' – Lytton Strachey to Roger Fry, 18 April 1928. Quoted in Michael Holroyd,
　　Lytton Strachey, p. 1026.

第五章　艾琳·鲍尔

'by the study' – Albert Kahn Foundation for the Foreign Travel of American Teachers.
　　Reports, volume 1, issue 1, 1912.

'an enlightened French' – Guy Fletcher, 'World History', *Radio Times*, 21 June 1933.

'defeat the objects' – EP to George Coulton, 27 April 1920. Girton.

'enjoyed the novel' – EP, diary 24 December 1920. CUL.

'I would not' – EP to George Coulton, 31 July 1921. Girton.

'saintly' – EP, 'Mahatma Gandhi's Boycott: another view'. CUL.

'I found myself' – EP, Report to the Trustees, undated. CUL.

'more stridently' – EP, journal, 1920–1. CUL.

'the historical textbook' – EP, diary 10–12 May 1921. CUL.

'that China can' – EP, Report to the Trustees. CUL.

'The A. K. fellowship' – EP to George Coulton, 5 September 1925. Girton.

'I never felt' – EP to Lilian Knowles, 24 December 1921. LSE.

'the thing which' – EP to Lilian Knowles, 3 April 1922. LSE.

bevy of journalists – The scene is beautifully described in Dora Russell's autobiography, *The Tamarisk Tree*.

Margery Spring Rice – née Margery Garrett, author of *Working-Class Wives*, the classic account of women's lives in the 1930s; and niece of Elizabeth Garrett Anderson and Millicent Garrett Fawcett.

'I thought it' – EP to Margery Garrett, 31 July 1921. Girton.

'You need not' – EP to William Beveridge, 26 July 1921. LSE.

"我十分吝惜"：艾琳·鲍尔写给艾米·洛威尔的信，1925 年 3 月 1 日。霍顿图书馆艾米·洛威尔书信集。戈顿学院的学生记得鲍尔周日晚上总会在房间里读诗，她最喜欢的有马维尔的《致羞涩的情人》，还有勃朗宁、布鲁克、弗莱克、拉尔夫·霍奇森和 W. H. 戴维斯的诗歌。

'I am extremely' – EP to George Coulton, 30 January 1922. Girton.

Tantalising fragments – See Maxine Berg, *A Woman in History*, p. 155. Robeson's wife, Eslanda – who also starred in the film – studied at LSE in the 1930s, where they may have met Power.

"我强烈感觉到"：艾琳·鲍尔写给马格丽·加勒特的信，1912 年 7 月 9 日。毕业生温妮弗雷德·戈克罗尔记得戈顿学院多数女教师像是"古怪的老鸟"，常穿"过时的衣裙——高领裙子，纽扣从喉咙一直扣到地面……只有历史教师鲍尔小姐和其他人不同，她会穿非常漂亮的衣服，从她走路时衣衫的摆动来看，里面穿的是丝绸衬裙"。戈顿学院。

The obituaries – R. H. Tawney, address at Golders Green crematorium, 12 August 1940, Girton; J. H. Clapham, 'Eileen Power', *The Times*, 13 August 1940; Charles Webster, 'Eileen Power', *Economic Journal*, vol. 50, December 1940; G. G. Coulton, 'Memories of Eileen Power', *The Cambridge Review*, vol. 52, 18 October 1940.

薪酬增长的幅度：诺尔斯在 1914 年曾为鲍尔写过推荐信，称"我从教十余年遇到的学生数不胜数，鲍尔小姐无疑是最为突出的学生（并且部分男学生目前年薪有一千英镑薪酬）。我私心希望她无法得到贵校的研究员职位，因为那样一来戈顿学院就无法留住她，我更希望她能成为我的同事，日后成为我的继任者"。

'because I can't' – EP to Lilian Knowles, 3 April 1921. LSE.

'like the community' – EP, 'The Problem of the Friars', *The Nation and Athenaeum*, 18 January 1928.

'the virtues' – JEH, 'Homo Sum', *Alpha and Omega*, p. 84.

'is so anxious' – EP to Margery Garrett, 6 January 1911. Girton.

"女性的观点"：艾琳·鲍尔《女性在剑桥大学》，出自《昔日剑桥大学》（*The Old Cambridge*），1920 年 2 月 14 日。多萝西·L. 塞耶斯在《女人是人吗？》中为常被问及"女性如何看待"侦探小说而愤怒不已："走远些，别犯傻。你不如问问女性如何看待等边三角形。"

'extracting all' – EP to Margery Garrett, 22 August 1910. Girton.

'At her house' – Judith Listowel, *This I Have Seen*, p. 48.

'The Intractable Princess' – Girton.

'pirouetting in the' – EP to Margery Garrett, 6 October 1911. Girton.

'I feel stupid' – EP to Margery Garrett, 8 August 1910. Girton.

'quite in love' – EP to Margery Garrett, 22 August 1910. Girton.

'in order to' – EP to Margery Garrett, 18 August 1910. Girton.

'stumbling along' – EP to Margery Garrett, 17 May 1911. Girton.

'which divides' – EP to Margery Garrett, 6 January 1911. Girton.

'exasperating them' – EP to Margery Garrett, 7 April 1910. Girton.

'asserted that' – EP to Margery Garrett, 7 February 1911. Girton.

'living la vie Boheme' – EP to Margery Garrett, 15 August 1910. Girton.

'the most disreputable' – EP to Margery Garrett, 26 March 1911. Girton.

'feminists, radicals' – idem.

full-length published – Power's first publication was the booklet *The Paycockes of Coggeshall* (Methuen, 1920), based on research at Paycocke's House in Essex, a Tudor merchant's home now owned by the National Trust.

Alice Clark – For more on these women historians – many involved with Girton and the LSE, and also campaigners for the suffrage and the League of Nations – see Maxine Berg, 'The First Women Historians: The LSE Connection', pp. 308–29.

'sounded to the' – Vera Brittain, *Testament of Youth*, p. 25.

'preachers told them' – EP, *Medieval Women*, p. 3.

'the middle ages' – EP, 'English Domestic Letter Writers of the Middle Ages'. CUL.

"维多利亚时代，女性地位下降到"：她为《新政治家周刊》审阅过理查德·阿尔丁顿翻译的《十五种快乐》，指出阿尔丁顿那些关于"中世纪女性低等附属地位"的自满言论显示出他有"中世纪厌女症"。

'to speak of' – EP, *Medieval People*, p. 18.

'wildly socialistic' – EP to Margery Garrett, 17 October 1910. Girton.

"普罗大众平凡的生命"：艾琳·鲍尔《中世纪人》，第18页。多萝西·L.塞耶斯写给 C. S. 刘易斯的信，1949年1月26日："中世纪的人和今时今日的人并没有分别，会不会有人因为发现这一点而大吃一惊？只需稍稍添上一些辩证风格，中世纪人的争执、争论和争吵完全就是你我所忧虑的问题。我们从而知道他们是真实的人——为什么这一点总是被忘记？"

'if less spectacular' – EP, *Medieval People*, p. vii.

'We still praise' – ibid., p. 19.

'dew-dabblers' – EP to Margery Garrett, 22 July 1911. Girton.

Rockefeller Foundation – Hugh Dalton, *Call Back Yesterday*, p. 109.

cages of chimps – Stephen Kresge and Leif Wenar (eds), *Hayek on Hayek: An Autobiographical Dialogue*, p. 82.

converted army huts – Lionel Robbins, *Autobiography of an Economist*, p. 69. almost three thousand students – Ralf Dahrendorf, *LSE*, p. 153.

'circle of rebellious' – Beatrice Webb, diary 20 March 1918.

查尔斯·韦伯斯特：韦伯斯特是鲍尔荣誉家族的成员——鲍尔荣誉家族是一个"门槛极高的社团"，男性成员"必须能够一眼就认出鲍尔观念中的笑话"，并且"绝不能曾向鲍尔姐妹中的任何一位求过婚，因为求婚暗含着对这一荣誉姓氏的轻视"。

'hotbed of communist teaching' – 1934 letter to the *Telegraph* from Sir Ernest Graham-Little, quoted in Ralf Dahrendorf, *LSE*, p. 280.

'often chafed' – EP to George Coulton, 20 March 1921. Girton.

chocolate creams – VW, diary 6 January 1940.

'I like people' – EP to Helen Cam, 6 January 1938. Girton.

'cabbage wallpapers' – EP to Margery Garrett, 22 August 1910. Girton.

'scores of books' – J. H. Clapham, *The Times*, 13 August 1940.

'I never realised' – EP to Margery Garrett, 6 November 1910. Girton.

'admired and much-loved' – EP to George Coulton, 5 September 1923. Girton.

'I've lent' – EP to Michael Postan, 25 June (no year given). Girton.

'any woman' – Papers of Dorothy Marshall. Girton.

'a scholar' – Beatrice Webb, diary 8 December 1935.

'an idealist' – VW, diary 11 November 1917.

'to abolish all' – R. H. Tawney, *The Choice Before the Labour Party*, p. 6.

'the study, not of' – R. H. Tawney, 'The Study of Economic History', lecture at LSE, 12 October 1932, in J. M. Winter (ed.), *History and Society: Essays by R. H. Tawney*.

'The main business' – EP, 'On Medieval History as Social Study', inaugural lecture delivered at LSE, 18 January 1933. CUL.

'all those Bloomsberries' – EP to Margery Garrett, 24 September 1914. Girton.

热切期盼：伦敦政治经济学院，托尼。珍妮特在同篇文章中以丰富的细节描绘了梅克伦堡广场 44 号："真令人喜出望外，布卢姆斯伯里一处广场有一幢房子，底下三层的房租是我们负担得起的……机缘凑巧，这座广场居然能看到日出；重重叠叠的屋顶之间恰好留出一条路径以供洒下金色的光线。这座大都市的中心却是如此寂静，寂静得几近喧嚣。广场同时有一种过去和现在的氛围，让那些敏感的、富有想象力的人爱上这里。这些宏伟庄严的建筑内部承受了颇为粗暴的对待。但从外面看上去，色彩和线条依然保有昔日的风采。如今，这些房子没有一间还保留着私家马厩，原先马厩的位置现在不是车库就是商店。室内厕所仍然是老式的布置，极为狭小，设在楼梯顶间，没有通风设备，仍然和一百五十年前的原始样式没有分别——没有浴室，一间厕所被认为足以供一大家子使用。楼梯用雅致的灰色石块铺成，如果将楼梯仔细抛光，不在上面堆积物品，梯面能映出波斯手工艺品耀眼的红色，煞是好看。台阶高度只有新式的一半，宽却有两倍。因此长腿男人下楼梯的时候不必把脚侧向一边，而且可以快步奔下楼梯。他可以步伐轻盈地上下楼梯，因为台阶不会发出咯吱咯吱的响声。扶手是红木的，手掌积年累月的摩挲使其异常光滑。摸起来舒适的手感使人不愿释手。第二扇大堂门上装着铅灯，斑斓的色彩给屋子镀上一层'威赫的'神秘气息，就像东区成片的庭院赋予城堡一种充满威严和力量的氛围。总吸引人忍不住遐想是什么静卧在外。完美的女仆（她在哪里？）会在前门铃声响起时安静地关上里门，以免外界的人投入打量的目光，惊扰屋内的闪耀光华，也防止伦敦广场上时常弥漫的寒潮侵入。"

'mental disease' – R. H. Tawney, *Equality*, p. 198.

'a compost-heap' – 'Profile: R. H. Tawney', *Observer*, 25 January 1953.

'he really is' – EP to William Beveridge, 3 March 1931. LSE.

'you are continually' – EP to Michael Postan, 29 January (no year given). Girton.

regular fixtures – Attendees included Frederick Brown, Robert Fraser, Richard Greaves, Arthur Creech Jones, John Parker, Leonard Woolf, Barbara Wootton. See Postan in W. T. Rodgers (ed.), *Hugh Gaitskell*; Brian Brivati, *Hugh Gaitskell*; and Elizabeth Durbin, *New Jerusalems*.

these informal – Some of the group's findings formed contributions to the books *New Trends in Socialism* (1935) and *War and Democracy* (1938), edited by George Catlin, and Evan Durbin's book *The Politics of Democratic Socialism* (1940).

'Why are you' – Vera Brittain, *Testament of Friendship*, p. 132.

'an international authority' – Leonard Woolf, *An Autobiography*, vol. 2, p. 134.

'The parallel' – EP to Margery Garrett, 7 July 1917. Girton.

'the greatest ideal' – Helen McCarthy, *The British People and the League of Nations*, p. 24.

'The hope' – H. G. Wells to the Chairman of the National Conference on War Aims, 26 December 1917.

'The only way' – EP, *A Bibliography for School Teachers of History*, p. 9.

The Victorian certainty – See Richard Overy, *The Morbid Age: Britain and the Crisis of Civilisation, 1919–1939*.

'If the League' – EP, *A Bibliography for School Teachers of History*, p. 9.

'no less imperative' – EP, Notes on 'A League of Nations'. CUL.

'the teaching of' – H. G. Wells, 'World Peace', *The Listener*, 17 July 1929.

'so as to widen' – EP, 'The Teaching of History and World Peace', in F. S. Marvin (ed.),

The Evolution of World Peace, p. 180.

'is one of the most powerful' – Unpublished essay, 'The Approach to Political and Economic Problems in Schools'. Quoted in Maxine Berg, *A Woman in History*, p. 223.

'active desire' – 'Formation of the Schools Broadcasting Council' pamphlet. BBC.

'It is fun' – Hilda Matheson to H. G. Wells, 14 June 1929. BBC.

an impassioned address – H. G. Wells, 'World Peace', *The Listener,* 17 July 1929.

贝丽尔：贝丽尔是全国妇女选举权协会联盟的发声者和组织者，二十二岁那年和米莉森特·福西特在海德公园大型室外集会上发表讲话。她在战争期间做工厂监察员，之后成为劳动部终身公职人员。1926年，贝丽尔获得奖学金，在美国游学一年，学习与妇女儿童相关的劳动法的执行。1929年至1931年间，她在印度担任皇家劳工委员会成员，是鲍尔姐妹中第二个见到圣雄甘地的人。第二次世界大战期间，她在粮食部工作，这一时期的粮食部作为设在曼谷的联合国亚洲和远东经济委员会的一部分，主要负责提供中国福利政策建议。她与种族关系研究所之间有着密切的联系，和她的姐妹们一样，她相信"在当下动荡不安、日益萎缩、高度危险的世界，不同种族和民族之间的关系是最为急迫的问题，掌握着未来愿景的关键"。

香烟卡片："我会放一张卡片在钱包里，因为每当艾琳和贝丽尔被授予某项学术性或公民荣誉时，我就会当着她们的面拿出这张卡片，静静地但郑重其事地看着卡片，提醒她们什么是真正的知名度，非常奏效。"

'one of the most effective' – Letter to Rhoda Power, December 1934. BBC.

'some definite lessons' – EP to Mary Somerville, 27 January 1936. BBC.

艾琳和罗达：盖伊·弗莱彻《世界历史》，出自《广播时刻》，1933年6月21日。

"两位女性，姐妹，都有着灰色的眼眸，肤色偏暗；两个人身上都藏着一个狡黠的精灵，当然，艾琳因为教授的身份更显得克制……她们的职责是通过书籍和旅行寻访忽必烈和马可·波罗的魂魄，聆听皮卡迪的中世纪僧侣与在暗夜恐惧中站岗、防范野蛮人来袭的罗马哨兵对话；她们的职责是重现死去的魂魄，挖掘被掩埋的城市。她们的寻访、研究和想象以及这三者结合的成果，就叫作世界历史。学校中的学生以及任何离开学校的人都可以倾听她们的课堂。"

"如你所知"：艾琳·鲍尔写给玛丽·萨默维尔的信，1936 年 3 月 29 日，英国广播公司。1936 年 6 月，英国广播公司告知鲍尔他们将其课堂中讲述的部分内容进行了删减，因为"我们认为传教士团体很可能会反对这种言论"。鲍尔回复道："我注意到你们删去了有关十八世纪传教士的争议。如你所知，这正是中国将西方拒之门外的原因。我强烈反对贵司为了保护某个团体的听众而企图篡改历史的呈现方式。事实上，我在这些问题上尤为谨慎，那次讲话中后面特意提到'这些传教士带去了学校和医院，中国百姓可以学习西方知识，接受西方科学治疗'。现在既然不被允许提及传教士在中国历史上的负面影响，我已将讲话中提及的正面影响也一并删除。"

'the common contribution' – EP to Mary Somerville, 27 January 1936. BBC.

'serious attack' – See Susan Howson, *Lionel Robbins*, pp. 236–8.

捐献部分薪水：比例分别是讲师百分之一，高级讲师百分之二，教授百分之三。伦敦政治经济学院在二十世纪三十年代救助的难民有古斯塔夫·迈耶尔（Gustav Mayer）、莫里茨·伯恩（Moritz Bonn）、雅各布·马尔沙克（Jacob Marschak）和奥托·卡恩-弗伦德（Otto Kahn-Freund）。从 1938 年 11 月以来，难民协调委员会——致力于为中欧地区难民提供帮助、协助他们找工作和住所、对政府进行游说的独立组织——将总部设在玛格丽特·莱顿在梅克伦堡广场 5 号的家中。

'If we want' – Albert Einstein, speech 3 October 1933, published as 'Science and Civilisation' in *Essays in Humanism*.

'If, in the case' – *Spectator*, 5 March 1932.

伊斯兰国家：参见其文章《印度穆斯林和土耳其民族主义者》，出自《挑战》（*The Challenge*），1922 年 12 月 8 日："战争遗留下来的许多政治问题都十分严峻，如赔偿问题、衰亡中的奥地利的复苏、对布尔什维克俄国应采取的政策，其中最为严峻的莫过于西方强国与伊斯兰国家之间的关系问题，这个问题如果无法得到妥善处理，制订下双方都能尊重的条约，圣战和十字军东征的时代或许会再次降临。"

'an adequate account' – EP to Mary Somerville, 2 January 1936. BBC.

'merely as a' – EP, 'The Story of Half Mankind', *The Challenge*, 20 September 1922.

"黄种人威胁"：老舍 1929 年的小说《二马》中有关于伦敦的中国人社区以及

他们所面临的种族歧视（尤其是在布卢姆斯伯里寻找住所时）的描述。

'East is East' – Rudyard Kipling, 'The Ballad of East and West' (1889).

twice in the 1920s – Robert A. Bickers, *Britain in China: Community, Culture and Colonialism*, p. 52.

'White girls hypnotised' – *Evening News* front page, 6 October 1920.

庄士敦：参见史奥娜·艾尔利（Shiona Airlie）《来自苏格兰的中国大臣》（*Scottish Mandarin*）。溥仪的宫廷生活在 1987 年奥斯卡获奖影片《末代皇帝》中有戏剧性刻画，庄士敦的角色由彼得·奥图尔扮演。

'I remember him' – EP to George Coulton, 23 December 1922. Girton.

'journalism and odd-jobs' – EP to Margery Garrett, 31 July 1921. Girton.

"你带给我的"：艾琳·鲍尔写给阿诺德·汤因比的信，1930 年 2 月 23 日。汤因比告诉依然乐观的妻子罗莎琳德："虽然她也会是一位好妻子，但我不认为她能比你更适合我。"伯德雷恩图书馆。

'everyone whose work' – EP to Virginia Gildersleeve, 6 August 1930. Barnard.

'the difficulty is' – EP to Virginia Gildersleeve, 28 November 1930. Barnard.

学校课本：1932 年，鲍尔邀请查尔斯·韦伯斯特和她一起发起成立审阅学校课本的国际委员会："我想大部分工作都会在梅克伦堡广场 20 号的地下室完成！"

'no more powerful' – Speech to the Sixth International Conference of the International Federation of University Women, 1932, quoted in Carol Dyhouse, *No Distinction of Sex?*, p. 171.

'a threat to' – China Campaign Committee Circulars and Bulletins. AC.

奇思妙想的随笔：艾琳·鲍尔《难忘樱桃沟》，初次刊登于《乌鸦》（*The Raven*），1922 年 5 月 1 日。"樱桃沟外是绵延不绝的美丽山峦，守护着孤独的学者。他逃离城市由人力搭建的城墙，来到这里寻求山峦的庇护，享受山峦赐予的宁静。"

'War seems inevitable' – VW, diary 29 August 1935.

'forget about' – H. G. Wells to Olaf Stapledon, 4 April 1936.

'almost as much' – H. G. Wells to *The Times*, 19 May 1936.

'A Manifesto' – *Manchester Guardian*, 15 November 1938.

'Why did they' – EP, 'The Eve of the Dark Ages: a tract for the times'. CUL. In the same folder, along with Power's research notes for the lecture, is C. P. Cavafy's poem 'Waiting for the Barbarians', and an article by H. N. Brailsford titled 'A Memory of Poland'.

assembly in Geneva – See also her report in the *Spectator*, 'Geneva Impressions', 22 December 1939.

'large-scale international trade' – EP, *The Wool Trade in English Medieval History* (OUP, 1941), p. 1.

'in your little flat' – EP to Michael Postan, 29 May 1940. Private collection.

'rigorously concealed' – Raymond Firth to Cynthia Postan, 1 July 1983. Private collection.

'He and I' – EP to Arnold Toynbee, December 1937. Bodleian.

'I am not' – EP to Lionel Robbins, 10 December 1937. LSE Robbins.

'furious and miserable' – EP to Margery Garrett, 6 January 1911. Girton.

'their old interests' – EP to Margery Garrett, 6 November 1910. Girton.

'the abstract cause' – EP to Margery Garrett, 26 March 1911. Girton.

'I do think' – EP to Margery Garrett, 6 January 1911. Girton.

'look upon marriage' – VW to Leonard Woolf, 1 May 1912.

'One of the greatest' – EP to Michael Postan, 29 May 1940. Private collection.

'to the extent' – EP to Margery Garrett, 22 August 1910. Girton.

'We have had' – EP to Michael Postan, 30 May 1940. Private collection.

'Harriet Vane' – Recollection of Barbara Clapham, quoted in Berg, *A Woman in History*, p. 194.

'had occasion to' – Clapham and Power (eds), *Cambridge Economic History of Europe from the Decline of the Roman Empire, vol I: The Agrarian Life of the Middle Ages*.

'international pacifism' – EP, Notes on 'A League of Nations', CUL.

'in spite of' – EP, *A Bibliography for School Teachers of History*, p. 10.

第六章　弗吉尼亚·伍尔夫

'no stir in' – VW, diary 24 August 1939.

'It's fate' – idem.

'rather rashly' – VW to Vanessa Bell, 18 June 1939.

'a tight wound ball' – VW, diary 14 May 1939.

'I long for' – idem.

"恐怖之处"：弗吉尼亚·伍尔夫的日记，1928 年 9 月 3 日。她在《到灯塔去》中使用了相同的说辞。

'a grim thought' – VW, diary 13 July 1939.

'too tired' – VW, diary 3 September 1939.

'The kitchen' – VW, diary 22 October 1939.

'a chamber pot' – VW to Dorothy Bussy, 5 November 1939.

'I've two nice' – VW to Vita Sackville-West, 19 August 1939.

'How to go on' – VW, diary 28 August 1939.

'She is for' – Quoted in Hermione Lee, *Virginia Woolf*, p. 690.

'a base emotion' – VW, diary 3 January 1915.

'preposterous masculine fiction' – VW to Margaret Llewelyn Davies, 23 January 1916.

'the complete ruin' – VW, diary 17 August 1938.

'But what's the' – VW, diary 28 September 1938.

'the worst of all' – VW, diary 6 September 1939.

'sensible, rather' – VW, diary 15 May 1940.

'Over all hangs' – VW, diary 11 July 1939.

'betwixt and between' – VW to W. J. H. Sprott, 15 August 1940.

'our village' – idem.

'the usual fight' – VW, diary 11 July 1939.

'We lead a' – VW to Ethel Smyth, 7 February 1940.

'this doomed' – VW to Angelica Bell, 16 October 1939.

'take my brain' – VW, diary 30 July 1939.

'all in the know' – VW, diary 23 September 1939.

'He gets up' – VW, diary 25 May 1940.

'all spoken of' – VW, diary 19 January 1940.

'this war means' – VW, diary 16 February 1940.

'A good idea' – VW, diary 5 July 1940.

'all set on' – VW, diary 22 October 1939.

'driving open eyed' – VW, diary 22 October 1939.

'Yes, its an empty meaningless world' – VW, diary 6 September 1939.

'This idea struck me' – VW, diary 15 May 1940.

Louie Everest – See Joan Russell Noble (ed.), *Recollections of Virginia Woolf by Her Contemporaries.*

'It's best to' – VW, diary 6 September 1939.

'the frying pan' – VW, diary 6 October 1939.

'This will see' – VW, diary 23 September 1939.

'Leonard says' – VW to Angelica Bell, 1 October 1939.

'You can't think' – VW to Margaret Llewelyn Davies, 2 May 1917.

'the only woman' – VW, diary 22 September 1925.

'a virgin' – VW to Violet Dickinson, 22 September 1907.

'As I told you' – VW to Leonard Woolf, 1 May 1912.

'dailiness' – VW, diary 31 July 1926.

'their bonds were' – John Lehmann, *Thrown to the Woolfs*, p. 68.

'That egotistical young man' – VW, diary 2 September 1932.

'create a laboratory' – John Lehmann (ed.) *Folios of New Writing*, 1940.

抽身而退：莱曼怀念她参与出版社事宜时 "一起讨论送达的手稿，讨论作家的故事……计划新的选集和新系列……办公时每天都会响起的警报和躲警报的路途"。

'Observe perpetually' – VW, diary 8 March 1941.

'roared with laughter' – VW to Ethel Smyth, 6 October 1932.

'We're splinters and mosaics' – VW, diary 15 September 1924.

'nobody – none' – VW to Mrs R. C. Trevelyan, 4 September 1940.

'odd posthumous friendship' – VW, diary 30 December 1935.

'While we ate' – John Lehmann, *I Am My Brother*, p. 34.

'I dont feel' – VW, diary 10 September 1938.

'paroxysms of rage' – VW, *Roger Fry*, p. 153.

'they are the works' – Quoted in VW, Roger Fry, p. 157.

'found out how' – VW, diary 26 July 1922.

'You have I think' – VW to Roger Fry, 27 May 1927.

'quite futile' – VW, diary 30 September 1934.

'new biography' – See her essay 'The New Biography', in *Selected Essays*.

"全面、坦率"：弗吉尼亚·伍尔夫的日记，1935 年 4 月 5 日。她和多萝西·布西提到安德烈·纪德的日记中对同性恋的态度非常坦率，让她印象深刻："如果他可以说出这一切，我为什么不能相对诚实地书写罗杰和他的感情经历呢？"她总结道，她发现纪德"具有鲜明法国特质，非常严厉，有些苛刻，也因此更加显现出纯粹的法国特质。我们这里却是如此混杂"。

'How does one' – VW to Ethel Smyth, 20 January 1937.

'full of tailor's bills' – VW to Vita Sackville-West, 3 December 1939.

'almost as a' – VW, *Roger Fry: A Series of Impressions*.

'sheer drudgery' – VW, diary 25 September 1939.

'dazed & depressed' – VW, diary 9 August 1939.

'A bad morning' – VW, diary 1 May 1939.

'an experiment' – VW to Ethel Smyth, 16 August 1940.

'going over each' – VW, 'A Sketch of the Past', *Moments of Being*, p. 123.

'spin a kind' – VW, diary 20 May 1940.

'by way of' – VW, 'A Sketch of the Past', *Moments of Being*, p. 87.

'shall I ever' – ibid., p. 109.

'I was thinking' – VW to Ethel Smyth, 24 December 1940.

'Lord how I' – VW to Ethel Smyth, 9 July 1940.

'this is bosh' – VW, diary 3 September 1939.

'miraculously sealed' – VW, 'I Am Christina Rossetti', in *The Common Reader*.

'I do not suppose' – VW, 'A Sketch of the Past', *Moments of Being*, p. 82.

'convinced that' – VW to Judith Stephen, 2 December 1939.

'More and more' – VW, diary 19 March 1919.

'the pressures' – VW, 'A Sketch of the Past', *Moments of Being*, p. 104.

'I suppose' – ibid., p. 93.

'that this violently disturbing' – ibid., p. 147.

'anything too intimate' – VW to Violet Dickinson, November 1904.

'like being shut' – ibid., p. 123.

'his life' – VW, diary 28 November 1928.

'tremendous encumbrance' – VW, 'A Sketch of the Past', *Moments of Being*, p. 52.

'the fictitious VW' – VW, diary 28 July 1940.

'I'm using this frozen pause' – VW to Ethel Smyth, 1 February 1940.

'though of course' – VW, diary 9 February 1940.

'the authentic glow' – VW, diary 11 February 1940.

'radiant and buoyant' – John Lehmann, *I Am My Brother*, p. 35.

'very severe lecture' – VW, diary 20 March 1940.

'some 100 corrections' – VW to Ethel Smyth, 27 March 1940.

'to have given' – VW, diary 20 March 1940.

'rather proud' – VW, diary 26 July 1940.

'fools paradise' – Quoted in VW to Ben Nicolson, 14 August 1940.

'Leonard too' – VW to Ben Nicolson, 24 August 1940.

'it was hopeless' – idem.

'lay under a cornstalk' – VW, diary 28 August 1940.

'Its so hot and sunny' – VW to Vita Sackville-West, 29 August 1940.

'This diary' – VW, diary 16 February 1940.

'protected shell' – VW to Ethel Smyth, 6 July 1930.

'in a torn state' – VW, diary 8 December 1939.

'Everybody is feeling' – VW, 'London in War'. Sussex.

'everyone does' – VW, diary 1 October 1920.

'has become merely' – VW, 'London in War'. Sussex.

'no friends' – VW, diary 6 September 1939.

'runs so smoothly' – Draft for 'A Sketch of the Past', dated 19 July 1939. Sussex.

'silent, as if' – VW, diary 20 January 1940.

'I don't think' – Elizabeth Bowen to VW, 1 July 1940.

'Why does this' – VW to Ethel Smyth, 25 September 1940.

'we are going' – VW to Ottoline Morrell, 9 November 1911.

'nomadic life' – LW and VW to Molly MacCarthy, 28 September 1912.

'At this moment' – VW, diary 25 September 1929.

'all so heavenly' – VW, diary 12 October 1940.

'divine relief' – VW, diary 1 October 1939.

'There is no echo' – VW, diary 6 March 1941.

'take a turn' – VW, diary 24 September 1939.

'One of the charms' – VW, diary 1 October 1920.

'very determined' – Diana Gardner, *The Rodmell Papers*, p. 22.

'did not believe' – idem.

'I can't give' – VW to Judith Stephen, 29 May 1940.

'My contribution' – VW, diary 29 May 1940.

'now has become' – VW, diary 23 November 1940.

'violent quarrels' – VW to Margaret Llewelyn Davies, 6 April 1940.

'The WI party' – VW, diary 16 December 1940.

"我昨天在妇女协会会议上"：弗吉尼亚·伍尔夫写给埃塞尔·史密斯的信，
　　1940 年 7 月 24 日。黛安娜·加德纳回忆这次讲话"非常风趣、有意思，
　　吸引着在场每一位女性——无论受教育程度高低。内容全面、贴近人性、
　　易于理解，让人觉得轻松"。

'severance that war' – VW, diary 15 April 1939.

'"I" rejected' – VW, diary 26 April 1938.

'Wasnt it my' – VW, diary 27 September 1939.

'random & tentative' – VW, diary 26 April 1938.

'to amuse myself' – VW, diary 16 September 1938.

'to go through' – VW, diary 13 January 1932.

'how profoundly succulent' – VW, diary 10 October 1940.

'Common History book' – VW, diary 12 September 1940.

'the effect of country' – *Reading at Random* notebook, 18 September 1940. In Brenda R.
　　Silver, ' "Anon" and "The Reader" ', p. 373.

'Of course I'm' – VW to Ethel Smyth, 7 June 1938.

'a reversion' – VW, diary 22 October 1939.

'I like outsiders' – VW, diary 26 October 1940.

'Keep a running' – *Reading at Random* notebook, 3 October 1940. In Brenda R. Silver, '"Anon" and "The Reader"', p. 376.

'germ of creation' – idem.

'always at their' – ibid., p. 403.

'a voracious cheese mite' – VW to Ethel Smyth, 14 November 1940.

'standing about' – VW to Lady Cecil, 21 March 1941.

'The war is' – VW, diary 20 May 1940.

'so far the' – VW, diary 25 May 1940.

'the very flush' – VW, diary 3 June 1940.

'the Germans are nibbling' – VW, diary 4 July 1940.

'Up till 1.30' – VW, diary 7 June 1940.

'I'm too jaded' – VW, diary 31 August 1940.

Five thousand seven hundred and thirty people – Laurence Ward (ed.), *The London County Council Bomb Damage Maps 1939–45*, p. 20.

'thought it better' – Leonard Woolf, *An Autobiography*, vol. 2, p. 399.

'prudently deciding' – VW, diary 6 October 1940.

'Should I think' – VW, diary 2 October 1940.

'a scuffle' – VW, diary 11 September 1940.

'casual young men' – VW, diary 10 September 1940.

'he watches raids' – idem.

'exhilaration at losing' – VW, diary 20 October 1940.

'tumult & riot' – VW, diary 6 January 1915.

'odd characters' – VW, 'Old Bloomsbury', *Moments of Being*, p. 46.

'street frenzy' – VW, diary 26 August 1922.

'London itself perpetually' – VW, diary 31 May 1928.

'passion of my life' – VW to Ethel Smyth, 12 September 1940.

'Odd how often' – VW, diary 2 February 1940.

'liberating & freshening' – VW, diary 29 March 1940.

第七章　广场之后

'the melancholy relics' – VW to Lady Tweedsmuir, 21 March 1941.

'cram in' – VW, diary 29 September 1940.

'breakfast, writing' – VW, diary 12 October 1940.

"拉上帷幕"：伍尔夫为这一年写了一篇悼文，单独写在这一年结束的日记结
尾："1940/ 梅克伦堡广场 37 号存在于 9 月之前。之后被炸毁。我们每隔
一周会过去，在那里睡觉 / 我们有梅布尔 / 罗杰的传记在 6 月 25 日出版 /
伦敦大轰炸于 9 月开始 / 法国在 6 月溃败 / 这里轰炸开始于 9 月 / 到处是
对侵略的恐惧 / 我们战胜了意大利 / 希腊人在阿尔巴尼亚取得胜利 / 赫伯
特·费希尔离世 / 雷·斯特雷奇离世 / 亨伯特·沃尔夫离世 / 希尔达·马
西森离世 / 朱迪斯和莱斯利留在这里度过 8 月 / 安和我们待在一起 / 梅布
尔 10 月离开 / 路易接管了房子 / 我们只去了一天 / 路易种了蔬菜 / 给世界
福音联盟上了十二节课 / 我为妇女协会担任财务主管 / 摩根邀请我加入委
员会。我回绝了。"

'in the devil' – VW to Ethel Smyth 6 December 1940.

'I've had to' – idem.

'If refused' – VW, diary 21 September 1940.

'a frigidaire' – VW to Hugh Walpole, 29 September 1940.

'never had' – VW, diary 6 October 1940.

'I want to' – VW, diary 12 October 1940.

'I think its an' – VW, diary 23 November 1940.

'unparalleled imaginative' – John Lehmann, *Thrown to the Woolfs*, p. 101.

'too silly' – VW to John Lehmann, 27 March 1941.

'I never like' – VW, diary 9 January 1941.

'An almost pathological' – Leonard Woolf, *An Autobiography*, vol. 2, p. 106.

'trough of despair' – VW, diary 26 January 1941.

'I don't think' – VW to Leonard Woolf (date uncertain, found 28 March 1941).

'a serious loss' – *Observer*, 6 April 1941.

'a great deal' – Elizabeth Bowen to Leonard Woolf, 8 April 1941. Quoted in Elizabeth
Bowen, *The Mulberry Tree*, p. 221.

'much more responsive' – 'Cannot Go On Any Longer: Virginia Woolf's Last Message', *Sunday Times*, 20 April 1941.

'gloomy and querulous' – See Joan Russell Noble (ed.), *Recollections of Virginia Woolf by Her Contemporaries*.

'another ten years' – VW to Ethel Smyth, 12 September 1940.

'between 50 & 60' – VW, diary 16 November 1931.

'a fizz of ideas' – VW to Ethel Smyth, 12 January 1941.

'Oh! That this' – EP to R. H. Tawney, autumn 1939. LSE Tawney.

西尔维斯特路 2 号：这处居所现在是剑桥大学李约瑟研究所东亚研究中心的一部分——与居所的建立初衷相一致。

'If only you could' – EP to Michael Postan, 13 May 1940. Private collection.

'if I emerge' – EP to Michael Postan, 29 May 1940. Private collection.

'You won't get' – EP to Michael Postan, 30 May 1940. Private collection.

'The loss' – G. M. Trevelyan to Michael Postan, 18 August 1940. Private collection.

'I am perfectly delighted' – EP to Helen Cam, 6 February 1938. Girton.

'For me, it is' – Alys Pearsall Smith to HM, April 1928. Newnham.

'I simply *couldn't*' – HM to Jessie Stewart, 9 September 1928. Newnham.

'so abominably' – HM to Jessie Stewart, 1 May 1928. Newnham.

'The words of hers' – ibid.

'wash her hands' – Victoria de Bunsen to Jessie Stewart, 17 March 1943. Newnham.

'all over the place' – Leonard Woolf to Jessie Stewart, 3 August 1955. Newnham.

'I am *horribly*' – HM to Jessie Stewart, 26 June 1959. Newnham.

'unmarried, with Bloomsbury' – Quoted in Michael Swanwick, *Hope-in-the-Mist*, p. 47.

'grown very fat' – VW, diary 30 November 1929.

'an unknown author' – *Radio Times*, 9 February 1978.

staunch advocacy – *Lud-in-the-Mist* was reissued by Gollancz in 2018, but her earlier novels remain out of print.

《巴黎》和《迷雾中的卢德》：1972 年 8 月 17 日，赫尼格写信给莫里斯，提议由自己来为她写传记："你是一位伟大的作家，我尊敬你；你认识几位本世纪享有盛誉的作家，这使你成为文学史上一位重要人物。在某种程度上，你的传记将会是本世纪至关重要的一份记录，因为可以涉及几乎所有其他人物……记得你曾告诉我，'我是一个非常注重隐私的人'，不知道这样会不会让你觉得我在侵犯你的隐私？如果我问许多私人问题，有些甚至会让人觉得尴尬，会不会对你造成困扰？当然，虽然我们还没谈到过，但我确定你清楚：关于你的故事，我知道的远比我已经透露的要多许多。我花了太多年研究布卢姆斯伯里，不可能不知道这个群体的秘密。除了你我之间的谈话，还有许多人信任我，向我吐露他们的秘密，他们都清楚，如果没有他们的许可，我绝不会泄漏这些秘密……在我眼里，你是一位聪明睿智、富有魅力的人，如果你能允许我为你写传记，我会非常高兴。请相信，你再找不到比我更敏锐、更富同理心、更崇拜你的传记作者了。"纽纳姆学院霍普·莫里斯文件。

'stimulated others' – Gilbert Murray to Jessie Stewart, 5 November 1953. Newnham.

'like a benign grandmother' – Mary Beard, *The Invention of Jane Harrison*, p. xiii.

'an originary and radical' – ibid., p. 162.

'It has been borne' – DLS to Lady Florence Cecil, 12 March 1941.

'the idea that' – DLS to Father Herbert Kelly, 4 October 1937.

'bleating public' – DLS to Nancy Pearn, 19 February 1946.

'boldly undertook' – DLS to Milton Waldman, 12 December 1938.

'as public and universal' – DLS, *Introductory Papers on Dante*, p. xv.

'a detective novelist' – DLS to Eunice Frost, September 1949.

'Historically, the thing' – DLS to Barbara Reynolds, 9 April 1953.

'personal and psychological' – DLS to her son, 7 June 1951.

"低俗的绯闻八卦"：1954 年，塞耶斯得知有人向埃里克·惠尔普顿采访关于自己的事后，写信给埃里克，请他"如果可能的话避免透露关于她的逸事"："对'个人角度'及'人情味'的狂热正迅速侵蚀普通读者的大脑，将历史沦为八卦专栏，将文学批判沦为更加糟糕的事物。"

'both my mother' – Quoted in Barbara Reynolds (ed.) *Letters*, vol. 2, pp. 437–41.

'every act' – DLS, *Thrones, Dominations*. Wheaton.

'more alive' – H. D. to Marianne Moore, 24 September 1940. Beinecke.

'The past is' – Matte Robinson and Demetres P. Tryphonopoulos (eds), *H. D., Hirslanden*

Notebooks, p. 30.

'that outer threat' – H. D., 'H. D. by Delia Alton', p. 192.

'new-world reconstruction' – 'The Walls Do Not Fall', in H. D., *Trilogy*, p. 22.

"狂风骤雨般的最后一次争吵"：H. D. 写给约翰·库诺斯的信，1929 年 2 月 5 日。惠顿档案馆约翰·库诺斯文件。这次争吵发生于他们与劳伦斯夫妇一起度假的时候。劳伦斯去世后，阿尔丁顿仍与弗里达保持联系，还去过新墨西哥州拜访她和她的新伴侣。1950 年 5 月 23 日，他写信给 H. D. 说："昨天我收到了弗里达寄给我的信，她在信中问我'希尔达最近如何？我永远对她充满感激'……不管这对你有何意义，你在 1917 年为劳伦斯做的永远被那些相信他是本世纪最伟大的英语作家之一的人所铭记。"

'It may seem' – H. D. to John Cournos, 5 February 1929. Houghton JC.

'strangely embalmed' – H. D. to George Plank, 20 May 1929. Beinecke GP.

'thunderbolt' – H. D. to George Plank, 27 January 1937. Beinecke GP.

'a sort of Byron' – H. D. to Frances Gregg, 10 February 1937. Beinecke.

'I look on it' – H. D. to Jessie Capper, 1 February 1937. Beinecke.

'a clear-up' – H. D. to George Plank, 19 February 1937. Beinecke GP.

'concentrate and say' – H. D. to George Plank, 18 May 1938. Beinecke GP.

'"divorce" from' – H. D. to George Plank, 3 August 1938. Beinecke GP.

慷慨地赞助：布莱尔以同样的慷慨对待弗洛伦斯·法拉斯，给她寄钱。法拉斯和阿尔丁顿在 1918 年之后就失去了联系，后来 1931 年左右在伦敦重逢，之后一直保持联系。阿尔丁顿死后，法拉斯在 1962 年寄给布莱尔的一封信上告诉她，阿尔丁顿"一直都是一位忠诚的好友，相识的五十年来，深受我们敬爱……以后我们再也不会收到他的来信了，无法相信这会给我们的生活留下多大的空白"。她告诉布莱尔，她清楚地记得在德文郡时的 H. D.："身材高挑，眼睛极美，略带美妙的癫狂的诗意。她那时刚刚经历怀孕、流产，我也是。真叫人忍不住想，如果他们的孩子活了下来，现在会是什么境况。多想无益，世事并不会如我们所愿。"

'It's awfully good' – Richard Aldington to H. D., 7 January 1953. Beinecke.

'Olympian, gigantic' – Alfred Satterthwaite, 'John Cournos and "H. D."', p. 395.

"胸无点墨、头脑简单的娼妇"：阿拉贝拉在接受沃尔特·洛温费尔斯采访时第一次提起这段感情。她称《让我活下去》"诽谤、损伤个人名誉"，相当刻薄地说 H. D.："我认为她爱理查德就像爱任何人一样。"阿拉贝拉引用了阿尔丁顿在书中所说的"他并不是和作为女性的她结婚，而是和她的头脑结婚"。百内基珍本与手稿图书馆。

"恶毒中伤"：库诺斯在《让我活下去》书上写的注释。百内基珍本与手稿图书馆。"一派胡言！""胡说八道！""女诗人的拙劣英语！""《让我活下去》——癔病患者在癔症发作时写下的癫狂之作。"1960 年 10 月 5 日，他从纽约写信给 H. D.，讽刺地向她致哀——劳伦斯"无情地做下不带恶意的恶作剧"，使她陷入不幸的境遇，成为"受人唾弃的女人"："他真是奇怪，不是吗？居然选择了丰满的弗里达而没有选你。"最后说："我相信，你对希腊文化的迷恋并没有让你关注克吕泰涅斯特拉、美狄亚以及其他古希腊场景中女谋杀者的鬼魂，她们有幸能早于弗洛伊德分析而存在……不过我有个想法，相信弗洛伊德这一点本身就是一种病症，或许还是最为严重的病症。弗洛伊德对文学造成的损害是无法估量的。他谋杀了自发性（spontaneity），即直觉的戏剧，陀思妥耶夫斯基曾真实而具有创造性地以自发性为创作灵感，今天的作家却以错误、科学的方式使用自发性。听起来或许自相矛盾，但任何真正的艺术家都能理解我。"

'There still remains' – JEH, 'Scientiae Sacra Fames', *Alpha and Omega*, p. 119.

'seems to me' – EP to DLS, 1 June 1938. Wheaton.

'baroque fantasy' – *Telegraph*, 28 June 1938.

'to save one of London's' – *The Sketch*, 13 July 1938.

'mania for destruction' – Netta Syrett to the *Telegraph*, 8 November 1937.

"保障这些花园和广场"：《伦敦的广场以及如何保护它们》（伦敦协会，1927年）。育婴堂旧址外仍然立着一块牌匾，纪念哈罗德·罗瑟米尔子爵为保护这块土地并将其用于"保障伦敦中心儿童的福利"所做出的贡献。

'a delightful little' – *The Times*, 10 March 1950.

'one of the finest' – Douglas Goldring to the *Telegraph*, 8 November 1937.

'of a pompous' – G. F. Sheere and R. Grainger to *The Times*, 29 March 1950.

'our fathers' – VW, *Three Guineas*, p. 130.

部分参考文献

除非另外指明，否则引用版本均为初版

时间与地点

Sally Alexander, 'A Room of One's Own: 1920s Feminist Utopias', *Women: A Cultural Review* 11.3 (2000), pp. 273–88

Mulk Raj Anand, *Conversations in Bloomsbury* (Wildwood House, 1981)

Rosemary Ashton, *Victorian Bloomsbury* (Yale UP, 2012)

Gaston Bachelard, *The Poetics of Space*, tr. Maria Jolas (Orion, 1964)

Nicola Beauman, *A Very Great Profession: The Woman's Novel, 1914–1939* (Virago, 1983)

Sara Blair, 'Local Modernity, Global Modernism: Bloomsbury and the Places of the Literary', *English Literary History* 71 (2004), pp. 813–38

Chiara Briganti and Kathy Mezei, *Domestic Modernism, the Interwar Novel, and E. H. Young* (Ashgate Publishing, 2006)

Peter Brooker and Andrew Thacker (eds), *Geographies of Modernism: Literatures, Cultures, Spaces* (Routledge, 2005)

Thomas Burke, *Living in Bloomsbury* (Allen & Unwin, 1939)

Catherine Clay, *British Women Writers, 1914–1945: Professional Work and Friendship* (Ashgate Publishing, 2006)

Paul Cohen-Portheim, *The Spirit of London* (B. T. Batsford, 1935)

Susan David Bernstein, *Roomscape: Women Writers in the British Museum from George Eliot to Virginia Woolf* (Edinburgh UP, 2013)

Leonore Davidoff, 'Landladies and Lodgers', in Sandra Burman (ed.), *Fit Work for Women* (Routledge, 2013)

T. S. Eliot, *The Collected Letters of T. S. Eliot, vol. 1, 1898–1922*, eds Hugh Haughton and Valerie Eliot (Faber & Faber, 2009)

Alice Friedman, *Women and the Making of the Modern House: A Social and Architectural History* (Yale UP, 2006)

Paul Fussell, *The Great War and Modern Memory* (OUP, 1975)

Juliet Gardiner, *The Thirties: An Intimate History* (HarperCollins, 2010)

Robert Graves and Alan Hodge, *The Long Week-End: A Social History of Great Britain, 1918–1939* (Faber & Faber, 1940)

Carolyn Heilbrun, *Writing a Woman's Life* (William Norton, 1988)

Matthew Ingleby, *Bloomsbury: Beyond the Establishment* (British Library, 2017)

—, *Novel Grounds: Nineteenth-Century Fiction and the Production of Bloomsbury* (Palgrave Macmillan, 2018)

C. L. R. James, *Letters from London* (Signal Books, 2003)

Maroula Joannou (ed.), *The History of British Women's Writing 1920–1945*, (Palgrave Macmillan, 2013)

Sally Ledger, *The New Woman: Fiction and Feminism at the Fin de Siècle* (Manchester UP, 1997)

Emma Liggins, *Odd Women?: Spinsters, Lesbians and Widows in British Women's Fiction* (Manchester UP, 2014)

Terri Mullholland, *British Boarding Houses in Interwar Women's Literature* (Routledge, 2017)

Virginia Nicholson, *Among the Bohemians: Experiments in Living, 1900–1939* (Viking, 2002)

Donald J. Olsen, *Town Planning in London* (Yale UP, 1964)

Richard Overy, *The Morbid Age: Britain and the Crisis of Civilisation, 1919–1939* (Allen Lane, 2009)

Ana Parejo Vadillo, *Women Poets and Urban Aestheticism: Passengers of Modernity* (Palgrave Macmillan, 2005)

Deborah L. Parsons, *Streetwalking the Metropolis: Women, the City and Modernity* (OUP, 2000)

Peter Pepper, *A Place to Remember: The History of London House, William Goodenough House and The Burn* (Ernest Benn, 1972)

Martin Pugh, *We Danced All Night: A Social History of Britain Between the Wars* (Bodley Head, 2008)

Christopher Reed, *Bloomsbury Rooms: Modernism, Subculture and Domesticity* (Yale UP, 2004)

Dorothy Richardson, *Pilgrimage*, four vols (Virago Modern Classics, 1979)

Victoria Rosner, *Modernism and the Architecture of Private Life* (Columbia UP, 2005)

John Ruskin, *Sesame and Lilies* (John Wiley, 1865)

Morag Shiach, 'London Rooms', in Lisa Shahriari and Gina Potts (eds), *Virginia Woolf's Bloomsbury, vol. 1: Aesthetic Theory and Literary Practice* (Palgrave Macmillan, 2010)

Anna Snaith, *Modernist Voyages: Colonial Women Writers in London, 1890–1945* (CUP, 2014)

J. C. Squire, *A London Reverie: 56 Drawings by Joseph Pennell* (Macmillan, 1928)

Gertrude Tuckwell, *Constance Smith: A Short Memoir* (Duckworth, 1931)

Martha Vicinus, *Independent Women: Work and Community for Single Women, 1850–1920* (Virago, 1985)

Jerry White, *London in the Twentieth Century: A City and its People* (Viking, 2001)

H. D.

Richard Aldington, *D. H. Lawrence: Portrait of a Genius, But . . .* (Heinemann, 1950)

—, *Death of a Hero* (Chatto & Windus, 1929)

—, *Life for Life's Sake: A Book of Reminiscences* (Viking, 1941)

Cynthia Asquith, *Lady Cynthia Asquith Diaries 1915–1918* (Hutchinson, 1968)

A. E. Barlow, *Imagism and After: A Study of the Poetry* (Durham University thesis, 1975)

Bryher, *The Heart to Artemis: A Writer's Memoirs* (Collins, 1962)

Witter Bynner, *Journey with Genius* (J. Day, 1951)

Helen Carr, *The Verse Revolutionaries: Ezra Pound, H. D. and the Imagists* (Jonathan Cape, 2009)

Nephie J. Christodoulides and Polina Mackay (eds), *The Cambridge Companion to H. D.*

(CUP, 2011)

Diana Collecott (guest ed.), *Agenda* 25.3–4: H. D. Special Issue (1988)

—, *H. D. and Sapphic Modernism 1910–1950* (CUP, 1999)

John Cournos, *Autobiography* (G. P. Putnam' s Sons, 1935)

—, *Miranda Masters* (Knopf, 1926)

Charles Doyle, *Richard Aldington: A Biography* (Palgrave Macmillan, 1989)

Carl Fallas, *The Gate is Open* (Heinemann, 1938)

Elaine Feinstein, *Lawrence's Women: The Intimate Life of D. H. Lawrence* (Flamingo, 1994)

John Gould Fletcher, *Life Is My Song: The Autobiography of John Gould Fletcher* (Farrar & Rinehart, 1937)

Cecil Gray, *Musical Chairs: An Autobiography* (Home & Van Thal, 1948)

—, *Peter Warlock: A Memoir of Philip Heseltine* (Jonathan Cape, 1934)

Pauline Gray, *Cecil Gray: His Life and Notebooks* (Thames Publishing, 1989)

Eileen Gregory, *H. D. and Hellenism: Classic Lines* (CUP, 1997)

Barbara Guest, *Herself Defined: H. D. and Her World* (Doubleday, 1984)

H. D., *Asphodel* (Duke University Press, 1992)

—, *Bid Me to Live* (Virago, 1984)

—, *Collected Poems 1912–1944*, ed. Louis L. Martz (New Directions, 1983)

—, *End to Torment: A Memoir of Ezra Pound, with the poems from Hilda's Book by Ezra Pound*, eds Norman Holmes Pearson and Michael King (New Directions, 1979)

—, *The Gift*, ed. Jane Augustine (University Press of Florida, 1998)

—, 'H. D. by Delia Alton' , *The Iowa Review 16.3* (Fall, 1986)

—, *Helen in Egypt* (Grove Press, 1961)

—, *HERmione* (New Directions, 1981)

—, *Hirslanden Notebooks,* eds Matte Robinson and Demotes P. Trypohnopoulos (ELS Editions, 2015)

—, *Magic Mirror, Compassionate Friendship, Thorn Thicket: A Tribute to Erich Heydt*, ed. Nephie Christodoulides (ELS Editions, 2012)

—, *Paint It Today* (NYU Press, 1992)

—, *Palimpsest* (Houghton Mifflin Harcourt, 1926)

—, *Tribute to Freud* (Carcanet, 1985)

—, *Trilogy* (New Directions, 1973)

Dominic Hibberd, *Harold Monro: Poet of the New Age* (Palgrave Macmillan, 2001)

Dean H. Keller (ed.), *Bubb Booklets: Letters of Richard Aldington to Charles Clinch Bubb* (Typographeum, 1988)

Mark Kinkead-Weekes, *D. H. Lawrence, vol. 2: Triumph to Exile 1912–1922* (CUP, 1996)

Donna Krolik Hollenberg, 'Art and Ardor in World War One: Selected Letters from H. D. to John Cournos', *The Iowa Review* 16.3 (Fall 1986)

D. H. Lawrence, *Aaron's Rod* (Penguin, 1995)

—, *Kangaroo* (Penguin, 1950)

—, *The Letters of D.H.Lawrence, 1901–1930*, ed. James T. Boulton et al, eight vols (CUP, 1971–2001)

Frieda Lawrence, *Not I, But the Wind: D. H. Lawrence as Seen by Mrs D. H. Lawrence* (Viking, 1934)

Robert McAlmon and Kay Boyle, *Being Geniuses Together 1920–1930* (Hogarth Press, 1984)

Adalaide Morris, 'H. D.' s "H. D. by Delia Alton"', *The Iowa Review* 16.3 (Fall 1986), pp. 174–9

Nanette Norris (ed.), *Great War Modernism: Artistic Response in the Context of War, 1914–1918* (Fairleigh Dickinson UP, 2015)

Brigit Patmore, *My Friends When Young: The Memoirs of Brigit Patmore* (Heinemann, 1968)

Ezra Pound, *The Selected Letters of Ezra Pound, 1907–1941*, ed. D. D. Paige (New Directions, 1971)

Alfred Satterthwaite, 'John Cournos and "H. D."', *Twentieth Century Literature*, vol. 22, no. 4, pp. 394–410 (Duke UP, 1976)

Perdita Schaffner, 'Running', *The Iowa Review* 16.3 (Fall, 1986)

Barry Smith, *Peter Warlock: The Life of Philip Heseltine* (OUP, 1994)

Susan Stanford Friedman and Rachel Blau DuPlessis (eds), *Signets: Reading H. D.* (University of Wisconsin Press, 1992)

Susan Stanford Friedman (ed.), *Analyzing Freud: The Letters of H. D., Bryher and Their Circle* (New Directions, 2002)

—, *Penelope's Web: Gender, Modernity, H. D.'s Fiction* (CUP, 1990)

Vivien Whelpton, *Richard Aldington: Poet, Soldier and Lover, 1911–1929* (Lutterworth Press, 2014)

William Carlos Williams, *The Autobiography of William Carlos Williams* (MacGibbon & Kee, 1968)

John Worthen, *D. H. Lawrence: The Life of an Outsider* (Allen Lane, 2005)

Caroline Zilboorg (ed.), *Bid Me to Live* (University Press of Florida, 2011)

—, *Richard Aldington and H. D.: Their Lives in Letters, 1918–61* (Manchester UP, 2003)

多萝西·L. 塞耶斯

D. C. Bentley, *Those Days* (Constable, 1940)

—, Trent' s Last Case (Nelson, 1913)

James Brabazon, *Dorothy L. Sayers: A Biography*(General Publishing Co., 1981)

Vera Brittain, *Testament of Youth* (Gollancz, 1933)

—, *The Women at Oxford: A Fragment of History* (George G. Harrap, 1960)

John Cournos, *Babel* (Boni & Liveright, 1922)

—, *The Devil is an English Gentleman* (Farrar & Rinehart, 1932)

Martin Edwards, *The Golden Age of Murder* (HarperCollins, 2015)

— (ed.), *Taking Detective Stories Seriously: The Collected Crime Reviews of Dorothy L. Sayers* (Tippermuir Books, 2017)

Rosamund Essex, *Woman in a Man's World* (Sheldon Press, 1977)

Ruth Hall, *Dear Dr Stopes: Sex in the 1920s* (Penguin, 1981)

Richard Hand and Michael Wilson, *London's Grand Guignol and the Theatre of Horror* (Exeter UP, 2007)

Susan J. Leonardi, *Dangerous by Degrees: Women at Oxford and the Somerville College Novelists* (Rutgers UP, 1989)

Virginia Nicholson, *Singled Out: How Two Million Women Survived Without Men After the First World War* (Viking, 2007)

Layne Parish Craig, *When Sex Changed: Birth Control Politics and Literature Between the World Wars* (Rutgers UP, 2013)

J. B. Priestley, *Margin Released* (Heinemann, 1962)

Martin Priestman (ed.), *The Cambridge Companion to Crime Fiction* (CUP, 2006)

Barbara Reynolds, *Dorothy L. Sayers: Her Life and Soul* (Hodder & Stoughton, 1993)

Jane Robinson, *In the Family Way: Illegitimacy Between the Great War and the Swinging Sixties* (Viking, 2015)

Annie Rogers, *Degrees by Degrees: The Story of the Admission of Oxford Women Students to Membership of the University* (OUP, 1938)

June Rose, *Marie Stopes and the Sexual Revolution* (The History Press, 2007)

Muriel St Clare Byrne, *Somerville College 1879–1921* (OUP, 1921)

Dorothy L. Sayers, *Clouds of Witness* (Unwin, 1926)

—, *The Documents in the Case* (Gollancz, 1930)

—, *Gaudy Night* (Hodder & Stoughton, 2003)

—, 'Gaudy Night', in Denys Kilham Roberts (ed.) *Titles to Fame* (Nelson, 1937)

—, introduction to DLS (ed.) *Great Short Stories of Detection, Mystery, Horror* (Gollancz, 1928)

—, *Have His Carcase* (Gollancz, 1932)

—, *Introductory Papers on Dante* (Methuen, 1954)

—, *The Letters of Dorothy L. Sayers*, five vols, ed. Barbara Reynolds (vol. 1: Hodder & Stoughton, 1995; vols 2–5: Dorothy L. Sayers Society, 1997–2000)

—, *Lord Peter Views the Body* (Gollancz, 1928)

—, *Love All* (Tippermuir Books, 2015)

—, *Murder Must Advertise* (Gollancz, 1933)

—, *The Nine Tailors* (Gollancz, 1934)

—, *Poetry of Dorothy L. Sayers,* ed. Ralph E. Hone (Dorothy L. Sayers Society, 1996)

—, *Strong Poison* (Gollancz, 1930)

— and Jill Paton Walsh, *Thrones, Dominations* (Hodder & Stoughton, 1998)

—, *Unnatural Death* (Benn, 1927)

—, *The Unpleasantness at the Bellona Club* (Benn, 1928)

—, *Unpopular Opinions* (Victor Gollancz, 1946)

—, *Whose Body?* (Boni & Liveright, 1923)

—, *Why Work?* (Methuen, 1942)

Alzina Stone Dale (ed.), *Dorothy L. Sayers: The Centenary Celebration* (Walker & Co., 1993)

Eric Whelpton, *The Making of a European* (Johnson, 1974)

简·艾伦·哈里森

Robert Ackerman, 'Some Letters of the Cambridge Ritualists', *Greek, Roman and Byzantine Studies* 12 (Spring 1971), pp. 113–36

Shelley Arlen, *The Cambridge Ritualists: An Annotated Bibliography* (Scarecrow Press, 1990)

Shelley Arlen, '"For Love of an Idea": Jane Ellen Harrison, heretic and humanist', *Women's History Review* 5.2 (1996)

Mary Beard, *The Invention of Jane Harrison* (Harvard UP, 2000)

Rebecca Beasley, 'Modernism's Translations', in Wollaeger and Eatough (eds), *The Oxford Handbook of Global Modernisms* (Oxford Handbooks, 2012)

Rebecca Beasley and Philip Ross Bullock (eds), *Russia in Britain, 1880–1940: From Melodrama to Modernism* (OUP, 2013)

Shari Benstock, *Women of the Left Bank: Paris 1900–40* (University of Texas Press, 1987)

Henri Bergson, *Time and Free Will*, tr. F. A. Pogson (Allen & Unwin, 1910)

Dora Carrington, *Carrington: Letters and Extracts from her Diaries*, ed. David Garnett (Jonathan Cape, 1970)

Galya Diment, *A Russian Jew of Bloomsbury: The Life and Times of Samuel Koteliansky* (McGill-Queen's UP, 2011)

Laura Doan, *Sapphic Modernities: Sexuality, Women and National Culture* (Palgrave Macmillan 2006)

T. S. Eliot, *Selected Essays* (Faber & Faber, 1951)

David Garnett, *Great Friends* (Macmillan, 1979)

—, *The Golden Echo* (Chatto & Windus, 1953) Michael Glenny and Norman Stone (eds),

The Other Russia: The Experience of Exile (Faber & Faber, 1990)

Jane Ellen Harrison, *Alpha and Omega* (Sidgwick & Jackson, 1915)

—, *Ancient Art and Ritual* (Williams & Norgate, 1913)

—, *Aspects, Aorists and the Classical Tripos* (CUP, 1919)

— and Hope Mirrlees, *The Book of the Bear* (Nonesuch Press, 1926)

—, *Epilegomena to the Study of Greek Religion* (CUP, 1921)

— and Hope Mirrlees, T*he Life of the Archpriest Avvakum, by Himself* (Hogarth Press, 1924)

—, *Prolegomena to the Study of Greek Religion* (CUP, 1903)

—, *Reminiscences of a Student's Life* (Hogarth Press, 1925)

—, *Themis: A Study of the Social Origins of Greek Religion* (CUP, 1912)

Michael Holroyd, *Augustus John* (Penguin, 1976)

—, *Lytton Strachey* (Penguin, 1971)

Caroline Maclean, *The Vogue for Russia: Modernism and the Unseen in Britain 1900–1930* (Edinburgh UP, 2015)

Jane Marcus, *Virginia Woolf and the Languages of Patriarchy* (Indiana UP, 1987)

Jean Mills, 'The Writer, the Prince and the Scholar: Virginia Woolf, D. S. Mirsky, and Jane Harrison's Translation from Russian of The Life of the Archpriest Avvakum, by Himself – A Revaluation of the Radical Politics of the Hogarth Press', in Helen Southworth (ed.), *Leonard and Virginia Woolf, The Hogarth Press and the Networks of Modernism* (Edinburgh UP, 2010)

Jean Mills, *Virginia Woolf, Jane Ellen Harrison, and the Spirit of Modernist Classicism* (Ohio State UP, 2014)

—, '"With Every Nerve in My Body I Stand for Peace" – Jane Ellen Harrison and the Heresy of War', in Justin Quinn Olmstead (ed.), *Reconsidering Peace and Patriotism During the First World War* (Palgrave Macmillan, 2017)

Hope Mirrlees, *Collected Poems*, ed. Sandeep Parmar (Carcanet Press, 2011)

—, *The Counterplot* (Collins, 1924)

—, *Lud-in-the-Mist* (Collins, 1926)

—, *Madeleine: One of Love's Jansenists* (Collins, 1919)

D. S. Mirsky, *Jane Ellen Harrison and Russia* (Heffer, 1930)

Frances Partridge, *Love in Bloomsbury: Memories* (Little, Brown, 1981)

Sandra Peacock, *Jane Ellen Harrison: The Mask and Self* (Yale UP, 1989)

Yopie Prins, *Ladies' Greek: Victorian Translations of Tragedy* (Princeton UP, 2017)

Marc Raeff, *Russia Abroad: A Cultural History of the Russian Emigration, 1919–1939* (OUP, 1990)

Annabel Robinson, *The Life and Work of Jane Ellen Harrison* (OUP, 2002)

Roberta Rubenstein, *Virginia Woolf and the Russian Point of View* (Palgrave Macmillan, 2009)

Marilyn Schwinn Smith, 'Aleksei Remizov's English-language Translators: New Material', in Anthony Cross (ed.), *A People Passing Rude: British Responses to Russian Culture* (Open Book, 2012)

—, 'Bears in Bloomsbury: Jane Ellen Harrison and the Russians', in Maria Candida Zamith and Luisa Flora (eds), *Virginia Woolf: Three Centenary Celebrations* (Porto, 2007)

—, 'Bergsonian Poetics and the Beast: Jane Harrison's Translations from the Russian', *Translation and Literature*, 20.3 (2011)

G. S. Smith, *D. S. Mirsky: A Russian-English Life, 1890–1939* (OUP, 2000)

—, 'Jane Ellen Harrison: Forty-Seven Letters to D. S. Mirsky, 1924–1926', *Oxford Slavonic Papers*, NS XXVIII (1995)

Gertrude Stein, *Paris France* (Scribner's, 1940)

Jessie G. Stewart, *Jane Ellen Harrison: A Portrait from Letters* (The Merlin Press, 1959)

Michael Swanwick, *Hope-in-the-Mist: The Extraordinary Career and Mysterious Life of Hope Mirrlees* (Temporary Culture, 2009)

Francis West, *Gilbert Murray: A Life* (Croom Helm, 1984)

Alex Zwerdling, *Virginia Woolf and the Real World* (University of California Press, 1986)

艾琳·鲍尔

Shiona Airlie, *Scottish Mandarin: The Life and Times of Sir Reginald Johnston* (Hong Kong UP, 2012)

Michael Bentley, *Modernizing England's Past: English Historiography in the Age of Modernism, 1870–1970* (CUP, 2005)

Maxine Berg, *A Woman in History: Eileen Power 1889–1940* (CUP, 1996)

—, 'The First Women Historians: The LSE Connection', *Economic History Review* 45.2 (1992), pp. 308–29

William Beveridge, *Power and Influence: An Autobiography* (Hodder & Stoughton, 1953)

Robert A. Bickers, *Britain in China: Community, Culture and Colonialism, 1900–49* (Manchester UP, 1999)

Vera Brittain, *Testament of Experience: An Autobiographical Story of the Years 1925–1950* (Gollancz, 1957)

—, *Testament of Friendship* (Macmillan, 1940)

Brian Brivati, *Hugh Gaitskell* (Richard Cohen Books, 1996)

Peter Brock and Thomas P. Socknat, *Challenge to Mars: Essays on Pacifism from 1918 to 1945* (Toronto UP, 1999)

George Catlin, *New Trends in Socialism* (Dickson & Thompson, 1935)

— (ed.), *War and Democracy: Essays on the Causes and Prevention of War* (Routledge, 1938)

Martin Ceadel, *Pacifism in Britain 1914–45: The Defining of a Faith* (Clarendon Press, 1980)

Paul Costello, *World Historians and Their Goals: Twentieth-Century Answers to Modernism* (Northern Illinois UP, 1993)

George G. Coulton, *Fourscore Years: An Autobiography* (CUP, 1943)

Ralf Dahrendorf, *LSE: A History of the London School of Economics and Political Science, 1895–1995* (OUP, 1995)

Hugh Dalton, *Call Back Yesterday: Memoirs, 1887–1931* (Muller, 1953)

—, *The Fateful Years: Memoirs, 1931–1945* (Muller, 1957)

Elizabeth Durbin, *New Jerusalems: The Labour Party and the Economics of Democratic Socialism* (Routledge, 1985)

Evan Durbin, *The Politics of Democratic Socialism: An Essay on Social Politics* (Routledge, 1940)

Carol Dyhouse, *No Distinction of Sex?: Women in British Universities, 1870–1939* (UCL

Press, 1995)

Albert Einstein, *Essays in Humanism* (Philosophical Library, 1950)

John King Fairbank, *Chinabound: A Fifty-Year Memoir* (Harper & Row, 1982)

Lawrence Goldman, *The Life of R. H. Tawney: Socialism and History* (Bloomsbury, 2013)

Susan Howson, *Lionel Robbins* (CUP, 2011)

E. R. Hughes (ed.), *China: Body and Soul* (Secker & Warburg, 1938)

Reginald Johnston, *Twilight in the Forbidden City* (CUP, 1934)

Stephen Kresge and Leif Wenar (eds), *Hayek on Hayek: An Autobiographical Dialogue* (Routledge, 1994)

Judith Listowel, *This I Have Seen* (Faber & Faber, 1905)

Marjorie McCallum Chibnall, 'Eileen Edna Le Poer Power (1889–1940)', in Jane Chance (ed.), *Women Medievalists and the Academy* (Wisconsin UP, 2005)

Helen McCarthy, *The British People and the League of Nations: Democracy, Citizenship and Internationalism, c.1918–48* (Manchester UP, 2011)

William H. McNeill, *Arnold J. Toynbee: A Life* (OUP, 1989)

Kingsley Martin, *Editor: Autobiography, 1931–1945* (Hutchinson, 1968)

—, *Father Figures: Autobiography, 1897–1931* (Hutchinson, 1966)

F. S. Marvin (ed.), *The Evolution of World Peace* (OUP, 1921)

Kate Murphy, *Behind the Wireless: A History of Early Women at the BBC* (Palgrave Macmillan, 2016)

Ben Pimlott, 'The Socialist League: Intellectuals and the Labour Left in the 1930s', *Journal of Contemporary History* 6.3 (1971)

Michael M. Postan, *Fact and Relevance: Essays on Historical Method* (CUP, 1971)

—, 'Time and Change', in William A. Robson (ed.), *Man and the Social Sciences* (Allen & Unwin for LSE, 1972)

Eileen Power, *A Bibliography for School Teachers of History* (London, 1919)

— and Rhoda Power, *Boys and Girls of History* (CUP, 1926)

— and J. H. Clapham (eds), *The Cambridge Economic History of Europe from the Decline of the Roman Empire, vol. 1: The Agrarian Life of the Middle Ages* (CUP, 1941)

—, *Medieval English Nunneries, c.1275–1535* (CUP, 1922)

—, *Medieval People* (Methuen, 1966)

—, *Medieval Women* (CUP, 1995)

—, T*he Paycockes of Coggeshall* (Methuen, 1920)

— and R. H. Tawney (eds), *Tudor Economic Documents* (Longmans, Green & Co, 1924–7)

—, *The Wool Trade in English Medieval History* (OUP, 1941)

Mary Prior (ed.), *Women in English Society 1500–1800*, Routledge 1985

Lionel Robbins, *Autobiography of an Economist* (Macmillan, 1971)

W. T. Rodgers (ed.), *Hugh Gaitskell 1906–1963* (Thames & Hudson, 1964)

Bertrand Russell, *The Autobiography of Bertrand Russell*, three vols (Allen & Unwin, 1967, 1968, 1969)

—, *The Selected Letters of Bertrand Russell, vol. 2: The Public Years, 1914–1970*, ed. Nicholas Griffin (Routledge, 2001)

Dora Russell, *The Tamarisk Tree: An Autobiography, three vols* (Virago, 1977, 1980, 1985)

Michael Sherborne, *H. G. Wells: Another Kind of Life* (Peter Owen, 2010)

R. H. Tawney, *The Choice Before the Labour Party* (The Socialist League, 1934)

—, *Equality* (Allen & Unwin, 1929)

—, *History and Society: Essays by R. H. Tawney*, ed. J. M. Winter (Routledge, 1978)

—, *Religion and the Rise of Capitalism* (John Murray, 1926)

Ross Terrill, *R. H. Tawney and His Times: Socialism as Fellowship* (Harvard UP, 1973)

Andrew Thorpe, *A History of the Labour Party* (Palgrave Macmillan, 2015)

Beatrice Webb, *The Diary of Beatrice Webb*, vol. 3, eds Norman and Jeanne Mackenzie (Virago, 1984)

H. G. Wells, *The Correspondence of H. G. Wells*, four vols, ed. David Smith (Routledge, 1997)

Diana Yeh, *The Happy Hsiungs: Performing China and the Struggle for Modernity* (Hong Kong UP, 2014)

Natalie Zemon Davis, 'History's Two Bodies', *American Historical Review* 93 (1988), pp. 1–30

弗吉尼亚·伍尔夫

Gillian Beer, *Virginia Woolf: The Common Ground* (Edinburgh UP, 1996)

Vanessa Bell, *Sketches in Pen and Ink: A Bloomsbury Notebook* (Hogarth Press, 1997)

Martha Celeste Carpenter, *Ritual, Myth and the Modernist Text: The Influence of Jane Ellen Harrison on Joyce, Eliot and Woolf* (Gordon and Breach, 1998)

Patricia Cramer, 'Virginia Woolf's Matriarchal Family of Origins in *Between the Acts*', *Twentieth Century Literature*, vol. 39, no. 2 (Duke UP, 1993), pp. 166–84

Melba Cuddy-Keane, 'The Politics of Comic Modes in Virginia Woolf's *Between the Acts*', *Modern Language Association*, vol. 105, no. 2 (1990), pp. 273–85

Roger Fry, *Vision and Design* (Chatto & Windus, 1920)

Diana Gardner, *The Rodmell Papers: Reminiscences of Virginia and Leonard Woolf by a Sussex Neighbour* (Cecil Woolf, 2008)

Victoria Glendinning, *Leonard Woolf* (Simon & Schuster, 2006)

Alexandra Harris, *Virginia Woolf* (Thames & Hudson, 2011)

Clara Jones, *Virginia Woolf: Ambivalent Activist* (CUP, 2016)

Hermione Lee, *Virginia Woolf* (Chatto & Windus, 1996)

John Lehmann (ed.), Folios of *New Writing* (Hogarth Press, 1940)

—, *I Am My Brother* (Longmans, Green & Co., 1960)

—, *Thrown to the Woolfs: Leonard and Virginia Woolf and the Hogarth Press* (Weidenfeld & Nicolson, 1978)

—, *Virginia Woolf and Her World* (Thames & Hudson, 1975)

Alison Light, *Mrs Woolf and the Servants: An Intimate History of Domestic Life in Bloomsbury* (Penguin, 2007)

Patricia Maika, *Virginia Woolf's* Between the Acts *and Jane Harrison's Conspiracy* (UMI Research Press, 1987)

Jane Marcus (ed.), *Virginia Woolf and Bloomsbury: A Centenary Celebration* (Palgrave Macmillan, 1987)

Susan Merrill Squier, *Virginia Woolf and London: The Sexual Politics of the City* (North Carolina UP, 1985)

Gina Potts and Lisa Shahriari (eds), *Virginia Woolf's Bloomsbury, vol. 2: International Influ-*

ence and Politics (Palgrave Macmillan, 2010)

S. P. Rosenbaum (ed.), *The Bloomsbury Group: A Collection of Memoirs and Commentary* (University of Toronto Press, 1995)

Joan Russell Noble (ed.), *Recollections of Virginia Woolf by Her Contemporaries* (William Morrow, 1972)

Sandra D. Shattuck, 'The Stage of Scholarship: Crossing the Bridge from Harrison to Woolf', in Jane Marcus (ed.), *Virginia Woolf and Bloomsbury: A Centenary Celebration* (Palgrave Macmillan, 1987)

Brenda R. Silver, ' "Anon" and "The Reader" : Virginia Woolf's Last Essays ', in *Twentieth Century Literature*, vol. 25, no. 3/4 (Duke UP, 1979), pp. 356–441

—, *Virginia Woolf's Reading Notebooks* (Princeton UP, 1983)

Anna Snaith, *Virginia Woolf: Public and Private Negotiations* (Palgrave Macmillan, 2000)

Frances Spalding, *Roger Fry: Art and Life* (University of California Press, 1980)

Laurence Ward, *The London County Council Bomb Damage Maps, 1939–45* (Thames & Hudson, 2015)

J. H. Willis, *Leonard and Virginia Woolf as Publishers: Hogarth Press 1917–41* (Virginia UP, 1992)

Leonard Woolf, *An Autobiography, 1880–1969*, two vols (OUP, 1980) Virginia Woolf, *A Room of One's Own* and *Three Guineas* (Vintage Classics, 2016)

—, *Between the Acts* (Hogarth Press, 1941)

—, *The Collected Essays of Virginia Woolf*, four vols (Chatto & Windus, 1966–7)

—, *The Common Reader* (Hogarth Press, 1935)

—, *The Diary of Virginia Woolf*, five vols, ed. Anne Olivier Bell (Hogarth Press, 1977–84)

—, *Jacob's Room* (Hogarth Press, 1922)

—, *The Letters of Virginia Woolf*, six vols, eds Nigel Nicolson and Joanne Trautmann (Hogarth Press, 1975–82)

—, *The Moment and Other Essays* (Hogarth Press, 1947)

—, *Moments of Being: Autobiographical Writings*, ed. Jeanne Schulkind (Pimlico, 2002)

—, *Mrs Dalloway* (Hogarth Press, 1925)

—, *Night and Day* (Duckworth, 1919)

—, *Orlando* (Hogarth Press, 1928)

—, *Roger Fry* (Hogarth Press, 1940)

—, *Roger Fry: A Series of Impressions* (Cecil Woolf, 1994)

—, *Selected Essays*, ed. David Bradshaw (OUP, 2004)

—, *To the Lighthouse* (Hogarth Press, 1927)

—, *The Voyage Out* (Duckworth, 1915)

—, *The Waves* (Hogarth Press, 1931)

—, *The Years* (Hogarth Press, 1936)

引文使用许可

lished by The Hogarth Press, reproduced by permission of The Random House Group
Ltd. © 1988

Excerpts from *The Essays of Virginia Woolf: Volume VI 1933–1941* by Virginia Woolf, pub-
lished by The Hogarth Press, reproduced by permission of The Random House Group
Ltd/Penguin Books Ltd.

Excerpts from *Moments of Being* by Virginia Woolf, published by The Hogarth Press, repro-
duced by permission of The Random House Group Ltd. © 1985

Excerpts from *The Flight of the Mind: The Letters of Virginia Woolf: Volume I 1888–1912*
by Virginia Woolf, edited by Nigel Nicolson and Joanne Trautmann, published by The
Hogarth Press, repro-duced by permission of The Random House Group Ltd. © 1975

Excerpts from *The Question of Things Happening: The Letters of Virginia Woolf: Volume II
1912–1922* by Virginia Woolf, edited by Nigel Nicolson and Joanne Trautmann, pub-
lished by The Hogarth Press, reproduced by permission of The Random House Group
Ltd. © 1976

Excerpts from *A Change of Perspective: The Letters of Virginia Woolf: Volume III 1923–1928*
by Virginia Woolf, edited by Nigel Nicolson, published by Chatto & Windus, repro-
duced by per-mission of The Random House Group Ltd. © 1977

Excerpts from *The Sickle Side of the Moon: The Letters of Virginia Woolf: Volume V 1932–
1935* by Virginia Woolf, edited by Nigel Nicolson and Joanne Trautmann, published
by Chatto & Windus, reproduced by permission of The Random House Group Ltd. ©
1982

Excerpts from *Leave the Letters Till We're Dead: The Letters of Virginia Woolf: Volume VI
1936–1941* by Virginia Woolf, edited by Nigel Nicolson and Joanne Trautmann,
published by Chatto & Windus Ltd, reproduced by permission of The Random House
Group Limited. © 1983

Excerpts from *The Diary of Virginia Woolf: Volume I 1915–1919* by Virginia Woolf, edited
by Anne Olivier Bell and Quentin Bell, published by The Hogarth Press, reproduced
by permission of The Random House Group Ltd. © 1977

Excerpts from *The Diary of Virginia Woolf: Volume II 1920–1924* by Virginia Woolf, edited
by Anne Olivier Bell and Quentin Bell, published by The Hogarth Press, reproduced

已尽力追踪或联系所有的版权所有者。若有遗漏或错误，敬请指出，出版方将非常愿意更正。

致　谢

在这本关于伦敦广场的作品的写作过程中，我受益于世界各地的人所赠予的慷慨与专业意见。我追随书中女性的脚步，前往巴黎和苏塞克斯，前往美国和康沃尔（在康沃尔时，我尽可能住在 H. D. 和塞西尔·格瑞曾一起住过的屋子附近，最后选中的屋子恰是弗吉尼亚·伍尔夫在 1910 年拜访过的一处住所）。写作是一项需要协作的志业，在摸索前行的路途中，前人奠下的基石令我获益良多，我已一一列于参考书目；在写作本书的四年时间里，许多学者耐心地为我答疑解惑，与我分享研究成果，展现出极大的热情，我衷心感谢他们对本书的巨大帮助。

感谢以下所有的图书管理员和档案管理员，是你们的负责工作让本书顺利成书，这些工作人员来自以下单位：阿肯色大学、哥伦比亚大学伯纳德学院、加州大学洛杉矶分校、英国广播公司书面档案馆、耶鲁大学百内基图书馆、牛津大学伯德雷恩图书馆、英国国家图书馆、大英博物馆、布林茅尔学院、剑桥大学图书馆、卡姆登地方研究和档案中心、康沃尔大学图书馆、戈顿学院图书馆、格拉斯哥大学、得克萨斯大学奥斯汀分校哈利·兰塞姆中心、哈佛大学霍顿图书馆、雅克·杜塞文学图书馆、基普、印第安纳大学利利图书馆、伦敦图书馆、伦敦大都会档案馆、伦敦政治经济学院图书馆、马克思纪念图书馆、马里兰大学、雷丁大学、南伊利诺伊大学，以及伦敦政治经济学院女性图书馆。向以下人员特别致谢：纽纳姆学院的安妮·汤姆森、阿默斯特学院的特兰·瓦拉斯特、马里昂·E.韦德中心的劳拉·席姆特、伊莱恩·鲍威尔·胡克尔和玛乔丽·兰普·米德，乔治亚团体的吉尔伯特·欧布莱恩、古迪纳夫学院的拉凯莱·阿尔泽和伊泽贝尔·哈考特，以及多萝西·L.塞耶斯协会的西奥纳·福特（有许多个下午，她带着我在她的车库翻寻大量的档案）。

感谢在我美国研究旅途中提供住宿的汉娜·罗斯菲尔德、泰勒·柯蒂斯、罗西·克拉克和爱德华·汤，并特别向玛莉莲·施温·史密斯致谢，她向我提供了有关约翰·库诺斯、简·哈里森和熊的信息，感谢她在阿默斯特对我的热情招待，感谢她充满思辨的对话和邮件。感谢阿拉斯代尔·麦金农在俄语方面对我的帮助。

在本书五位女主人公中，多萝西·L.塞耶斯可谓最神秘、提供最多欢笑的研究主角，为此我要感谢安东尼·卡迪尤供我阅览他私藏的塞耶斯未出版作品的故事梗概手稿，感谢马丁·爱德华兹邀请我参加侦探俱乐部秘密晚宴，在那里我见证了完全采用塞耶斯在二十世纪三十年代写下的文字的烛光启蒙仪式。很高兴能与拥有一系列塞耶斯未发表手稿的丹·德瑞克通信，感谢他将塞耶斯早期几篇引人入胜的作品的扫描件寄给我。

我非常幸运能结识巴兹尔·波斯坦，在其许可下，我得以引用之前从未面世的艾琳·鲍尔寄给他父亲穆尼亚的信件；非常感谢他和他的弟弟亚历山大·波斯坦给予的帮助。

研究过程中，我还特别幸运地结识了时年一百零一岁、现已过世的杰瑞米·哈奇森。他与我分享二十世纪三十年代他住在梅克伦堡广场42号的故事、与弗吉尼亚·伍尔夫之间的友谊以及在霍尔本区音乐厅度过的欢乐时光。

　　感谢我才华横溢的经纪人卡洛琳·道内和索菲·斯卡德，感谢她们从一开始就相信我这本书，与她们共事是一段非常愉快的经历。感谢托尼·洛西恩奖 2015 年的评审员，以及传记作家俱乐部的全体成员。感谢费伯出版社的所有人：委托我写下本书并在初期给出建设性意见的米茨·安吉尔；细致完成编辑工作的劳拉·哈桑；专业处理整个出版流程的罗温·科普；乔什·史密斯、约翰·格林德罗德和凯特·沃德等人。特别感谢埃拉·格里菲斯始终如一的支持和风趣睿智的谈话。感谢皇冠出版集团的蒂姆·达根和威廉·沃尔夫斯劳；感谢负责编辑工作的西尔维亚·克朗普顿，负责事实查证的希拉里·麦克莱伦和负责编索引的马克·博兰德。

　　如果没有埃德蒙·戈登的支持，我根本无法完成本书：帮助研究他写安吉拉·卡特传记的过程教会了我关于档案的知识以及如何叙述故事、为故事搭建架构。感谢在我刚开始撰写文献综述时给予我慷慨鼓励的彼得·斯托瑟德。非常感激好友和同事给予我的支持，尤其是珀耳塞福涅书店（Persephone Books）的妮可拉·博曼和莉迪亚·菲尔盖特——这一书店正是本书灵感的起源地——以及《白色评论》（*The White Review*）杂志的本·伊斯特姆和雅克·特斯塔德，他们以身作则地向我展示了如何成为一位优秀的编辑，以及从更广泛意义上而言，一位优秀的作家。感谢在成书过程中阅读书籍章节的好友——桑迪普·帕玛、本·伊斯特姆、帕特里克·兰格利和克莱拉·琼斯——特别感谢阅读全书的埃德蒙·戈登、艾丽斯·斯波斯和马修·鲁德曼；他们的评价让我的思考更为深入，令本书获益匪浅。最重要的是感谢我的母亲艾莉森。谨将本书献给我的母亲和我的祖父母。

译后记

林曳　2021 年 11 月于杭州

　　敲下整部译作的最后一个句点，除了不舍，更多的是受到鼓舞的振奋。作品中的女性："向着传统观念迎面痛击"的意象派诗人 H. D.，"只想享受生而为人的自由"的侦探小说家多萝西·L. 塞耶斯，相信学习自由是"每一个人生来被赋予的权利"的古典学者简·哈里森，立意"撷取生命的一切可能"的历史学家艾琳·鲍尔，以及"生命贪心的攫取者"弗吉尼亚·伍尔夫，她们无不坚定地挣脱传统的桎梏，通过接受教育、寻找一间独属于自己的房间、旅行、友谊以及最重要的——工作，不约而同地追寻智识上的自由，开拓"女性领域"，追寻充实的人生路径。这些女性绽放的光芒闪耀于后人自由谈话、自由行走、自由写作，过一种蓬勃旺盛的人生的权利之中。

　　这部作品在地理位置上聚焦于位处伦敦布卢姆斯伯里地区边缘的梅克伦堡广场，以在两次世界大战期间住在广场的五位女性为描写对象，注重人物心理剖析，是一部文笔细腻、隽秀而灵动的女性群像传记作品。英文原标题"广场漫步"取自弗尼吉亚·伍尔夫写于 1925 年的一篇日记，日记赞颂"街头闲逛、广场漫步"的别样乐趣。在《一间属于自己的房间》中，伍尔夫描绘了在伦敦漫步时观察到的女性生机勃勃的日常生活，她们是这样热情洋溢地生活着，历史却很少记载女性的身影。无数被遗忘的女性的生活提醒着女性必须以不同的声音将女性的故事写给未来。弗朗西斯卡·韦德回应伍尔夫"书写不同历史"的呼吁，记录了五位伟大女性的故事。从某种意义上来说，这些内容都讲述了同一个故事：一场希望被尊重对待的斗争，搬到新地方的行动，对传统叙事之外的生活方式的追寻。

在二十世纪上半叶，对于一位女性，追寻这样的人生无疑尚属离经叛道。在世俗眼中，她们憔悴萎靡、不修边幅、离群索居，她们是疯子、怪物、不知羞耻的荡妇。她们被轻视、被中伤、被遗忘。但她们拒绝顺从，坚持反抗偏见，以自由女性的身份来到梅克伦堡广场，追求可以按照自己的意愿去爱、去生活、去写作、去工作的生活方式。她们在广场的生活展现了这一时代那些试图发出声音的女性先驱在个人生活、职业领域遭遇的困境。直到今天，女性仍然焦虑地谈论着如何才能平衡职业发展、母性天职和个人情感，谈论着拒绝遵循社会对于女性的规训所需付出的代价，这些忧虑与一个世纪以前并没有分别，今日的读者也因此能够从中汲取始终不曾褪色的力量。

本书的翻译过程颇为艰辛。一是书中语言繁复典雅，意蕴无穷，译者需要字斟句酌，力求准确传神地再现原文语言的风韵。二是书中涉及五位女性作家的大量作品，如果不在译前准备时投入充沛的精力提前熟悉，很难在翻译时保留作品的独特韵味。三是书中引用材料丰富翔实，涉及丰富的历史背景知识，包括意象派现代主义诗歌、弗洛伊德精神分析学、俄语流亡文学、古希腊学术研究、中世纪经济学、意识流文学等内容，对理解造成困难，译者需要以熟悉相关知识为基础，才能做到在翻译时游刃有余。译者学识有限，难免有不当之处，敬请读者多多包涵并不吝指正。

© 民主与建设出版社，2023

图书在版编目（CIP）数据

女性如何书写历史 : 战火下的伦敦、五位女房客和
自由先声 / (英) 弗朗西斯卡·韦德著 ; 林曳译. --
北京 : 民主与建设出版社, 2023.3（2023.5重印）
书名原文 : Square Haunting: Five Women, Freedom
and London between The Wars
ISBN 978-7-5139-4064-1

Ⅰ.①女… Ⅱ.①弗…②林… Ⅲ.①女性—历史人
物—生平事迹—欧洲—近现代 Ⅳ.①K835.07

中国版本图书馆CIP数据核字(2022)第240923号

女性如何书写历史：战火下的伦敦、五位女房客和自由先声
NÜXING RUHE SHUXIE LISHI ZHANHUO XIA DE LUNDUN WUWEI NÜFANGKE HE
ZIYOU XIANSHENG

著　者	[英] 弗朗西斯卡·韦德	译　者	林　曳
出版统筹	吴兴元	责任编辑	王　颂
特约编辑	罗泱慈	营销推广	ONEBOOK
装帧制造	墨白空间·李　易		

出版发行　民主与建设出版社有限责任公司
电　话　（010）59417747　59419778
社　址　北京市海淀区西三环中路 10 号望海楼 E 座 7 层
邮　编　100142
印　刷　天津雅图印刷有限公司
版　次　2023 年 3 月第 1 版
印　次　2023 年 5 月第 2 次印刷
开　本　655 毫米 ×1000 毫米　1/16
印　张　28
字　数　346 千字
书　号　ISBN 978-7-5139-4064-1
定　价　118.00 元

注：如有印、装质量问题，请与出版社联系。